儒家文明论稿

陈明 著

中国文史出版社

图书在版编目（CIP）数据

儒家文明论稿 / 陈明著 . -- 北京 : 中国文史出版社 , 2021.7
ISBN 978-7-5205-3875-6

Ⅰ . ①儒… Ⅱ . ①陈… Ⅲ . ①儒家 – 文集 Ⅳ . ① B222.05-53

中国版本图书馆 CIP 数据核字 (2022) 第 203526 号

责任编辑：方云虎

出版发行：中国文史出版社
社　　址：北京市海淀区西八里庄路 69 号院　邮编：100142
电　　话：010–81136606　81136602　81136603（发行部）
传　　真：010–81136655
印　　装：廊坊市海涛印刷有限公司
经　　销：全国新华书店
开　　本：16 开
印　　张：22.25
字　　数：288 千字
版　　次：2023 年 1 月北京第 1 版
印　　次：2023 年 1 月第 1 次印刷
定　　价：68.00 元

自 序

2010年前，笔者的研究都以“文化”为视角，如博士论文《儒学的历史文化功能》和论文集《文化儒学》等。这一方面是因为研究生阶段阅读了不少社会学、文化人类学著作，另一方面也因为对从五四到20世纪80年代以来将儒学定位为封建意识形态的主流认知不满。从牟宗三、徐复观、钱穆等港台新儒家那里看到一种完全不同的儒学叙述后，觉得有必要从历史角度对儒学的社会功能进行考察验证。由于我曾经对知识分子问题有过关注，就以士族为对象，在一个可称为国家-社会的分析框架里进行个案研究。这个分析架构暗含的预设是：国家与社会二分，关系紧张，社会相对于国家不仅历史在先，逻辑上也更重要。由此展开的书写，就是将儒家系属于社会，在国家层面以伦理价值约束政治权力，在社会层面以共同善凝聚群体，塑造认同。

许多的前辈和同辈学者都肯定这种论证和辩护的有效性，如陈来先生和杨阳教授。但是，随着冷战结束、中国崛起和自己思考的深入，主要是亨廷顿“文明冲突论”的印证以及对儒学宗教认知的强化，我开始意识到有必要做出改变，否则无法对儒学与历史和现实的意义关系做出更加深刻和全面的描述与解释。

问题的关键就在这个国家-社会的分析框架。作为基于西方历史经验的方法论，从洛克、黑格尔到马克思等，无不将二者的双向关系及其演化视为历史发展的基础与问题分析的逻辑。自然地，这一方法也随着这些思想巨擘的到来而被学界引入、接受。虽然无法否认孟子、贤良文学以及王船山等确实存在不同程度的社会本位论预设甚至反国家倾向与此遥相契合，现代新儒家的政统、道统分离说也隐隐与之呼应，但仍不能不指出，这种相似性后面存在某种基本的差异。

作为自由主义之社会契约论的衍生物，“国家 - 社会”框架与欧洲民族国家的产生方式相关。进一步向上追溯，它又与古代希腊城邦社会父权被财产权替代、城邦乡村二元对立的文明路径有关。如果这两个节点具有历史考察的普遍意义，那么，我要说它在中国有着完全不同的内容：文明路径上，中国是在分封制中通过父权演变为王权而确立其文明形态，国是家的放大、王权是父权的延伸；所谓现代转型，则是带着古老帝国相对完整的地理疆域和族群结构开始其共和国历程，迥异于欧洲帝国裂解、分化为民族国家。这促使我在国家与社会积极互动的关系之中去重新思考儒学，尤其是其作为一种宗教的形态在这一过程中的地位与作用。罗伯特·贝拉观察到的清代满族统治者在公共领域接受儒教（事实上天地君亲师信仰就是在雍正时期发展定型），即是这种积极互动关系的最好说明。另一个更为人熟知的例证就是孔庙及其春秋祭祀。所以，我用“霸王道杂之”表述我们文明的内部结构——霸道是法家设计的中央集权的政治制度；王道是儒家传承的敬天法祖的教化体系；“杂”，按照《说文段注》，乃是“五采相合”的意思。这是孔子“春秋大一统”理念的董仲舒操作版。

为什么文明多以宗教命名？按照宗教学和沃格林的说法，因为宗教为该文明建构了一个世界图景，由这个世界图景确立了一种存在秩序（order of Being），这一存在秩序又为人的活动提供了一种人生规划（order of human existence），使其生命活动获得意义与方向。显然，这样一种文明论视域意味着儒家思想与中国社会历史具有更深层、更紧密的联系，意味着作为一种文化的儒学比其他文化如道家、佛家之类有着更大的文化权重和更普遍、广泛的社会渗透性和接受度。另一方面，它也提示我们，文明是有边界的，将来怎样无法预知，但至少迄今为止中华文明有着自己的节奏和轨则。中华文明绵延五千年，以自己的色彩丰富着人类文明的图谱。

所谓文化自信、文明自觉，我想就是对这二者的清醒意识与认知，以及由此而来的斯文自任和道统承担。这意味着，我们不应该只是从版本差异想象现代性的复数形式，更应由此出发去理解世界的多元性、中国的独特性及其未来前景，努力开创出中国的现代性形式，为日渐失去说服力的西方现代性或后现代性探索新的可能。这一切的前提，则是我们对自己被叫作儒教文明的世界图景、存在秩序与人生规划给出理论描述，并对它的现实说服力进行论证开拓。

这样的儒学文明论研究相对于文化论的研究，与其说是一种颠覆，不如说是一种拓展升级，由知识的变为实践的，由批判的变为建构的。

这也就是我近些年的工作。现在，当这些工作记录结集出版，或可用“敝帚自珍”一词来形容我的心情：它们的学科性和完成度都不太叫人满意（尤其是第一篇《从哲学、思想史到文明论：儒学研究的范式问题略说》的最后一节），这也是自己将书名定为“论稿”的原因所在。但是，我坚信它们跟那些精致的平庸之作绝对不是同一回事。梁漱溟先生说自己是问题中人，不是学问中人——曾经觉得是自傲，后又觉得是自谦，现在又突然感觉在两者之外似乎还带着几分自我调侃。

是为序。

目　录

从哲学、思想史到文明论：儒学研究的范式问题略说

一　范式概念

范式（paradigm），模范或模型的意思。美国哲学家托马斯·库恩1962年在其《科学革命的结构》一书中用以述指“特定的科学共同体从事某一类科学活动所必须遵循的公认的‘模式’，它包括共有的世界观、基本理论、范例、方法、手段、标准等等与科学研究有关的所有东西。”[①]库恩原本主要是借以描述科学的进步发展，但后来反而是在人文社会学科之中得到广泛运用。

我觉得，对于范式来说最重要或最关键的应该是问题意识，因为它体现着研究者对处境的理解和认知，决定了工作目标、方法与进路，而评价一个范式的品质高低，也可以由该范式对问题的把握定位给出评价。年鉴派史学家吕西安·费弗尔说“没有问题就没有历史”，[②]同时从哲学和经验等多方面说明了问题对于材料处理与叙述形成的意义，可以为强调问题对于范式的重要性提供支持。

最早明确提出文明论范式并付诸实践的学者是哈佛大学政治学教授塞缪尔·亨廷顿。他在《文明的冲突》中以文明为单位来描述冷战结束后国际政治的格局和发展。[③]在此之前，国际政治领域中流行的是民

---

① （美）库恩（T.S.Kuhn）：《科学革命的结构》，李宝恒、纪树立译，上海：上海科学技术出版社，1980年。

② （法国）吕西安·费弗：《人文与社会译丛 为历史而战》，刘东总主编，高煜译，南京：译林出版社，2022年。

③ （美）塞缪尔·亨廷顿：《文明的冲突》，北京：新华出版社，2013年。

族国家范式——此范式渊源于“威斯特伐利亚条约”以来欧洲地区帝国解体、民族独立的民族国家化经验，同时又与启蒙话语和工业革命相联系，形成一套完整的现代性叙事，对世界有着巨大影响力。所谓民族国家就是政治单位和民族单位相一致，国际政治研究的民族国家范式则是强调国家对文明的掌控规训，将民族国家作为建构国际政治叙事和理解世界历史进程的基本单位或支撑。福山在冷战结束后，以民主制度的胜利为由提出“历史终结论”①，以政治和制度作为问题核心，可说是这一范式的典型例子。只是作为福山的老师，亨廷顿本人对此却有不同看法。他认为“现代全球的政治，应当基于全世界不同宗教与文明间的深刻冲突来理解”②。《文明的冲突》可说是国际政治研究中文明论范式提出和成立的标志。

将文明论范式这一国际政治领域中的概念运用于儒学研究之中，学理和现实上的根据或可如是分疏。文明论范式首先意味着文明边界的划分，其前提在于对文明体的界定，如是而有对文化理念与特定社会历史的深度结合及其意义生成的关注强调，如认同问题等。分而言之，如果说文化只是一种思想，那么文明乃是一种实体，即文化与政治、经济等相结合而成的东西。因此，那种将文化理念知识化的普遍主义或反映论思维将不再适应，那些被接受并发挥影响的文化，首先应该视为一种因其功能性而被选择的价值体系。由此则会发现，文明体内部所存在之不同文化在社会、人心和历史所具有或发挥的影响作用是不同的。这种差异不仅意味着文明体属性之形成，也意味着诸文化体系间必然存在权力、权重之争。研究者不仅需要对此差异做出理性解释，还要做出价值判断和选择。

就中国而言，儒家与社会政治、经济及人心的结合程度相对佛道无疑更为紧密，因而是中国文明的规定者，这也符合亨廷顿“儒教文明”

① （美）弗兰西斯·福山：《历史的终结》，黄胜强译，呼和浩特：远方出版社，1998 年。
② （美）塞缪尔·亨廷顿：《文明的冲突》，北京：新华出版社，2013 年。

的判断。因此，所谓从文明的角度来谈论儒学，实际不过是将文化原本就具有的这一公共性面相加以彰显，既不是将其视为一种对象化知识，也不只是将其视为伦理道德，作为个体人格塑造者或统治阶级的辅助治理工具，因为在此之前，它已经定义了整个文明。对于描述儒家与中国社会历史之间的这一关系，文明论范式不仅合适甚至可说非常必要。

为什么会出现这样一种范式转换？可能还与世界史进程有关。冷战结束后，作为现代性话语起源地的欧洲，在国际政治中的影响权重不断下降，美国、中国、俄罗斯、印度、巴西等国家在国际政治中的影响力在不断上升，而这些国家都并非传统意义上的民族国家，也不可能把“一族一国”的政治民族主义作为发展方向和未来想象。它们面对的问题是民族国家为基础的启蒙话语所不曾面对的问题，甚至与民主还存在某种内在紧张，如美国民权运动、自由贸易等带来的身份政治等问题。欧洲的保守主义回潮，也与此相关。反映在学界，便是世界史领域出现的“帝国转向”。

其次，随着“中华民族伟大复兴”成为执政党的新口号，以及将文化自信视为制度、理论、道路自信的基础，对当代中国之文明属性的把握认知成为迫切的理论需要。事实上，与制度、理论和道路结合一体的文化，已不再只是思想的形态和知识的系统，而是一个与政治实践、社会运作高度互渗的、有着实践属性的意义系统。另一方面，“港独”“藏独”“疆独”等所反映出的文化认同问题，都显示出民族国家范式的缺陷。广土众民的“帝国性社会结构”使文化的公共性意义凸显，大一统的政治顶层下需要思考“多层一统”的文化结构。历史上，宋孝宗的“以儒治世，以道治身，以佛养心”就是一种基于功能划分的治理模式。中华民族概念的强调与证成，以及今天国家目标的表述，都需要一种超越现代性叙事（民族国家叙事）的儒家论述，为“我们是谁？从哪里来？到哪里去？”提供基础论述。这需要将思维视域拓展至宗教，回溯至文明的“轴心期”。

二、儒学研究的哲学范式与思想史范式之反思

在讨论儒学的文明论范式研究之前，先对迄今主流的儒学研究范式，即哲学范式和思想史范式略作反思。

儒学的哲学范式研究可说是一种基于哲学之普遍性前提，以西方哲学或某个哲学流派之哲学家的体系或概念对儒家思想文本进行描述、解释和评价的研究活动或行为。这一范式的代表人物包括冯友兰、汤用彤、牟宗三、陈来等。冯友兰虽自认儒家，但对经学的看法十分负面，说它是“僵硬落后的代名词”，而寄希望于哲学的“金手指”点石成金进而取而代之。在肯定胡适“用那个指头”获得“成功”之后，他也将新实在论作为金手指引入对理学的研究，以柏拉图的“Ideal”来理解阐释朱子“理”的概念，用理性主义来描述宋明理学之哲学性质和意义。但是，宋明理学的精神实质和知识品质真的可以用理性主义来描述定义么？仅仅从比拟或描述来说，直接用柏拉图主义恐怕还更合适一些——新实在论在西方也不过昙花一现。与其大略同时的陈寅恪将三纲六纪视为中国文化的 Eidos，是借此概念凸显其在中华文明中的本质地位，而以“理式”说朱子的理却是将朱子意图内化于个体心中的儒家观念说到古希腊的知识谱系里去了。如果说有什么贡献，那就是给出了他所理解的理学之哲学知识属性或类型，为中国哲学史专业课程提供了一种讲义。

冯氏另一个经常被提及的成果，应该是他对天这个概念所做的分析：“天有五义，即物质天，主宰之天，命运之天、自然之天和义理之天。”[①] 这不能说错，但无论从儒教还是儒学的角度说，这五种属性都应视为一个有机整体，统一于天，统一于宇宙这个生生不息的大生命。胡宏在《知言·好恶》里说“天即孔子，孔子即天”这样的命题才是综

① 冯友兰:《中国哲学史新编第一册》，北京：人民出版社，1982 年，第 98 页。

合的，也才更接近天，接近孔子在历史和人们心目中圣人的真实形象。《礼记·孔子闲居》：“天有四时，春秋冬夏，风雨霜露，无非教也。地载神气，神气风霆，风霆流形，庶物露生，无非教也”，这才是儒学的意义世界。天与人的这种联系，这种联系中社会、人生的改变才是儒学的本质与价值。这一切不是仅仅依凭分析工具就能把握的，而它需要信仰，需要情感，需要体悟，如他自己说的“觉解”之类。没有这样的前提，分解的五种义项对于天这个神圣存在来说，对于儒家思想整体来说，最终的效果很可能就是庄子混沌寓言故事所说的那样，“日凿一窍，七日而混沌死”。

当然，冯氏工作并不全都是在哲学范式里完成。“贞元六书”中《新原人》的四境界论就不仅内在于理学，还带着儒学的“觉解”介入时事，可谓新理学的名下之实。其所自相期许“为天地立心，为生民立命，为往圣继绝学，为万世开太平”之立说宗旨，亦可于此而得见一斑。但是，如果没有“行四时”“生百物”的“天”为其做本体论奠基，“天地境界”又如何成立？可见，所谓新实在论的“金手指”，实在更像是弄巧成拙、点金成石。

第二个代表人物是汤用彤。汤先生受新康德主义的影响，一直想以文德尔班的《哲学史教程》为模板写一部中国哲学史。壮志虽未酬，但其理念却可从《魏晋玄学论稿》中一窥端倪。他将汉朝到魏晋时期思想的演变概括为宇宙生成论到本体论的转换，认为王弼玄学的意义就在于以“本体一元论”打击了汉代的“元气一元论”。[①] 而这样的理论贡献，则来自“不近人事”的“抽象玄理”。这一说法影响颇大，从汤一介到余敦康基本都以此作为进一步研究的前提。但这是否符合经学与玄学之内容与演变的实际，其实需要打个大问号。

以元气一元论命名汉代经学的宇宙观，而以 cosmology 与之对应，

① 汤用彤：《晋玄学论稿》，北京：生活·读书·新知三联书店，2009 年。

以本体一元论命名玄学的宇宙观，而以 ontology 与之对应，可能有助于对二者理论差异及其哲学知识属性的理解和认知。但 cosmology 真的可以反映汉代经学宇宙观的本质么？那究竟是属于道家主张还是儒家信念或者天文学观念，是需要先做分疏的。董仲舒说“为人者天，天亦人之曾祖父也”（《春秋繁露 · 为人者天》）显然是一种《易传》意义上“生”的关系，而与《淮南子 · 天文训》的气化论拉开距离——二者原本就是不同的两个宇宙论系统。儒家整个世界体系几乎可以概括为“天生之，地养之，人成之”。天生万物之“云行雨施”当然包含“吐气者施”与“含气者化”的想象描述，但在儒家、在经学中它们只是从属于乾坤的机理过程，其理论焦点重心不是气，而是“生生之德”。换言之，作为汉代思想主流的经学之天明确是以人格性、意志性为其本质，绝对不能还原为所谓气或元气，即使有相关元素引入，[①] 用于对更多事物和现象的表达解释，如“春，喜气也，故生；秋，怒气也，故杀；夏，乐气也，故养；冬，哀气也，故藏”等，因而也应是从属性的，不能动摇改变其宗教话语的地位和性质。对照《老子想尔注》由气而身体化的转折，儒道之间一重德、一重气的理论旨趣与意义指向更是泾渭分明愈加明显。

至于与魏晋玄学发生相勾连的宇宙论，显然是经学意义上的。“天地神明之心，唯圣人能见之”，（《春秋繁露 · 郊语》）“名则圣人所发天意”。（《春秋繁露 · 深察名号》）这样的天经由圣人之体察而与政治社会相通，其意义功能也是以宗教的形态得以呈现发挥。魏晋玄学名教自然之辩中的所谓名教即是来自这样的宇宙观。这就引出汤氏哲学范式玄学研究的另一个问题，即认为王弼的“以无为本”“不近人事”。这不仅主观而且武断。《春秋繁露 · 深察名号》：“名号之正，取之天地，天地为名号之大义也。古之圣人，謞而效天地谓之号，鸣而施命谓之

① 不否认董仲舒另有一个描述系统，《春秋繁露 · 五行相生》：“天地之气，合而为一，分为阴阳，判为四时，列为五行。”

名。”如果不被哲学思维牵引将天预设为元气，正视其与名教的内在关系——何晏《景福殿赋》亦有“体天作制”之语，就不难看到以无为本实际是对以天为本的否定。当然，其所否定的不是道家之天即“宇宙生气”，而是儒家之天的意志、伦理品格，目的则是瓦解名教的理论基础。现实关怀之强烈，正应了章太炎“其言玄虚，其义控实”之说。这一否定的历史背景，是汉以后政治生态的变化。首先是王权衰落，门阀地位上升，随后则是司马氏以名教为工具“宠树同己，诛夷名族”。显然，名教自然之辩才是玄学有无之辨的深层意蕴和现实基础，才是真正将经学与玄学勾连贯通的内在脉络，而这一切，又应该视为儒家天人之学在这一特定阶段的历史呈现。遗憾的是。由于哲学范式对这一文化视角的排斥，汤先生笔下的有无之辨与名教自然之辩始终只是两个平行论域，无法有机整合。余敦康先生的《魏晋玄学史》试图加以融会贯通，但效果仍不能叫人十分满意。

第三个重要代表是牟宗三。据说国际哲学界认为牟氏是唯一建立了自己哲学体系的现代儒家，我们也可以说他是以哲学范式研究儒学所获最丰者。借助哲学范式，他打开彰显了儒家文本中许多的意义论域，如道德形上学、存有诸概念等，以及以“只存有不活动”简明有力地揭示出朱子理本论的问题。但哲学范式也给他带来了巨大的思维盲区。一方面他批评冯友兰把朱子理学讲成新实在论是对朱子的歪曲，但他自己的《中国哲学十九讲》却又以汉代经学“很少哲学问题”而略过不讲。[①]诚然，经学不等于经本身，但经学却远不止是对经的文献学补充，而是其理论发挥和实践贯彻。如王充就在《论衡·超奇》说“文王之文在孔子，孔子之文在董仲舒”，在《论衡·程材》说“五经亦汉家之所立，儒生善政大义皆出其中。”正是在此基础上的历史凝结才有了《白虎通义》，才有了三纲六纪之名教。以哲学元素缺乏而视汉代经学如无

① 牟宗三：《中国哲学十九讲》，贵阳：贵州人民出版社，2020 年，第 193 页。

物，不止是明察秋毫而不见舆薪，更重要的是，失去经学内容支撑的道德形上学与儒学的关系究竟会是如何？其内容又还会有几何？

这种哲学化抽象导致对儒家符号理解之空洞化的典型的例子便是对宗庙和社稷的阐释。《礼记·曲礼》："君子将营宫室，宗庙为先，厩库为次，居室为后；重先祖及国之用。"重国之用是政治德性要求，重先祖则是基于信仰的治理原则遵循。《礼记·祭义》在大量论述之后结论曰："建国之神位，右社稷而左宗庙。"明朝修建的北京紫禁城就是这样的格局。太庙与社稷都是举办祭祀典礼的神圣空间，是儒家文化在政治生活和社会生活中地位，也就是国家治理或国家建构和国族建构中特殊地位和意义的体现。但在牟氏哲学思维框架里，太庙被抽象为一种时间性观念意识，社稷被抽象为一种空间性观念意识。其实，在批评朱子的时候他曾经离这一切是那么的近——所谓"即存有即活动"者，不就是"维天之命，於穆不已"的天么？不就是文王小心翼翼所昭事的上帝么？以为哲学更深刻，结果却是求之深而失之远。对照康有为的孔教论，得失高下，一望而知。[①]

陈来应该可说是哲学范式的当代代表了。他的博士论文《朱子哲学研究》的观点或结论，就是认为朱子由"中和旧说"向"中和新说"的转变是从神秘主义走向理性主义。[②]这显然闪烁着冯友兰的影子，问题也跟冯氏一样。朱子苦寻中和之旨是因为意识到自己所传承的道南学派以心观心的工夫论与佛教的心生万法相近似，无法帮助自己成圣成贤。这时朱子已经意识到了韩愈提出的道统问题，即夷狄之法对圣人之教的冲击，不仅毅然自我反思，而且编《杂学辨》狠批当时佞佛的诸文化名人如张九成等。心病还须心药医，因而寻求建立一种能够对治佛老虚无寂灭之说的儒门工夫论。由湖湘学走出道南的中和旧说，

① 陈明：《超越牟宗三，回到康有为：在新的历史哲学中理解儒学的发展》，凤凰网国学，2016.03. https://guoxue.ifeng.com/a/20160312/47807368_0.shtml.

② 陈来：《朱子哲学研究》，上海：三联书店，2010 年。

以及随后重回程颐吸纳张载之说而完成的中和新说，均在这一时段和这一问题轴线上。[①] 所以，朱子工作的起点和目标都是卫道，即维护儒家叙事在政治、社会和人心中的地位，维护中华文明的精神品质。事实上，他最主要的著述《大学章注》和《中庸章句》就是以“中和新说”为理论基础。两部著作的序言均指出自己工作的目标是“接道统”“辟异端”。但是，在陈先生笔下，朱子思想内容与变化更像是一位普世哲学家的爱智历程，并且是以理性为其精神归属，韩愈事业、道南工夫以及朱张会讲等等都只不过是成就这一追求的外在助缘。王阳明在他的《有无之境》里，形象、命运也大致如此。

从这几个例子应该不难看出哲学范式的儒学研究之特点与得失。哲学范式的儒学研究，相对早年基于日丹诺夫所谓两个对子（唯物主义与唯心主义、辩证法与形而上学）对传统的批判，到改革开放后的哲学即认识论的理解，再到20世纪八九十年代各种西方哲学流派的传入及模板化，几乎是重演了五四后数十年的剧本，只是实用主义、新实在论、新黑格尔主义等转换成为了存在主义、现象学、分析哲学等。它可以为儒家著作文本建构一套知识形态，但是，在这一系统里，作者写作的意图、其与社会的联系与作用都无法得到很好呈现。20世纪末一度成为热点的“中国哲学合法性讨论”，我认为所谓危机就是从事中国哲学研究的人其工作无法描述历史、无法解释现在、无法承诺未来。[②]

反思或许可以从这两个预设开始。首先是哲学的普遍性预设，甚至是某种哲学流派、哲学家思想之普遍性的预设；其次则是儒家思想的哲学预设。这两个预设在从胡适到今天的儒学研究界几乎是不言而喻的，其实事实并非如此。五四和当代都有人以主客分离的二元来描

① 陈明：《朱子思想转折的内容、意义与问题——文化政治视角的考察》，《北京大学学报（哲学社会科学版）》，2019年第6期。

② 陈明，周瑾：《范式转换：超越中西比较——中国哲学合法性危机的儒者之思》，《同济大学学报》（哲学社会科学版），2006年第2期。

述西方及诸多的文化症候，而以天人合一描述自己，以证明东方文化的优长。主客分离就来自柏拉图的理念论，这种逻各斯主义又与古代希腊城邦生活与传统的“断裂”有关，《荷马史诗》中英雄主义、《神谱》中的血缘等级原则不再适合公民政治需要。所谓的 logos 正是在与 mythos 的对立中一步步被强化，并随着柏拉图的哲学建构成为逻各斯中心主义的。与此相反，儒家的创立者孔子以承周自命，“述而不作”，其思想渊源甚至可以一直追溯至巫术！没有与 mythos 的对立也就没有以寻建新的世界基础的必要，因此也就没有 logos 的发扬，有的只是对巫史传统的改造升级，只是从《易经》到《易传》的升华，[①]从《仪礼》到《礼记》的理论化系统化。也就是说，天的信仰一直被尊重，“天地之大德曰生”“礼本天地”，成为文明的基石和标高。

德里达说哲学乃是一个属于希腊的独特传统，没有哲学不等于思想没有尊严。从这里也许可以获得某种理解。[②]如果哲学并非普遍，或者说哲学概念本身流动不居——在康德和尼采的批判之后，现代西方哲学走向语言和分析，走向心灵和个体，已经不再是柏拉图的注脚。有趣的是方旭东教授有意探索“分析的儒学”，[③]而他的老师陈来则在完成朱子与阳明的写作后，以《古代宗教与伦理》为标志转向了思想史

---

① 陈明：《从自然宗教到人文宗教——〈易经〉到〈易传〉的文化转进述论》，《北京大学学报》（哲学社会科学版），2018 年第 4 期。

② 韦尔南在《希腊思想的起源》（北京：东方出版中心，2021 年）中指出：“伊奥尼亚的自然哲学家对宇宙和各种自然现象作出了充满实证精神的、世俗的解释。他们全然无视宗教信仰的各种神力，无视既定的宗教礼仪和那些 通过赫西俄德等神学家诗人的作品流传下来的神圣叙事。……提出了一种有关宇宙秩序的思想：宇宙秩序该秩序不像在传统的神谱中那样建立在一个主神的威力、他的个人统治或王权之上，而是基于宇宙的内在规律和分配法则。”（第 3 页）“柏拉图在公元前 4 世纪仍然十分重视自然宇宙的结构和社会宇宙的组织之间的这些对应关系。”（第 169 页）不过，柏拉图哲学最终的归宿是以新柏拉图主义融入基督教。这种以理性寻建本体的尝试，被康德的批判哲学证明为一种理性僭妄，尼采对基督教的批判则可说是对这种努力之最终成果的意义否定。（法）让 · 皮埃尔 · 韦尔南：《希腊思想的起源》，秦海鹰译，北京：东方出版中心，2021 年。

③ 方旭东：《分析的儒学：不要做开历史倒车的儒家》，《当代儒学》第 14 辑，四川人民出版社，2018 年。

范式的研究。[①]

那么，什么是思想史范式的儒学研究？它的特点或问题主要是什么？典范有哪些？简单说，思想史范式的儒学研究就是把儒家文本视为一种思想形态加以描述、阐释和评价的研究活动或行为。相对哲学范式而言它并不以西方哲学体系或概念为参照，因此儒家经典文本的整体性被得到尊重，这是其优长。思想作为人的思考活动成果，可以从两个方向理解：一是认知性的，即对外部世界所作之认知描述；一是存在性的，即基于自我意识与外部世界的互动关系而完成的建构。当然，二者常常综合一体，在不同学派中比例各不相同。对照名家的“天与地卑，山与泽平”，道家的“天地不仁以万物为刍狗”、儒家的“天地之大德曰生”显然包含价值判断，而儒道之间，又存在自然理性和人文情感取向的差异。但是，我们将看到在思想史范式的儒学研究中，儒家思想或者被描述成认知性的认识论 / 史，或者虽关注其存在论品质却并不尊重其内在逻辑或尺度而是根据研究者自身的价值原则进行褒贬诠释。

我们选取侯外庐、余英时和李泽厚三人作为思想史范式的儒学研究代表进行考察。

《中国思想通史》中的思想在内容上包括哲学、逻辑、政治、经济、法学和宗教等各个门类，从其研究整个社会意识的历史特点及其变化规律的定位可知，这些思想被视为“社会意识”。这显然是一种马克思主义反映论的视角和立场，也可能与侯先生曾留学法国，而法国历来就有重视人类学和社会学的传统有关。正因此，它不像哲学范式的研究那样有一种普世性预设，而是十分注重中国思想的本土性。虽然以五阶段论为框架，却试图在亚细亚生产方式的概念下思考中国社会和思想的特殊性，例如以“贤人作风”和“智者气象”区分先秦与

① 陈来:《古代宗教与伦理》，上海：三联书店，2009 年版。

古希腊学者的思想气质，并从宗教等方面进行对比分析。因为把握了“维新道路”这一连续性发展的关键，对孔子思想的描述可谓客观而全面。但思想的深层内涵并不会从描述中自动呈现，其内在结构与义涵很可能反而被平铺直叙所遮蔽淹没，“孔子在宇宙观方面无重大成就”[①]就是典型例证。这可能与停留在思想的表面性而没有学科意识有关，学科性意味着某种概念命题的结构关系。另外一个原因则可能是不重视《周易》。这种作者不详（不接受孔子为《易传》作者的传统说法）年代不清的作品，思想史范式不愿也很难加以处理。

但没有学科框架的思想描述不免流于琐碎。作者书中对仁与礼之关系的“矛盾性”结论就是这种内部结构关系处理建构能力不足的表现。其实，在与古希腊的对照中，由“维新道路”是可以深挖出一些基本范畴和基础结构从而为儒教文明或中华文明勾画轮廓，技而进乎道，跃上思想史之巅峰。篇章最后仅仅以“国民阶级”的代表而对孔子思想做出“思想具有一定的进步意义”的结论，实在有点不知所云，但这也许就是思想史研究所能达到的范式上限了吧。

余英时和李泽厚的思想史研究相对《中国思想通史》的发展或许就是学科框架的引入，使思想史范式的儒学研究真正达到顶峰。余英时处主要是社会学，李泽厚则主要是哲学。相对“侯外庐学派”，他们工作的西方背景板色调由红转蓝，余英时那里闪烁的身影是帕森斯、韦伯、科林伍德、雷德菲尔德等，李泽厚背后则是康德、马克思、弗洛伊德、格尔兹等若隐若现。

从20世纪80年代就被介绍过来的“从价值系统看中国文化的现代意义”可知，余氏是从现代价值的角度思考儒家思想的。他认为五四时期那种以西方现代价值为普遍的，中国传统价值为特殊的论证

① 侯外庐，赵纪彬，杜国庠：《中国思想通史》（第一卷），北京：人民出版社，1967年，第161页。

理路完全不能成立。[①] 当时人们将中西文化差异视为类型之不同，目的是为维护传统价值，如梁漱溟等。但余氏将其否定并不是要将儒家价值如仁、和谐等普遍化，而是为了以西方普遍价值与之对接，将传统价值现代化。在其作品中，既可以看到将西方思想视为传统思想之未来形态的目标预设，也可以看到将传统思想形态作西方化处理的各种操作。

《朱熹的历史世界》背后是国家社会的二分、道统政统的对立。但事实上，历代儒家虽有此分疏，但绝大多数都是以二者之统一为理想追求。且不说孔孟的周游列国、董仲舒的“天人三策”，即使是对帝王之统与圣人之道做出二分的王船山，也是如此。[②] 这与中国国家形成过程——国是家的放大、王权是父权的延伸的历史背景有关。洛克表述的国家与社会关系是从征服与暴力形成的“现代”国家为基础，以契约论想象为逻辑前提。《中国近世伦理与商人精神》是对儒教的辩护，是对韦伯认为儒教不能为资本主义发展提供动因的反驳，也是我读余著最愉快的一段体验。但是，当时我也意识到其所反驳的只是韦伯对儒教本身的结论定性，想做的其实只是把儒教纳入韦伯所谓实现了理性化的宗教箩筐，跟犹太教一样。对其前提方法——为证明自己预设结论（新教伦理与资本主义精神内在关系的解释），将其他文明作为反例处理的主观傲慢——没有丝毫的警觉和批评。因此，“对中国独特历史经验的把握仍然受到韦伯观点的不适当的牵制，仍然有先入为主的嫌疑。”[③]

最著名或影响最大的《士与中国文化》，则基于大传统与小传统之划分，就是人类学家雷德菲尔德提出的二元分析框架。雷氏的大小传统原本用于城市文化和乡村文化描述，强调二者对立。这在西方可谓

① 余英时：《从价值系统看中国文化的现代意义》，台北：时报文化，1984 年。

② 王船山：《读通鉴论》卷十五。

③ 唐文明：《尘埃未定的历史——评余英时的韦伯式问题》，《清华哲学年鉴 2003》。

渊源久远，古希腊就有城邦和乡村的对立，并且被亚里士多德编织为家庭—村社—部落—城邦的进化序列。虽然余氏指出中国大小传统并非如西方历史中那么对立，算是做了本土化努力，但是，汉代循吏无论是听讼治狱还是化民成俗，都是霸王道杂之的政策框架下的一种社会整合和国家建构的行为，并且这些士人的行为都是国家“公务员”身份中的职务行为，仅仅从“文化传播”角度是无法还原其历史内涵的。原因之一，就在对大小传统分析框架的简单套用。

《士与中国文化》从“文化”而不是“国家”的角度，将焦点落在“士”的文化身份而不是“大夫”的政治身份之上，在彰显出士与中国文化的意义功能之同时，士大夫对于国家国族建构的意义功能无疑被严重遮蔽，儒家“治国平天下”的自我定位也被局限于社会之维。[①] 三纲六纪所关涉者是文化更是政治，汉族之名今天看是族群（ethnic）当时却绝对是国族（nation），这也可以从另一个角度说明汉代文治武功的效果与意义。如果这一点确定无疑，那么《士与中国文化》所研究的对象及活动，首先应该在这一基本框架之内进行考察。于是，我们就需要思考这样一个问题：由大传统小传统之分、道统政统之别建构的描述分析框架与国家国族建构应该是怎样一种关系——孰先孰后？孰轻孰重？

余英时不讳言自己“预设思想史的自主性：思想和学术一旦出现即形成了一个自主的精神领域（包括宗教在内），从此一代一代地接着发展下去。”[②] 这一夫子自道其实适合他本人乃至整个思想史范式的儒学研究。这一理念的特点和问题集中体现在其《论天人之际》。[③] 这部收官之作。他借用雅思贝尔斯的轴心期概念，以伦理性为内涵说“超越”，[④] 结论是儒道墨诸家都发生了“突破”，只是相对于古希腊的外向

① 政治上的作用主要是作为道统与政统紧张对峙，如《朱熹的历史世界》等所表现者。

② 冯友兰：《中国文化史通释》，北京：三联书店，2011 年，第 1 页。

③ 余英时：《论天人之际——中国古代思想起源试探》，北京：中华书局，2014 年。

④ 这显然借鉴了韦伯论犹太教的说法。当然，也可以说是《中国近世伦理与商人精神》对韦伯《儒教道教》之回应的进一步补充。

超越，中国文化属于内向超越。就其对天人合一的宗教学解释而言是高出许多人的。但他以思想者之“人心”趋合于“道”，达到“德”的个人化和内在化来表述中国式的轴心突破，则问题多多。

他的言说理路：首先，“用礼乐一词代替韦伯的宗教，是因为中国古代的宗教托身与礼乐之中”[①]。然后，“轴心突破以后，巫的中介功能则在新兴的系统性思维中被彻头彻尾的否定了”；[②]“轴心突破后，天命的性质发生了根本的变化，从集体本位扩展到个人本位。”[③]最后得出结论：“哲学突破在中国是以心学取代神学，中国思想的一项主要特色由此奠定。后世程朱陆王都是沿着这条路走下去的”。[④]

我们来看问题出在哪里。首先，礼乐能否代替宗教作为分析对象？答案是否定的。礼乐作为事神致福的方式，从宗教学的角度说，属于人与神之“再连接”环节（仪式），而这乃是以在此之前或之上的神与人的连接关系（神学）为基础或前提。用基督教的话说就是，“我们爱，是因为神爱我们。”（《新约 · 约翰一书》4:19）[⑤]以礼乐为中心意味着对神这个宗教核心存在的忽视或无视，这是一个致命的问题，因为仅仅从信仰活动本身及活动参与者的角度根本不能说清儒教或任何其他宗教的本质，也无法说清相关思想系统的发展变迁。

其次，巫的退场，同样如此。巫之所以能够成为天人之间的交通使者，是因为某种特殊技能，或者“以舞降神”，或者揲筮起卦，等等。当一个神灵只能经由这些异能、秘技或魔力才能得以沟通时，我们可以说该神灵自身的属性即是如此。神秘、魔幻与理性、德性、义理性等“人文性”显然是异质的，因而可以说它只是一种盲目的自然力量。

---

① 余英时：《论天人之际——中国古代思想起源试探》，北京：中华书局，2014年，第21页。

② 余英时：《论天人之际——中国古代思想起源试探》，北京：中华书局，2014年，第41页。

③ 余英时：《论天人之际——中国古代思想起源试探》，北京：中华书局，2014年，第37页。

④ 余英时：《中国文化史通释》，北京：三联书店，2011 年，第 9、10 页。

⑤ 托马斯 · 阿奎那“人之爱上帝，正是圣化恩典在人身上产生的结果”，则指出了二者间的逻辑关系。托马斯 · 阿奎那：《反异教大全 · 第3卷》，北京：商务印书馆，2017年，第319页。

同时，在这里我们也可以说，作为轴心期文明发生事件的儒教之理性化，并不适用那种现代性质变意义上的祛魅（dienchantment）来加以诠解。它的本质乃在天这个至上神之神格的升级，即理性、德性诸“人文性”之确立。犹太教对巫术的禁绝当如是以观，儒教对德性的强调亦当如是以观。帛书《易传·要篇》载孔子语云：“君子德行焉求福，故祭祀而寡也；仁义焉求吉，故卜筮而希也”；“德行亡者，神灵之趋；智谋远者，卜筮之繁”。神灵认可德行和仁义，福善祸淫，说明天的神性、神格由一种盲目的自然力量转进成为了理性和良善的力量，即孔子所谓之“德义”。

以此为前提，才有了祭祀和卜筮地位的下降，才有了以神秘能力与天交通之巫觋的退场——取而代之的不是一般庶众，而是圣人。《论语·泰伯》：“唯天为大，唯尧则之。”

最后，所谓“个人中心”，在当时很难说已经成型。“希伯来圣经”的最终诉求是“重建大卫的国”。在西方，个体论的出现一般来说也被认为是基督教建立以后的事。[①] 孔子笔下与天地合德的“大人”不能视为普通个体，而是某种共同体代表符号，或者其所需要和尊崇的人格之投射。尧、舜、禹、汤、文、武作为圣王，都是“自诚明”的“性之者”。所谓“率性之谓道”，实际是将其所禀赋之天性显发为诗书礼乐（所谓人文，“诗书，义之府也”），以教化凡庶（“观乎人文化成天下”；“修道之谓教”）。[②] 余氏作为例证的孟子“尽心知性知天”，其所表达和强调的首先是天之普遍性，而非个体的主体性。作为一种“共同体叙事宗教”，信仰者关注的是社会的成就（“修齐治平”），而不是个人生死安顿与灵魂救赎。[③] “自天子以至庶人，壹是皆以修身为本”，

① 拉里·西登托普：《发明个体：人在古典时代与中世纪的地位》，贺晴川译，桂林：广西师范大学出版社，2021 年版。

② 陈明：《〈中庸〉的儒教解读》，《世界宗教研究》，2022 年第 6 期。

③ 个人生命意识这种个体存在的标志，是在魏晋时代才逐步形成。余氏在《中国文化史通释》“综述中国思想史上四此突破”中，把“个体自由”作为第二次突破的主题。

统一的基础就是共同体。阳明心学或许可以于此溯源，但中间还有许多的理论关节需要打通。

如果“诸神的诞生”才是轴心期文明突破之关键，接下来的问题自然就是，在中国，在儒教（礼乐所代之宗教应该不会是道教或佛教），“先知”为谁？文本依据是什么？答案只能是：孔子；《易传》。不难看出，余氏以“礼乐代宗教”其实是由结论预设所导致的方法选择，即他是从“心学”（心性之学）出发推导内在化的仁 - 礼结构，然后将这一仁 - 礼结构视为早期巫 - 礼结构之理性化产物，进而将其描述为轴心期理性化之突破的形式与内容。这一论述的秘密就是将宋明理学的个体性工夫论先秦化，并不符合儒教之历史发展实际。

如前所述，礼乐仪式由神学（神论）决定，无论《礼记 · 礼运》的“礼本太一”，还是《荀子 · 礼论》的“礼有三本”，都表明它是被决定的（所谓“中国古代的宗教托身与礼乐之中”不能成立），离开天这个礼之所本而建构的论述终只不过是炫人眼目不成片段的七宝楼台。从《仪礼》到《礼记》的文本内容变迁固然可以看出祭祀、礼乐的理性化、伦理化递嬗，如《中庸》说“礼仪三百，威仪三千”，繁文缛节之中淫祀肯定不在少数。但到《礼记 · 祭法》，所论定者则分为圣贤、日月、山川若干大类，并且以“有功烈于民者”为其得享祭祀之根据——理性化、伦理化的真谛。这应该与《贲卦 · 彖传》理念相关：日月星辰天文也，山川石木地文也，诗书礼乐人文也，都是生生不息之宇宙大生命的表现形态。“天地之大德曰生”，这个使《易经》的宇宙图景由自然宗教升华为人文宗教的点睛之笔，就是出自孔子之手。[①]

《易传》建构的宇宙图景在张载《正蒙 · 乾称篇》中被如此表述：“乾称父；坤称母。予兹藐焉，乃浑然中处。故天地之塞，吾其体；天地之帅，吾其性。民吾同胞，物吾与也……”思想史的展开以天为轴

① 陈明：《从原始宗教到人文宗教——〈易经〉到〈易传〉的文化转进述论》，《北京大学学报》（哲学社会科学版），2018 年第 4 期。

心，儒家对于社会生活和人之生命的塑造，也是以天为价值支撑。理学之起，则是因为佛老的虚无寂灭之说对这一圣人之教形成挑战，动摇国本，朱子如韩愈一样挺身而出奋起卫道。

如果这才是中国思想史的历史事实，余氏那一套宏大叙事又是怎样编织而成的呢？从知识学角度说第一是因为他对宗教学没有深刻了解，第二则是韦伯问题及其现代性定义成为他的思维框架，但韦伯的宗教社会学聚焦在宗教与人的关系，其相关著述围绕犹太教与西方文明、基督教新教与资本主义精神展开论述，其他宗教尤其儒教在他笔下不过是作为其论证西方之特殊性的东方学材料。不加反思的援用，使得韦伯关于现代性本质在理性化的思想以及现代性的个人主义方法论特征，与宋明理学的个体论相叠加，使得余英时错置语境，以现代性思维将脱魅（disenchantment）与个体移用于轴心期阐释的方法论。

与余英时互为一时瑜亮的是李泽厚。由于另有专文，[①] 这里只列举巫史传统一点与余氏加以对照讨论。[②] 李说自己以前曾用实用理性、乐感文化、情感本体、儒道互补、一个世界描述中国文化，“今天则拟用巫史传统一词统摄之，因为以上概念其根源在此”。[③] 巫史传统可以统摄实用理性、乐感文化、儒道互补等一干概念，可见他是以此定义中国文化的整体特征。同时，这也是一种起源叙事：“原始巫君所拥有的与神明交通的内在神秘力量的德，变而成为要求后世天子所具有的内在道德品质操守。”“周公制礼作乐完成了外在巫术礼仪理性化的过程；孔子释礼归仁，完成了巫术情感理性化的最终过程。”都是说巫，余氏看到的是巫之退场，以与天沟通的位置被哲学家、思想家个体取代，而宣告理性化完成、伦理化确立；李氏则认为这种取代是换药不

---

① 陈明：《启蒙的意义与局限》“启蒙的意义与局限”，《人文》第七卷，北京：中国社会科学出版社，2022 年。

② 李泽厚：《说巫史传统》，上海：上海译文出版社，2012 年。

③ 李泽厚：《说巫史传统》，上海：上海译文出版社，2012 年，第 5 页。

换汤——巫的神秘力量被政治家的德性取代，从而与巫术退场、科学诞生的西方相区隔。[①]余氏强调的是个体性的确立，儒家价值系统具有现代意义；李氏强调的则是巫术情感的理性化，进而情欲化——接轨所他构思的儒学第四期发展之情本论。[②]

李是六经注我的思想家，从这里可以看出他将自己的情本论当作了儒家思想的归宿。这是现代还是后现代或者是否成立姑置不论，这里仅对巫史传统能不能作为儒家思想或中国思想的基本特征稍作讨论。他说："巫的基本特质由巫君合一、政教合一的途径，直接理性化而成为整个思想大传统的根本特色。"[③]巫君合一在中国历史上是否存在其实是大可商榷的。正史以及《诗经》的材料中，五帝三王都是以德行为基本特征。"感生神话"对其祖先的神圣化，实际已经以"神之子嗣"的高贵血统否定了其以"精爽不二""齐肃衷正"为特征的巫觋属性之可能，何况他们职官系统中已经有职业巫史的配置。如果巫君合一不成立，那么政教合一从何而来？这是基于儒教的脉络，由"敬敷五教"的社会伦理到"修道之谓教"的宗教伦理。它的重要节点就是殷周之变，商纣王认为"我生有命在天"（《尚书 · 西伯戡黎》），我为天之子，得天眷顾，政权不可能丢。但结果就是"小邦周克大国殷"，这使得周公不得不重新思考天人关系。他的结论是，"皇天无亲，惟德是辅"（《尚书 · 蔡仲之命》）。天与人（王、权力）的连接，不是以血缘为纽带，而是以德性、德行为依归。这意味着对天之神格的修改，是天之人文属性对其自然属性之替代的第一步。在孔子说出"天地之大德曰生"之

① 实际这一转进，既不能解读为理性化（祛魅），也不能将其还原为巫，而应视为有自然宗教向人文宗教的升华。参见陈明：《从原始宗教到人文宗教——〈易经〉到〈易传〉的文化转进述论》，《北京大学学报》（哲学社会科学版），2018年第4期。

② "我的儒学四期说继承原典儒学的礼乐论的情欲论主题，就是追求更进一步了解人的生理包括情绪等等自身，反对心、性、'自我'即各种概念语言和理性范畴以神或天理为命令的绝对宰制，……主张回归自然即人的自然化。"《中华读书报》，2012年2月8日07版。

③ 李泽厚：《说巫史传统》，上海：上海译文出版社，2012年，第13页。

后，天命之谓性的性就成为了生命之善。圣人“自诚而明”，“率性之谓道”呈现为诗书礼乐，于是而有“修道之谓教”。政教合一在《大学》是三纲领八条目的修齐治平；在汉以后是霸王道杂之。

这样一个脉络李泽厚其实是知道的，孔子那段“吾与巫史同途而殊归者也。吾好其德义也”就印在《说巫史传统》扉页上，只是他看重的是“同途”而不是“殊归”。一个人的思想性质究竟是由曾经使用的材料还是由最终形成的理念所决定呢？答案应该不言而喻。帛书易传《要》中有许多“后其卜筮”的言论，事实上也正是因为德行可求福、仁义能求吉的理念被普遍接受才导致了巫的地位边缘化。李氏之所以如此坚持，可能有多种原因。一个是不愿承认儒家思想是一种宗教，实际儒教说不仅可以与历史叙述平顺对接，其巫史传统相关内容可以被无损容纳进去，还可以在更广阔的文明史背景上与西方展开比较对话。另外一点，则是他不仅有一个中西思想异质性的预设，以及对此做出界定和论证的学术目标，更有一个重构中国思想图景的野心或理想。

那就是情本论。在他勾画的“畏”“敬”“爱”轴线中，殷商时期的“畏”指饕餮纹的狞厉之美所体现出来的恐惧心理，与超验的神秘力量对应；敬，体现在周公的敬德保民原则里，因为小邦周代大国殷意味着“皇天无亲，惟德是依”；爱，来自孔子的“仁者爱人”，而仁是“天心”。毫无疑问，此三者都以一个超验存在为其自身存在的前提，如果他不执着自己的预设或偏见，从 religion 而不是 shamanism 出发，他的情本论表述原本可以更加充实饱满，也更接近历史真实。遗憾的是，作为现代性信徒，他也跟余英时一样“蔽于人而不知天”。如果说有什么不同，那就是余氏是以个体主义奔向“历史终结”，李氏则在此之外还沿着历史唯物主义的路径建构其人类学历史本体论。

儒学研究的哲学范式和思想史范式，一个是外部描述，一个是低度描述。所谓外部描述是指其依据哲学学科所建构的知识系统不足以体现文本作者的写作意图，不足以反映其与所处时代社会的互动关系，而对其进行评价赋值的标准也是来自遥远的西方，无法反映思想家在儒家思想谱系中真正的地位影响。所谓低度描述，或许可以参照人类学家深描的概念来加以说明。简单说，深描就是以“文化持有者”的视角叙述、解释其行为背后的文化意义。[①] 如果说哲学方式的儒学研究根本不考虑这一问题维度，那么，余英时、李泽厚等的问题则在于虽着意于此，但其所用于描述和解释的学科框架与价值标准都是来自西方现代性话语体系。[②] 虽然他们并非外来的人类学家，某种程度上可以说代表了相当部分中国人对现实、历史和未来的感受、认知和评价，但并不意味着这些指控在知识和价值上失效，反而说明本文所指控的问题普遍性和严峻性。他们仿佛思想狂欢节的编剧和导演，有着近似思维与期待的观众为节目（作品）所陶醉，双方均获得情感和理智的双重满足，而儒家思想本身则在其涂抹的油彩下面目模糊失去自我。

三　文明论范式的儒学研究

如果说前面对的评点过于严厉，那么必须澄清严厉并不是指向作者，甚至主要也不是指向其著作，毋宁说是指向儒学研究之哲学范式、思想史范式本身的内在缺陷。而当我们说儒学研究的哲学范式和思想史范式不能做什么的时候，实际上就意味着文明论范式之儒学研究的问题意识、学科特征等已经呼之欲出了——它们的局限盲区正是我们工作的目标焦点。沃格林认为，“对于历史研究而言，最小的认知单位

① 克利福德·格尔茨：《文化的解释》，韩莉译，上海：上海人民出版社，1999 年。

② 其具某种历史必然性和合理性毋庸置疑，但兹事体大，姑置不论。

并不是个人、国家、社会或语言共同体，等等，而是文明。”① 这里所谓的“小”应该理解为“基础性”和“根本性”，所谓“历史”其实现实也被包含在内。司马迁自述“究天人之际，通古今之变，成一家之言”，可谓沃氏先声，互为印证。

文明即文明论范式的关键词。其核心乃是一种整体性或基础性的宇宙图景（panorama of cosmos），以及据此建立的关于“我们是谁、从哪里来、到哪里去”的生命论述与生活原则（order of Being），“人在里面可赋予其生命一个有意义的模样”。② “人类据以描画世界及其自身的最初的表现体系起源于宗教”，③ 因此，“在所有界定文明的客观因素中，最重要的通常是宗教。”④ 如果说哲学范式研究自带哲学，思想史范式兼摄各种学科，那么文明论范式首先意味着宗教学视角的选择，意味着深描的要求。宇宙图景与个体生命的关系是双向互动共同成就：信奉者将“则天而行”，形成自己的人格，融入社会系统；宇宙图景则经由人的行为，实现对共同体的塑造，并在代代传承中成为历史的主题精神。因此，那呈现为宇宙图景的信仰元叙事，其思想建构，理论拓展、实践落实与地位守护等作为文明论研究对象，就其本质而言，既不能等同于历史学、社会学、政治学之类的社会科学知识，也不是仅仅是关乎彼岸、绝对（神或理念）的形而上学，而是一种基于并朝向那一

① 尤金·韦伯：《沃格林：历史哲学家》，成庆译，长春：吉林人民出版社，2011年版，第241页。这是沃格林对汤因比《历史研究》方法论的概括（汤因比：《历史研究》，郭小凌等译，上海：上海世纪出版集团，2010年）。第一部第一章的题目就是“历史研究的单位”。库朗热（1830—1889）也认为，历史“其真正研究意图在于人类精神。”参见库朗热：《古代城邦——古希腊罗马祭祀、权利和政制研究》，谭立铸等译，前言，上海：华东师范大学出版社，2006年。

② 沃格林：《政治观念史稿·卷一·希腊化、罗马和早期基督教》，段保良译，上海：华东师大出版社，2019年，第63页。

③ 涂尔干：《宗教生活的基本形式》，渠东、汲喆译，北京：商务印书馆，2011年，第10页。

④ 亨廷顿：《文明的冲突与世界秩序的重建》，北京：新华出版社，2010年版，第21页。

宇宙图景的生命意义之生成，一种沃格林所谓之“存在真理”[①]。文王、孔子以及董仲舒、朱子、康有为等历代儒家圣贤都在这一轴线上工作，其他思想学术成果也只能经由与这一轴线的联系才能获得意义，才能获得理解和评价。反之，则很难称得上是儒学或儒学研究。

文明论研究范式虽由亨廷顿在冷战结束后提出，但文明论研究却渊源久远。柏拉图的理念论是为给城邦社会和政治寻找形而上学根据；尼采对基督教的批判可以说是西方文明的一次深刻反思；埃里克·沃格林则可以说是马克斯·韦伯之后基于自身传统对世界文明体系的宏观把握。在中国，最能体现文明论范式研究特征和传统的就是经学概念。《四库全书总目·经部总叙》：“经禀圣裁，垂型万世。删定之旨，如日中天。……盖经者非他，即天下之公理而已。”经之为经，在于出自圣人之手，而圣之为圣则在其可交通于天。“垂型万世”之型，前文“宇宙图景”概念可谓最好说明；“如日中天”则是对其至高无上之地位的描述——所谓道统，首先意味着文化权力和权重。这样一种文化“秩序的真正功能，乃是创造一个庇护所，人在里面可赋予其生命一个有意义的模样”[②]。西方在这一位置上发挥作用的是基督教，阿拉伯国家是伊斯兰教，印度是印度教，日本则是神道教。董仲舒称孔子为素王，就是将行政权力归属于“时王”，将儒家思想的地位功能限定在文明教化上，以实现儒家思想理念与秦汉这一政治帝国的连接。其所成就的汉代霸王道杂之，远不止是一种治理技术，更是一种文明结构。[③]这也正是经学产生的历史条件和背景。

“天不生仲尼，万古如长夜”。但在《易传》确立起“乾父坤母”的宇宙图景之后，它的实践落实和理论发展，尤其道统维护，就成为

① 沃格林：《城邦的世界：秩序与历史 2》，南京：译林出版社，2012 年，第 284 页。

② 沃格林：《政治观念史稿·卷一·希腊化、罗马和早期基督教》附录一“沃格林的《政治观念史》导言”，上海：华东师大出版社，2019 年。

③ 陈明：《霸王道杂之：中华帝国的政治架构与文化精神——基于文明论视角的宏观扫描》，《中国政治学》，2020 年第 2 期。

儒学的常态化工作。董仲舒如是，韩愈、朱熹也莫不如是。韩愈是在佛教、道教流行起来之后，担心夷狄之法对圣人之教（“天下之公理”）的倾覆而奋起卫道，呼吁“人其人，火其书，庐其居”。朱子同样如此，其整个思想体系可视为韩愈《原道》的升级版，《大学章句》《中庸章句》序言都明言自己写作宗旨在“辟异端”，反佛老的“虚无寂灭之说”。康有为则是在中华帝国因西方世界性殖民运动冲击陷入危机的情况下，既要改革政治以应对挑战，又要建立孔教以维持中国的文明特质。五四以降，以西方为中心的单线进化论为核心的现代性思维几乎无远弗届，其基本的文化判断就是，中西之间是“the difference of grade”。但也有梁漱溟等这样的“保守主义者”认为其实是“the difference of kind”。他的《东西文化及其哲学》就是如此展开论述。这里的“文化”实际上就是文明，[①] 因为他是在肯定中西印三种不同文明之界限的基础上，描述各个文明自身的“元叙事”和特点。

道之统在圣，而其寄在贤。“为天地立心，为生民立命，为往圣继绝学，为万世开太平”不仅是这一范式工作者的文化自觉，也是对这一工作意义目标的最好说明。明乎此，对儒学发展的历史分期以及地位厘定，都有了清晰明确的标准尺度，现在流行的“三期说”“四期说”，都相当可疑：董仲舒、朱子或者现当代如何可以与孔子的轴心期相提并论？经学、理学或者别的什么都不过是孔子思想的时代呈现，就像奥古斯丁、托马斯·阿奎那或者马丁·路德的理论之于《圣经》。“经”“传”之间是存在根本与枝叶的区别的。文明与其说是发展更新，不如说是生长。

……

① 梁漱溟：《东西文化及其哲学》，上海：上海人民出版社，2015 年版。

乾父坤母：儒教文明的世界图景

——基于比较宗教学的考察

学界在近年来关于家的研究成果颇多，或专注于对传统的伦理学阐释，或着眼于中西文化比较，或借助于西方思想论证家的现代性价值。没有哪个文明比我们更重视家：《易传·说卦》说“乾，天也，故称乎父。坤，地也，故称乎母”；《礼记·礼运》说“圣人以天下为一家”。从文明论层次对家与儒教文明[①]的关系进行考察，不仅具有深刻的理论价值，在深化对自身传统乃至世界文明谱系的认知，提升文明自觉和文化自信等方面，也具有不言而喻的现实意义。

一、文明论视域里的轴心期以及所谓“连续性”概念的调整

在某种程度上可以说，一种文明意味着一种整体性或基础性的世界图景（panorama of cosmos）和存在秩序，以及据此建立的关于“我是谁、从哪里来、到哪里去”的生命论述与原则。人类所处的世界，按照“大爆炸理论”（big bang），在时间上无始无终，在空间上无边无际，既无中心，也谈不上意义——对我们的生命和生活来说，这显然是不可接受的。这或许就是宗教产生的原因。爱弥儿·涂尔干说：“科

① 儒教之教究竟是教化（teaching）还是宗教（religion）？学界尚存争议。参见任继愈主编《儒教问题争论集》，北京：宗教文化出版社，2000年；陈明主编《儒教新论》，贵阳：贵州人民出版社，2010年。

学是片段的、不完整的；它虽然在不断进步，却很缓慢，而且永无止境；可是生活却等不及了。因此，注定要用来维持人类的生存和行动的理论总是要超出科学，过早地完成。”①“人类据以描画世界及其自身的最初的表现体系起源于宗教。”②米尔恰·伊利亚德进一步提出神圣空间概念加以阐发：“非神圣空间没有结构性和一致性，只是混沌一团”，“它（神圣空间）为未来的所有发展向度揭示了一个基本点，确立了一个中轴线”。“正是神圣的这种自我表征才从本体论的层面上建构了这个世界”，“只有显圣物才揭示了一个绝对的基点，标明了一个中心”。③具体而言，“创造和宇宙律法这两个概念密不可分；天是宇宙秩序的原型。”④伊利亚德从本体论层面的世界建构之所成，可以叫作“世界图景”，而埃里克·沃格林将这一宗教学洞见运用于生活世界的理解和分析，以某一文明之神圣存在为根据而形成的人生目标及路径规划，就是所谓存在秩序了。⑤

如果可以把“神”或“天”的发现与建构理解为人性最深层之心理、情感与精神需要的反映、表达与满足，那么从思辨的角度将宗教视为文明的核心、灵魂的本质和历史的内容，也就顺理成章。事实上，从雅典时期开始，人们就相信，“在所有界定文明的客观因素中，最重要的通常是宗教”。⑥沃格林指出：“对于历史研究而言，最小的认知单

---

① 涂尔干：《宗教生活的基本形式》，渠东、汲喆译，北京：商务印书馆，2011 年，第 594 页。

② 同上书，第 10 页。

③ 伊利亚德：《神圣与世俗》，王建光译，北京：华夏出版社，2002 年，第 20 页。

④ 伊利亚德：《神圣的存在——比较宗教的范型》，晏可佳、姚蓓琴译，桂林：广西师范大学出版社，2008 年，第 65 页。

⑤ “存在秩序”（order of Being）是沃格林多卷本《秩序与历史》贯穿全书的核心概念，指某种具有神圣性的意义结构，历史则可视为人类与这一秩序趋向契合的过程。参见沃格林：《秩序与历史》卷一《以色列与启示》“序言”，霍伟岸、叶颖译，南京：译林出版社，2010 年。

⑥ 亨廷顿：《文明的冲突与世界秩序的重建》，北京：新华出版社，2010 年，第 21 页。

位并不是个人、国家、社会或语言共同体等等，而是文明。”[①] 作为一种研究范式的文明论，首先意味着对文明体的意识，即在承认人类普遍性的前提下，强调每一文明体的内在系统性和外在边界性。这不仅是一种尊重他者的修养，也是一种明晓事理的智慧；其次，这意味着一种历史的视角或眼光，因为文明总是与具体民族的生活联系在一起，在历史中形成、扩散并呈现为一种生活样态。[②] 如果说文明的内核是一个世界秩序图景，一种生存秩序模板，而这又主要是由宗教所阐述提供，那么文明论研究必然意味着一种宗教视角的研究。在堪称文明论研究范式回归的标志性文章——《文明的冲突》中，塞缪尔·亨廷顿就用基督教文明、伊斯兰教文明和儒教文明描述当代世界的构成板块及其矛盾关系，对后冷战时代的世界秩序进行预测。[③] “文明冲突论”为什么是在冷战后提出并成为“自我实现的预言”？因为冷战两大阵营的意识形态对立，本质上是个体叙事与阶级叙事之间的对立，二者都属于普遍主义的现代性思维[④]；冷战既是其发展的巅峰，也是其衰落的

---

① 尤金·韦伯：《沃格林：历史哲学家》，成庆译，长春：吉林人民出版社，2011 年，第 241 页。这是沃格林对汤因比《历史研究》方法论的概括。《历史研究》（郭小凌等译，上海：上海世纪出版集团，2010 年）第一部第一章的题目就是“历史研究的单位”。库朗热（1830—1889）也认为，历史“其真正研究意图在于人类精神。”参见《古代城邦——古希腊罗马祭祀、权利和政制研究》前言，上海：华东师范大学出版社，2006 年。

② 从亚里士多德（前 384—前 322）、黑格尔（1770—1831）到魏特夫（1896—1988）的“东方专制主义”话语，到维科（1668—1744）的《新科学》，再到马克斯·韦伯（1864—1920）、斯宾格勒（1880—1936）、卡尔·雅斯贝斯（1883—1969）、汤因比（1889—1975）、沃格林（1901—1985）的历史和宗教研究，都属于文明论范式的思想成果。虽然它们均或多或少带有西方中心主义色彩，但相比于现代性话语那种对同质性的预设，其旨趣上的差异清晰可辨。

③ 亨廷顿：《文明的冲突》，《外交季刊》1993 年夏季号。

④ 现代性思维，简单说就是认为近代西方社会的社会政治发展内容、模式具有普遍性；它的深层是经济决定论和西方中心论。兰克（1795—1886）认为世界史即是西方的历史，在地中海沿岸经历了其前阶段，此后从希腊和巴勒斯坦开始并延续至今；其余的属于民族学领域。汤因比批评这种观点：“……仅仅有一个文明即我们自己的文明，这种文明统一性观点是现代西方历史学家受其社会环境的影响而产生的一种误解。”《历史研究》，第 38 页。比较有趣的是日本史学家冈田英弘的观点：“人类文明中唯有东方的中华文明和西方的地中海文明是有历史传统的。”参见其《世界史的诞生》后记，北京：北京出版社，2016 年。

起点。意识形态的政治油彩剥落后，文明的边界与问题重新浮现，身份政治（identity politics）几乎是一夜之间又重新成为理解从东到西、从南到北之世界态势的关键词。[①]

张光直提出了一个极为重要的观点：中国与西方的文明起源属于两种不同的类型，中国是“连续性”的，而西方是“破裂性”的。[②]“前者的一个重要特征是连续性的，就是从野蛮社会到文明社会，许多文化、社会成分延续下来，其中主要延续下来的内容就是人与世界的关系、人与自然的关系。而后者，即西方式的是一个突破式的，就是在人与自然环境的关系上，经过技术、贸易等新因素的产生而造成一种对自然生态系统束缚的突破。”[③]

对这种差异的观察与强调早已有之，张光直这一说法的特别之处在于其处理方式，张光直即认为中国这种“连续性”文明观念更具有普遍性，欧洲“断裂性”文明观念反而是特例。对照所谓“亚细亚生产方式”概念，这一态度反转可以看得十分清楚。“中国的形态很可能是全世界向文明转进的主要形态。而西方的形态实在是个例外，因此社会科学里自西方经验而来的一般法则不能有普遍的适应性。”张光直这些基于考古学、历史学和人类学观察得出的结论，意义重大，甚至可以提升至社会科学方法论的高度。[④]在“西方中心论”的视角里，中国及其文明长期被视为偏离典范的异类，对于习惯了这种定位的学界来说，张光直的观点简直有如醍醐灌顶。

对本文的研究来说，“连续性”是一个极好的起始概念，但须有所

① 参见王缉思：《当代世界的身份政治和“文明冲突”》，（2020.04.16），[2021.05.30]，http://www.aisixiang.com/data/120874-2.html。

② 张光直：《连续与破裂——一个文明的起源新说的草稿》，《九州学刊》，1986 年 9 月总第 1 期。

③ 张光直：《考古学专题六讲》，北京：三联书店，2013 年，第 18 页。

④ 张氏显然有此期待。参见其《考古学专题六讲》（增订本）“中国古代史在世界上的重要性”，北京：三联书店，2010 年。

调整。首先，“连续性”应该做动态理解，应将其视为一个从起点的有所“延续”到有所发展，直至发展“成型”的整体过程。实际上，所“延续”的“野蛮”时期之思想理念，不仅原本只是某种普遍性颗粒，如万物有灵、祖先崇拜之类，朴素而粗糙，与后来真正成为文明支撑的成熟理论相比，在价值观念和思想属性上存在巨大差异。而且，不同文明间或“连续”或“断裂”，异同之原因如何、结果怎样，也均需具体讨论参详，非如此无法做出描述解释。对于“连续”形态的中国文明来说，影响、决定其文明内涵品质、存续几率与发展方向的关键因素，乃是这一时期社会发展所带来的思想升华结晶，而绝非其历史沉淀。人类学、考古学对“起源”问题的关注，决定了张氏将焦点落在“野蛮”到“文明”转换过程中的前者向后者的“延续”，而一定程度上忽视了社会和思想在新阶段中的蜕变飞跃，因而表现出一种还原论倾向。

帛书《易传·要篇》记录了一段孔子的夫子自道：“赞而不达于数，则其为之巫，数而不达于德，则其为之史。……吾求其德而已，吾与史巫同涂而殊归者也。”这里的“赞”与“数”都属于占卜的巫术行为，“求其德”则是其作为“儒”的文化创造和信仰追求。[①]由“巫”之“赞”到“史”之“数”，再到“儒”之“德”，三者之间的关系是“连续的”，但更是“发展的”，既连续又发展，可谓“连续性文明”之完美表述或见证。如果作为儒家圣人的孔子相对“巫”与“史”是更具有代表性的符号，那么对中国文化的规定和理解来说，是与孔子曾经同途的“巫”“史”之“筮”与“数”更重要，还是孔子自己所追求，并与我们的历史和精神生命有着深刻意义连接的“儒”之“德义”更重要呢？答案不言而喻。张氏由“连续性”得出“中国古代文明是所

① 陈明：《从原始宗教到人文宗教》，《北京大学学报》（哲学社会科学版），2018年第4期。

谓萨满式的文明”[①]的惊人论断，并且影响颇大。[②]但相对其理论初衷与学术抱负，实在是反差太大，十分可惜。

其次，所谓“连续”，主要应该指向思想观念延续，还是社会组织的连续？张氏认为是“人与世界的关系、人与自然的关系”这些观念。而在新进化论代表人物塞维斯的表述中，“文明”到“野蛮”的跨越，主要关涉社会组织由“族团”“部落”到“酋邦”“国家”之转进，是“政府的起源”的问题。[③]显然，政府的起源关乎社会组织系统的变迁。正是这里的“断裂”或“连续”，影响、决定着思想观念的发展形式和方向。以中国为例，秦汉帝国可以视为国家的成熟形态，武王伐纣建立的军事集团可以视为部落联盟的高级形态，武王克商之后“选建明德，以藩屏周”“封建亲戚，以藩屏周”而建构起的“天下秩序”，则可以视为两个端点之间的中间形态，其宗法组织制度表现为由亲戚制度向政治制度的重心迁移、性质转变的过程。[④]正是在这样一场战争胜利后，周公提出了“皇天无亲，惟德是依”的观点，这意味着商纣王“我生有命在天”之“血亲天命决定论”（所谓“命定论”）向周代“道德天命决定论”（所谓“命正论”）的转变，为孔子“好其德义”的思想成型打下基础。考古学的文明及其起源，与以人类学尤其是以历史哲学、文化哲学为内涵的文明论所理解的文明及其起源不同，前者关注的是相对于“野蛮”的超越，后者关注的是其发展成型及其影响持

---

① 张光直：《考古学专题六讲》（增订本），北京：三联书店，2013 年，第 4 页。

② 有人追随张光直“说巫史传统”（李泽厚：《说巫史传统》，上海：上海译文出版社，2012 年）；也有人批评张是“泛萨满主义”（萧兵：《中国上古文物中人与动物的关系——评张光直教授“动物伙伴”之泛萨满理论》，《社会科学》2006 年第 1 期）。本文的讨论与此有关又不尽相同。

③ 塞维斯：《国家与文明的起源——文化演进的过程》，龚辛等译，上海：上海古籍出版社，2019 年，第一编的题目就是“政府的起源”。

④ 福山也认为“周朝早期的中国社会处于部落和酋邦之间”。参见其《政治秩序的起源：从前人类时代到法国大革命》，毛俊杰译，桂林：广西师范大学出版社，2014 年，第 103 页。简单说，族团和部落，社会组织以亲戚关系为基础，成员之间相对平等。相比之下，酋邦和国家等级分明，不以亲戚关系而以领土为基础来行使权力。

续。因此，迈锡尼文明和米诺斯文明的发现虽然将欧洲文明开端提前千年以上，但在文明论研究里被视为轴心期的，却永远只能是对后世具有奠基性意义的雅典时期。也许正是因为这种学科差异，张氏对社会政治的变迁与思想观念的成型之间的互动关系，对于文明起源与历史的内在勾连，没有给予足够重视。今天，转换焦点，深化论述，在文明比较中重塑“连续性”范畴的内涵，应该是对其学术逻辑和文化目标的一种继承和开拓。

基于人类学或政治学的视角，塞维斯指出：“人类文化演化中的分水岭出现在原始社会变成文明社会的时段。族团（kingroup）出现了等级分化，并由一种集权所控制和领导。……解释这项成就自古希腊以来一直是西方文明最重要的历史、哲学和科学论著的关键要点。”[①]而沃格林的视角则是文明论：“轴心时代的那些突进则确实创造出一种关于人性的普遍意识，出现在从罗马到中国的所有主要文明中。”[②]对于塞维斯新进化论中社会进程的“分水岭”，沃格林用轴心期概念予以诠释：“从部落到城市国家……并不只是人口数目的量变，而是社会组织方面的质变，影响到对人性的理解。”[③]所谓影响到对人性的理解，即是指这时的社会和政治变迁，产生了新的思想体系和范畴。而这些新的思想体系和范畴所提供的“神圣秩序”，以及随之衍生的存在秩序、世界图景，彰显建构了不同以往以的精神维度，并持续地影响着后来的历史，形成今天所谓的文明。在某种意义上，这与朱子所引述的“天不生仲尼，万古如长夜”可以相互参证发明。

换言之，宗教或其他形态之经典文本的写就、编定，才真正是描

---

① 塞维斯：《国家与文明的起源——文化演进的过程》前言。这种早期的政治结构之所以重要，在于它乃是不同文明中社会制度演化的逻辑起点。

② 沃格林：《秩序与历史》卷四《天下时代》，叶颖译，南京：译林出版社，2018 年，第 52 页。

③ 参见尤金·韦伯：《沃格林：历史哲学家》，成庆译，长春：吉林人民出版社，2011 年，第 236 页。

述、定义文明的形成以及分析、比较不同文明之异同及其历史和当代意义的节点性事件。“轴心期”不同文明中社会组织与变迁形式的不同，决定了其“影响人性理解”之“神圣存在”的不同结构形式与精神旨趣，则是问题的另一面。从古希腊、以色列和中国这几大轴心期文明的对照分析中，可以清楚地看到这一点。

二、“家的毁弃”与“家的升格”：希腊父权的民权化与希伯来父权的神权化

库朗热说：“要认识古代政制，必须研究古代信仰。”[①] 或许还应补充一句——要研究古代信仰，必须研究古代社会，因为“神所采取的表现形式反映了该神所属的群体社会的社会结构”[②]。社会提供宗教叙事的原型素材与需求动力，“圣人”或“先知”则将其经验或体验理想化、理论化，建构神圣叙事，形成世界图景、存在秩序，满足社会需要。然后，便是人与神或神与人甚至神与神在社会中的各种互动构成历史的篇章。

亚里士多德在《政治学》中描述了“家庭—部落—城邦”的进化谱系，将其视为一个自然的演化过程，认为“人类自然是趋向于城邦生活的动物”。[③] 对于希腊历史来说，这一切的确自然而然。汤因比、沃格林等人认为，创建希腊文明的多利安人，南下进入希腊半岛时的部落组织 phylai，与那些在定居形态上是由家庭家族发展而成的部落已

① 库朗热：《古代城邦》，上海：华东师范大学出版社，2006 年，第 1 页。

② 简·艾伦·郝丽生：《古希腊宗教的社会起源》，谢世坚译，桂林：广西师范大学出版社，2004 年，第 1 页。

③ 亚里士多德：《政治学》，吴寿彭等译，北京：商务印书馆，1965 年，第 12 页。

有所区别。[①] 流动的生活形态和殖民的对抗紧张，以及由此带来的角色关系变化，无疑会稀释、弱化血缘亲情，而强化组织效率取向。[②]

半人半神、虚实参半的忒休斯（Theseus），既是部落首领巴赛勒斯，又是社会组织城邦化的起点，是“雅典王国的奠基者”。忒休斯改革的主要内容包括：1. 废除此前各个部落、城镇的行政机构和议事会，由雅典城统一进行管理；2. 将公民分为贵族、农民、手工业者三个等级，只有贵族可以担任官职。此后的梭伦改革、克里斯提尼改革都围绕这一中轴线展开，从血缘原则到地域原则，又从地域原则到公民原则，直至公民大会的民主治理方式。梭伦改革的主要内容有：1. 废除债务奴隶、强化工商业；2. 废除贵族特权，以财产数量而非出身血缘决定公民等级；3. 设立四百人会议的公民大会常设机构，作为最高行政机关。克里斯提尼改革的主要内容是：1. 重组部落制度，不再以地域为行政划分，以解构梭伦改革后形成的政治势力；2. 以面向全体公民抽签选出的“五百人会议”替代此前的“四百人会议”。

也许与其移民 - 殖民的产生形式以及海洋岛屿的地理环境、生产方式有关，部落社会的族长权力在希腊半岛不仅持续时间较短暂，而且权力范围和大小也十分有限，并呈现为一个急速递减的过程。城邦国家的政治形态，决定了其与氏族组织在政治、经济、文化方方面面的尖锐对立。早在公元前 7 世纪，曾经由国王一人独揽的宗教、军事和司法的权责就已经分别划归宗教执政官、军事执政官、首席执政官。

① “城邦的 phylai 本是军事单位，也许是舰队，它们在向小亚细亚跨海移民之际就已经形成。……前城邦时代社会组织延续性的中断，新的社会单位在移民过程中的成长，这些都可以认为是城邦的背景。”沃格林：《城邦的世界——秩序与历史》卷二，陈周旺译，南京：译林出版社，2009 年，第 185 页。

② 这也许能够解释，为什么希腊的神话和宗教中诸神祇的伦理关系比较混乱，以及梅因《古代法》中揭示的夫妻更接近法律关系、政治权力关系，而不是中国讲的尊尊、亲亲的礼仪秩序。另外，雷电在希腊神话是父权宙斯的武器，在中国儒教则是阴阳相交的生命律动。

所以，民主制的奠立，即父权的民权化乃是水到渠成。[1]

这种复杂激烈的社会进程反映在宗教上，就是对各种传统的替代覆盖和改造整合，犹如弑父情结反复上演。[2] 从德尔菲神庙、帕特农神庙所祭祀的主神演变，可以或明或暗地看出这点。[3] 德尔菲是希腊的宗教中心。德尔菲神庙供奉的主神，依次是该亚（大地女神）、福柏（月神）和福玻斯（即日神阿波罗），[4] “从中看到两种社会秩序的冲突，因为这些半神（该亚）和神（阿波罗）在某种程度上就是这两种制度——母权制和父权制的缩影”[5]。郝丽生通过诠释阿波罗斩杀巨蟒皮同这一神话，揭示“大地女神与太阳神、黑暗与光明、梦中神谕与天堂真理之间的对抗”，可以说是希腊宗教演变的过程本身，也可以说是多利安人进入希腊半岛以后的内部社会发展及其文化叙事建构的折射投影。“阿波罗要成为真正的神祇，这是必不可少的环节。”[6] 在这一过程中，鹊巢鸠占、化腐朽为神奇，不仅显示了希腊人的力量，也显示了其卓越的智慧和不羁的想象力，例如巨蟒皮同的墓墩或墓尖被修改为翁法罗斯石，并被神化为“大地中心”，为德尔菲神庙加持并赋能赋魅。

虽然德尔菲神庙的主神几经改变，但其作为人们听取神谕之神圣空间的功能并无根本性变化。那位前后陪伴三任主神，专司神谕传达

---

① 德特勒夫·洛策指出：“希腊王制的消亡并非什么值得载入史册的大事，这里的国王与其他贵族相比并没享有多少权力。”其《希腊史》，曾悦译，上海：上海三联书店，2020 年，第 22 页。

② 克洛诺斯与乌兰诺斯、宙斯与克洛诺斯，当然，还有成为弑父代名词的俄狄浦斯。

③ 几乎所有的奥林匹斯主神都是“复合型神格”，如宙斯把本土古老的冥界蛇形神梅利克俄斯“挤走”后，与蛇的符号融为一体等。参见郝丽生：《古希腊宗教的社会起源》，谢世坚译，桂林：广西师范大学出版社，2004 年，第 19 页。

④ 参见郝丽生：《古希腊宗教的社会起源》，谢世坚译，桂林：广西师范大学出版社，2004 年，第 382—394 页。

⑤ 参见郝丽生：《古希腊宗教的社会起源》，谢世坚译，桂林：广西师范大学出版社，2004 年，第 383 页。

⑥ 参见郝丽生：《古希腊宗教的社会起源》，谢世坚译，桂林：广西师范大学出版社，2004 年，第 392 页。

的女子忒弥斯，一如既往地坐在大地裂缝之上，靠地里冒出的毒气获得领悟神谕的灵感。主要的改变在于：此前德尔菲人是进入神庙、并于寤寐之中获取神谕；阿波罗之后则不能躺卧，也不能在睡梦里等待，而须经由阿波罗赋予预言能力的西比拉方可得聆神谕。前前后后真正堪称神迹的预言，载籍难觅，倒是“认识你自己”的箴言与俄狄浦斯弑父娶母的悲剧，举世皆知、震撼人心。只是人们不禁要问，如此这般的德尔菲神庙更像是宗教还是戏剧、哲学或者巫术？①

再看帕台农神庙。帕台农（Parthenos）意为处女，帕台农神庙即处女闺阁；这位处女即人们熟知的雅典娜。作为早期神话中的人物，雅典娜或许可以追溯至克里特岛母系社会的少女地母神——这是渊源久远的一种神祇类型，集宫殿城池女神、鸟和蛇之女神三位一体。经典造型中的蛇、飞鸟和盾牌诸符号即可提供佐证。多利安人入主希腊半岛后，这位女神被收编、改造，成为宙斯的女儿。其中一种说法是她属于帕兰提代（Pallantidae）家族，被当地人献给宙斯。但这个民女成神的故事似乎难以解释前述特征。而说她是为某些贵族家庭所信奉之渊源久远的神灵，似乎更加合乎逻辑。《荷马史诗》中经常用“帕拉斯”称呼她。有理由认为，正是在与古代雅典贵族的神灵海神波塞冬关于雅典城邦命名权的竞争中获胜以后，雅典娜才渐渐替代帕拉斯，成为这座城市守护神的大名。

当时，波赛冬以戟击海面，海面跃出一匹骏马；雅典娜则以长矛插地，地上长出一棵橄榄树——骏马象征战争，而橄榄树象征和平与财富。如果雅典娜对波塞冬的胜利可以诠释为城邦对部落和父权的替代，那么这种胜利其实与帕拉斯女神本身关系并不很大，“市民们崇拜

① 郝丽生说：“奥林匹斯山上的神不仅不原始，而且某种意义上并没有宗教色彩”，“希腊人的神……从某种意义上说是艺术品”。其《古希腊宗教的社会起源》，谢世坚译，桂林：广西师范大学出版社，2004年，第474页。

的对象并不是这个女神，而是这座城市本身”[1]。追求和平和财富无可厚非，只是这种理性主义、物质主义与宗教精神实在相去甚远。母系神—宙斯女儿—守护神，从帕拉斯到雅典娜的称谓转换背后，是其由地方科瑞（女神）向城邦守护神的神格变化——准确地说应是去神圣化。这是古老宗教传统被奥林匹斯神系吸纳、改造，从而被纳入城邦生活的个案典型。

可悲或有趣的是，作为这一整合结果的奥林匹斯神系整体，同样既不神秘也不神圣，与作为文明核心之宗教所必备的道德、精神和灵性，均很少勾连。赫西俄德《神谱》记载的奥林匹斯神系以卡俄斯（chaos，混沌）为起点。这可能是由于多利安人的部落组织 phylai 中没有某一家独大，无须建构其与某种神灵的特殊联系以强化其权威，因此也就不曾建构起一个具有绝对性的神灵。但是，起点的混沌必然意味着终点（目标、归宿）的虚无，起点与终点的混沌虚无，必然意味着过程的无序发散。宙斯在弑父（打败土著的提坦之战）后凭抓阄（正义程序折射出多利安人内部的平等关系）才得登天神大位，表明主导一切的乃是属人的力量和计谋。因此奥林匹斯神祇的神格不过是自然人性在数量级上的放大，不同的只是欲望强度与能力大小。这种差别的原因或结果就是，在他们那里，内在于家的人伦关系荡然无存。

这种不神之神、非教之教，显然无法确立终极性的世界图景，无法提供“从哪里来，到哪里去，我是谁”的存在秩序或意义目标，因而不能让柏拉图满意。[2] 沃格林甚至认为，以雅典娜命名的帕台农神庙属于雅典精神衰落的时代。[3] 所以在对希腊文明作为西方文明中坚的地

---

① 参见郝丽生：《希腊宗教研究导论》，桂林：广西师范大学出版社，2006年，第276页。

② 在《理想国》第十章中，柏拉图借苏格拉底之口嘲讽荷马和赫西俄德的著作不能帮人获得美德。他认为神应该是完美的。其所谓美德主要指正义、智慧、勇敢和节制，都是以城邦生活为基础。

③ 沃格林相信：“城邦的感召力，就在于人民主动参与一种源于贵族制社会的文化。”参见其《城邦的世界》，陈周旺译，南京：译林出版社，2009年，第51、191页。

位进行论证时，他选择了柏拉图。沃格林认为，“柏拉图式的宇宙是个神”[①]，高度肯定柏拉图的“哲学王”进路，即经由精神与权力的结盟，将哲学家灵魂中的秩序赋予城邦，将其视为理想的社会秩序[②]，甚至认为这是一种“拯救”[③]。从动机的角度说柏拉图也许确有此意，但是从效果的角度说却难以成立。在哲学与神话或宗教之间，并不存在历史和逻辑的关联，这种跨界行为与其说是拯救，不如说是僭越。历史表明，柏拉图的理念论在这方面终于有所贡献，那也是在经过某种面向信仰主义的神学改造如普罗提诺（205—270）所完成的，并在经由奥古斯丁融入基督教之后才克竟其功。[④]守护神的地域局限性，公共神祇的政治性，决定了希腊宗教的功能单一、灵性稀薄，难以普遍化。这也决定了它无法为后来的雅典帝国、罗马帝国提供政治和社会所需的价值资源，无法承担起文化同质性建构的使命，因而难以支撑起某种文明范式。“万神殿”最终被十字架替代就是证明。

这就涉及雅典与耶路撒冷的问题。雅典的哲学成就，确实有助于基督教走向理论上的成熟，但其本身却很难被划归于宗教序列中。构成西方心灵的是基督教，而基督教则渊源于耶路撒冷。[⑤]二者泾渭分流

① 沃格林:《秩序与历史》卷五《求索秩序》，徐志跃译，南京：译林出版社，2018年，第108页。

② 沃格林:《秩序与历史》卷三《柏拉图与亚里士多德》，刘曙辉译，南京：译林出版社，2014年，第154页。

③ 沃格林:《秩序与历史》卷三《柏拉图与亚里士多德》，刘曙辉译，南京：译林出版社，2014年，第120页。

④ 柏拉图哲学在某种意义上，可以说乃是奥林匹斯神系未能提供世界的终极秩序，而现实又有此需要才刺激产生出来的一种哲学替代品。新柏拉图主义则可以理解为这一替代品不敷使用之后，人们对它进行宗教化改造的成果。到奥古斯丁（354—430）这里，希腊理性被基督教的信仰理论彻底整合。

⑤ 舍斯托夫（1866—1938）的《雅典与耶路撒冷》（张冰译，上海：上海人民出版社，2004年）认为，雅典与耶路撒冷一理性一信仰如楚河汉界紧张对峙。沃格林则试图将信仰——神学的意义功能赋于理性的哲学，以“从神话到形而上学”表述希腊的“存在的飞跃”，即发现超验的神圣秩序（《城邦的世界》，第196页）。这需要从知识社会学的角度分析批评。雅典所象征的民主和科学精神自有其独特的文明意义，如何评价也不为过。兹不赘。

的原因，仍在其所产生的特定社会环境。如果说古希腊早期“家庭—部落—城邦”的三部曲属于人间喜剧，那么希伯来人“家庭—部落（部落联盟）—‘巴比伦之囚’”的三部曲就是命运悲剧。

虽然历史学家认为公元前1000年左右古以色列人就在被称作“迦南”的地方建立起了王国，但严格地讲，它们更像是为了应对非利士人的压迫而建立的军事联盟式的酋邦，因为王权并没有得到充分发育。扫罗和大卫都是由士师（先知、祭师、部落首领）撒母耳“膏立”为王。并且，这位“撒母耳不喜悦他们说‘立一个王治理我们’”。耶和华也认为以色列人“立一个王”的诉求不仅是对撒母耳这种士师的厌弃，更是对自己的厌弃。[①]《希伯来圣经》编纂者将王国之立视为一种“离弃”行为，这说明当时存在一种与王权对立的力量，反映出巴比伦为虏时对王权的失望或对神权的期待。从撒母耳可以指定自己儿子为继承人，以及存在一个专司祭祀的利未人群体，扫罗忌惮大卫军功担心挑战其权位却无法将其捕杀，自己的儿子继位不久即被大卫替代等情况判断，[②]当时部落联盟应是权力多元，结构松散。

王权的发育是需要内外条件的。迦南地带位于埃及、亚述帝国以及新巴比伦帝国几大强权之间，是其争霸的地理津梁。“两大之间难为小”，以色列社会注定难以依循内在逻辑如希腊或中国一样自然生长。大卫之子所罗门时期王权趋于强化，大兴土木修建圣殿、王宫，文化的发展也似乎出现一些新的迹象，可谓其民族历史中的高光时刻。一方面，他遵从父亲嘱托修建圣殿，祭祀几近奢华；另一方面，他广纳外邦女子，也为其筑坛祭祀异教神灵。[③]但是这一切没有得到充分展开。所罗门死后王国分裂，跌跌撞撞两百年之后，先是在公元前721年被

---

① 《撒母耳记上》8：6—18。

② 《撒母耳记下》第二章有“大卫家与扫罗家战”的内容。

③ 虽然被谴责“行耶和华眼中看为恶的事，不效法他父亲大卫专心顺从耶和华”。《列王记上》11：6。

亚述人灭国，然后是耶路撒冷被尼布甲尼撒攻陷。到公元前587年，尼布甲尼撒再次进军巴勒斯坦时，犹太王国大批民众、工匠、祭司和王室成员被掳往巴比伦成为囚徒。

《摩西五经》就是在这种情境中被编纂成书的。[①] 历史学家的解释是："在没有共同的政治框架、共同的语言或民族机构的情况下，怎样才能维持犹太身份？巴比伦犹太社群的领袖用一本书解决了这个问题。……巴比伦那些来自犹大地的长老，利用王国时期的古老文件，编纂出一部正式的民族史，以及法律、习俗和宗教实践的汇编，从而能够以宗教行为为基础重组民族认同，并在某种程度上把这种民族认同转化成一种宗教。"[②]但是，一种既能解释现实的苦难，也能昭示未来的光明的理论叙事，对于"巴比伦之囚"来说应该是比"维持犹太人身份"更急切也更深层的需要。如此，才能解释耶和华这个至上神的诞生，以及由此展开之系列叙事——从创世造物的唯一真神（排除异教神的存在空间），到大洪水时对挪亚一家情有独钟（确立自己与神的特殊联系），再到族长亚伯兰被改名为亚伯拉罕子孙遍天下（耐心等待弥赛亚）诸用心用意。如此，也才能匹配这个民族强烈的生存意志——今天的一切不是因为敌人太强大，而是因为我们背离了神的意旨而遭受的惩罚，只要我们回心祈祷，耶和华就会宽恕自己的"选民"，"大卫的国"就一定会得到重建。[③]

这一工作绝非只是以身份维持为目的的文献汇编，也不仅仅是以

---

① "《摩西五经》的立法形式，不可能在以色列进入巴勒斯坦之前由摩西在沙漠和摩押颁布。它的最终形成时间只能在公元前586年尼布甲尼撒夺取了耶路撒冷并放逐了犹太人之后的某段时间里。"詹姆斯·弗雷 泽：《〈旧约〉中的民间传说——宗教神话和律法的比较研究》，叶舒宪译，西安：陕西师范大学出版社，2012年，第379页。

② 雷蒙德·P·谢德林：《犹太人三千年简史》，张鋆良译，杭州：浙江人民出版社，2020年，第34—35页。

③ 参见《耶利米书》23：5—6；《以赛亚书》59：20。

论代史的历史重构，[①]而应被视为一种从未来出发对现实困境进行应对处理的高明方式，一种以神意为中心的世界图景及存在秩序的建构。这种建构，简单说就是对祖先崇拜进行升级，囚徒困境使情感与祈愿变得特别强烈，而它的满足又对祖先在天之灵的权能具有特别的要求，尤其是超出其他族群之祖先神或所信奉之其他神的特殊权能。于是，就有了确立耶和华之至上性（排除诸神）的“创世”叙事，有了确立以色列人与耶和华关系之唯一性（得天独厚）的“选民”叙事。并且，在这样的叙事中，过去、现在与未来被整合贯通，生活世界的所有事件因此不再只是某种偶然堆积，而成为最高意志的牵引与人之自我选择的互动结果；世界获得一个中心，人事获得一种精神属性和意义方向——回到应许之地。

从宗教社会学或比较宗教学的角度看，作为其支点或轴心的耶和华，乃是以色列人对历史上曾短暂存在、现实中无法充分发育，但又曾在埃及法老身上一睹风采的政治权力之理想化、神圣化，以助苦难中的自己坚定目标、维持信心、激发力量走出囚徒困境。弗洛伊德就曾指出摩西是一个埃及人，而“上帝是独裁统治着一个庞大的世界性帝国的法老的影像”[②]。《出埃及记》13：1—2 记载，“耶和华晓谕摩西说：‘以色列中凡头生的，无论是人是牲畜，都是我的，要分别为圣归我。’”跟亚伯拉罕献祭以撒一样，这意味着一种新型权力关系的确立。相对于希腊城邦的“毁家”，这里的“弃家”是对父权及其所象征之家族性政治结构的一种“放弃”或“扬弃”，因为对于要回归应许之地的以色列人来说，他们是一个“选民”的整体。换言之，这里对父权的放弃乃是对神权之父权化而做的交换，本质是父权的神权化。

---

① 例如大洪水就有许多版本，最古老的苏美尔语版本中诺亚的角色叫苏拉巴克王祖苏德拉，而在阿卡德语版本中恩利尔神降下大洪水的原因则是由于人类声音嘈杂令他无法入眠。参见保罗·克里瓦切克：《巴比伦：美索不达米亚和文明的诞生》，陈沅译，北京：社会科学文献出版社，2020 年，第 88 页。

② 弗洛伊德：《摩西与一神教》，李展开译，北京：三联书店，2017 年，第 82 页。

从思想史的角度说，父权—王权转换升华为神权的理论意义是双向的：一方面是父权—王权力量倍增，由部落联盟首领跨越到万国之父；另一方面则是作为迦南众神之一的耶和华从以色列人独尊之神（Yahwism）一跃成为创造世界的唯一尊神（Monotheism）。[①] 对作为诸神的耶和华来说，非如此升格则不足以为前者提供承诺；对弱小的希伯来人来说，非如此不足以给自己带来信心的提升。[②]

一神教诞生的必然性、偶然性或者秘密，原本就是这么朴素简单，卑之无甚高论。但是，从文明论的角度，我们必须承认，这一转换建构了一种全新的世界图景，一种完全不同的存在秩序，一种特殊的历史哲学——从此，"神与人之间关系的历史取代了帝国的历史"。[③] 在它的一个支脉发展成为基督教以后，其影响遍及整个人类。

三、乾父坤母：天下一家的世界图景之形成

古希腊的父权在内部经济、政治的发展作用下解体消亡，早期文化被改写、解构，融入城邦的世俗生活，而父权也迅疾民权化；以色列的情形则是：在外部压力之下，父权无法生长成为王权，只能将其糅入传统信仰，建构为超验神权，为民族生存提供政治承诺。关于印度，作为外来者的雅利安人在征服达罗彼荼人之后建立起印度文明，作为其支撑的婆罗门教，则比较特别，可以说是将本族群整体上提升

---

① 《列王记上》11：8 说"所罗门为摩押可憎的神基抹和亚扪人可憎的神摩洛，在耶路撒冷对面的山上建筑邱坛"，可知当时迦南地区的宗教也呈现为多元状态，以色列人虽然与耶和华有约在先，但遵守状况远非严格绝对。《出埃及记》记载的金牛犊事件当然更是众所周知。

② 弗洛伊德说："这种宗教极大地提高了他们的自信心。"《摩西与一神教》，李展开译，北京：三联书店，2017 年，第 157 页。

③ 沃格林：《秩序与历史》卷四《天下时代》，叶颖译，南京：译林出版社，2018 年，第 165 页。但这并不意味着人与国家、国家与理念的诸种关系就此被替代覆盖，沃氏这种思辨史观有独断论倾向。

为祭司，进而将教权政权化。与之相比，中国的情况则是父权所属部落在获得军事胜利后，通过封侯建国，在新的政治平台上潜滋暗长、平顺发育为王权。[①]这是所谓连续性文明的本质与要义所在。

《孟子·公孙丑上》："王不待大：汤以七十里，文王以百里。以力服人者，非心服也，力不赡也；以德服人者，中心悦而诚服也。"《史记·周本纪》中古公亶父的故事或可视为佐证，[②]周的部落组织是在相对和平的环境下，以核心家族为内核，如滚雪球般逐渐凝聚壮大。当然，不难看出，这里的地理和人文环境宜于农耕，人口压力小，与希腊的海岛殖民、以色列新月地带帝国争霸诸情势完全不同。公元前 11 世纪，古公亶父的曾孙辈武王起兵伐纣，号称有八百诸侯会盟，由诸侯数量之多可知其规模有限，而规模越小则意味着家族的权重越大。

"小邦周"战胜"大国殷"后，周公"封建亲戚，以藩屏周"（《左传·僖公二十四年》）也是以家族为单位，"立七十一国，姬姓五十三"（《荀子·儒效》）。"捍御侮者莫如亲亲"，但家族组织的军事化使用乃是外部性的，实土实封出去的诸侯国虽然在面对共同敌人的时候会携手御侮，但必然的趋势是随着血缘关系疏离、利益关系分化而兄弟阋于墙，甚至存在脱离宗周约束，走向"藩屏周"之反面的危险。基于这样的考量，周公在"建侯卫"之后又着手"制礼作乐"[③]。最核心的内容，就是明确嫡长子继承制，辅以系列的礼乐制度，尊父卑子、尊天子卑诸侯，以维护和强化周天子"天下之大宗"的地位，即王权化的父权或父权化的王权。兄弟关系意味着平等，父子关系作为家庭的

① 汤因比也曾论及三大文明的政治文化特色。参见刘鹏：《浅析〈历史研究〉中三种文明模式的内容和特点》，《史学理论》，2017 年第 2 期。

② "古公亶父复修后稷、公刘之业，积德行义，国人皆戴之。薰育戎狄攻之，欲得财物，予之。已复攻，欲得地与民。民皆怒，欲战。古公曰：'有民立君，将以利之。今戎狄所为攻战，以吾地与民。民之在我，与其在彼，何异。民欲以我故战，杀人父子而君之，予不忍为。'乃与私属遂去豳，度漆、沮，逾梁山，止于岐下。豳人举国扶老携弱，尽复归古公于岐下。及他旁国闻古公仁，亦多归之。"

③ 《尚书大传·康诰》："周公居摄三年，制礼作乐。"

基础结构则有着更多的等级、权力意涵。[①] 周公制礼作乐的政治目的就是：终结部落内部的平等关系，将父 - 子关系的尊卑原则确立为家族宗族内部的宗法原则；终结此前倾向平等的部落间关系，将被赋予政治军事功能的单个家族统摄于天子 - 诸侯这一尊卑等级分明的政治组织结构之中。“殷周之变在根本意义上便是从兄弟型的秩序转向父子型的秩序，……树立了中国政教文明的‘家天下’秩序”。[②]

王国维的《殷周制度论》强调周公制礼作乐的宗旨是“纳上下于道德”，强调其“亲亲”的情感与伦理维度；何炳棣则强调其“尊尊”的理性与政治维度，认为核心是确立天子的政治制度。[③] 从“殷道亲亲，周道尊尊”（《史记·梁孝王世家》）的比较看，重心似乎在向后者转移。但是，孔子说“周监于二代”，力求亲亲之仁与尊尊之义均衡统一的价值取向，可谓“郁郁乎文”（否则无法对其与此前之殷商部落联盟及此后之嬴秦皇帝制度做出政治和文化的区分）。这后面，是因为宗法制的“家天下”实际是政治组织与社会组织矛盾统一的双重结构。虽然部落社会组织（父权或亲属制度）的军事化使用构成其发展高峰，也意味着其被政治组织（王权）消解替代的开始，但是，二者重叠并行的过程如此漫长，不仅成就了“成康之治”的盛世典范，形成了礼乐刑政并举的王道政治哲学，而且其“霸王道杂之”的治理结构甚至在汉武帝与董仲舒重新论证后[④] 结集为《白虎通》这样的理念文本，成为中国

① 霍布斯（1588—1679）特别强调父子关系的政治属性（参见张米兰：《论霍布斯从家庭角度看国家的构成》，《学习与探索》，2020 年第 4 期）。这是从个体本位的自我保存本能出发立论，将母子关系对立化、父子关系契约化。而在中国父慈子孝的关系原则中，强调“亲亲”之仁与“尊尊”之义的统一。但即使在这一家庭本位的思考方式中，“尊尊”的政治权力关系意涵也是确定无疑的。

② 陈赟：《周礼与‘家天下’的王制》，北京：中国人民大学出版社，2019 年，第 107、112 页。

③ 何炳棣：《原礼》，载其《何炳棣思想制度史论》，北京：中华书局，2017 年，第 168—177 页。

④ 陈明：《霸王道杂之：中华帝国的政治架构与文化精神——基于文明论视角的宏观扫描》，《中国政治学》，2020 年第 2 期。

文化性质的定义者。① 因此，简单以酋邦到国家或父权到王权之转变的政治阶段，或者某种特殊的生产方式来加以描述定位，② 显然已不再合适。正确的理解是将其本身整体化，视为一种与希腊、以色列完全不同的独立发展类型。这不仅能更好地揭示其独特内涵，也能很好地彰显人类文明谱系的丰富性。

正是在这一过程中，以孔子为代表，家的意象原型被建构为儒教文明的世界图景、存在秩序和意义目标，这就是《易传》“大德曰生”“乾父坤母”的命题系统。

《尚书·西伯戡黎》记载，殷商末代君主纣王在听闻周文王的部队战胜自己的属国黎之后大惑不解，对大臣祖伊说“呜呼！我生不有命在天？”其实，周公在周取代殷商获得天下之后也在思考这个问题。他沿着祖伊是纣王自己“淫戏自绝”天命的分析思路，提出“皇天无亲，惟德是辅”（《尚书·蔡仲之命》）的新论述。“我生有命在天”中的天（神意）人（权力）联系以血缘为基础；“皇天无亲，惟德是辅”则在接受这一天人关系架构的前提下，将二者连接的基础替换为德性或德行。③

文王是古公亶父之孙，在商纣王治下为西伯即西部诸侯之长。积善行仁的他深得人心，却被听信谗言的纣王拘禁于羑里。《连山》《归藏》是根据古老材料编纂而成的占卜之书。“作易者其有忧患乎？”“小心翼翼，昭事上帝”（《诗经·大雅·大明》）的文王，其忧患既关乎自身，也关乎民生，更关乎天命。因此，那种以蓍草的神秘和物象的关联而就事论事，预测吉凶悔吝的巫术手册，已不能满足他对世界整体

① 陈寅恪《王观堂先生挽词·序》云：“吾中国文化之定义，具于《白虎通》三纲六纪之说，其意义为抽象理想最高之境，犹希腊柏拉图所谓 Idea 者。”《陈寅恪集·诗集》，北京：三联书店，2001 年，第 12 页。

② 马克思在《政治经济学批判》（《马克思恩格斯全集》第 13 卷，北京：人民出版社，1962 年）中，将“国家以农村公社为基本社会组织”的中国、印度社会命名为“亚细亚生产方式”，属于奴隶社会的初级阶段。

③ 《诗经·商颂·玄鸟》：“天命玄鸟，降而生商。”周人的祖先后稷是少女姜嫄在祈祷上天后“履帝武敏歆”（《诗经·大雅·生民》）而生，虽也不凡，但神圣性却稍逊一筹。

与本源的思考之需。文王决定重组这一“易”的系统。“文王演易”乃是“文王次卦”，[①]即按照其所理解的内在意蕴和理路，对六十四卦之先后次序重新编序安排。对比分析可以发现，《周易》与《连山》《归藏》的真正区别在文本的体例结构上。《连山》以艮卦为首，艮卦卦象为山；《归藏》以坤卦为首，坤卦卦象为地；也无总纲及上经下经之分。[②]而《周易》则是：（1）以乾、坤两卦为首，独立于上经和下经之外，“首出庶物”；（2）以屯卦、离卦为上经之始与终；（3）以咸卦、未济卦为下篇之始终。这一修改，意义深远。论者注意到，“《归藏》体现帝本宇宙观。……‘帝-坤’居首符合商王室的文化精神，商室最重鬼神，首要者上帝。”[③]准此以观，圣贤发愤并非只是为了提供一个占卜手册的新版本，其深层隐约还有对“我生有命在天”的意识形态中天帝与君（《归藏》坤卦卦名为寡，称孤道寡之寡）之先天结构关系的反思、质疑甚至解构的用心。[④]《汉书·艺文志》：“至于殷周之际，纣在上位，逆天暴物，文王以诸侯顺命而行道，天人之占可得而效，于是重易六爻，作上下篇。”

这一替代工作，是援引先民朴素的生命意识加以提炼而完成的。乾卦之乾，《说文》：“上出也，从乙。”“乙”，《说文》：“象春草木冤曲而出。”段注：“乙乙，难出之貌。”“乙”是天干的第二位，而“甲”则是“从木戴孚甲（壳也）之相”，即种子被破壳而出的新芽顶起；

---

① 李道平《周易集解纂疏》（中华书局1994年版，第720页）载崔觐注《序卦》“屯者万物之始”云：“此仲尼序文王次卦之意也”。次卦之次乃“位次”和“安排位次”之意。《周礼·春官宗伯·大史》：“大史祭之日，执书以次位常。”《疏》：“谓执行祭祀之书”“各居所掌位次”。此外，《周礼·春官·宗伯》：“太卜掌三易之法，一曰《连山》，一曰《归藏》，一曰《周易》，其经卦皆八，其别皆六十有四”；王家台出土的《归藏》简已是六位的数字卦。因此，那种将三位之八卦重叠敷衍为六位之六十四卦的文王演卦说，不能成立。

② 林忠军：《王家台秦简〈归藏〉出土的易学价值》，《周易研究》，2001年第2期。

③ 雪苗青：《〈归藏〉书名来源考：‘帝-坤’体居首》，《怀化学院学报》，第35卷第4期。

④ 《帛书易传·要》：“文王仁，不得其志以成其虑，纣乃无道。文王作，讳而避咎，然后《易》始兴也。”

“丙”“丁”往后皆属此类。所以，天干之名“代表发育、生长、死灭、萌芽……的循环现象”。[①]干支纪年渊源久远，《世本·作篇》谓“大桡作甲子”，并成为主流观念意识系统，殷墟就出土有完整的甲骨干支表。再看被安排为“上经”之首的“屯卦”之“屯”。“屯”，《说文》：“难也。象草木之初生。”《易传·象》的解释是“刚柔始交而难生”。屯卦的卦象是震下坎上，即云与雷。《春秋·元命苞》：“阴阳合而为雷”；《说文》：“雷，阴阳薄动，雷雨，生物者也。”乾坤初交而生震，故《易传·说卦》谓“万物出乎震”。与此一致，《易传·序卦》说“屯者，万物之始生也”。《屯·象》说“天造草昧”，可知屯卦所指不仅仅是一草一木之生，而是象征“四时之始”，万物之始。

刚柔之交就是天地之汇、阴阳之合。[②]这正是作为总纲的乾坤二卦之大用与大义所在。[③]由乾坤二卦组成，结构为乾下坤上的泰卦，其象辞说“天地交而万物通”；坤下乾上的否卦则是“天地不交而万物不通”。天地之交何解？虞翻注《归妹》象辞曰：“天地交，以离日坎月战阴阳。”疏云：“乾阳交坤为坎，坤阴交乾为离。”从卦爻关系说就是，乾二五爻之坤而成坎，坤二五爻之乾而为离。《易传·系辞》则加以抽象提升曰：“天地絪緼，万物化醇。男女构精，万物化生。”儒道二家或重性，或重命，或关注宇宙，或关注肉身，[④]旨趣判然有别，但于其原初交集处，乾坤作为“易之蕴”“易之门”[⑤]的生殖 - 生化义则是不言而喻的共识。

---

① 梁钊韬：《中国古代巫术——宗教的起源和发展》，广州：中山大学出版社，1999年，第84页。

② 《庄子·田子方》：“天地阴阳之气，交通成和而万物生焉。”《礼记·郊特牲》：“天地合然后万物兴焉。”

③ 《易传·归妹·象》：“归妹，天地之大义也。”归妹即女子出嫁，生子为母。

④ 参见元人陈冲素的丹道著作《规中指南》之“乾坤交媾章”“坎离交媾章”。

⑤ 《易传·系辞上》：“乾坤其易之蕴邪？乾坤成列而易立乎其中矣。乾坤毁则无以见易。易不可见，则乾坤或几乎息矣。”《易传·系辞下》：“子曰：‘乾坤其易之门邪？乾，阳物也；坤，阴物也。’”

咸卦被《易传·序卦》赋予了特殊的意义，如乾坤二卦一样有按语强调："有天地，然后有万物。有万物，然后有男女。有男女，然后有夫妇。有夫妇，然后有父子。有父子，然后有君臣。有君臣，然后有上下。有上下，然后礼义有所措。"干宝注曰："乾坤，有生之本也。咸恒，人道之首也。"上经首言天地，下经首言人道，人道即夫妇之道。《荀子·大略》云："易之咸见夫妇。夫妇之道，君臣父子之本也。"在文王八卦次序里，艮为少男，兑为少女。艮下兑上的咸卦，为情窦初开的少男少女异性相吸、两情相悦之象，与屯卦神似。

明乎此，则"上经"以坎、离二卦殿后，"下经"作为全篇终结的既济、未济亦由三画卦的坎和离构成，就很好解释了——它们都是对乾坤生生机理的表达，对天地生命生生不息之本质的呈现。坎离是天地相交的结果象征；天地以坎离为阴阳，阴阳亦以坎离互动成其造化。"既济"的离下坎上表示"天地既交"；"未济"的坎下离上表示"天地交"，交而后刚方得居于正位，成为"既济"。另一种诠释则近似内丹学所谓"小周天"的视角："既济以女下男，未济以男下女"；女下男表示男尊女卑，同心已结，男下女则表示二人尚在互动，好事待成——与否泰二卦中天地相交的逻辑一样。显然，以"未济"收尾所寓意的乃是坎离之交、日月之行、夫妇之匹等，所寓意者正是终则有始的天道之行，永无尽期。[①]

干支纪年中的先民模糊的宇宙图景和存在秩序意识，在被文王引入"易"的文本之后，显然有了系统性提升，而中华文明的理论形态与水平相对《连山》《归藏》阶段因此也就跨入了一个全新阶段。但从《礼记·春官》可知，《周易》与《连山》《归藏》并列，作为卜筮之书为太卜所掌，其所蕴含的宗教或哲学意涵被深裹在"巫之筮""史之数"的外衣下，尚未为时人所识。到孔子韦编三绝，"后其卜筮，观其

① 《易传·蛊·象》："终则有始，天行也。"

德义”，“德行求福，仁义求吉”，将其卜筮系统解构而赋予宇宙生命系统以精神和德性，《易传》成为“易”的中心，中国文化内核彻底完成其由自然宗教向人文宗教的飞跃。[①] 这表现在以下三方面。

首先是以乾统天，确立天的最高地位。《易传·乾卦·彖传》：“大哉乾元，万物资始，乃统天。……乾道变化，各正性命。”“天”字在《易经》文本中不多见，除了“自天佑之”一句，其他均指自然之天（sky），而在《易传》中，“天造”“天行”“天位”“天道”“天文”“天命”“天心”以及“顺天”“应天”等，不仅随处可见处，而且内涵之生命性、神圣性与意志性明确，同时内在逻辑关系清晰，构成系统理论。《易经》中作为总纲之主导的乾卦，虽然于象为天，但其与“地”之氤氲化生，完全是一个“当春乃发生”的自然过程，六十四卦也只是一个自然生命的系统。而到《易传》，开篇就是“大哉乾元，万物资始，乃统天”。以乾统天即是以天代乾。乾作为卦名只是一个符号，即能指，除了指天，还指马、君、父以及金、玉，等等。以天代乾即是将天由作为卦之取象而引入的自然之物，反客为主，变身为“易”的主体、主宰。到《序卦》更是不再讲乾坤，而以“有天地，然后万物生焉”引领，整个“易”的系统理论可以说已由占卜吉凶悔吝的巫术手册变身为表达天道信仰的儒教经典。[②]

“天地之大德曰生”（《系辞下》），从大德出发的生生不再是“当春

① 孔子在《论语·述而》有“五十以学易，可以无大过矣”的感喟，《论语·为政》又说自己“五十而知天命”；这二者间显然存在某种联系。“德之义”即天的生生之德。参见陈明：《从原始宗教到人文宗教》，《北京大学学报》，2018 年第 4 期。

② 这种宗教和巫术、神话的差别，可以从《易传》说天（“大哉乾元，万物资始。云行雨施，品物流形。乾道变化，各正性命”）与盘古开天地，或者美索不达米亚拉格什城邦说底格里斯河洪水的对照中窥知一二：底格里斯洪水被人格化为远处大山之神夺去山神之母贞操的情景，洪水被理解为山神的精液。参见保罗·克里瓦切克：《巴比伦：美索不达米亚和文明的诞生》，陈沉译，北京：社会科学文献出版社，2020 年，第 36 页。

乃发生”的自然行为，而是天心大爱即仁德显现。[①]《复卦·彖》“复，其见天地之心乎”的体悟和感念，与此互相印证。这意味着思维上由一种对象性的认知把握，转换提升为一体性的信仰皈依。后来汉儒和宋儒的“仁，天心”（董仲舒《春秋繁露·俞序》）、“仁者天地生物之心”（朱子《孟子或问》卷一）诸命题，则是在不同语境中对此信念的强调和重申。

“元亨，利贞”本是乾卦断占之辞，当作“得此卦，至为受用，有利于占卜问事”[②]。《文言》却将其拆解为“元，亨，利，贞”，并加以概念化，对应植物从种子萌芽、开枝散叶到瓜熟蒂落直至复归土地的四季轮回，隐喻天（乾）本身即是一个生生不息的大生命，原文本的巫术色彩被彻底清除。[③]“维天之命，于穆不已。”万物之生命本于天，又是天这一大生命的显现形式与组成部分。乾卦成为天德的象征之后，整个六十四卦也就成为一个生命的系统，并获得秩序和意义，而天的本体性、神圣性也在这种关系中落实成型。

其次，是将人嵌入这个天地大生命的系统之中，并赋予特殊地位和使命。植物的正命是发芽、生根、开花、结果。而人呢？《文言》说，“君子以成德为行。”德者得也。宋儒说人物之生，得夫天地之心以为心。这可以从两个层面理解。第一，从“性自命出”这一根源的角度说，“君子以正位凝命”（《大象传·鼎卦》），即人当修炼自身，将天命之性落实，确立人格，成就自身。第二，则是从“大人者与天地合其德”这一目标的角度，要“观乎人文，化成天下”（《贲卦·彖传》）。“率性之谓道，修道之谓教”（《中庸》）即是此意。“率性之谓道”是“成己”，“修道之谓教”是“成物”；既是事功，也是立德——“与天合德”

① 在《易经》中这是一个自然的过程，道家直承这一逻辑，如《老子·第五章》曰：“天地不仁，以万物为刍狗。”

② 参见黄怀信：《“元亨利贞”解》，载其《周易本经汇校新解》，北京：清华大学出版社，2014年。

③ 这点笔者将另文专述。

就是“参赞化育”，“与天地参”。这种经由个体实现的目标，与《大学》社会层面的“止于至善”、《乾卦·彖传》超验层面的“保合太和”互涵互摄，一统于天。

最后，则是在此基础上将六十四卦整合为一个生命的系统，意义的系统，建构起乾父坤母的宇宙图景与存在秩序。《说卦》：“乾，天也，故称乎父。坤，地也，故称乎母。”乾于象为天，于德为健，于用为生，于万物之关系则为父。《序卦》中“有天地，然后万物生焉”“有万物然后有男女”则将“乾父坤母”概念中夫妻、父子诸关系统摄其中。从这里可以看出，儒教义理中的宇宙图景、存在秩序，乃是“家”这一社会组织原型的投影和理想化。

《尚书·武成》中即有“皇天后土”的说法，“予小子其承厥志，底商之罪，告于皇天后土。”但这里的“皇天后土”是早期朴素的民间信仰，“皇”与“后”都是指君主，权力和主宰的色彩比较重；天与地没有性别之分，因此也与生命无关。《尚书·洪范》也有“天子作民父母，以为天下王”之说，但这只是从政治角度讲天子与臣民的关系，尚不具有关涉整个世界的整体性和理论上的系统性。由皇天后土、作民父母到乾父坤母，不只意味着神人关系的亲近化、内在化，也意味着对天之神格的提升，对天与整个世界关系的建构。

世界图景不是对外部世界的客观描述，而是从信念和需要出发对认知材料进行建构的结果，具有诠释和范导功能。由此形成的对“从哪里来，到哪里去，你是谁”的论述即是存在秩序，是这种解释、指导和整合作用的落实或体现。“乾父坤母”即是《易传》建构的儒教文明之世界图景。如果说文王吸纳先民生活经验和世界意识编定《周易》，建构了一个宇宙生命轮廓，那么孔子及其后学的《易传》就将它改造提升成为儒教的世界图景，相应的生存秩序亦于焉以定。“文王之文在孔子，孔子之文在仲舒。”（《论衡·超奇》）“文王之文在孔子”，已见前文。“孔子之文在仲舒”，又当何解？孔子集文王、周公乃至禘祭诸文化传统之大成，建构了《易传》的儒教天道系统，[1]但他自己却只能在“河不出图，凤鸟不至”的叹息中离开人世。直到中国国家规模和制度架构在秦汉的震荡定型之后，作为轴心期或礼崩乐坏时代的精神之花，儒教的天道系统才真正得到社会落实、政治整合。

秦开始的法家变法与古希腊的梭伦改革有一基本的不同就是：梭伦改革是由经济驱动，即经济发展导致社会结构重组，要求制度与之适应匹配；商鞅变法则是秦孝公出于诸侯争霸的政治需要而对社会进行重组，如二十等军功爵制等。换言之，社会本身的家族性结构并没有发生系统性改变。秦并天下后“以法为教”“以吏为师”的治理方式与社会理念及权力严重对立，导致治理成本奇高，于是严刑峻法、苛捐杂税与文化冲突各种矛盾叠加，终于二世而亡。汉承秦制。对汉武帝来说，他最关心的是儒教之天和圣人即神权和圣权与自己所拥有的皇权之关系。董仲舒以“大一统”贯通三代与秦汉，衔接起由周秦之变导致的历史断裂；以“王者必受命”的思想，在秦皇汉武这样的主权者与儒教之天之间建立起连接纽带；将修《春秋》“当新王”的孔子素王化，将圣人限定为能体察天意的“名教”（制度）制定者，而将治权离析转让给“时王”即当朝天子，然后要求“天子者，宜视天如父，事天以孝道。”（《春秋繁露·深察名号》）在这些政治关系得到厘清之后，汉武帝采纳董仲舒的建议，“罢黜百家，独尊儒术”，“霸王道杂之”的文明结构从此确立并绵延两千年。

东汉结集成书的《白虎通》之三纲六纪，很大程度上就可以视为儒教世界图景、存在秩序之实践指南或历史凝结，只是将“圣人”转

[1] 陈明：《儒教三典论略说》，《天府新论》，2013 年第 5 期。

换为"天子"①。宋儒张载《正蒙·乾称篇》的"乾称父，坤称母，予兹藐焉，乃混然中处"，可以视为这一世界图景与存在秩序的社会化表述。而雍正时期发展成型、遍布天下的"天地君亲师"信仰，则是其最高形式。②由此，我们可以确定,《汉书·艺文志》说"五常之道,《易》为之原"，应该也只有在"乾父坤母"的世界图景和存在秩序中才能获得深刻理解。③

余论：简单的比较与意义分析

家，作为人类生活的起点，在某种意义上说是共同的。但由于轴心期的社会发展状态与问题不同，古希腊和以色列的文明建构中表现出"去家庭化"的倾向——前者部落的城邦化、王权的民权化可视为"毁家"；后者部落的"囚徒化"、王权的神权化则可描述为"弃家"，而中国则以家为原型建构起乾父坤母的世界图景。中西间最根本的不同之处在世界的产生形式：一个是"生"（Born to parents）出来的，一个是"造"（Create ex nihilo）出来的。④其间所包含"一"（the One）

① 《白虎通·爵》："天子者，爵称也。爵所以称天子者何？王者父天母地，为天之子也。"天与人、天与政治权力的关系有一个发展过程：《论语·尧曰》中的"历数在尔躬"，是天道之定数确定人选；《礼记·中庸》中的"大德必得其位"是人间圣贤以其德行获得天命；《春秋繁露·三代改制质文》中的"王者必受命"，则是因其为王而断定其已获天命——因为秦皇汉武既不是尧舜一般的圣人，也不是商纣那种"有命在天"的世子贵胄，而是"马上得天下"的英豪。董仲舒如此言说的目的，就是要将这样一种已然成为现实的自然力量纳入儒教文明的存在秩序内加以驯化（这是社会的需要）。从《白虎通》可以清楚地看到，政治权力已经如此这般地被纳入《易传》所建构之乾父坤母的世界图景和存在秩序中。

② 徐梓：《"天地君亲师"源流考》,《北京师范大学学报》，2006年第2期。

③ 《周易》"群经之首"的地位在汉代确立，是儒教文明与汉帝国结合形并稳定运行的结果。参见卢翠琬：《〈易〉为群经之首溯源》,《湖南科技学院学报》2009年第2期；陈明：《帝国的政治哲学：〈春秋繁露〉的思想结构与政治意义》,《政治思想史》，2019年第2期。

④ 从恩培多克勒的四根说到柏拉图、亚里斯多德的宇宙生成论，严格说应该视为一种构成论。

与"多"（many）的关系形式，在很大程度上影响、决定了中西文明对人与世界的存在方式、联系方式、人生起点与归属的不同理解和论述。"生"出来的世界，意味着人与天地万物关系的内在性或有机性，即乾父坤母、民胞物与。"造"出来的世界，意味着人与造物主是创造者与被造物的关系，人与万物是管理者和管理对象的关系；人与人之间则区分为"选民"与"弃民"或"义人"与"罪人"。①

儒家讲"民胞物与"，道家也说"天地与我并生，万物与我为一"（《庄子·齐物论》）。有学者视之为儒教与基督教世界图景的基本区别，并由此出发解释"中国为何未孕育出科学文明"。②"天生万物""天生烝民""天命之谓性"，表明天的存在及其与自身的关系是不言而喻的。对这个敬与畏的对象，作为万物之灵的人只能是悟而觉之。这是一种经验和情感的升华。《礼记·大学》讲的格物致知，就是即物感悟上天生生之德，物我一体之仁，将其确立为自己的信念，进而显发为修身齐家治国平天下的实践行为。③犹太教中人与神的联系方式是守"约"，即遵守"摩西十诫"。这是一种基于契约的实践行为，在这一过程中发生作用的主要是意志。而基督教的"信"，意味着对某种经验中难以置信之事物（耶稣死而复活等）及其意义的认信接受——作为永生渴望满足的条件，这里其实具有相当的理性计算。由此出发进行某种文明的平行比较，不仅可能，而且必要。但这里显然无法展开。下面仅从国家、社会和个体的角度，对乾父坤母的宇宙图景及其所衍生之存在秩序的意义略加提点，以为全文作结。

首先，从国家的角度来说，它对秦汉帝国的文化规训，使其从一种自然性的政治强力转换成为一个具有了精神和伦理品格的文明。"以

① 《创世纪》1：26—28；6：5；《约翰福音》3：18。

② 浅野裕一：《古代中国的宇宙论》第五章"中国为何未孕育出科学文明"，吴昊阳译，南京：江苏人民出版社，2020年。

③ 陈明：《王道的重建：格物致知新说》，载其《儒者之维》，北京：北京大学出版社，2004年。

法为教”“以吏为师”中的“法”和“吏”分别是国家这个利维坦的意志和爪牙。这一治理方式的目的，是将社会和个人整合成为这一政治共同体的组成部分。它的失败促成了儒生的反思：天下，“马上得之，安能马上治之？”（《史记·郦生陆贾列传》）“马上”隐喻的是一种力量，“马下”暗示的则是一种文明，即陆贾口中“先圣”所倡导的“仁义”。到董仲舒与汉武帝，终于达成了陆贾与汉高祖时代所未能达成的共识——“复古”“更化”。[①] 虽然在董仲舒与汉武帝的关系中，儒教妥协多多，但从素王与时王的关系看，来去匆匆如流水的是一代代皇帝，圣人则古今一贯。

沃格林也注意到了“天下、文、德、王”与“国、武、力、霸”两套符号系列的差异，认为前者意味着普世文明，后者则只是地方权力。但他却认为由于秦始皇的成功，“不仁之人成为中国的统治者”，“‘由国所代表的力’这一原则，已吞没天下及其秩序”，[②] 从而将中华文明与希腊文明和以色列文明加以区隔。如果他对汉武帝与董仲舒的事实有所了解，也许就不会这么认为了，因为他已经注意到了《白虎通》，并且高度认可其精神性与普世性。也许是因为他不知道这正是“罢黜百家，独尊儒术”的历史结果，也许是因为其西方中心视角使得他必须如此定位安排。

其次，从社会的角度来说，它作为主流意识形态，增进了社会凝聚力，塑造了文化认同感。春秋战国礼崩乐坏，秦焚书坑儒，汉初无为而治崇奉道家，叔孙通欲制礼乐被鲁地儒生嘲笑，社会现实与文化氛围可见一斑。五经博士制度、郎官制度以及察举制度等，在建立起社会与政府的流动管道的同时，极大地强化了儒家思想理念的权威性，

① 这种转换，在文明史上唯有查理曼大帝对基督教的皈依差可比拟。德国历史学家兰克（1795—1886）称查理曼大帝为“欧洲之父”，既因其武功也因其文治。

② 分见沃格林：《秩序与历史》卷四《天下时代》，叶颖译，南京：译林出版社，2018年，第397、403页。

使之成为一种政治学所谓的共同善（common good）。另一方面，在这一政策导向下的地方治理中，对边鄙之地以及各种小传统进行教化的循吏，也成为了一大政治景观。一大批“文翁化蜀”式个案的结果，则是“百里不同风，千里不共俗”的农业帝国在郡县制的政治大一统之后，又实现了“九州共贯，六合同风”的文化大一统。[①]

这种文化大一统与政治大一统的结合，就有了汉族之名的成立。汉所指代的是汉王朝、汉帝国，显然是一个政治符号、文化符号，其内核就是霸王道的综合。在数百年的文治武功里，秦人、楚人、齐人、晋人等基于历史经验和共同记忆的族群，渐渐被“汉人”概念替代、统摄，获得了全新的政治和文化内涵。[②] 毫无疑问，这乃是中华民族形成史上最重要的奠基阶段，也是最具标志性的成果。

最后，从个人的角度来说，它为生命个体确立了精神方向和意义目标。《易传》中“大人者，与天地合其德”“天行健，君子以自强不息”诸语，规定了人生意义的起点与根源都存在于与“天”的互动关系中。《中庸》建立起从“天命之谓性”到“成己成物”进而“与天地参”的系统；“成己成物”显然是“生生”之天道的社会形态。《大学》进一步将其落实为格物致知、修齐治平的实践次第，而修齐治平又可以视为“成己成物”的具体内涵。成于汉代的《孝经》则将这一切统摄于家的模式内：“夫孝，始于事亲，中于事君，终于立身。”事亲对应于家庭家族；事君对应于家国天下；立身，则对应于天地，即成为生生不息之宇宙大生命之一部分——也就是立德与不朽。

乾父坤母的世界图景及其所蕴含的存在秩序，对于中华文明的意义应该已经得到相当程度的揭示。所谓尧舜禹汤文武周孔一以贯之之

① 余英时《士与中国文化》（上海人民出版社 1987 年版）的《汉代循吏与文化传播》一章，对此有深入讨论。

② 由此可知，汉族具有国族（nation）的内涵，而不能简单与族群（ethnic）对应。兹事体大，有待细加分疏。

道，舍此别无他物。董仲舒、朱熹的工作也与此紧密相关。朱子最重要的著述《大学章句集注》《中庸章句集注》，其序言中反复申明的辟异端，其实就是儒门在这一世界图景及其存在秩序受到冲击、挑战时的反击应战。这是韩愈以来儒门工作的主题。宋代皇帝虽然或佞道，或崇佛，宋孝宗甚至亲撰《三教论》论证佛老长于“治心”“治身”，谓其说不异于圣人，有不可替代之处，但仍然不得不承认，“治世”还得依靠“儒教”。这是对三教之文化功能与文化权重的划分，“治世”与“治身”“治心”的文化权重，孰大孰小，孰轻孰重，当然不言而喻。

随着中华民族复兴成为时代主旋律，文化自信被视为理论自信、道路自信和制度自信的基础。如何理解我们的文化，如何对后冷战时代的文明论题做出中国判断，提供中国方案，就成为一个既具理论性又富实践性的时代课题。也许，将亨廷顿的“文明冲突论”、美国战略家的“邪恶轴心”描画，以及历史上的诸多殖民行为，与基督教世界图景中的二元对立及末世论对抗性思维加以勾连很难获得承认。但是，费孝通先生“美美与共，天下大同”，习近平主席“打造人类命运共同体”的呼吁，与儒教世界图景中人们“不独亲其亲，不独子其子”而是“老吾老，以及人之老；幼吾幼，以及人之幼”，以及“以天下为一家”的价值原则和理想追求的内在关系却是确定无疑的。这是对人类文明走向的中国判断。

贺麟曾说：“民族复兴本质上应该是民族文化的复兴。民族文化的复兴，其主要的潮流、根本的成分就是儒家思想的复兴，儒家文化的复兴。”① 本文就是由此出发的一个初步尝试。

① 贺麟：《儒家思想的新开展》，《文化与人生》第 4 页，北京：商务印书馆，1988 年。

从原始宗教到人文宗教：《易经》到《易传》的文化转进述论

一、《易经》《易传》之关系

《周易》一书由《易经》和《易传》两部分组成。其成为“群经之首”“大道之源”究竟是因为《易经》还是《易传》？这样的追问必然引出《易经》与《易传》的本末关系问题。这不只是一个学术问题，甚至也不只是一个思想问题，更是一个涉及文化传统之理解、定位的自我意识的问题。

简单地说，前贤时彦对经传关系的理解与处理分为经传分立、经传合一两种思路。两种思路中，又有以传为本、以经为末，与以经为本、以传为末两种类型。“自汉以后，两千余年，注释《周易》的人约有千家，都是熔经传于一炉，依传说经，牵经就传。”①南宋朱子截断众流，切割经传，提出“学《易》者须将《易》各自看……必欲牵合作一意看不得。”②顾颉刚、李镜池、高亨等现代研究者追随朱子分立经传，是因为追求实证的他们主要把《易经》看作“上古史料”，把《易传》看作“先秦时代”的“思想史料”，后者借前者之旧瓶装自己之新酒，“《易传》解经与《易经》原义往往相去很远。所以研究这两部书，应当以经观经，以传观传”。③

---

① 高亨：《周易大传今注》“自序”，济南：齐鲁书社，1979 年，第 2 页。
② 《朱子语类》卷六十六，北京：中华书局，1986 年。
③ 高亨：《周易大传今注》“自序”，济南：齐鲁书社，1979 年，第 2 页。

金景芳先生坚持传统立场，以传解经，判断依据是《易经》“蕴藏着极为深邃的哲理。《周易》之所以可贵，端在有《易传》为它发掘在卜筮外衣下所掩盖的哲理”[①]。细究似乎是把《易经》本身当作“哲学之书”，而这显然意味着对《易经》之卜筮内容、属性的忽视。余敦康先生论述有所不同：“《易经》是一部占筮书，《易传》则是一部哲学书。但《易传》的哲学思想是利用了《易经》特殊的占筮结构和筮法建立起来的。”《易传》“利用旧的思想材料以形成新思想……宗教巫术的内容被扬弃了，宗教巫术的形式却被原封不动地保存下来”[②]。不同之处首先是承认《易经》的占筮书属性，然后指出《易传》利用“占筮结构和筮法”建立自己的“哲学”。余先生把《易经》和《易传》的关系处理成一种“宗教巫术”到“哲学思想”的既断还连的发展关系，尤其指出《易经》之卜筮不同于原始之卜筮，“反映了殷周之际宗教思想的变革……把这个观念与卜筮相结合，构成一个以天人之学为理论基础的巫术操作体系。”[③]这种对《易经》作为占卜之书之“宗教巫术”内涵属性的正视与重视显然是十分必要，是正确理解《易经》与《易传》关系的基础和前提。

但问题依然存在：《易传》的思想内容凭什么可以断定为哲学？《易经》的宗教巫术到这种哲学的转换标志或判断标准又是什么？《易传》“利用”的只是《易经》的占筮结构和筮法吗？《易传》对《易经》的改造（如果可以这么说的话）主要体现在《系辞》（所谓筮法出处）还是《彖传》（以“四德”说“元亨利贞”）上？如果是后者，那么其所成就者是不是更应该叫作宗教？

① 金景芳为李学勤《周易溯源》所撰序文。《周易溯源》，成都：四川出版集团巴蜀书社，2011年。

② 任继愈主编：《中国哲学发展史（先秦卷）》，北京：人民出版社，1983年。

③ 余敦康：《〈周易〉与中国传统文化的关系》，《哲学研究》，1991年第9期。

我们认为,《易经》与《易传》的关系是自然宗教与人文宗教[①]的关系。

所谓自然宗教就是以自然事物或力量为崇拜对象的宗教。它相信某些自然事物或神秘力量具有生命、意志和超自然的能力,可以影响人类生活,因而试图通过各种形式进行沟通以获得福佑,趋吉避凶。人文宗教则意味着其所崇奉的绝对者具有较高的抽象性或普遍性,具有较强的精神性,因而对生命的意义和社会的道德具有较强的影响。

这样一个对照表或许可以比较清楚地呈现自然宗教与人文宗教的异同。

	自然宗教	人文宗教
崇拜对象	具体杂多,神秘性,物质性	抽象统一,神圣性,精神性
与人关系	(事情之)控制与利用,占卜等	(生命之)起源与归宿,祭祀等
理论组织	朴素,弱	复杂,强
作用功能	世俗事务为主,如"决犹疑"等	精神事务为主,安身立命等

二者之"同"在于,都承认存在某种神明,相信它与自己存在某种互动关系。这是最关键的一点,有此相同,二者之间的差异就只是大同小异了。"小异"之中,最重要的是神明的精神性:自然宗教中的神明是神秘的,因为其情感、意志和好恶不明晰,所以需要借助巫术手段打探交流;而人文宗教中的神明则是神圣的,人们知道其情感、意志和好恶,如"爱""德"等。这一点得到确定,则人与神的关系形式也就可以得到确定,如信仰、皈依和祭祀等,据此做出种种理论论

① 一般来说,自然宗教与启示宗教对举,人为宗教与自发宗教对举,而人文宗教则是一个基于人本主义的概念。本文的人文宗教是指超越自然崇拜的,对某种精神性、伦理性绝对力量的崇拜。这是中国文化脉络里宗教的发展次第和形态。

证和仪轨设计，与之交流沟通，直至获得某种整合同一——这正是宗教的特征。

“龟以象告吉凶，筮以数示祸福”。这里的龟与揲蓍成卦的筮占之“蓍草”，就是某种被认为具有灵异性质的特殊之物，可以作为人与那种神秘力量的沟通中介。[①]《礼记·表记》载“昔三代明王，皆事天地之神明，无非卜筮之用”，可见以六十四卦为基本架构组成的《易经》其实是自然宗教活动的产物。如此，将组成《易经》的卦、卦辞和爻辞所记录、反映或沉淀的思想视作自然宗教的思想文本，可以成立，毫无疑义。

按照前列表格，将《易经》定性为自然宗教，就是说无论天帝还是蓍数或龟兆，均只是一种自然力量，不具有德性。相应的，将《易传》定性为人文宗教，则暗含着对《易传》所呈显之天包含有德性、主宰性和根源性的预设。准此以观，则本文“《易经》与《易传》的关系是自然宗教与人文宗教之关系”的命题能否证成，关键就要看《易传》思想中最高之存在者是否超越《易经》中作为自然存在的神秘或混沌状态，而获得某种精神和德义的神圣性了。

马王堆出土的帛书《易传》中有孔子自己对于其与巫、史之关系的完整看法。这使我们可以悬搁各种预设，从事实本身单刀直入，看能否与前面表格所示者符节相合。

> 子曰：《易》，我后其祝卜矣，我观其德义耳也。幽赞而达乎数，明数而达乎德，又仁守而义行之耳。赞而不达乎数，则其为之巫；数而不达乎德，则其为之史。史巫之筮，向之而未也，好之而非也。后世之士疑丘者，或以《易》乎？吾求其德而已。吾与史巫同途而殊归者也。

① “龟千岁而灵，蓍百年而神。蓍之言是，龟之言久……以其长久，故能辨吉凶也。”《礼记正义》卷三引刘向语。

君子德行焉求福，故祭祀而寡也；仁义焉求吉，故卜筮而希也。

祝巫卜筮其后乎？

这里有相对应的事与人两个序列：赞—数—德；巫—史—儒。“吾与史巫同途而殊归”的关系则是解决我们问题的关键。先看“巫”与“赞”。

“巫”，《说文》：“巫，祝也”，“祝，祭主赞词者。从示，从儿、口”。巫主赞词，与“赞而不达于数，则其为之巫”相合，许多学者都是从“巫即祝，祝即赞”这个角度释读《要》之文意。[①]他们似乎没有注意到《说文》段注指出的“祝乃觋之误”，并明确提醒“不得以祝释巫也。”事实上，以告赞或祝告理解巫师这里所从事的活动并不合适。因为，这里是“卜筮”，而非“祭祀”，并不存在“祭主赞词”之“祝”的出场环节。《易传·说卦》“幽赞于神明而生蓍”里的“幽赞”应该与《要》“赞而不达于数”之“赞”同义。根据《周易正义》说卦注，“幽，深也。赞，明也。蓍受命如响，不知所以然而然也，与神道为一”，讲的是活动中巫师仿佛神灵附体的状态。[②]在这一脉络里，把“赞”理解成“见”（《说文》：“赞，见也。”），而不是作为“明”或“求”（干宝注），似乎更合适，与“不知所以然而然”的沉醉或迷狂之感觉状态更相切合——与神冥会契合，所谓事无形也。这种降神与会而见之，进而“质所疑于神于灵”，[③]正是巫的特异功能。[④]但在《易经》的占卜中，活动的另一议程“揲蓍”才是活动的主体，是其见神的目的，也才是

① 邢文：《论帛书〈要〉篇巫史之辨》，载李学勤、谢桂华主编《简帛研究》第三辑，南宁：广西教育出版社，1998年。

② 《易传·说卦》将卦之起源归诸圣人与数字卦的属性不符。但注释用于《要》的“赞而不达于数”却依然有效。孔子讲的本就是巫之占筮。帛书《易传·衷》就有“幽赞于神明而生占”。

③ 见《周易本义·筮仪》以及《史记·龟策列传》。

④ 巫咸之咸，似乎也暗示着其人以神奇的感应、感通能力见长。

其与《易经》勾连的重点。

揲蓍即可得数而生爻，为什么孔子又要说“赞而不达于数”呢？因为以揲蓍所得之数告人以吉凶，无论筮占或卦占，都只是一锤子买卖，难登大雅之堂。[①]孔子所说的数并非这个揲蓍而来的奇偶之数，而是另有所指。这就要说到“史”与“数”了。

先说数。张政烺先生的文章[②]发表后，“易卦起源于数字”的观点得到公认。其形成过程大概可以描述为揲蓍得数，记数成爻，积爻成卦。孔子说的“赞而不达于数”“明数而达乎德”，应该不是指揲蓍所得之数，甚至也不完全是指《易传》里提到的各种“数”。这些数所关涉的或者是卦之成（揲蓍所得之数），或者是卦之用（预测方法或技术），因为它们不可能与孔子所说的“德”存在什么勾连。

这个“数”须结合“史”来讲。“史”，《说文》：“记事者也。”《世本》：“黄帝始立史官，仓颉、沮诵居其职”；这是从起源说。《玉篇》：“掌书之官也”；这是从文书档案职能说。《国语·楚语》“家为巫史”、《国语·晋语》“筮史占之”；这是从史巫相通说。《周礼·春官·占人》：“凡卜筮既事，则系币以比其命；岁终，则计其占之中否。”郑玄注：“既卜筮，史必书其命龟之事及兆于策，系其礼神之币而合藏焉。”这是从其与占卜活动关系说。[③]

如果史巫在占卜预测决犹疑、告吉凶等方面的交集可以确定，那么二者差异的分辨就变得重要了。从前述材料可知，一是“史”比较

① 《左传·僖公四年》谓“筮短龟长，不如从长”，意思是龟卜较之筮占更值得重视。“家为巫史”，说明筮的起点不会很高。

② 张政烺：《试释周初青铜器铭文中的易卦》，《考古学报》，1980年第4期。文章运用阳奇阴偶的原则把一些青铜器物上的符号译成卦画，被认为是20世纪易学研究的重大收获和突破。

③ 陈梦家《商代的神话与巫术》（《燕京学报》，1936年），从卜辞看，巫、史、祝三者“权分尚混合，卜史预测风雨休咎，又为王占梦，其事皆巫事而掌于史。”转引自郭金标：《从巫史文化的起源看巫与史分离的原因和影响》，（2015.07.12），[2021.04.23]，http://www.doc88.com/p-2691207355801.html.

官方、正式；二是比较倚重档案材料，同为决犹疑定吉凶，如果说巫的活动主要是依凭“幽赞”（“恍惚中看见”）通灵的话，“史”则主要根据文书档案的经验记录及相关规则演绎推断。“数”也就是在这个过程里出场。“既卜筮，史必书其命龟之事及兆于策，系其礼神之币而合藏”；《易经》应该就是这样的成果之一。而文书的形式，也应该是以“卦”的系统为骨干。所谓的规则，则是成卦之法与卦占之术，即大衍之数、“逆数”，等等。论者谓，“所谓明数，是指史通过大衍筮法、模拟天运而成卦，所成之六爻卦有内外贞悔，取象设境，察形势，考事情，则可以辨明吉凶。”①

“筮法”之数被认为与天运、天行甚至宇宙发生起源相关，如《易传·系辞上》的“易有太极，是生两仪”。有论者分析天地之数的“天一地二”云：“天数与地数实际代表着奇偶。用易理去衡量，奇偶也就是阴阳。……因此，天一的本义应该就是天数一。天在这里只是作为对于数字一的性质的限定，指其为天数、阳数。所以，天一所强调的是‘一’而不是‘天’。……‘一’借喻万物之源。”②这应该就是所谓“数字崇拜”或“数字神秘主义”吧。论者根据郭店竹简《太一生水》归纳出的相应宇宙生成图式是：太一—天地—神明—阴阳—四时。从“太一藏于水，行于时”可知，生天生地的“太一”同时也构成日月星辰运行的法则。

可以说《易经》“参天两地而倚数”的筮法建构所依托的原型，就是“太一生水”所反映包含的古老宇宙观念与想象。虽然这未必就是易卦的产生真相，却反映了易卦编成序列长期运作使用的事实。它带来的变化，就是导致了对整个卦系之理论基础的改写或重建，即从巫

① 丁四新：《周易溯源与早期易学考论》，北京：中国人民大学出版社，2017年，第109页。

② 冯时：《中国古代的天文与人文》，北京：中国社会科学出版社，2017年，第228页。作者认为“太一生水”就是“天一生水”。如此，则“太极”概念应该也来自“天一”。全文只出现一次的“太极”概念后来几乎成为《周易》的象征，似乎也只有从“天一”获得理解。

所“幽赞”之神明，转换成为了卦所依托的宇宙生成、天道运行之“天数”。[①]由此可以看出，“明数”所明之数，已经由揲蓍之数到占卜的“极数知来”以及“逆数”之用，已然跃升成为天地之数，从而与“天”勾连起来。由此天地之数再回头联系“史”，即可以达成对其工作内容和方式一定程度的了解，进而对孔子所言之数做出明确推断。

天数地数的奇偶带来了阴阳观念，而阴阳观念的引入使得乾坤二卦地位凸显，成为“易之门户”，其所投射的乃是阴阳家的身影。《汉书·艺文志》：“阴阳家者流，盖出于羲和之官。敬顺昊天，历象日月星辰，敬授民时，此其所长也。”再结合“道家者流，盖出于史官，历记成败存亡祸福古今之道”。《管子·四时》：“阴阳者，天地之大理也。”《史记·孟子荀卿列传》称阴阳家代表邹衍就是“深察阴阳消息”。

《庄子·寓言》：“天有历数，地有人据，吾恶乎求之？”成玄英疏：“夫星历度数，玄象丽天；九州岛四极，人物依据。”“历象日月星辰”之所得者就是“历数”。首先，它只是纯自然数据，但在天人合一的原始思维里，形成了与人事的关联。虽然存在与人之关系距离远近之别，但历数作为天道运行规律的意思是相同而明确的。甚至可以说，分别出于司徒之官和史官的儒道两家，在天人关系的取向上，一开始就存在某种微妙的不同。或许可以说，道家对天道的理解更冷静，阴阳家则更神秘。儒家则居中，承认天人感应相及，却以德性为基础，不是特别神秘。

《论语·尧曰》：“咨，尔舜，天之历数在尔躬。”何晏《集解》：“历数谓列次也。”邢昺疏：“孔注《尚书》云：谓天道。谓天历运之数。帝王易姓而兴，故言历数谓天道。”不难看出，儒家反而与阴阳家在这方面存在某种亲和性。《汉书·艺文志·诸子略》说“儒家者流，盖出于司徒之官。助人君顺阴阳，明教化者也”，“顺阴阳”三个字，大可

① 建构过程次第下文将论及。

玩味。在学术下沉之后，相关观念向日常生活渗透，以阴阳消息定吉凶不仅自然而然，也有案可据，以致有人担心“……拘者为之，则牵于禁忌，泥于小数，舍人事而任鬼神。”如此，用卦之所以成的“历数”概念来理解或解读《要》篇所记孔子“明数”之“数”，应该说是顺理成章吧。

这里的“史”之“数”说的其实是一种以卦占卜时的理念或思维，即根据表征天地变化、阴阳消息的“历数”及其原则来断运势、定吉凶的占卜方式。在某种意义上可以说，这样一种“史-数”的占筮模式乃是《易经》的主体构成。[①]《史记集解》曾引孟康语云“五星之精，散为六十四”《易传·彖传》中天行、天时等重要概念，就跟卦辞“先甲三日，后甲三日”“反复其道，七日来复”有关。这些卦辞又与卦爻结构有关。通过分析可以看出，它的基础在于阴爻阳爻周流六虚，在于阴爻阳爻周流六虚被比拟为日月天道之运行。

《易传·系辞上》对筮法的重建，即是以此为基础的“逆向工程”。《易纬·乾凿度》：“易者，天地之道也。”这里的天地之道，就是《易传·系辞上》筮法“大衍之数”“天地之数”尤其是“易有太极，是生两仪”所体现的宇宙生成图式。[②]《说卦》“帝出乎震”章表明八卦还有空间结构，东南西北对应春夏秋冬，与《文言》对元亨利贞的四德之说遥遥相契。总之，八卦取象，使得象与数相资发用，相得益彰，而卦爻作为一种形式化结构，相当程度上被模拟为一个“小周天”似的系统。它的结果就是使“揲蓍”或“筮占”在“易占”中的地位权重日趋弱化，而“史-数”的理论思维逐渐成为其主导性基础，卦辞、爻辞因此而得以生长繁荣起来。[③]

---

① 乌恩溥：《周易：古代中国的世界图式》，长春：吉林文史出版社，1988年。

② 《御制题乾坤凿度》谓其“言易祖《系辞》，颇觉近乎理”。

③ 《归藏》卦辞的朴素或简陋可以作为反证。因为以“坤卦”为首，这样一套天道的理论无法引入或发育。

如果说，作为“巫”之“筮”（幽赞揲蓍以及推定吉凶）的基础是一种神秘力量（数字的神秘、蓍草及巫师的通灵异能），[①]那么，作为“史”之“数”的基础根据则是由“历数”所表征的天地以及日月星辰之运行规律。借用《易传·系辞下》“人谋鬼谋，百姓与能”的话来说，“巫-筮”的“蓍之德圆而神”更接近“鬼谋”，“史-数”的“卦之德方以智”则更接近“人谋”。而“鬼谋”比重下降，“人谋”比重上升，使占卜活动得以在更广大的空间内和实践中超越直至取代龟卜，理论上更是形成系统论述。

这些清理完成之后，对“儒”之“德”的理解应该会方便许多。李学勤先生认为《要》篇“我观其德义耳”的“德义”就是《易传·系辞》“蓍之德圆而神，卦之德方以智，六爻之义易以贡”[②]。其实，《系辞》的卦之德、爻之义只是内容、意义的意思。而孔子说的德义则具有 virtue、morality 之类的价值含义，二者并不相同。陈来教授断定德义就是道德、德性，“‘求其德’就是指仁义德行”[③]。放弃德义的“蓍之德，卦之德，六爻之义”解是对的。但是，通过征引“君子德行焉求福，仁义焉求吉”，将其等同于“仁义德行”并系之于“君子”，却似乎很难成立。因为，“吾观其德义”的对象（“其”）应该只能是卦和爻（周易作为文本的主要形式），至少是跟“筮”“数”同一序列或密切相关的某种东西，而不可能是“德行求福、仁义求吉”的君子。问卜者诚然是占卜系统的一环，但不可能是孔子的思考对象。而如果不以问卜者身份进入系统，孔子更不可能偏离方向去对君子的仁义德行作纯粹的伦理学思考。有必要追问：在探求“德义”二字的意涵时，它究竟应该是谁之德义？

“德行亡者，神灵之趋；智谋远者，卜筮之察。”夫子有德行，富

① 《周易正义·说卦》孔疏：“圣知深明神明之道，而生用蓍求卦之法。”

② 李学勤：《周易溯源》，成都：四川出版集团巴蜀书社，2011 年，第 86 页。

③ 陈来：《帛书易传与先秦儒家易学之分派》，《周易研究》，1999 年第 4 期。

于智慧，却又“好易，居则在席，行则在囊”，这表明在孔子眼里，易之为书绝不以神灵卜筮为其内容之全部，而必然有超出其上之深义可寻。“观其德义”之“其”只能是“易”，不是指向蓍草，也不是指向卦爻，更不是指向卜问者或占卜者。而排除求卜者和巫师之后，再排除由卦爻组成的卦系，那就只剩下卦爻之所以为卦爻的基础，其所沟通之对象、所传递信息之来源，历数之所出，那就是作为吉凶悔吝的决定力量、作为绝对存在者的天本身了。

由孔子批评“赞而不达于数，数而不达于德（天地之大德曰生）”可知，德与筮、数应该为同一序列概念，其暗含的语义或逻辑则是“数”（历数所表征的天地日月星辰）可以“达乎德”，正如“筮”（后面是数字所象征的神秘力量）可“达乎数”[①]。于是，我们不妨排列这一进程：揲蓍得数；记数成爻；积爻成卦；卦成取象；乾坤天地；“天一生水”。按此逻辑，德的终极承担者，只能是天。

从孔子这边分析同样如此。孔子深于《诗》，精于《礼》，编次《尚书》，学于周公。[②]天的问题在他心目中有一个不同于《易经》的意义脉络。《诗经》里的生民之本、郊社礼中的天地之感；《尚书·汤诰》“天道福善祸淫”，尤其小邦周克大国殷，“皇天无亲，唯德是依”取代商纣的“我生有命在天”之后，一直没有新的论述对天与人的关系加以重建——“皇天无亲”，那它有什么？“唯德是依”，又是凭什么？“天命无常”，人会怎样？这不仅是历史思想的问题，更是天地立心、生民立命的文化核心问题。这样的问题对别人来说也许没有意义，但对圣人来说则意味着责任和使命。所以，面对以象数为主干构成的《易经》，他要“观其德义”。而这里的“观”，实际是寻找；所谓寻找，实际是预设；所谓预设，实际是相信；所谓相信，实际是拥有；所谓拥

① 即使把“数”理解为“仪式”“程序”，如“失其义，陈其数，祝史之事也”所云，“义”最终也将指向天。

② 《法言·学行》：“孔子，习周公者也。”

有，实际是传承与创造——儒家“顺阴阳”的传统，儒家重德性的传统，[①]需要“技而进乎道”有所调整有所提升了。

出于史官的《老子》在“数”的基础上说出“道生一,一生二,二生三,三生万物”之后，又断定“天地不仁，以万物为刍狗”，正是“数而不达于德”之思维的外化及例证。以数为本，数即一切，其他皆为末度，甚至“天”也无足轻重。但作为儒家的孔子无法满足、接受这种数字化、规律化的自然世界或世界观。《论语》中“天之历数在汝躬”有浓重的意志、道德意味。天虽然无言，但由于生百物，行四时，天在孔子那里就可以与之会心。孔子在帛书易传《要》中论《损》《益》卦时说：“明君不时不宿，不日不月，不卜不筮，而知吉与凶，顺于天地之心也。此谓易道也。”如果说律之以数是智者见智，那么契之以心就是仁者见仁了。

而“德行”之所以可“求福”，“仁义”之所以可“求吉”，正是因为孔子“发现”了“天地之大德曰生”。[②]“积善之家必有余庆”必然以“赐福者”本身（“自天佑之”的天）的德性之确立为前提，逻辑非常简单。而由巫到史、由史到儒的递进提升，则表明从《易经》到《易传》的发展乃是一种连续性演进的结果或结晶：天人二元架构不变，天人互动关系不变。变的只是，在这个系统中，天不再只是某种盲目外在的必然力量或冰冷的定理历数，而是具有了德性的温润和光辉，是仁爱之天、创造之天。

这就是孔子的易道，儒家的易道，这就是孔子与同途巫、史所殊之“归”。

① 周公与《大象传》的产生及其意义，下面将论及。

② “大德曰生”之“德”，既是品质、属性之德，也是恩惠、善美之德。但以“大”修饰“德”，显然是偏重其“恩惠、善美”之意。《春秋繁露·俞序》：“仁，天心”；《朱文正公文集·仁说》：“仁之为道，乃天地生物之心”；戴震《孟子字义疏证》：“仁者，生生之德也”。

二、发展演变的动力、节点及其他

巫之筮或筮之巫，史之数或数之史，儒之德或德之儒，表面上看彼此紧张，实际上三者合一才构成《周易》的完整内容，提示着《周易》思想的发展脉络和结构关系。那么，是什么动力推动着这一由讲吉凶之事的《易经》到讲天地之德的《易传》的发展呢？不妨从占卜活动本身求解。

作为一个完整占卜活动的结构，其系统应该包括三个组成部分：求问者；占卜者；工具及其相关理论、技术等。

首先看求问者。这是占卜系统甚至占卜文化的存在基础。没有求问者的占卜需要，就不会有占卜的活动，也就不会发展出相应的理论技术，不会有专业的占卜人员。求问者在类型上多种多样，从寻常百姓到大户人家，从王公大臣到人主人君。求问的内容更是五花八门，小到三病两痛、歧路亡羊，大到风雨收成、国家征战。这从《周礼·春官·宗伯》可见一斑。国家制度郑重其事，包罗万象，巨细无遗。在占卜活动或系统中，对于求问者来说，他最在乎的是什么？毫无疑问，是求问所获得结果的参考价值大小，即有效性。

再看占卜者。他们首先是具有某种特异功能的人。《国语·楚语下》："民之精爽不携贰者，而又能齐肃衷正，其智能上下比义，其圣能光远宣朗，其明能光照之，其聪能听彻之，如是则明神降之，在男曰觋，在女曰巫。"《史记·日者列传》载汉代卜者自称"必法天地，象四时，顺于仁义，分策定卦，然后言天地之利害，事之成败"。这说的显然就是孔子《要》篇讲的"史—数"传统了；《周礼·春官·宗伯》也有记载。从这里也可以看到，由具有天赋的萨满之巫，到掌握技能的揲蓍之巫，再到"法天地，象四时"的历数之史，可谓线索清晰，脉络分明。当然，在占卜活动中他们的角色相通，都是"操作者"。

最后是占卜系统。《易经》的主体是卦，卦由数字构成，数字则是揲蓍所得；揲蓍又是基于对某种神秘力量的信仰，对与某种沟通共同工具和沟通方式的认定和选择。所以，可以说这个工具系统包含：1. 理论，对绝对力量的预设与信仰；2. 技术，操作程序、仪轨及经验技巧；3. 工具，蓍草、档案文献，等等。[①]

求问者作为购买占问产品的付费者，他最在意的是商品的质量，即巫师所提供之签卜结论的作用有效性。用《史记·日者列传》里的话来说就是"责卜者言必信"。占卜者巫师作为经营者，"降低运营成本"是自然需求，革新技术，如简化操作之类就是题中应有之义。这些形式性的改革很可能在长时段的演进积累中导致观念上的变化。最大的压力是如何满足求问者对效性的追求。如果总是"不灵"，"虚高人禄命以说人志，擅言祸灾以伤人心，矫言鬼神以尽人财，厚求拜谢以私于己"，不仅生意难以为继，承接官府业务还有丢失性命的风险。[②]有效性提高就需要对工具进行系统升级。占卜基础理论的升级，必然导致占卜技术的改变调整。

《易传·系辞上》载有"天地之数"与"大衍之数"两种筮法。同时《易传·系辞下》也载有不同于"数字卦"的"伏羲画卦说"。应该不可能两者同时为真。伏羲，论者认为即是《尚书·尧典》"乃命羲、和，钦若昊天，历象日月星辰，敬授民时"的"羲"。[③]所以，很可能这是"史—数"之占主导《易经》后，由此出发而对卦之起源的一种拟构。《易之义》"幽赞"与"揲蓍"并存，可以解读为占筮活动的某

① 《周易本义·筮仪》有关于工具、仪式的记载。如"命之曰，假尔泰筮有常，假尔泰筮有常，某官姓名，今以某事云云，未知可否。爰质所疑于神于灵，吉凶得失，悔吝忧虞，惟尔有神，尚明告之。"等等。

② 《左传·僖公二十一年》："夏，大旱。公欲焚巫尪。臧文仲曰：'非旱备也。'"僖公欲焚求雨之巫，应该是其祈雨无验在前才合乎情理。《礼记·檀弓下》载穆公"欲暴巫"，也当作如是观。

③ 李零：《长沙子弹库战国楚帛书研究》，北京：中华书局，1985年，第67页。

种转换，即由依托人之特异性向依托物之灵异性的过渡转换。所以，最开始的成卦之法应该相对简单——事物的开端一般都是这样。成卦之法的复杂性来自所承载之理论意涵，而这种意涵的赋予则是为了给卦之灵验性多做加持。“幽赞”加“灵物”，“于神于灵”应该足以有感。汪宁生《八卦起源》一文，利用凉山彝族等西南少数民族中流行的“数卜法”，推论《周易》中的八卦起源于“古代巫师举行筮法时所使用的一种表数符号”，应该比较接近八卦起源的真相。[①]

但是，今本《周易》阴阳爻画由一、七两数阴阳化和抽象化、进化而来。从进化的起点和过程可以看出提升有效性和简化操作的影响作用。“个人魅力”权重下降，[②]灵物（蓍草与数）开始显示神迹。这里的“数”是抽象符号，除开本身具有神秘性，它还具有巨大的拓展空间，通过加注不同内容，灵验指数提高成为必然的努力方向。“天数地数”“大衍之数”就是在不同时代背景下，随着人们观念意识的变化，将数字与其思维中的神秘力量建立联系，是数字成为这种力量之意志的传达者、显现者。

丁四新介绍了《易传》中的两种筮法，指出后者是前者的简化，甚至提到了筮法后面的“原理”问题。[③]尚可推进者，就是由“天地之数”到“大衍之数”，除了操作上的简化之外，它还意味着原理的某种改变。如果“天地之数”与“太一生水”属于同一思想谱系，“天一”对应于“太一”，[④]那么从“太一藏于水，行于时。周而或始，以己为万物母；一缺一盈，以己为万物经”看，这主要是一种关于太一自身运

① 汪宁生作为具有人类学背景的考古学家，在《八卦起源》中将八卦、“雷夫孜”视为“数字神秘主义”。文载《考古》1976 年第 4 期。

② 基于个体特异功能的降神活动能量消耗大，易受情绪影响，同时也缺乏可积累性，对求问者和操作者来说，都难说满意。在某种程度上，说服力下降就是有效性下降。所以它被替代是必然的。

③ 分见前揭丁书第 30、34、28 页。

④ 朱子《周易本义》对“天地之数”也有“一变生水而六化成之；二化生火而七变成之；三变生木而八化成之；四化生金而九变成之；五变生土而十化成之”的诠释。

行及其生天生地的描述，呈现给人的是一种太一、天地、阴阳、四时之间的内部关系，更像是一种空间结构。“大衍筮法”除开相对简单，便于操作，更重要的是它是一个关于天地万物化生的叙事。

“易有太极。是生两仪；两仪生四象；四象生八卦；八卦定吉凶；吉凶生大业。是故法象莫大乎天地，变通莫大乎四时；悬象著名莫大乎日月；崇高莫大乎富贵；备物致用立成器以为天下利，莫大乎圣人。探赜索隐，钩深致远，以定天下之吉凶，成天下之亹亹者，莫大乎蓍龟。”（《易传·系辞上》）

太极、阴阳、四象、八卦——这正是我们今天理解《易经》乃至整个《周易》的思想框架，而它正是从一套筮法脱胎而出。[①] 与“天地之数”比较，“天地之数”筮法中重要的是数字“一”，[②] 而在“大衍筮法”中，作为绝对力量的主体不再只是一个抽象神秘的数字，而是具有实体性的存在“太极”。它直接产生的是两仪——一般认为两仪是阴阳。这不能说错。但从筮法可知，揲蓍所得者乃是数，奇数和偶数。两仪应该首先是指奇数和和偶数，然后这奇数和偶数才带入天道，获得象征意义，日与月，进而抽象化为阴与阳。这跟六、七、八、九四个数字被称为四象道理一样。阴阳概念的确立，对于天道理论来说意味着太极作为宇宙起源、生化的意义得到凸显，太极与万物的关系变得明晰，而“观变于阴阳而立卦”则使得巫师在解卦时获得坚强有力的理论支撑。

或许可以说，数字卦揲蓍所得之奇数偶数在“天地之数筮法”中的“天地化”，再到在“大衍之数筮法”中的“阴阳化”，就是孔子所

---

① 《周易集解纂疏》载崔觐注“大衍之数”云：“舍一不用者，以象太极。”可见“易有太极”是对“大衍筮法”的理解和诠释。

② “天一的本义应该就是数字一，天在这里只是作为对于数字一的性质限定，指其为天数、阳数”。前揭冯时书第 228 页。

谓“巫—筮”到“史—数”之转进的次第过程或本质。[1]

由于天道人事贯通，与八卦关系直接，并且使用相对方便。在相当长的时期内，《易经》之卦及其系统都是在这样的理念和思维下运作。至于在发生学上，易卦是否真是由此而来，已经不是特别重要了。作为一个占筮活动的理论基础以及相应的操作系统，为求问者提供有说服力的占卜结果，让占卜者觉得操作简便，可以活动巨大解释空间和思路，并且已有经验可以再积累、升华、发展，这才是最重要的。

这正是《周易》后来居上，超越《连山》《归藏》的主要原因。

从“大衍筮法”“天地筮法”的“天文历数”论域可知，史官及其思想传统的加入对《周易》的发展形成是至关重要的。那么，为什么《连山》《归藏》没有引入这一源头活水呢？它们不是成型更早，与夏、商相对吗？回答这个问题，需要对文王的工作进行考察分析。

《易经·系辞下》:“《易》之兴也，其于中古乎？作《易》者，其有忧患乎？”“《易》之兴也，其当殷之末世，周之盛德邪？”帛书《易传·要》更是明确了“易之兴”与文王的关系:“文王仁，不得其志以成其虑。纣乃无道，文王作，讳而避咎，然后《易》始兴也。”文王的工作在《史记·周本纪》里的表述是:“西伯盖即位五十年，其囚羑里，盖益《易》之八卦为六十四卦。”《汉书·艺文志》沿用此说:“文王以诸侯顺命而行道，天人之占可得而效，于是重易六爻，作上下篇。”演八卦为六十四卦之外，还明确将卦辞、爻辞之作一并归之于文王。郑玄亦主此说。但是，《周礼·春官·大卜》:“掌三易之法，一曰《连山》，二曰《归藏》，三曰《周易》。其经卦皆八，其别皆六十有四。”王家台出土《归藏》简即为六位数字卦。可见文王演卦或重卦之说不能成立。

再看作卦辞和爻辞的问题。《晋卦》卦辞“康侯用锡马蕃庶，昼日三接。”康侯，指周武王的弟弟康叔封。《明夷卦》爻辞“六五：箕

① 当然，这种精英文化层面完成的系统升级并不意味着全社会占卜活动形式的很快改变。即使《归藏》这样的占卜形式也长期存在于民间。

子之明夷，利贞。象曰：箕子之贞，明不可息也。”康侯和箕子都是武王时代人物，其人其事不可能在文王囚羑里编撰卦爻辞时出现。演卦、作卦辞或爻辞都被否定，那么，“文王作，讳而避咎，然后《易》始兴也”究竟如何理解呢？

“演”，《说文》：“长流也”。段注：“演之言引也”。演卦一词实际包含两层意思：重卦和次卦。重卦之重作“再”和“更为”讲，次卦之次则是“位次”和“安排位次”的意思。[①]重卦就是把三爻组成的八卦重而叠之衍为六十四卦。所以，次卦就是按照其所理解的内在意蕴理路对六十四卦之先后次序加以编订安排。《连山》《归藏》均为经卦八、别卦六十四，跟《周易》一样，但三者的排列次序却是，《连山》以艮卦为首、《归藏》以坤卦为首，而《周易》却是首之以乾。司马迁、郑玄所说的文王演卦，其重卦可以被否定，但次卦却并不因此而不成立。崔觐注《序卦》即谓“此仲尼序文王次卦之意也”。疏：“文王六十四卦，其次相依，各有意义。”[②]

文王之所以重置卦序，首之以乾，大有深意。金景芳先生从思想史角度解释其原因，阐述其意义：“《周易》64卦以乾居首，这一点不简单，反映殷周之际人们观念上的一大变化。殷人重母统，所以殷易《归藏》首坤次乾，周人重父统，所以《周易》首乾次坤。……《周易》的作者认为天地是万物的本原，……天地在万物之先，故乾坤居六十四卦之首。”[③]这里实际给出的是两个理由：周人重父统，《周易》作者认为天地在万物之先。这当然是不错的。或许可以补充一句，天地筮法所承载、显现之史官文化传统，来自文王特定境遇中对天地人

① 《周礼·春官》大史祭之日，执书以次位常。《疏》谓执行祭祀之书，各居所掌位次也。

② 《周易集解纂疏》第95页。

③ 金景芳、吕绍纲：《周易全解》，长春：吉林大学出版社，1989年，第2页。

生的追问和反思，构成这一转变调整的理论中介或思维语境。[①]

或许可以如此拟构文王的致思历程：首先，揲蓍所得之奇数一、五、七、九由于简化的需要均被记作“一”，但作为爻画揲蓍及卦相连并不意味着其不被同时也作为数字“一”解读（二者长期并存并不妨碍这种思维心理的形成和表达），即卦画同时也在解读者心目中呈现为作为数之始的“一”。“一”，《说文》：“惟初太始，道立于一，造分天地，化成万物”。由数之始，自然而然地过渡转进为万物之始，直至一画开天。这实际正是“壹”的意蕴。“壹”，《类编》“音殷。与絪氤通”。在天地、阴阳观念的催化下，作为爻画之“一”一步步蜕变过渡，与“太一”“太极”之类的某种初始性、终极性、绝对性存在勾连起来。其次，如果前文所述是一种思维观念的积累，那么，易卦“取象”而占的传统及其对六十四卦命名的深刻影响则为文王重组卦序提供了契机——“法象莫大乎天地，变通莫大乎四时”。

《易传·系辞下》“天地氤氲，万物化醇。男女构精，万物化生”的灵感可以说即是源自文王“次卦”（之结果），或者说是对文王“次卦”之心理和思维的总结、追记和完成。文王如此次卦究竟是努力尝试沟通“上帝”[②]，还是仅仅希望建立一个符合周人文化观念的易卦系统（如金氏所说），很难断定。但因为首之以乾、象之以天而就此打开易卦系统脱虚向实由数而天的转变历程则是确定无疑的。文王次卦，转折性意义在此。

天人相及、天人感应的思想在原始思维中是自然而然的普遍现象。[③]因此，这样一种观念引入占卜系统及活动，显然对提升占卜结果的说服力是大有益处因而也是必然的。但这需要机缘，并表现为一

① 《汉书·艺文志》：“殷周之际，纣在上位，逆天暴物。文王以诸侯顺命而行道，天人之占可得可效……”《齐太公望碑》所载“《周志》曰文王梦天帝”，应该也就是在这一苍茫时分吧？

② 《诗经·大明》：“维此文王，小心翼翼。昭事上帝，聿怀多福。”

③ 《史记·日者列传》：“自古受命而王，王者之兴何尝不以卜筮决于天命哉！”

个过程，如两个系统各自的内部发展以及外部姻缘。对占卜系统来说，需要有对“巫—筮”阶段的超越（人们对该系统越来越失望），需要有理论的接口。孔子所说的“筮而达于数”，就依次呈现为筮占到卦占，卦占到象占，象占而取象于天，[①]再到天在这个系统中占据其作为天之存在的首要位置这样一个漫长历程。

四、《易传》十翼之逻辑结构

《庄子·天运》记载了一段孔子求道的故事。一些信息颇可与《要》篇印证，那就是孔子曾经求道于“度数”“阴阳”而未得。在一个道术已为天下裂的时代，重新厘定天与德、天与人的关系，攸关人心底定，攸关文化传统的整合以及精神方向之开展。自信“天生德于予”、自诩“文王既没，文不在兹乎”的孔子，显然正是以此为其天赋使命。[②]“圣人者，见人之所不能见者也。”（《春秋繁露·郊语》）孔子吸纳《诗经》《尚书》的传统思想而命以己意，由乾、坤、屯、蒙寻绎“古之遗言”，由“维天之命，於穆不已”将乾父、坤母、震春、兑秋呈现为宇宙生生不息的大生命。这一切的基础就是“天地之大德曰生”的核心命题。德是仁、是爱；生则是创造、是化育万物。[③]从“有命在天”到“皇天无亲”到“大德曰生”，千里来龙，自此结穴。

《易传》十翼七篇，《彖传》和《序卦》二篇是全书中心所在；《文

① 取象很可能从以坎为水、以离为火开始，卦形或如字，或如物（火），自然而然，并因其可以丰富扩大占筮操作或阐释的空间而积累固定下来。

② “文王既没，文不在兹乎”，朱子认为文王之文是礼乐制度，礼乐制度是周公建立起来的。从《诗经·大雅·大明》可知，“维此文王，小心翼翼，昭事上帝”。此“斯文”于《易》中求之，其或庶几。

③ 徐梵澄《孔学古微》说：“孔子在中国被誉为圣人，缘于他伟大的综合事业，将三代文化的精髓进行了完美的复合，并赋予新生命。”上海：华东师范大学出版社，2015 年。

言》为《彖传》之拓展,《说卦》为《序卦》之前驱。《系辞》是对占卜活动、《易经》文本和《易传》思想三个系统各有关方面(筮法、卦系、《彖传》及《序卦》等)的分析、阐释和评论。这五篇是《易传》的主体。《大象传》是《易经》到《易传》发展演变的过渡性环节，与孔子及其后学没有直接关系。《小象传》附属于《易经》，是对爻辞的解释。《杂卦》后出，思想亦游离于《易传》以《彖传》《序卦》为中心的系统之外。按照《易》之由巫到史到儒的变化路线图，从“跳大神”似的“幽赞”到寄托于灵物的揲蓍，确立起点，则卦之取象可说是第一个转折，文王次卦首之以乾是《周易》与《连山》《归藏》分道扬镳的第二个转折，孔子的《彖传》则是实现这一转折的最终升华。

《彖传》是《易传》的中心，乾卦的彖辞又是《彖传》的中心。

> 大哉乾元！万物资始，乃统天。云行雨施，品物流形。
> 大明终始，六位时成，时乘六龙以御天。
> 乾道变化，各正性命。保合太和，乃利贞。
> 首出庶物，万国咸宁。

《彖传》以卦辞为解说对象。乾卦卦辞为“元、亨、利、贞”，论者认为《易传》以四德说之，完全不合原意。[①]比原意更重要的是新意，因为孔子正是要截断众流，超越其占卜语境，将元亨利贞定义为自己的概念，寄言出意，自立乾坤。乾坤二彖对卦辞的改写以及重新诠释是颠覆，更是创造。

“大哉乾元”以感叹句开头，不仅是对元之力量、德行赞美之情的表达，也是自己对其信仰、认同态度的肯定。这样一种情感和敬信关系为《彖传》也为整个《易传》定下思想基调。《文言》“夫大人者与

① 黄怀信:《“元亨利贞”解》，载《周易本经汇校新解》，北京：清华大学出版社，2014年。

天地合其德”，即是这一关系的展开。

“万物资始，乃统天”，万物资之以为始，并不等于万物之始；“统天”（及后面的“御天”）则表明这个“元”的位格高于“天”。[①] 董仲舒《春秋繁露·重政》：“元犹原也……故元为万物之本，乃在乎天地之前。”苏舆《春秋繁露义证》：“元者，天与人所同本也。”万物始于天地，“有天地然后有万物”，所以，天在这里应该理解为“元”这个万物资之以为始的机能承担者。王弼注曰：“天也者，形之名也。健也者，用形者也。”这似乎是用体用概念说天与乾。实际上，把天与乾同说为元之用才更准确。“乾元为道，故曰乾道。”道之为言，形而上者也。从“元……其义以随天地始终也”，又可知元虽逻辑在上、在先，其存在却又是内在于天地、内在于万物。《周易正义》孔疏：“万物资始者，万象之物，皆资取乾元，而各得始生。”

元之统天（“举天以该地”），具体表现就是“云行雨施，品物流形”；“云行雨施”者天，“品物流形”者地。如果与地（land）对举的天可以理解为“sky”，那么，作为“天与人所同本”的绝对之天（元），则可以也应该理解为“heaven”。[②]

“大明”指日（及月），“终始”则意味着西沉东升，周而复始。“六位”指天地四时。“时乘六龙以御天”应该是“元”的意志行四时，生百物，周流六虚，生生不息。

“乾道变化，各正性命”，孔疏：“乾之为道，使物渐变者，使物卒化者，各能正定物之性命。性者天生之质，若刚柔迟速之别；命者人

① 刘红卫：“董仲舒“元”概念新解”认为它是一种“存在于天地之前的本原性秩序”。（2015.04.11），[2021.06.20]，http：//www.doc88.com/p-7995821258069.html。

② 孙亦平在《从“以元为体”到“以仁为本”——康有为建构哲学体系的思维演进轨迹之探讨》（《南京大学学报·哲学·人文·社会科学版》1991年第3期）中提出这样的观点：“‘元’与‘仁’是‘全神’与‘分神’的关系。‘元’作为形而上的绝对同一的‘全神’，在现象界是通过其‘分神’‘仁’表现出来的”。这实际更适合用于描述“元”与“天”的关系。康有为这些思想来自对董仲舒的梳理，董仲舒则又是来自对《易传》，来自《易传》思想在《春秋》解读中的运用，所谓“推天道以明人事”者也。

所禀受，若贵贱夭寿之属是也。”由此可知，天人关系在这里发生了重要转变：“史—数”之占为主体的《易经》中，由天一、地二或太极、两仪、四象、八卦建立和呈显的天人关系是遥远而抽象的，历数与人事的影响关系建立在天人感应的模糊信念之上。现在，二者得到新的阐述，于“云行雨施，品物流形”生化而出的万物与天地具有内在的统一性，生命因此获得意义，世界由此获得秩序。

“保合太和，乃利贞”的“太和”不仅指阴阳平衡，也指天地和谐、四时有序，指鸢飞鱼跃的生机蓬勃。若是，则草木抒发条畅，民众安居乐业，国泰而民安矣。《中庸》的“参赞化育”，《大学》的“止于至善”，都由此而来。

朱子认为这里的彖辞是“以天道明乾义”。其实，孔子是借乾卦阐述自己心目中的天道，给历数表征的天之躯壳赋予生命和灵魂。大德曰生，使孔子的元或天获得了义理性和主宰性，称为秩序的根源，价值的归属。[①]“孔子之道，运本于元，以统天地，故谓为万物本，终始天地。”[②]吴雷川的《基督教经与儒教经》从“虽是万殊，终归一本”的预设出发，将“《创世纪》造人与《中庸》天命之谓性”对勘，认为“《创世纪》与《中庸》所说的同是一回事。”[③]如果一定要进行这类比较，《易传·乾卦·彖传》显然比《中庸》更加合适，因为“天命之谓性”即是从“乾道变化，各正性命”引申而来。

《文言》，集解引刘瓛曰：“依文而言其理，故曰‘文言’”。这里的文当然就是元、亨、利、贞。所言之理则是对乾卦《彖传》里元、亨、利、贞之意义的应用、分析和拓展。

元者，善之长。亨者，嘉之汇。利者，义之和。贞者，事之干。

① 陈明：《生化：义理与主宰的根源与基础》，《北京大学学报》（哲学社会科学版），第47卷第2期，2010年3月。

② 康有为：《春秋董氏学》，北京：中华书局，1990年，第124页。

③ 王文锋：《从万国公报到牛津共识——基督教与近代以来的中国社会思潮》，香港：方舟机构有限公司，2017年，第182—183页。

君子体仁足以长人；嘉会足以合礼；利物足以和义；贞固足以干事。君子行此四德者，故曰：“《乾》元、亨、利、贞。”

“大哉乾元”是从人的角度对天道生生的赞美，“乾元”是主词，展现的是“云行雨施，品物流形”的意志。《文言》承此理念前提，从具体存在之万物的视角论述其生长、发育、收获、收藏的生命历程，与四季、四时对应，①完善《彖传》的论述系统。

这里包含两个层次内容，第一层次是“物”的生长。元、亨、利、贞有如四季——元者善之长：善者嫥也，乾知大始，物有所本而后有所长，如春也；亨者嘉之汇：嘉者美也，坤作成物，成之者性也，开枝散叶，如夏也；利者义之和：利“古文盖从刃禾”，“（禾）二月而生，八月而熟，得之中和”（《说文》段注），各得其宜，如秋也；贞固足以干事：贞者正也（师卦《彖传》），正者“守一以止也”（徐锴语），《易·艮卦》“艮，止也”，成也（《易传·说卦》“成言乎艮”）。如冬也。②

第二层次是人的启示。《礼记·孔子闲居》：“天有四时，春秋冬夏，风雨霜露，无非教也。”元亨利贞既然是生生大德的显现，自然值得体悟效法。“君子体仁足以长人，嘉会足以合礼，利物足以和义，贞固足以干事。”具体来说就是：体会生物之天心，而仁民爱物（“长人”之“长”即是《老子》“长之育之”之义）；体会成物之坤德，而谦逊守礼；体会秋之成熟，而利物合义；体会冬之收藏，而贞正足信。③

---

① 关于“天运四时以生成万物”“元亨利贞即四时”，详参《周易集解纂疏》第 43 页。

② 《易纬乾凿度》更有发挥。“子曰：……夫万物始出于震。震，东方之卦也。阳气始生，受形之道也，故东方为仁。成于离，离，南方之卦也。阳得正于上，阴得正于下，尊卑之象定，礼之序也，故南方为礼。入于兑，兑，西方之卦也。阴用事而万物得其宜，义之理也，故西方为义。渐于坎，坎，北方之卦也。阴气形盛，阴阳气含闭，信之类也，故北方为信。夫四方之义，皆统于中央，故乾坤艮巽位在四维，中央所以绳四方行也，智之觉也；故中央为智。故道兴于仁，立于礼，理于义，定于信，成于智。五者，道德之分，天人之际也，圣人所以通天意，理人伦而明至道也。”

③ 《春秋繁露·如天之为》认为“圣人承之以治。是故春修仁而求善，秋修义而求恶，冬修刑而致清，夏修德而致宽，此所以顺天地”，可与此互相印证。

最重要的一点拓展，就是提出“夫大人者，与天地合其德，与日月合其明，与四时合其序，与鬼神合其吉凶，先天而弗违，后天而奉天时。”这是在天人关系架构里讲人的活动，讲如何成德。如果“大哉乾元”是人之根源，“元亨利贞”是生命的四季，那么“与天合德”则是讲人的归属与实现路径。

《说卦》承接“与天地合德”的要求和思路，进一步开拓人与天的联系通道。“圣人之作易也，将以顺性命之理”，将卦爻之作的目的在于呈显天地“性命之理”。“和顺于道德而理于义，穷理尽性以至于命”则可以看成是从人的角度与天合德的目标设定和路径规划。

帝出乎震，齐乎巽，相见乎离，致役乎坤，说言乎兑，战乎乾，劳乎坎，成言乎艮。

乾，天也，故称乎父。坤，地也，故称乎母。震一索而得男，故谓之长男。巽一索而得女，故谓之长女。坎再索而得男，故谓之中男。离再索而得女，故谓之中女。艮三索而得男，故谓之少男。兑三索而得女，故谓之少女。

这两段，前者由《乾·彖》的天之化生、《文言》的生长之节律，将八卦与八方匹配，勾画出世界轮廓。房子搭好了，家庭自然也要建起来，乾坤父母、震巽坎离艮兑六子于焉而成。如果说四时八方的结构是“史—数”思维的题中应有之义，那么父母六子的亲情却完全来自儒家仁的赋予。一索、二索似乎是说揲蓍，其实是先由天地的德性信仰发展出这一有机联系，然后才附会于揲蓍成卦之法。

元、亨、利、贞时间化而空间化，再秩序化，直到天与人、天与社会、文化之系统化，其最终完成，就在《序卦》：“有天地，然后有万物；有万物，然后有男女；有男女，然后有夫妇；有夫妇，然后有父子；有父子，然后有君臣；有君臣，然后有上下；有上下，然后礼义有所措。”至此，六十四卦被整合为一个完整的世界，上经自屯至离，为物为自然；下经自咸至未济，为人为社会。

《序卦》把震作长子处理，而不是作春天雷声，似乎与“帝出乎震”冲突，实际不是。震、巽、离、坤、兑、乾、坎、艮的序列是物的生长或人的劳作。所谓后天八卦讲的本就是经验世界中事。而先天八卦，“天地定为，山泽通气，雷风相薄，水火相射”云云，实际都是作为阴阳两种相反相成之力量的体现者，用于天地生化机能和过程之表述。《序卦》的系统，是讲世界由发生到次第展开及其内在关系，而以先天八卦为基础。“雷”只是震卦之取象，在后天八卦里，它是作为天或帝之机能或意志的显现形态存在。至于“伏羲六十四卦次序”[①]那些基于数字推演的版本，主要是出于占卜之用，与《序卦》基于天之德性信仰，表达其世界意义与秩序之理解的今本《易经》卦序，不可同日而语。

这是《易传》与《易经》的区别。虽然这一组合不是很受重视，却标志着《易传》以《彖传》为中心之系统的完成和完整，背后的逻辑深深地影响着中国人的思维方式和价值观念。《系辞》备受重视，但其实内容驳杂，不成系统。[②]作为对筮法、卦爻之象数辞以及以《彖传》为中心之孔子思想的阐释、评点和发挥，我们认为与《彖传》系统相对应的那部分才是其最高价值之所在。夫子于《易》，“后其卜筮”而“好其德义”，《系辞》之所以被认为出自孔子之手，应该也是就这一部分内容而言。

八卦成列，象在其中矣。因而重之，爻在其中矣。刚柔相推，变在其中矣。系辞焉而命之，动在其中矣。吉凶悔吝者，生乎动者也。刚柔者，立本者也。变通者，趋时者也。吉凶者，贞胜者也。天地之道，贞观者也。日月之道，贞明者也。天下之道，贞夫一者也。夫乾，

① 朱熹：《周易本义》，廖名春 点校，北京：中华书局，2009 年，第 15 页。

② 高亨认为《系辞》（上、下）“两篇长文结构不甚严谨，有文句前后相重者，有文意前后相复者，又有似随意记录或简篇错乱者。”《周易大传今注》，第 383 页。另，王化平有《论〈系辞〉为集录之书及相关问题》，载张涛主编《周易文化研究》第一辑，北京：东方出版社，2009 年。

确然示人易矣。夫坤,隤然示人简矣。爻也者,效此者也。象也者,像此者也。爻象动乎内,吉凶见乎外,功业见乎变,圣人之情见乎辞。天地之大德曰生。

圣人之大宝曰位。何以守位曰仁;何以聚人曰财;理财正辞,禁民为非,曰义。

这一段话出自《系辞》(下)。一些整理帛书《易传》的学者认为,《系辞》(下)或应改称《易之义》。[①] 从这里的文字也可以看出,这是从整体上对《易经》的讨论,与《系辞上》主要讲卦、卦辞和筮法等不太一样。最重要的当然是"天地之大德曰生"一句。由于整理者句读时标逗号,整个句子就成了与"圣人之大宝曰位"的并列句,而在解读时无法凸显强调。这显然与该句在篇章结构里的实际地位不相符合。从结构上讲,"圣人之大宝曰位"后面有一系列论述,表明其为一个整体。而"天地之大德曰生"从结构上讲理解成对前面从"八卦成列"到"圣人之情"的总结更为合适。

从意义上讲更是如此。"生生之谓易"是《易传》的基调,"大德曰生"则是孔子思想与巫史传统相区隔的分界——试对照《老子》的"天地不仁,以万物为刍狗"。"大哉乾元""元亨利贞"四德、震巽离坤兑乾坎艮八方,莫不如此。《文言》说"大人者与天地合其德",即暗含着天地有"德"的预设,但并没有明确此"德"究竟为何。从《彖传》看应该是"品物流形"之生生。这样一种"生生",即由天这个大化流行之生命创造、化生出万物,同时即已将自己的"德"赋予万物,并向作为"天地之德、阴阳之交、五行之秀气"的人把自己的生命形态呈显出来。在这样的关系里,人与天双向开显,命与性同时证成,而在天的属性之德于是而获得爱与善德性之解读与认定。[②]

《逸周书·度训解》:"凡民之所好恶,生物是好,死物是恶。"《左

---

① 李学勤:《周易溯源》,成都:四川出版集团巴蜀书社,2011年,第362页。

② 生生之德不是伦理性意义上的善,"善不足以言之"。参见《胡宏集》附录知言疑义。

传·昭公二十五年》:“生，好物也。死，恶物也。”在民众感受和认知里，生生就是爱,“生息万物，故谓之爱”(荀爽注“安土敦乎仁”语)。而《系辞》以“大德”名之者，与《文言》之“四德”相区隔，说明它既不是某种符合伦理价值的行为(行为之善)，也不是某种伦理价值观念(观念之善)，而是一种具有神圣性的意志之善、本源之善，类似于agape的大爱。这种大爱是伦理价值和善行善举的根源和基础。这就是孔子所说的仁，就是董仲舒和朱熹说的“天心”“天地生物之心”。《系辞》(上):“显诸仁，藏诸用”，注曰:“万物皆成，仁功著也。”[①]徐梵澄先生用“神圣之爱”(sacred love)翻译“仁”，还说“神圣之爱维持着生命，赋予其意义，将其携至圆成，驻于永恒生命之中。”[②]

这难道不正是《彖传》《文言》《说卦》《序卦》和《系辞》的内容和意义之所在?

① 李道平:《周易集解纂疏》，北京：中华书局，1994年，第560页。

② 徐梵澄:《孔学古微》，上海：华东师范大学出版社，2015年，第49、56页。

易庸学：儒教三典论略说

从宗教角度理解儒家文化的历史文化功能，探索其现实意义和定位，是大陆新儒家值得关注的重要思路。以方克立教授2005年《致第七届当代新儒学国际学术会议的信》所述及的所谓“大陆新儒学”代表人物蒋庆、康晓光和陈明为例，[①]蒋庆、康晓光均承接康有为思路，主张国教论，即儒教国教化；陈明则基于社会的现代性变迁，试图从公民宗教的角度描述儒教的历史功能和现实定位。

无论如何，这自然要求对相应的“神学”问题做出阐述。

康有为的工作主要围绕孔子而展开，他为了塑造作为教主的孔子之神圣性，因而“好引纬书，以神秘性说孔子”。但宗教不是巫术，“玄圣”“黑帝之子”以及“端门受命”诸说均属荒诞不经，不仅效果十分有限，甚至可以说影响非常负面。[②]从《诗》《书》到《礼》《易》，儒教有自己堂堂正正、渊源久远、博大丰赡的神学系统或“系统神学”。它以天为最高位格的存在者，孔子以其对天德的深刻领悟成为最重要的儒教理论家。本文仅根据《易传》《中庸》和《大学》这三部著名典籍，对儒教的基本理论及其逻辑关系做一初步的探讨或勾勒。

经是文化尤其是宗教文化的支撑。问起儒家是什么，最普通的回答是四书五经、孔孟之道。实际上，四书和五经反映的是不同时期儒

① 方克立：《甲申之年的文化反思——关于大陆新儒学问题的三封信》，载《大陆新儒学评论》，北京：线装书局，2010年。

② 周婷婷：《“我注纬书”——康有为对孔子“托古改制”形象的塑造》，《山东农业干部管理学院学报》2007年第6期。如《孝经钩命决》“虎掌、龟脊、辅喉、骈齿、斗唇，舌里七重”之类的说法，实在过于粗糙幼稚。

家文化系统不同的思想图景，孔孟之道也是宋儒塑造、建构的结果。这意味着不同时期人们对儒家理论有不同理解，不同时期儒家文化有着不同的历史文化功用。而五经之前更有“六艺”。“孔子曰：‘六艺于治，一也。《礼》以节人,《乐》以发和,《书》以道事,《诗》以达意,《易》以神化,《春秋》以义。’”（《史记·滑稽列传》）古者治教不分，治亦教也，教亦治也。[①] 章学诚认为儒门之经这个“经”字首先是一个动词，是“施于政事”的“经纶”；“经纶之言，纲纪世宙之谓也”。所以他一言以蔽之曰“六经皆先王之政典也”[②]。按照夫子关于周公的自述[③]以及船山“法备于三王，道著于孔子”（《读通鉴论》卷一）的说法，我们或许可以这样理解儒教经典的凝结成形：先王体天命以为治，先圣明天意以立教。

宋以前周孔并称，宋以后孔孟并称。这里的关键处不在孔子地位升降，而在周公被孟子取代导致的儒家思想逻辑的改变：在周孔关系中，孔子是周公“体天命以为治”中那个天道的阐明者；在孔孟关系中，孟子是孔子仁德的论证、演绎者——理论支点由天转换成了人；以天为中心，德是生生之德，是起源、动力和归宿；以人为中心，德则成了美德，虽然与天依然多少勾连，但天的人格性、意志性和丰富性均已被严重削弱。[④] 章学诚《文史通义·原道上》谓“周公集治统之成，而孔子明立教之极。”诚哉斯言。遗憾的是，章实斋这里只是就其所关注的经之所以为经的问题出发，从“实事”与“空言”的关系讨

① 犹太教基本经典《摩西五经》希伯来文叫“妥拉”，意为教导、指示、律法。可见“经”都有“经纶”“经时济世”之义。

② 章学诚：《文史通义》之《经解上》《易教上》，北京：中华书局，1985 年。

③ 《论语·八佾》：“郁郁乎文哉，吾从周”；《论语·述而》：“甚矣，吾衰也！久矣，吾不复梦见周公！”

④ 陈明：《孔孟仁说异同论》,《文史哲》2010 年第 3 期。该文虽然专论孔孟仁说之异，强调孔子关注生命而孟子强调道德，但文章对孔子之仁与天的内在关系重视不够。这方面的思考参见陈明《生化：主宰和义理的根源与基础——儒教天论之脉络与意义》,《北京大学学报》(哲学社会科学版)，第 47 卷第 2 期，2010 年 3 月。

论治与教、君与师的区别而述及于此，且暗含有扬“经纶”而抑“坐论”的褒贬之意，故没有也不可能从周公“皇天无亲，惟德是依”与孔子以“生生”为上天之德的内在关系出发而建立起儒教的神学理论，去将夫子之立义创意工作做出深入阐释。

毫无疑问，这正是本文的宗旨或工作。

当年康有为提出立孔教为国教，政治上是为了推行维新变法，文化上是为了收拾人心、应对耶教冲击，同时也给失去科举制等制度支撑的儒教本身寻建一个新型的社会基础。今天对儒教问题的重申，在我看来就是要在现代性—后现代性冲击下的国家建构与国族建构中发挥其作为历史久远的超验传统的重要作用。这种重要性可以从秩序和意义的价值基础提供来加以理解。对习惯于将五四作为现代性起始的我们来说，这一提法或许有些陌生。但是卢梭、贝拉、伯尔曼的著作以及英美诸国的建国经验则显示，自由、平等以及宪政等无不与这样一种宗教文化存在深刻的内在联系。①儒教理论建设要达到这样的目标，尚需要做出许多的努力。关于其理论方面的工作，我觉得应该首先重新确立天在整个思想架构中的核心地位，其次则是围绕这一中心探索天道信仰与生命及社会生活的内在联系及相应形式。

汉代关注政事，讲王霸之辨，五经均立博士，直接施用于社会治理，如《春秋》决狱、《禹贡》治水等。宋代关注心性，重义利之别，四书终成显学，后来成为科举八股标准答案。在我看来，作为我们“直接传统”的宋明理学之“四书”思想系统，对于这两个方面的工作不仅难言贡献，甚至可以说是必须首先予以纠正清除的夺朱之紫、障目之翳。

三代至汉的经纶、经济、经纬之政治取向内卷为心性取向，自然有不得不然的理由。但是，“四书”构筑的新论述却没有《易传》的位

① 当然，这些西方思想家不仅将这一传统直接与基督教相勾连，而且倾向于认为唯有基督教才能担当此任。这是我们无法认同、接受的。

置。而没有性与天道的论述，理学的殿堂就没有神灵的位置，理学的精神也就没有充沛活泼的源头活水。虽然其对历史文化功能做出了自己的承担，但空寂偏枯之弊仍有待超越克服。因为朱子《周易本义》“尊伏羲文王以压孔子”[①]，以卜筮之书范围《周易》，以“本爻”为“本旨”，“太极一理”成为整个思想的元命题，其直接的思想后果就是将孔子在《易传》中对性与天道的论说及其价值意义一笔抹煞勾销。[②]对于儒教来说，这简直无异于釜底抽薪，犁庭扫穴。利玛窦、何光沪等说宋明理学背叛了儒教早期对天的信仰，[③]虽然有他们自己的视角，但他们的学养和作为基督徒的宗教敏感所发现的问题还是需要认真对待的。[④]下面即参照牟宗三先生关于朱子理学“对儒家之本义言根本为歧出”之判定，对此加以分析。

牟宗三此论是根据他所谓三系说做出的。他所谓三系则是根据他所理解的《论语》《孟子》《中庸》《易传》和《大学》这五部经典的内容和相互关系建立的。他认为，“先秦儒家是由《论》《孟》发展至《中庸》与《易传》，而北宋诸儒则是直接由《中庸》《易传》之圆满顶峰开始渐渐向后返，返至于《论》《孟》。……真相应先秦儒家之呼应而直下通而为一之者是明道。……明道之‘一本’义乃是圆教之模型。……义理间架至伊川而转向。伊川对于客观言之的‘於穆不已’之体以及主观言之的仁体、心体与性体似均未能有相应之体会，……他把‘於穆不已’之体（道体）以及由之而说的性体只收缩提炼，清楚割截地视为‘只是理’，即‘只存有而不活动’的理。……工夫之重

① 皮锡瑞：《经学历史》，北京：中华书局，2011 年，第 7 页。

② 《朱子语类》卷六十七载沈僩记朱子对《周易本义》不满的原因：“先生祇欲作卜筮用，而为先儒说道理太多，终是翻这窠臼未尽。”孔子应是这“说道理太多”的先儒之头一名吧。

③ 陈明：《中国文化中的儒教问题：起源、现状与趋向》，载《儒者之维》，北京：北京大学出版社，2004 年。

④ 《天主实义》上卷，第二篇，第 16 页说“若太极者，止解之以所谓理，则不能为天地万物之原矣，盖理亦依赖之类，自不能立。曷立他物哉？”就逻辑而尖锐地指出了朱子以理言太极则其本体地位可疑。

点落在《大学》之致知格物上，……此即丧失《论》《孟》《中庸》《易传》通而为一之境以及其主导之地位，而居主导之地位者是《大学》。彼有取于《中庸》《易传》者只是由之将道体提炼而为一个存有论的理，……此一系统为朱子所欣赏，所继承，而且予以充分的完成。……总之是横摄系统，而非纵贯系统。”相对于五峰、蕺山和象山、阳明所代表的纵贯的系统，此横摄的系统“是旁枝，乃另开一传统者。此第三系，若自‘体’上言，则根本有偏差，……对儒家之本义言根本为歧出”[①]。

显然，牟先生认为儒家思想以一个超验绝对的道体为最高存在根据，即“于穆不已”的创造之天、“天命之谓性”的乾元性海之天。在这一论述架构里，《庸》《易》之天与《论》《孟》之人合一，互相涵摄，互相贯通，是为圆满。而朱子对此“不能有生命感应上之呼应”[②]，“以伊川之思想理解太极，故对与太极真体理解有偏差，即理解为‘只是理’，‘只存有不活动’者。”[③]《伊川易传·序》首句即“易，变易也，随时变易以从道也”，不仅与《系辞》“生生之谓易”的基本理解相切割，而且“变以从道”，已经将“变易”的主体限定在类似于“卜筮者”这一具体经验范畴，与形上超越的乾坤之德完全不相伦类。正因天被从作为创造者的生命性存在狭隘化为道德性存在，其丰富性被抽空，《易》《庸》中的天人关系，被改造成理与气的关系、理与事的关系、体与用的关系。失去“昊天上帝”的笼罩，“格物致知”遂成为这一七宝楼台的绝对支撑。思辨也许更近哲学，但理本之下，太极至尊，天如游魂，社会、人生被切割得支离破碎，不复先秦的丰富完整和灵性十足。

应该说牟氏对朱子的判断是基于儒教内在标准，根据文、武、周公、孔子的“一以贯之之道”，对朱子的思想描述也平情客观，并无先见。接下来本文对牟氏所据以“判教”的《论》《孟》《庸》《易》的范

① 牟宗三：《心体与性体》，上海：上海古籍出版社，1999 年，第 37—43 页。
② 牟宗三：《心体与性体》，上海：上海古籍出版社，1999 年，第 41 页。
③ 牟宗三：《心体与性体》，上海：上海古籍出版社，1999 年，第 45 页。

式所做的进一步梳理将向人们展示这点，并且可以同时透视出牟氏援引哲学这一西方现代知识话语框架进行分析时的弊病或不足。

简单地说，牟宗三肯定天之绝对性而把自上而下的所谓纵贯系统视为正宗，坚持绝对体的生命性（“即存有即活动”），并据此将五峰、蕺山许为嫡系而将朱子判作别子为宗，可谓极富洞见，功莫大焉，善莫大焉。[①] 但是，今天看来仍然存在问题：1. 囿于哲学视角以及与此相应的对宗教的偏见，对天的理解不够通透，让人感觉“源头有未安处”；2. 对《易传》的基础性缺乏足够体认，行文用词总是《中庸》在前而《易传》在后，这无论从文献学还是思想逻辑看都属于本末倒置；3. 与此相关，对《大学》的理解纯依朱子章句，因此对“格物”一词所蕴含的宗教性没有意识，[②] 从而使其与《易传》《中庸》的内在联系遂告中断，以致将其视为所谓横摄的系统排斥在《易》《庸》《论》《孟》的思想系统之外，使儒教理论体系失去完整性。

牟氏认为，“上世言帝、言天，乃至言天道、言天命，犹是发之于原始的宗教之情以言之，而且是关联着王者之受命以言之，故隐约地有人格神之意，至少亦是冥冥中有一真宰之意。上世之言德乃是关联着‘祈天永命’而言之，此是他律之道德（德行）。自孔子出而讲仁教，教人‘践仁以知天’，则‘仁’之一字即成为使两头充实之概念……于此遂摆脱上世他律道德之虚歉状态，同时使原始宗教之情之天以及关联着”[③]。这里有个问题：孔子之仁与“上世”之“帝”“天”的关系究竟应该怎么看？是哲学对宗教的替代？道德对迷信的替代？然则夫子自道的“述而不作，信而好古”又当如何理解？二者之间存

① 刘宗周认为：“天地之间，一气而已。太极之妙，生生不息而已矣。天地此太极，圣人此太极彼此不相假而若合符节，故曰‘合德’。”见《黄宗羲全集》第三册，杭州：浙江古籍出版社，1986 年，第 604、605 页。

② 笔者对格物的解读，参见《王道的重建：格物致知义解》，载《儒者之维》，北京：北京大学出版社，2004 年。

③ 牟宗三：《心体与性体》，上海：上海古籍出版社，1999 年，第 302 页。

在根本性断裂或突破吗？然则中国文化的原生性或曰连续性又到何处落实？①

帛书《易传·要》篇记录着夫子之于易与巫史之关系的告白："赞而不达于数，则其为之巫。数而不达于德，则其为之史。……吾求其德而已。吾与史巫同途而殊归者也。"史巫是通过不同的巫术形式探测天的旨意，据此决策行为，趋吉避凶。孔子所求者德，这个德不应是自身之德，因为这未免扞格曲折。如果理解为上天之德义，则文从字顺，晓畅清通，并且意义深远——《易传》即谓"天地之大德曰生"。明乎此，则孔子"好易"对巫史、德义，对筮、数的超越，不是哲学对宗教的超越，不是理性对巫术的超越、不是科学对迷信的超越，②而应视为人为宗教对自然宗教的超越，是动态宗教对静态宗教的超越。③它不再是求一时一事之祸福，不是寄望以神秘手段打探不可知的意志。作为主宰和根源，它是人们敬畏的对象、信奉的对象、祈祷的对象。它的意志是确定的；它既是在天之德，也是在人之性，将其现完成是人们的使命与要求。它是生命的，并因此而是道德的，宗教的。这就是成己成物。它是以周公"皇天无亲，惟德是依"的贡献为前提，以伏羲、文王卦爻的勾画叠加为基础完成的。

由《说文解字》所载"儒，术士之称"到《法言·君子》的"通天、

---

① 张光直：《中国青铜时代》《美术、神话与祭祀》，北京：三联书店，2013 年。

② 牟宗三在《心体与性体》第 12 页写道："周、孔并称，孔子只是尧、舜、禹、汤、文、武、周公之骥尾，……孔子并未得其应有之地位"，即是从将孔子说成成德之教的道德哲学或人文教之奠立者立论。

③ 柏格森把宗教分为静态宗教 la religion statique 和动态宗教 la religiongdynamique 两种。前者指宗教发展的早期形式，如巫术、图腾崇拜、泛神论等，是一种"低于理智的""群体性的""自然的"宗教，其作用是发挥使个体依附群体，使人热爱生命、为心灵提供安全和宁静的功能；后者是宗教发展的后期形式，指"高于理智""个体性的""人为的"宗教。从静态宗教到动态宗教的进化是靠伟大的神秘主义者如释迦牟尼耶稣等的引导完成的。他们把生命存在的更高境界与形态昭示给世人。结合柏氏作为义务的静态道德和作为仁爱的动态道德概念，这两种宗教的内涵与意义可以获得更清晰深刻的把握：前者主要关心个体、小团体利益福祉，后者超越这些而把自己投向全人类。《道德与宗教的两个来源》，王作虹、成穷译，南京：译林出版社，2011 年。

地、人曰儒”可以看到这一变化之内在联系与差异及其复杂关系。①

《中庸》谓：“唯天下至诚，为能经纶天下之大经，立天下之大本，知天地之化育。夫焉有所倚？肫肫其仁！渊渊其渊！浩浩其天！苟不固聪明圣知达天德者，其孰能知之？”千年之后，胡宏又说“知天性，感物而通者，圣人也。”②这样的圣人只能是孔子。西方有学者把世界宗教分为预示与神秘两大类。前者把信仰建立在启示基础上，注重上帝的超越性，关注道德和价值；后者冥想上帝而遁世。论者认为，相对而言，儒教更接近前者。③虽然中国的天不说话，但却同样有意志且向人显示自己（所谓 revealed religion），“天不言，以行与事示之”。天纵之圣道出天机，神性的光亮穿云而出，内在的情感与超越的天道才得以在相遇中开辟出全新的意义世界：世界变得可理解、人生变得有目的、社会变得更加凝聚、制度获得义理标准。“五十而知天命”是不是有可跟“老而好易”联系起来的特别解释，这还需论证，但“立天下之大本，知天下之化育”的阐述是通过《易传》完成的却完全可以肯定。

是的，儒教理论中讲天道的基本经典是《易传》。诚然，《诗》《书》《礼》等文献中所反映的天之人格性、意志性、义理性和神灵性都更生动，与人的连接也更直接全面。相对来说，《易传》却侧重义理，而不是很切近人之情感。④但是，《诗》《书》《礼》记录的是“前孔子”时代人们与天的关系，表现为一种经验形态；它们是孔子工作的基础与佐证。而最能代表、反映孔子在这一宗教传统之续接中的地位和意义的还是其对《易经》画龙点睛、刺破混沌的阐释。

皮锡瑞说“(易）当时但以为卜筮之书而已，至孔子阐明其义理，

① 有趣的是，犹太教的先知也是作为祭师或巫师的替代者出现的。或许因为犹太民族数罹亡国之难，王权积弱不得不依靠先知寄望神力承担命运从而刺激犹太教充分发育。

② 《胡宏集》，北京：中华书局，1987年，第318页。

③ 龚道运：《近世基督教和儒教的接触》，上海：上海人民出版社，2009年，第205、206页。

④ 蒋庆先生在邮件中提醒这一点，谨致谢！

推合于人事，于是易道乃著。”[①]阐明其义理者，确立生生天德；并明确其为世界创化者（“有天地然后有万物，有万物然后有男女，有男女然后有父子，有父子然后有君臣”等）；其为人极（“夫大人者与天地合其德”等）。前面约略提到《易传》与《易经》的有机联系，这里可以再强调一下：首先，作为卜筮之书，《易经》预设了天之神性，但其神格的道德属性不彰，主要是一种盲目的支配力量；其次，卜筮所注重的是该操作的技术性，因为对象是一种盲目力量，故人的德性不具有特别意义。孔子玩易，宗旨不与巫史同。因为在他那里，天已经具有了道德的属性。正因天是具有道德属性的主宰，所以才福善祸淫，才“德行求福”。朱子从卜筮之书定位《周易》，虽然看到了经传之间的差异，但把孔子对天德的演绎升华忽视阉割掉了。[②]但是，藕断丝连，形散神聚，孔子作《易传》，1. 乃是在天人互动的卜筮框架内开展工作，文本的主干仍是对卦、爻及其相关内容的解释和阐释，既没有否定天的神圣性，也没有否定天人之间的内在联系，只是将这一联系的基础改造替换成为了“德”。这正与周公“皇天无亲，惟德是依”对商纣“我生有命在天”的改造替换相类似，相呼应；2. 根据其所体认的天道天德，即这个绝对者的意志性、道德性确立人极，如“天行健，君子以自强不息”，后儒将其表述为“则天而行”（胡宏）、“圣希天”（周敦颐）。这番工作之后，原始卜筮文化中的神秘力量被“道德化”，盲目力量被理性化，朴素观念被系统化，经验性关系被普遍化（从事件到生命），单个关系永恒化（从吉凶到生死）。

生生之德（“生生之谓易”）以及相应的天人合一之旨（“神而明之存乎其人”）是儒教神学的理论拱心石。

---

① 皮锡瑞：《经学通论》，北京：中华书局，1954 年，第 10 页。

② 他甚至说：“某不敢教人看易，为这物阔大，且不切己。这正说明朱子“太极一理”的改造是对《易传》天之生命性、创造性与神圣性的压抑、限制与阉割，说明《易传》思想的重要性及其与理学之理本论的紧张不兼容。

荀子《大略》谓“善为易者不占”，与孔子在对巫史及其操作行为的超越上相一致。但是，与夫子将生生之德赋予上天“好其德义”之升华点化相比，荀子只是将巫史之道视为虚妄而弃如敝屣，简单化地将神秘之天还原为自然之天，并切断其与人及人事、意义的关联，成为儒家文化系统中的经验论开山。真正承接孔子在《易传》中所阐发的性与天道思想的是所谓思孟学派，严格的讲是子思的《中庸》。①

> 天命之谓性，率性之谓道，修道之谓教。道也者，不可须臾离也；可离非道也。
>
> 君子戒慎乎其所不睹，恐惧乎其所不闻。莫现乎隐，莫显乎微，故君子慎其独也。
>
> 喜怒哀乐之未发，谓之中；发而皆中节，谓之和。中也者，天下之大本也，和也者，天下之达道也。致中和，天地位焉，万物育焉。

朱子对《中庸》的贡献主要在区分经传，使全篇的意义得以集中明确。这里的引文就是“经”部文字。这里的天、道、性、教诸概念不难理解。篇名《中庸》，问题就出在“中”字上。朱子说，“中者，不偏不倚，无过无不及之名。”这主要是沿袭程子的说法。但是即使按这一语义，这一表述也仅仅表述了“已发”的部分即“发而得中”。而无论根据思想逻辑还是文本脉络，在先且更重要的显然是“未发”。关于这个“未发”，朱子引了吕氏之说“当其未发，此心至虚，无所偏倚，故谓之中”。这不仅不成立，而且暴露了整个诠释的谬误：以心说“中”，不管是认知能力还是“喜怒哀乐”，已经与天命之性毫无挂搭，了无干系。朱子由此出发得出“惟圣人之心，清明纯粹，天理浑然，无所亏阙，故能因其道之所在而为之品节防范，以立教于天下，使夫

① 熊十力《原儒·原内圣》认为“《中庸》本演易之书”。

过不及者有以取中焉”。这一理解跟他对《中庸》的定位相呼应：“《中庸》何为而作也？子思子忧道学之失其传而作也。盖自上古圣神神，继天立极，而道统之传有自来矣。其见于经，则‘允执厥中’者，尧之所以授舜也。‘人心惟危，道心惟微，惟精惟一，允执厥中’者，舜之所以授禹也。尧之一言，至矣尽矣，而舜复益之以三言者，则所以明夫尧之一言，必如是而后可庶几也。”天道是神学、形上学；道统则属经验界，是人事，是政治，是道德。《中庸》之“中”被朱子生硬地与“允执厥中”的“中”捆绑在一起，[①]虽然自圆其说，但也必须实事求是地指出其对先秦典籍的改写、遮蔽。[②]

首先，这个“未发”之“中”，是不能也不应该用“不偏不倚、无过无不及”来描述的，因为那不是经验界，不存在“节”之类的外在标准，因此既不能用抽象的方位名词（东西南北中的中）加以描述，也（更）不能用作为“符合”义的“中”来表述了。其次，作为天命之性，它必然是一个具有实质性内涵的名词或概念，不仅与天相勾连，而且还应具有向天道归王的可能与动力——这是前揭经文的内在意涵。

其实吕氏也有“人受天地之中以生”之语，朱子也谈到了《尚书》“惟皇上帝，降衷于下民”之说。[③]游氏据以解说“天命之谓性”，但朱子不认可，而将其收摄于程子所云“天使我有是者”的命题之内。显然，“上帝降衷”与“天使我有是”中的天人关系是存在巨大差别的：“使我”抽象、间接，甚至模糊；“降衷”则具体、直接，并且明确，对天人间的内在联系有迹可循。如果“中庸”之“中”可作“降衷”之“衷”解，则《中庸》全经意义朗现，而且与《易传》的义蕴上下贯通，一脉相承。下面试做疏解。

---

① 《中庸》通篇都找不到与这所谓十六字心法的道统有什么内在关系的文字！

② 康有为《中庸注·序》亦批评“宋明以来，言者虽多，则又皆向壁虚造，仅知存诚明善之一旨，而遂割弃孔子大统之地，僻陋偏安于一隅”。

③ 这里对《中庸》的讨论，引用文字不注者均出自《中庸纂疏》，上海：华东师范大学出版社，1992 年。

"中"与"衷"本可通假，但思想史的分析可进一步增加说服力。《书·汤诰》："惟皇上帝，降衷于下民。"孔传："衷，善也。"降衷：施善；降福。这里以善释衷，实际是用的衍生义，本义是"内心"，即"方寸所蕴"——《增韵》："衷，方寸所蕴也。"这与《说文》的"中，内也"相应。由"方寸所蕴"到"内心"，由"内心"到"性"，再由"性"到"善"，是这一诠释的内在逻辑。那么，方寸所蕴者又究竟为何？渊源何自？从善、性推断只能是天；降自上天，唯有乾元性海，生生为德，方是至善至高的百善之所本。这是有文献支持的。《左传·成公十三年》："吾闻之：民受天地之中以生，所谓命也。是以有动作礼义威仪之则，以定命也。能者养以之福，不能者败以取祸。是故君子勤礼，小人尽力，勤礼莫如致敬，尽力莫如敦笃。敬在养神，笃在守业。国之大事，在祀与戎，祀有执膰，戎有受脤，神之大节也。"说这番话的刘康公是周室贵族，言语又来自"闻之"，可谓其所从来甚久远。分析文义，"中"与"仪""则"是"养之"的接引关系（这应为《孟子》"存其心，养其性，所以事天也"之所本），而不是《坊记》"礼以坊德，刑以坊淫，命以坊欲""防之"的对立关系（这似乎更接近荀子"化性起伪"论，虽然该书被划归《子思子》)，而是稳固成型的顺接关系。这一渊源更加久远的思想，不仅说明儒家基本理论中存在"先天学"与"后天学"的丰富层次，也说明在更古老的时代，人们对天人关系的理解，宗教的色彩更为浓重。"大哉乾元，万物资始"，正是在这样一个生生不息的创化过程中，人才获得"天命之性"。

至此应该可以说，被朱子轻视、否定掉的游氏"惟皇上帝，降衷于下民，则天命也"一语，反而是对《中庸》的正解和确解。[①] 只有在

---

① 段正元《圣道发凡·儒学谈》亦主此说，云："惟皇上帝，降衷于民。民受天地之中以生。人身原自有其中也。儒者不察，凡解圣贤中字之义，惟以事物之无过不及当之。"（2020.08.21），［2021.03.20］，http：//www.360doc.com/content/20/0821/08/71225352_931408819.shtml。

这一意义上，“中也者，天下之大本也”才饱满圆成，可以成立。这样我们应该就可以从“中”与“衷”的通假关系和思想渊源出发，对经文中的“中”来做进一步的诠释和演绎了。

“中庸”之“中”，从根源上说乃天之所降，从经验上讲是“方寸所蕴”，从人性上讲则应该是一种人之为人的规定性，它是一种待实现的潜在的品质、意志，是上天生生之德的个体落实。刘蕺山即以“元亨利贞”与此“喜怒哀乐”相对应。[①]或许可以借助郭店简《性自命出》的观念，将其表述为作为生命之存在形式的“性”“情”综合体：“性”言其命自于天，“情”言其显现于人，二者为一体之两面。“性自命出，道由情生”中“情”是“性”与“道”之间的中间环节。这里的性、情、道似乎都不能置于汉、宋之学性善情恶或性情对立的语境里理解。它们是超善恶的，唯胡宏《知言》“性无善恶”的观念庶几近之。[②]正是这一文献中，还有“喜怒哀悲之气，性也”的文字，颇可与《中庸》对勘。于是，由“喜怒哀乐之未发，谓之中”就可以获知这个所降之“中”是指含于“心”中而与“情”“气”不可分离的“性”[③]，作为“有情”众生的生命性存在，某种程度上可以借用康有为的说法而称之为“性体”[④]。

这种“情”或“气”“发而皆中节”即是生命形态的内在表达、展开。虽然可以说它具有道德上的意义或维度，但其本身却是超道德

---

① 刘宗周同时反对从性情对举的角度理解“性”。相关论述参见林月惠《从宋明理学的性情论考察刘蕺山对〈中庸〉喜怒哀乐之气的诠释》，载《中国文哲研究集刊》第25期，中央研究院中国文哲研究所。

② 陈明：《胡宏思想的逻辑与意义》，《湖南大学学报（哲学社会科学版）》，2009年11月。

③ 这一句是根据李清良教授建议的修改，谨致谢。原文因着重与宋儒的区隔强调其“情”与“气”而没有“含于心”及“性”诸表述。

④ 见康有为《中庸注》。之所以加以限制，是因为“性体”一词理学气味太浓，而实际在先秦，“性”是混合理学所谓性与情而为言的，如这里就是从喜怒哀乐说事。“以《中庸》说性，自中唐李翱始。……陈襄说：‘《中庸》者，陈性之书……是以知道德诚明之本。’范祖禹也说：‘《中庸》者，圣人言性之书也。’”参见胡国武：《经术与性理——北宋理学转型考论》1，北京：学苑出版社，2009年，第184页。

的，非道德框架可以范围域限。[①]“致中和”就是致“中”于“和”，就是“用中”——是的,“中庸”就是“用中”“通中”，[②]把个体生命妥当地抒发开来，即是“率性之谓道”，即是文本中同样重要且意义深远的所谓“成己”。[③]“诚者天之道。诚之者人之道。”正因为“诚者，非自成己而已也，所以成物也。成己仁也。成物知也。性之德也，合外内之道也”，“致中和”也才可以合乎逻辑地开辟出“天地位焉，万物育焉”的大化境界，[④]而孔子的“中庸之为德也，其至矣夫，民鲜能久矣”才可以被很好地理解。宗教的特征不只在于对神或绝对者的信仰崇拜，更在于追求与这个神或绝对者以某种形式的合一，religion 本就有“重新连接”之意。如果说，现代基督教把上帝作为人格的极致，生命的意义就是按照他的教诲生活进而得救复活，道教的天人合一是效法天的自然生化过程而调动在人之阴阳“法日月以为用”炼丹修仙，[⑤]那么儒教则是从生生之德出发成己成物而与天地参。[⑥]

这一切的贯通成立，以从“天命之性”的脉络里解读“中”这一核心概念为前提。

《中庸》全文可分为两篇，分别讨论“中庸”和“诚明”两个问

① 方寸所蕴，本就十分丰富，性情、志意和知觉，无所不包。《素问六·微旨大论》：“中者天气也”；《庄子·田子方》：“中，精神也”；《法言·修身》：“中者，心智也”。

② 《说文》：庸，用也。《庄子·齐物论》：“庸也者，用也；用也者，通也；通也者，得也。”

③ 程子注意到《中庸》以“致中和”为目的，但却将“成己”这一鸢飞鱼跃生机无限的生命流行实现过程大大窄化为规行矩步的道德践行。

④ “化性起伪”与“致中于和”，一为内生，一为外化；《庸》与《荀》，形似而神不同。虽在性无善恶、质料潜在上近似相通，荀子处“性”被处理为经验性存在，其本体性根源被否定，因其与天的连接被切断。

⑤ 《周易参同契》认为，“修丹与造化天地同途”。

⑥ 儒教虽然关心人事、社会，但同样是本于天道以从事。儒教与道家、道教的区别在于，道家道教将天道理解为一个自然过程、一个物质性过程；儒教则将其人格化，生生是仁、是德。朱子以理代天，将这生命性、宗教性的存在与过程精神化、道德化了。

题。[①]《诚明篇》："自诚明，谓之性；自明诚，谓之教。诚则明矣；明则诚矣。唯天下至诚为能尽其性。能尽其性，则能尽人之性。能尽人之性，则能尽物之性。能尽物之性，则可以赞天地之化育。可以赞天地之化育，则可以与天地参矣。"按照我们对"中庸"以及成己成物的理解，这两个问题的思路可以十分顺畅地对接，并互相补充强化。《易传》谓"君子以成德为行"。"致中和"包含"成己"的"自尽其性"与"成物"的"尽人之性""尽物之性"两个层次或阶段。这一过程的最高阶段是"尽物之性"："能尽物之性，则可以赞天地之化育。可以赞天地之化育，则可以与天地参矣。""赞天地之化育"即是前面的"天地位焉，万物育焉"，这是"致中于和"的极致，"与天地参"参，个体生命实现对天地之大化流行的融入，天人合一的最终完成。[②]

如果说《易传》讲的是"性与天道"，《中庸》讲的是天人之际，即天道与性命之关系，那么，《大学》讲的"三纲八目"就是这一成己成物之具体实现的标准路径。

> 大学之道，在明明德，在亲民，在止于至善。知止而后有定，定而后能静，静而后能安，安而后能虑，虑而后能得。物有本末，事有终始，知所先后，则近道矣。
>
> 古之欲明明德于天下者，先治其国，欲治其国者，先齐其家；欲齐其家者，先修其身；欲修其身者，先正其心；欲正其心者，先诚其意；欲诚其意者，先致其知，致知在格物。物格而后知至，知至而后意诚，意诚而后心正，心正而后身修，身修而后家齐，家齐而后国治，国治而后天下平。自天子以至于庶人，壹是皆以修身为本。

---

① 杨朝明：《〈中庸〉成书问题新探》，载《出土文献与儒家学术研究》，台北：台湾古籍出版有限公司，2007 年。

② 康有为充分意识到了这段经文的意义，称其为"总论孔教之本"。但这是不准确的。从逻辑上说，儒教或孔教之本只能是《易传》中关于天道、天德的论述。

牟宗三之所以贬抑《大学》，是因为在他看来格物致知属于横摄的系统，[①]与“性与天道”没有衔接。实际上，这应该视为学术冤案，因为他从程子、朱子处承接而来的对“格物”一词的理解是完全错误的。朱子释“格物”之“格”云：“格者，极致之谓。”所以，“格物致知”被释为“所以求知善之所在”；“物格然后知至”被释为“物格者，物理之极处无不到也”，“知至者，无心之所知无不尽也”。一个是尽可能多的认知外物之理，一个是尽可能清楚地意识到自己社会伦理之职责所在（如亲其所亲长其所长）。格物致知在原文中是存在前后相关之因果关系的。从“物格然后知至”看，格物是一种“认知行为”，致知是通过格物这一行为获得某种“认知”。朱子在这里将二者处理为分别向内和向外进行认知的平行关系是不合原文意义的。抛开问题意识不谈，关键是对“格物”这个“八条目”之起点的“格”字理解有问题。

“格物”，郑注：“格，来也。物，犹事也。其知于善深则来善物。其知于恶深则来恶物。言事缘人所好来也。”此解带宗教色彩，有以善致善、以恶招恶以及福善祸淫的神秘性。但置于全文脉络不相伦类。《字汇·木部》：“格，感通也。”徐灏《说文解字注笺·木部》：“格，训为至，而感格之义生焉。”《说文》：“格，木长貌。从木，各声。”“木”是有生命的存在，其向上、向阳的生长特征应是其训“升”、训“至”之所本，亦是“感格”一义之所由以出。进一步引申，则又可获得因感而生、因感而至以及因感而通诸义项。《汉语大字典》在该义项下使用了两条文献，一是《尚书·说命下》的“格于皇天”，一是《宋略乐志叙》的“先王作乐崇德，以格神人”。《尚书》中有许多“格”字孔传都训为“至”，如《大诰》的“格知天命”、《西伯勘黎》的“格人元龟”等。以“至”训虽然曲折可通，但以“感通”代之，则更是顺

① 牟宗三：《心体与性体》，上海：上海古籍出版社，1999年，第43页。

惬中肯，豁然开朗。《大学》“格物”之“格”作“感通”解，意思就是于物上感而通之。“物”中又有何特殊道理可供感格呢？顾炎武《日知录·致知条》云“惟君子为能体天下之物”。体天下之物，一可解为君子与物同体，一可解为君子能从物上领会造化之理、生生之德。在“继之者善也成之者性也”条，亭林先生引《孔子闲居》证之：“天有四时，春夏秋冬，风雨霜露，无非教也。地载神气，神气风霆，风霆流形，庶物露生，无非教也。”所教者何？天地大公无私之仁也、生生之德也。而人之可教、物之可格则是因为“天生烝民，有物有则”。作为上天所生之万物之一，人以天之所命为性。尧舜这样的圣人是所谓“性之者”，与天合德无往非性，不必也无需言教言修。但是，对于芸芸众生来说则有所不同。正如《性自命出》所说，“金石之有声，弗扣不鸣，人之虽有性，心弗取不出。”所以，尽管明德在心，仍需明而后显。从某种意义上说，格物就是发挥“性智”，于物上体认天之道，于四时行、百物生中体会上天的生生之德，从而唤醒自己内在性分即明明德的过程。至于由此而意识到自己的性分所在，使命所在，从而“知其所止”，确立起自己“则天而行”的生命方向，就是所谓“物格”然后“知至”了。

格物，贯通形上形下，兼综先天后天，本质上是一种基于天道信仰的宗教体验或灵修过程，它是认知和实践以及情感投诸意志期待的有机统一。在这样一种神秘体验的基础上形成对天之存在、之启示、之德性的把握，并由此确立起个体与天的内在联系的认信（“仁者与物同体”“民胞物与”），然后再反转回落到现实世界，形成此在的价值观、人生观。如果说定、静、安、虑、得是这一过程的心理内容或描述，那么治国、平天下则是这一过程完成后的实践规划。格物既是三纲领的起点，也是八条目的起点。至此我们应该已经清晰地看到了《大学》与《易传》之天道观、《中庸》之性命论的内在关系：格物、明明德是对天命之性的自觉体认与执取、贞定；修身是成己，治国平天下则是成物。①

《诗经·文王之什·皇矣》“维此王季，帝度其心。貊其德音，其德克明。克明克类，克长克君。王此大邦，克顺克比”记载的王季的事迹，似乎正可以作为“三纲领”（“明明德—亲民—止于至善”）的历史精简版，而《易传》的天道性命以及《中庸》的成己成物也隐约涵括在内。这一历史佐证正说明《易》《庸》《学》不仅在理论上一脉相承，在实践中也是三位一体。与牟宗三所谓横摄系统的判定完全不同，《大学》的思想格局毋宁说是最为宏阔的，是真正贯通天人而又面向生活世界的十字打开！

朱子说“四书”结构关系是：“《大学》为先，次《论语》，次《孟子》，次《中庸》”，其意义功能则是“《大学》定规模，《论语》立根本，《孟子》观发越，《中庸》求微妙”；这是一个以人为中心的道德哲学系统。本文揭示、建构的则是一个以天为中心的宗教神学系统：《易经》言天道，《中庸》论性命，《大学》说践履：由生生之谓易奠基，经“天命之谓性”落实于人，再经由“修齐治平”“止于至善”而回归生生之德的大化流行。

儒家文化的思想图景经历了由六艺到五经，由五经到四书的系统转变。它反映的是这个文化与时代社会关系的不同特征。今天，社会时代的改变已经发生，如何调整自己的表述以建构起与之积极互动性的联系，是儒门必须面对的问题。当然，儒教的神学建构存在多种路径。作为初步尝试，这里的论述不仅粗糙，而且还有许多问题尚付阙如，例如生死灵魂问题。但现在只能先就此打住了。

① 阳明所谓之“致良知”，于此亦可获清晰说明。

《中庸》的儒教解读

——以经学天人论与理学心性论为参照

康有为的《中庸注》认为《中庸》首章是“孔教之本”，[①] 但并没沿着这一思路从儒教神学对《中庸》做出解读。所谓宗教，从英文religion看，可以理解为神与人的连接及人与神的再连接；前者是从神到人的逻辑和意义关系，后者是以此为基础的从人到神关系建构，二者统一于信徒的宗教生活实践，体现为一种人生模式、社会现象和意义关系。本文即尝试从这一神 - 人及人 - 神的互动关系结构对《中庸》文本进行诠释分析，希望深化对儒教及其神学系统的认识。

主流的《中庸》理解来自朱子的《四书章句集注》。朱子章句《中庸》与《大学》又是为了辟异端，即回应佛、老二教对儒家道统的冲击。朱子的工作虽然成就很大，但问题也不少。从《中庸章句》看，最典型的一点就是他是从“命”字开始落笔，所谓“命犹令也”，而对天不置一词。但“天命之谓性”中的“命”无论作动词还是名词，就是无论理解成“天命”还是“天之所命”——这二者其实是统一的，都是从属于“天”的，因此如果不讲“天”，那么“命”也完全无法说清。朱子的名言是“未有天地万物之前毕竟先有是理”。所谓天理实际是以天为理、以理代天。正本清源，就必须从天出发，如此或许可以还原或发现一个以天为思想的起点和中心的《中庸》文本。

① 康有为:《中庸注》，北京：中华书局，1987 年，第 191 页。

一

“天命之谓性”的天，就是《易传》里面那个“云行雨施，品物流形”的生生之天，而“天命之谓性”的意义内涵则本于“乾道变化，各正性命”。孔疏将“各正性命”的“命”解为“人所禀受”，因此“天命之谓性”的意思就是“从上天所禀受者即是人之性”。那么，这个所禀受者又是什么？“天地之大德曰生”，因此这个“性”自然也就是生生之机、生生之元。口语中的“救命”如此；王弼注“穷理尽性以至于命”所谓“命者生之极也”，以及《左传·成公十三年》“民受天地之中以生，所谓命也”，亦是如此。所不同者，“大哉乾元，万物资始”的乾元是本体性的超验存在，“元者，善之长”的元则是见之于具体生命的经验性存——“命者生之极”属于前者，“救命”之“命”属于后者。总之，“天命之谓性”的性作为天与人的连接形式，以“生命”为其根本特征，是人之生命的基础与可能。

这个大本大根确立后，“率性之谓道”“修道之谓教”的意义也就被规定或得到彰显了。“率性之谓道”的主词是圣贤。《易传》中德合天地的“大人”，在《中庸》中被表述为不勉而中、从容中道“自诚明”的“性之者”，其循“性”而发的行为堪为天下范式。韩愈《进学解》说的“吐辞为经，举足为法”即是此意。《左传·僖公二十七年》：“诗书，义之府也；礼乐，德之则也”，而作为“义之府”“德之则”的诗书礼乐正是来于圣贤的体天制作。为什么？因为圣贤是“自诚明”，上天赋予的品性可以全幅地呈现出来，是即人文之本。按照《贲卦·彖传》的说法，日月星辰是天文，山川草木是地文，诗书礼乐则是人文——文就是内之所蕴而显现于外，即天心的各种显发。这一句也表明“天命之谓性”的生命、生机，并不只是纯自然性存在，同时也具有价值意义，一种超乎经验道德并为其奠基的生命之“善”。《左传·昭公二十五年》说“生，好物也；死，恶物也”，最朴素也最深刻。

“修道之谓教”则是指当政者根据圣贤创制的诗书礼乐对民众进行教化。“教，所以生德于中者也”。“生德于中”不只是要积累德性，更是唤醒生命的根源意识，在个体生命与神圣之天之间建立起联系，使自己由自在的存在转变为自为的存在。文本中的“自明诚，谓之教”，与此相对应。其思想渊源也是来自《贲卦·彖传》，“观乎人文，以化成天下”。需要指出的是，“人文化成”是一种圣贤事业，包含道德却不能还原为道德，因为它远不止是道德行为的规训，而是一种博厚悠久的生命展开与完成。《大学》和《中庸》里的“止于至善”和“参赞化育”，都是从不同角度和层面对这一大化流行之宇宙生命本质形态的揭示描绘。

这三个命题跟《中庸》的篇名是什么关系？郑玄说：“名曰中庸者，以其记中和之为用也。庸，用也。”庸为用，用为作用、功能和意义，则中庸就可以理解为“中”的作用、功能和意义。郑玄说成中和之为用，应该是根据文本“喜怒哀乐之未发谓之中，发而皆中节谓之和”而来。但细研文句，“和”作为“中”的显发状态，显然是从属于“中”的，是“中”之“用”的某种形式或要求。所以，将“中庸”解作“中之用”更贴切，与整个思想系统的逻辑关系更顺畅清晰。

那么，“中”是什么？“中”就是天命之性。“中”本是方位名词，“衷”作为中的假借，同样是指“内里”之方位，具体是指代“里面的东西”。这个“东西”就是前面说的生命之机、生生之元。“天命之谓性”与《尚书·汤诰》“惟皇上帝，降衷于下民，若有恒性”，以及《左传·成公十三年》“民受天地之中以生，所谓命也”意义接近，都渊源于“天生万物”“天生烝民”的古老意识，只是更加理论化、系统化。“中之用”的“中庸”篇名，讲的就是天命之性的意义作用以及人应如何去求得其实现完成。

由天到人的理论逻辑既已清晰，接下来的问题就是由人到天的体认，即个体如何在经验中将禀受于天、内在于心的“性”唤醒、确立呈现为“道”了。慎独就是这样一个起点性中间环节。“慎”的意思是谨、诚，《说文》“慎”与“谨”是转注；“慎尔优游”“予慎无罪”之“慎”，孔传均曰“诚”。刘蕺山用“慎则敬，敬则诚”将其意义贯通。“独”，从郑玄到朱子分别解作独处之时或人所不知之处，于是慎独就成了基于道德意识的自我约束之意。这虽然与“道不可须臾离”相符，但“独”的概念因被解作时间、处所而彻底虚化，即作为副词、作为状语用于对“慎”的修。换言之，“慎”这个动词失去宾语，从而与前面的“天命之谓性”，后面的“致中和”诸意义表达脱节，思想逻辑变得支离破碎。

被黄宗羲誉为独得其真的蕺山解法完全不同。《刘子全书续编》卷一：“独者，位天地，育万物之柁牙也。”柁牙即舵板，是行船的主导；“位天地、育万物”是说“独”乃宇宙本体，柁牙之喻则是指这一本体内在于心，是行为的动力、准则。“独”作为名词作内心讲，《礼记·礼器》可以支持：“礼之以少为贵者，以其内心者也……是故君子慎其独也。”《庄子·养生主》亦有“朝彻而后能见独；见独而后能无古今”语，然则“独”又包含（道家意义上的）个人本质之义。帛书《五行》“慎其独也者，言舍夫五而慎其心之谓也”，更有把“独”与“心”对举的用法。于是可知，“独”可以兼含体用二义，既是能知（“心之官则思”），也是所知（天、性、道）。《中庸》相关文字中的“不睹”“不闻”与“隐”“微”都可以指涉内心世界及活动如情感、意识等，仅从外部情境理解失之肤浅。

蕺山思想在阳明脉络内，从心本论出发把“独”说成本体可说只是一念之转，且与其心学工夫论相契。但不能不辨的是，“天命之谓性”的命题表明，“天”才是《中庸》思想体系的最高存在。因此，从天—人的角度说，“独”是人的先天禀赋——这是一切的前提；从人—天的角度说，“慎独”是人的认知功能与活动（慎、谨、诚等）——这是现实起点。今人有对“慎独”作“保持内心的专一”解者，[①]与帛书五行“为一”的观点接近，但所谓“专一”一词内容贫乏空洞，与“慎独”在文本中的作用地位无法匹配。帛书《五行》云：“能为一，然后能为君子，慎其独也”。“为一”之“一”即“壹”，“壹”从壶，吉声。“壶”又有“天地絪缊”的“絪缊”之义；絪缊者阴阳交合，故“壹”又有“合”义。在这样的意义脉络里，可以把慎独视为一种个体对自己与天（天性）之内在关系的体认与持守，即经由意识活动在内心建构其与天的连接与统一，使作为有限经验个体的自我向无限与神圣敞开（进而成己成物、参赞化育）。对于任何一个宗教来说，它都必须对个体作为灵性存在的生命起点给出描述、规定和启示，为其开启一种新的人生。慎独对于儒教就具有这样的意义。

明乎此，文本中的“喜怒哀乐之未发，谓之中；发而皆中节，谓之和。中也者天下之大本也；和也者，天下之达道也。致中和，天地位焉，万物育焉”也就文从字顺，意义贯通，郑玄所说的“中之用”也就变得可以理解了。

“中”是“内”或内中所蕴。以方位名词来指代，说明它可意会而难以言传（朱子也认为“中是虚字”。见《朱子语类》卷六十二）。因此，文本用未发之喜怒哀乐来表述指称，我们就不能简单以筌为鱼，以指为月，而应只是借此四字想象、逼近其义蕴真谛。《春秋繁露·循天之道》谓“中者，天地之所终始也。和者，天地之所生成也”，讲的是“中”的功能——显然是用来描述天地的生生不息，“和”则是其成果显现。既然四时之行、百物之生都是天地大生命的呈现，那么，自然也可以把所谓喜怒哀乐视为某种象征，用于对生命存在的描述。郭店楚简《性自命出》的“喜怒哀悲之气，性也。……性自命出，命由天降”，就是通过将喜怒哀悲视为“气”而将其抽象化，并将其溯源于

① 梁涛：《朱子对慎独的误读及其在经学诠释学中的意义》，《哲学研究》，2003年第3期。

天，以说明其作为生命形态的基础性与普遍性。《大戴礼记·文王官人》的“民有五性，喜、怒、欲、惧、忧”，同样也可如是以观。《春秋繁露·如天之为》可为佐证：“人有喜怒哀乐，犹天之有春夏秋冬也”；“春之爱、秋之严、夏之乐、冬之哀，天之志也。”而春、夏、秋、冬，按照《易传·文言》的说法即是天行的元、亨、利、贞。

“中之用”的意义效果也由此而得以进一步开显：“致中和，天地位焉，万物育焉”。很明显，“致中和”并非非礼勿视之类的情绪或欲望之管理，也并非对神秘先天境界的禅定冥想，而必须从“位天地，育万物”的宇宙生命之大化流行去理解诠释其宏阔结构和深远义蕴。将前述“中”“和”概念的内涵带入，“致中和”就是致中于和，即将内在于己的天性在现实中合理充分地实现出来。这虽表现为个人行为，但却具有宇宙性的神圣意义，借用沃格林的概念可以说就是将存在秩序（order of Being）经由人生规划（order of Being）而历史地呈现。

我们可以从《易传·乾·彖传》天的“云行雨施，各正性命”来理解这点。《说文》：“正，是也，从止，一以止。”段注：“守一以止也。”“守一以止”就是“本于一”而“止于一”，就是本于天而止于天。所以这个“止”虽然是相对“起”与“行”而言，但作为“起”与“行”之方向和目标，它同时也可以将“起”与“行”统摄在内。换言之，我们可以也应该在“正性命”的思想框架内理解“致中和”，理解“发而皆中节”，即把天的“云行雨施”生万物作为“致中和”的逻辑依据，把“发而皆中节”理解为“各正性命”的形式要求。

有人提出《中庸》可分为“中论”与“诚论”二篇。[①]虽然从内容看确实前后存在论述重心的转变，但从思想逻辑看，二者其实是由“天命之谓性”所统摄的有机整体：“诚”与“成”“成己”与“成物”可以视为“致中和”或“中之用”的进一步落实；“中论”主旨“性立

① 梁涛：《郭店竹简与思孟学派》，北京：中国人民大学出版社，2008年，第270页。

天下之有”，“性论”主旨“诚成天下之性”。

朱熹把“诚”解为“真实无妄”，也就是“诚实”的意思。但他的学生陈淳却并没顺从此说。《北溪字义·诚》是这样表述的：“诚字本就天道论。‘维天之命，於穆不已’，于，只是一个诚。天道流行，自古及今无一毫之妄。暑往则寒来，日往则月来，春生了便夏长，秋杀了便冬藏。元亨利贞，终始循环。”“真实无妄”四字，如果只是就一般道德而言，那么它无法将“诚”对应于儒家“天之道”的地位层次；如果是讲“天之道”，那么寒来暑往、日月递照只是揭示了“天行有常”的自然规律义，而这显然不是《中庸》的思想旨趣之所在。陈淳这里凸显的是天道“行四时”“生百物”之生生之义，并且将其与“维天之命”的人格性，与“元亨利贞”的“天行”结合在一起，完全超越了乃师的道德心性论域。朱子门下基本都是夫子步亦步，夫子趋亦趋，《北溪字义》更是朱子性理学教科书，以“性即理”为基础，但当“诚”与《易传》在知识和逻辑上的衔接脉络清晰，意义丰富，并且肉眼可见的时候，陈淳也只能顺势而为，超越师说，加以铺陈。

“诚者天之道”，“诚”之在天即是生生。“诚者自成”是指天之生物乃是出于“不言所利”的“肫肫其仁”，即所谓“大德曰生”。由《复卦·彖传》的“复，其见天地之心”，可知终则有始的天行绝非只是冷冰冰的“真实无妄”。一阳来复的“天心”是“仁”（《春秋繁露·俞序》：“仁，天心。”），是德（《孟子字义疏证·仁义礼智》：“仁者生生之德也”）。程颐更直接将此“天心”说成“天地生物之心”（《周易程氏传·复·彖》）。对比《老子》的“天地不仁，以万物为刍狗”，儒教之天的人格性和人情味一目了然。

“诚之者人之道”，则是说体认上天生生之德并内化于心、秉承持守乃是人之道义使命。在某种意义上，“诚者天之道，诚之者人之道”与“天行健，君子以自强不息”的结构与意义都相同，并可以互相发明。天的生生不息是《易传·乾·文言》讲的“云行雨施天下平”，人的自强不息则是《中庸》“诚论”讲的“成己成物”。有必要指出，“天下平”的“平”跟《大学》“治国平天下”的“平”一样，都是“成”的意思；《尔雅·释诂》：“平，成也。”同时，“平”又有“和”义。《春秋·宣公十五年》：“宋人及楚人平”，《穀梁传》：“平者，成也”。《左传孔疏》：“平者，和也。”“天下平”与“诚”及“成”在“致中于和”里得到有机统一，儒教的世界是“生”出来的，生则长，长然后成。有论者将“诚”理解为“德的呈现过程”[①]，道其然而未尽其所以然。在“天命之谓性”“致中和”以及“成己成物”的《中庸》架构里，“德的呈现”显然就是“性的显发”，可能性的实现，生命的长成。

如果说“中论”的主干是“致中于和”的理论“尽性”，那么由此而来的“诚论”主干就是“成己”与“成物”的实践“事功”。

《中庸》第二十二章：“唯天下至诚为能尽其性。能尽其性，则能尽人之性。能尽人之性，则能尽物之性。能尽物之性，则可以赞天地之化育。可以赞天地之化育，则可以与天地参矣。”这里的“至诚”显然是指信仰坚定纯粹的人（“诚之者”）。致中于和的尽性包含尽己之性的成己与尽人之性的成物两个层次内容。《论语·雍也》：“己欲立而立人，己欲达而达人”中的“立”与“达”一定程度上可以用于表述“成”的社会性内涵。“物犹事也”，以“尽物之性”作为参赞化育的条件、标准，充分说明以喜怒哀乐之发为喻指的“致中和”根本就不是一种封闭的涵养功夫，而是以天地为依托向世界敞开的修齐治平的圣贤事业。如果说《易传》是《中庸》的理论基础，那么《大学》则是其现实展开方式。[②]

《中庸》第二十五章：“诚者非自成己而已矣，所以成物也。成己仁也，成物智也，性之德也，合内外之道也，故时措之宜也。”孔子说

① 佐藤将之：《掌握变化的道——荀子“诚”概念的结构》，《汉学研究》，第27卷第4期。

② 参陈明：《儒教三典论略说》，《天府新论》，2013年第5期。

“夫仁者，己欲立而立人，己欲达而达人。”既然仁乃天心，则仁者自然与物同体，民胞物与没有边界分际。因此，成己的自我完成必然意味着与他者的关联，包含对他者的责任，甚至可以说只有成物才是成己的真正完成。

以成己为仁，成物为智，实际是要突出成物之不易，仁之外对“智”还有要求。成己主要表现为一种个人性的、内在性活动过程，相对单纯；成人、成物则是社会性的内外合一的活动过程，必然更复杂。借助《大学》的“八条目”，以格物致知、正心诚意甚至修身齐家对应成己，以治国平天下对应成物，我们或许可以很好地获得对这一点的理解。

经纬万端、各得其宜的“时措之宜”需要更多的智慧引入，也需要不懈的坚持，这也是“维天之命，于穆不已”的另一层寓意之所在。“天之所以为天”“文王之所以为文”，都有一个“不已”，对应着博厚、高明、悠久的天地之道。“唯天下之至诚为能经纶天下之大经，立天下之大本，知天地之化育。”既仁且智的至诚之圣是《中庸》所立之人极。以“天命之谓性”为前提，以“慎独”的起点，在致中和的脉络里以仁与智成己成物，奉天理，物则天而行，直至优入圣域，参赞化育，完整诠释了儒教人格及其人生规划。

二

以上诠释表明《中庸》乃是与《易传》衔接的天人之学文本，下面将此结论与朱子《中庸章句》的心性之学改造加以对照分析，作为进一步的论证。

朱子在《中庸》和《大学》章句的序言中都说明其主旨是反对佛老的“虚无寂灭”之说。为什么“虚无寂灭”之说能形成对儒家道统的挑战？这需要从佛、老二教与儒教的宗教功能角度加以解释。简单说，儒教是一种共同体叙事宗教。所谓共同体叙事宗教就是以共同体为叙事主轴，为共同体的生存发展如安全应对权力组织等提供解决方案的宗教。① 与此相对，个体叙事宗教则是以个体为叙事主轴，即为个体身心安顿如命运生死诸问题提供解决方案的宗教，如基督教的救赎论、佛教的缘起性空说、道教的肉身修炼法，等等。一般来说，共同体叙事宗教的产生发展先于该族群内部之个体叙事宗教，同时对后者具有很大影响作用，这里按下不表。

《庄子·田子方》说“中国之君子，明于礼义而陋于知人心”，这颇能说明儒教作为共同体叙事宗教的功能短板。礼义是一种社会组织制度和伦理价值原则，人心则可以说是指人的心理情感体验需要。孔子的“未知生，焉知死”之说虽然正面价值很大，但在某种程度上也悬搁了“死”的问题。共同体当然有生无死，但对个体来说，死的问题却可谓“大矣哉”。因此，对于士大夫这一儒生群体来说，其人格常常表现出一种儒道互补的特征，那就是得志之时以儒济世，失意之时则以佛老排遣逍遥。社会动荡无疑会扩大并强化这一精神需求，“南朝四百八十寺，多少楼台烟雨中”。到宋代，更是“儒门淡薄，收拾不住，天下英才皆归释氏”。虽然“佞佛”只是出于个人身心需要，但信众人数达到一定规模后，佛老“虚无寂灭”的理论及其价值必然溢出私人领域而在公共领域发挥影响，动摇儒家的道统地位，冲击作为国之所以立的文化共识及其相应的儒教世界图景。这是韩愈写《原道》的原因，是苏轼说韩愈“道济天下之溺”的原因，也是朱熹撰《四书

① 最古老的宗教如婆罗门教、犹太教和儒教都属于共同体叙事宗教：婆罗门教作为征服战争之胜利者的宗教可视为对国家政治秩序的论证和辩护；犹太教作为征服战争之失败者的宗教可视为一种对国家重建的盼望与激励；儒教作为农耕文明内部发展中孕育出来的宗教则可视为一种对于重组之社会组织形态与价值的阐释和建构。参见陈明：《乾父坤母：儒教文明的世界图景——基于比较宗教学的考察》，《北京大学学报》（哲学社会科学版），2021 年第 5 期。

章句集注》的原因。

如果说韩愈“人其人、火其书、庐其居”的卫道方式有些简单粗暴，那么，朱子则是在前人基础上努力建构以个体为视角的叙事，一方面提升道的神圣性，一方面将其内置于心以强化其实践性。二程的天理本体论，道南学派的工夫论，则是朱子从事这一工作的思想背景和现实起点。

由于受李侗影响，曾经出入佛老的朱子也是“体验未发”之道南学派工夫论的信奉者。随着对佛老杂学的反思否定，他也开始质疑龟山“学者于喜怒哀乐未发之际，以心验之，则中之体自见”。这一修养法门正是以《中庸》的“未发”“已发”说为理论根据。由于喜怒哀乐内蕴于心，未发体验也就指向心，即以未发为心。仿佛天意，试图弃旧图新而彷徨无着的朱子与张栻相遇。他从张栻所赠胡宏之《知言》得到启发，并在随后的往返通信中形成“心为已发，性为未发”的所谓中和旧说，彻底与道南学派分道扬镳。

《知言》首篇“天命”即指出“天命为性，人性为心”，也就是“未发只可言性，已发乃可言心”（《与曾吉甫书》）的意思。胡宏思想与程颐渊源颇深，但异同之处也需要分疏参详。就《中庸》理解而言，二人都主张“未发为性”，都重视《易传》，这意味着在个体之上有一个天的预设。但两点区别特别重要。首先，伊川说性，疏离生生之天而近乎道德伦理之理。他的“不偏之谓中”，“中不可谓之性”等已经是将喜怒哀乐确定为“情”并从它的“合理存在状态”定义“性”。换言之，“中”在他这里已经由名词转换为形容词化。这意味着他对“性”的理解开始由“质料”（“喜怒哀悲之气”）本身，转向了其形式状态（正而不偏），而这无疑意味着某种伦理原则的引入。这是至关重要的，因为它意味着伦理原则已经取代“中”“性”成为更为基础的存在，从而改变了其内在表达与实现的形式与方向，将生生所规定的生命活动（成己成物）转向了个体人格养成的工夫论（道德实践）。此外，从逻辑上讲,《中庸》处“已发”之喜怒哀乐才有一个中或不中的“节”的问题,“节”的根据是“天地之序”,但其本身却是一种经验性的社会存在。伊川的这一转向可说是宋代心性学的滥觞,朱子正是由此开始以理说性,建构起完整的理学心性论系统。

与此相对,胡宏保持着易学天人之学传统的纯粹性。

同样讲《中庸》,《知言·往来》说:“中者道之体;和者道之用。中和变化,万物各正性命。”致中于和,性命得正,是即“天地之所以立”。它“不可以善恶辨,不可以是非分”,因为是非善恶乃是依据某种社会价值原则对经验行为的评判定性,而作为生命本身的“性”乃是超越这一切之上的,并且是社会价值原则所赖以制定的依据。《知言·仲尼》说:“气主乎性,性主乎心。”这里虽是以气言性,但义理基础来自《易传》乾卦之彖传、卦辞及文言:“大哉乾元”之形上之“元”落实于心,成为“元亨利贞”之形下之“元”(近乎种子义),心则以其机能将这一过程完整表达完成(所谓“心以成性”,对应“致中于和”)。《知言·一气》赞叹和感慨:“大哉性乎!万理具焉,天地由此而立矣。世之言性者类指一理而言之尔,未有见天命之全体者也。”胡宏在坚守这一天人之学的同时,对那种以理说性的趋向十分不满,[①] 因为二者的区分与紧张十分明显。

其次,则是视角的不同,程颐是一种个体论视角——这与其心性论转向是同步或者说统一的。伊川认为“中也者,所以言性之体段”(《与吕大临论中书》)。“体段”意为形象、状态,既是相对于“情”(喜怒哀乐之不偏不过)而言,也是相对于“和”(已发之喜怒哀乐)而言。不管哪种意义,都是就具体之个体而言,焦点为在人之性。《伊川易传序》的“至微者理也,至著者象也。体用一源,显微无间”对程颐自己的体系来说有方法论意义。

① 这不是性朴论。性朴论之朴的“本始材朴”是机械性的构成质料,而“性立天下之有”意思是指天下万物都是由天命之性生发而成。

他用“理”与“象”“体”与“用”重建“天”与“人”的关系，以“微”和“体”说天而将其融入个体，堪称理学心性论的奠基人。但必须指出，这种渊源于王弼的义理之学把天与人的生命关系（天生万物）、信仰关系（天地合德）转换成为抽象的“一”与“多”的关系，有利于个体性的凸显，但同时也意味着对世界之整体性、有机性的削弱，对《易传》基于“生生”之天人关系有着解构甚至颠覆的效果。因此，在对天之临在（presence）方式的建构中，对天之内容的理解把握就变得特别重要。[①] 我们可以看到，程颐是通过对天之本质的修改来完成这一工作。他在《易说·系辞》中把《易传·系辞》“曲成万物而不遗”解释为“委曲成就万物之理而无遗失”，天之生物于是被转换成为天之“成就万物之理”。而这个“理”只是一种抽象的必然性，“莫之为而为，莫之致而至，便是天理”（《二程遗书》卷十八）。以此作为体用关系中天人之间的内容或联系方式，“天道”“天心”“天德”乃至天本身的情感性、意志性的消解淡出就只是迟早的事了。朱子的《周易本义·图目》借伏羲否定文王、孔子而将《周易》还原为卜筮之书，完成对儒教之天论的整体否定，表面看似乎是背弃了《伊川易传》，逻辑上说却是一种必然。

与此相反，胡宏坚持《易传》“有天地，然后万物生焉”这一“生”的天人关系：“天地，圣人之父母。圣人，天地之子也”。他也讲心与性，但他这里“天命之性”是“天下之所以立”；所谓“尽心”就是发挥心“知天地，宰万物”的功用，“立天下之大本”。尧、舜、禹、汤、文王、仲尼均是如此以心成性，“人至于今赖焉”。朱子批评《知言》“此书之言尽心，大抵皆是就功用上说”，其实这才是《中庸》真正的义理本旨。《知言·义理》：“皇皇天命，其无息乎！体之而不息者，圣人也。”《知言·汉文》：“奉天而理物者，儒者之大业也。”这一天人关系架构，

① 在某种意义上，可以说基督教的三位一体说就属于类似建构，兹不赘。

是由“天行健，君子以自强不息”奠定确立的。[①]

明确了这一“心性 - 道德论话语”与“天人 - 生命论话语”的本质区别之后，朱子在借道湖湘走出近乎禅学的道南工夫论，继而重读伊川完成自己的体系，再反戈一击编撰《知言疑义》对五峰之学严加批评就很好理解了。因为，朱子抛弃道南学派的心之迷惑，一开始就并不是要回归《易传》的古老传统，而是要应对现实的佛老挑战，建立起即体即用的儒学工夫论。曾经沉湎的道南学派虽然个体，却近乎禅，否定“心为未发”的湖湘学派虽能助他一苇渡江，却是属于《易传》的系统，并且“于日用之际，欠却本领一段工夫”（不能成就个体工夫论）。朱子沿波探源重读伊川终于收获多多，[②]从以理说性、心兼体用到心统性情直至天理说、“心法说”可谓应有尽有，不仅中和新说于焉以立，理学大厦整体亦轮廓初具。

其中最为关键的一笔是断定“已发为情”。这是朱子的贡献，由隐到显、由性到情，意义明确，逻辑自洽，道德实践内涵具体丰富，并且即体即用，即用即体，满足其理论思考的全部要求。或者说，这原本就是其个体论视角或者说心性论追求的一种自我实现。正是这种目标期待才使他意识到中和旧说“心性之名命之不当”，因为既然已发为心，那必然存在一个作为未发之性所依存的心如何与之区别，如何安置定位的问题。这不是一个经典理解或诠释的理论问题，而是作为带入感极强的实践问题一直徘徊脑海。所以，当他读到伊川“心，一也，有指体而言者，有指用而言者”，（朱熹《近思录·道体》）再得出“已发为情”就水到渠成了。而进一步了解到张载“心统性情，性情皆因心而后见。心是体，发于外谓之用”，（《朱子语类》卷四）他更是要情

① 《四库总目提要·中庸辑略》馆臣语云：“是书本以阐天人之奥。汉儒以无所附丽，编之礼记。”

② 朱子自述其“复取程氏书，虚心平气而徐读之，未及数行，冻解冰释，然后知情性之本源，圣贤之微旨。”王懋竑：《朱子年谱》，北京：中华书局，1998 年，第 41 页。

不自禁大赞“横渠心统性情一句乃不易之论”，甚至对“二程却无一句似此切”（《朱子语类》卷一百、卷九十八）颇感失望。

《中庸》里的未发、已发与“致中和”终于在“未发为性，已发为情”而“心统性情”中得到解释安顿，理学的地基也就此奠定完成。以此为依托，一路向上，沿着伊川开辟的方向以理代天，建立理本论。无论如何，程颐“天道”“天理”中的道与理都还是从属于天的。但朱子这里已是“未有天地之先，毕竟也只是理。有此理，便有此天地”（《朱子语类》卷九十五）。体现在《中庸章句》，即是“天命之谓性”中“性，即理也”的断定。另一路向下，则是建构起其念兹在兹的工夫论。简单说就是：未发之时，多加涵养；已发之际，细加察识。如此“以心为主而论之，则性情之德，中和之妙，皆有条而不紊矣”[①]。

甚至，《中庸章句序》中所谓“人心惟危，道心惟微，惟精惟一，允执厥中”的十六字心传道统之引入，也很可能是来自伊川的启示。[②]

怎么评价朱熹的工作？或许可以借用顾腚不顾头和歪打正着这两个很不雅驯甚至还颇为失礼但却又准确传神、难以替代的词来描述。以理代天，虽然提升了经验道德的地位，但将经验中的道德原则绝对化、本体化，必然导致对儒家思想体系中“天”这一最高范畴的冲击颠覆。

孔子说“惟天为大”，《易传》更是据此建构了整个天地人的系统。在这个系统里，文本中仅仅一见的所谓太极，原本只是一个借用自道家或阴阳家的外来范畴，[③] 产生于对成卦之法的阐释，用于对“天生万物”之过程或机制的描述，指涉想象中天地生育万物的某个发生起点，而并非某种外在于天地的实存之物。但是，朱子从理本论出发，认为

① 王懋竑：《朱子年谱》，北京：中华书局，1998 年，第 43 页。

② 伊川认为，“《中庸》是孔门传授心法。”《二程集》，北京：中华书局，2004 年，第 411 页。

③ 李鼎祚《周易集解》引虞翻曰：“太极，太一。”孔颖达《周易正义》：“太极，谓天地未分之前，元气混而为一，即是太极、太一也。”郭店楚简《太一生水》记载了一个独立的天地生成论述，与《易传》乾父坤母的系统属性差别很大。兹不赘。

“太极一理”，将其赋予至高无上的地位。[①] 与程颐不同，他不是把天道说成必然性，而是以理气说阴阳而统一于与道教丹道关系暧昧的太极：“太极之有动静，是天命之流行也”（《太极图说解》）。如果说，在伊川处，天的消解还只是一种可能的危险，到朱子这里则已经被完全遮蔽，失去理论存在感。[②] 天或理，谁才是儒教最高范畴？这四书心性论话语与五经天人论话语最根本的区别或分歧所在，必须严加判别，不容含糊。

佛老的危害是其“虚无寂灭之说”，但“虚无寂灭之说”之所以被接受并发挥作用，却是因为它能够对生死命运提供解释，带来抚慰。如此，按兵来将挡，水来土掩，心病还要心药治的逻辑，那么有效的应对应该是在作为共同体叙事宗教的儒教系统内开发出相应的个体论论述，提供类似功能，满足这一需求。但是，朱子的方案却是以道德工夫应对佛老的宗教信念，显然是剑走偏锋，回避了问题的深层本质：建立起的个体性论述是道德性的而非灵性的。而胡宏那边厢，天人之学的纯粹性虽得到传承维持，但对佛老冲击的应对又未能成为其思考的焦点，叫人庆幸，又叫人遗憾！

如果说顾腚不顾头是指朱子这一个体心性论体系的建构对儒教以天为中心的神学系统造成了伤害，那么，歪打正着则是指为对付佛老宗教信仰朱子发展出了一套道德工夫，大大拓展丰富了儒教思想内容。吊诡的是这一切有机结合在一起：要建立个体论的心性论叙事，在传统的“大人”“圣人”与天合德、成己成物和修齐治平的方式之外，让普通士庶也能在即体即用的道德践履中实现与“本体”（天或理）的勾连，成就一种儒教人格、儒教人生，进而维护尧舜禹汤文武周孔世代

① 《易学启蒙》卷二：“太极者，象数未形而其理已著之称。”《朱子语类》卷一：“太极只是天地万物之理。”

② 牟宗三批评程颐、朱熹“将性体只简化为一理字”，使之成为“只存有而不活动之静态的理。”《心体与性体（上）》，长春：吉林出版集团，2013 年，第 72 页。

相传的文化道统，[1]就必然需要将理论重心下移。而以理代天，借助周敦颐的《太极图》说，在特定时代里似乎别无选择。

效果如何？就道德修养的落实普及说，可谓收获多多，各种例子不胜枚举。但从成圣成贤的宗教追求及相应的情感满足来说，则几乎乏善可陈。格物原本是充满灵性与神秘的儒教概念和灵修方法，[2]但朱子训"格"之感通为"至"之后，《大学》的格物致知，原来于物上体悟上天生生之德、物我一体之仁的丰富内涵被消解一空，阳明格竹失败即是明证。根本原因就在太极一理、以理代天。当年传教士对理学的批评固然有文化立场在，但作为宗教信徒，其观察视角所具有的独特意义还是值得足够重视的。[3]

朱子发心既正且大，理学影响既深且远，已成历史厚重一页，问题自然也是一言难尽。在道德的个体论之外寻建儒教的灵性个体论显然是一种挑战和使命——《中庸》是否还有深层的契机等待我们进一步地发掘和阐释呢？

---

① 笔者《朱子思想转折的内容、意义与问题——文化政治视角的考察》对此有所讨论，《北京大学学报》（哲学社会科学版）2019 年第 6 期。

② 参见笔者《王道的重建——格物致知义解》，载《儒者之维》，北京：北京大学出版社，2004 年。

③ 姚兴富：《十九世纪新教传教士对太极说的批判与吸收》，《江海学科》，2005 年第 6 期。

埶："势"还是"秇"？

——《易传·坤·大象传》"地埶坤"新释

"天行健，君子以自强不息"与"地势坤，君子以厚德载物"，几乎是整个《周易》中最广为人知的语句了。但似乎很少有人注意到，其与六十四卦中其他各卦之《大象传》的句读方式有所不同。这两句，高亨、廖名春以及《周易集解纂疏》等都如此标点，[①]而其他各卦则有所不同。如蒙、离、鼎、咸、未济五卦：

"山下有泉，《蒙》。君子以果行育德。"

"明两作，《离》。大人以继明照于四方。"

"山上有泽，《咸》。君子以虚受人。"

"木上有火，《鼎》。君子以正位凝命。"

"火在水上，《未济》。君子以慎辨物居方。"

《大象传》作为贵族子弟的政治、伦理教科书本，本就是"以物象名人事"，故表现为从治事和修身这一角度对物象及其关系的政治、道德意义进行解读，所以，表现为物象关系的描述（A）以及对其意蕴进行政治、道德的联想（B）这样一种 A+B 结构。两相对照，可以发现对内外二卦取象之物所成的结构关系描述与命名解读的 A 中，乾、坤两卦是没有断开的（"天行健""地势顺"），而其余各卦则基本都是需、离、咸、未济这样的格式，相关描述与命名解读则被以逗号分开（两

① 高亨：《周易大传今注》，北京：清华大学出版社，2010 年。朱熹：《周易本义》，廖名春点校，北京：中华书局，2009 年。《周易集解纂疏》，潘雨廷点校，北京：中华书局，1994 年。文中引文凡出自《周易集解纂疏》者，不另标注。另，廖名春《周易经传十五讲》第 295 页的标点是"地势，坤；君子以厚德载物"，北京：北京大学出版社，2012 年。

个句子的分隔或以句号或以分号大同小异）。

为何如此？因为"地势"与"坤"没法断句分读。"云上于天""明两作""山上有泽""火在水上"，均是以句子或短语的形式，构成对由内外两卦所成之需、离、咸、未济诸卦物象结构关系的描述。"天行健"的"行"是一个动词，"天行"二字在这里并非一个主谓结构的词或词组，而是一个动宾结构的句子，描述乾卦内外皆乾、六爻纯阳的结构和意义，所谓"终则有始，天行也"（《蛊·彖传》）。而"地势顺"的"势"则是一个名词，作为一个偏正词组，"地势"无法像一个句子那样对由内外皆坤、六爻纯阴之坤卦的结构和意义给出描述。这就是"地势，顺"读来佶屈拗口，而必须去掉逗号，以"地势顺"缀接为句的直接原因。

可与对照的首先是震、巽、艮、兑、离、习坎诸卦之《大象传》："洊雷，震；君子以恐惧修身。""随风，巽；君子以申命行事。""兼山，艮；君子以思不出位。""丽泽，兑；君子以朋友讲习。""水洊至，习坎；君子以常德行习教事。"首先，与乾、坤一样，它们都是由八经卦重叠而成，名字也基本与经卦保持一致。只有"习坎"卦名多一"习"字，疑衍。其次，其《大象传》，分别以洊（再至）、随（跟从）、兼（兼并）、丽（附着）诸包含重复、叠加、合并、连续诸义涵的动词，与卦名所像之象构成一动词短语，对由经卦叠加而成之卦的结构和意义给出描述。又是只有习坎相关文字存在例外，"水洊至"之"洊"本就有再至之义，按"洊雷"例改作"洊水"亦无不可。

另外则是屯、噬嗑、恒、益四卦，分别以云与雷、雷与电、雷与风、风与雷组合为象。《屯·大象传》"云雷，屯；君子以经纶"，可以理解为云雷两个名词为动名词。震下坎上之卦象，意为虽云翻雷鸣却密云未雨，此其为屯（难）。对照解卦的震上坎下的雷雨倾盆，其《大象传》为"雷雨作，解；君子以赦过宥罪"也就不奇怪了。"雷风，恒；君子以立不易方""风雷，益；君子以见善则迁、有过则改"均同于屯而异于解，归于一类。唯有“雷电，噬嗑；先王以明罚敕法”殊不可解，可能是“噬嗑”之得名另有原则，卦的形状本身仿佛饕餮啖食。

回到坤卦，关键在于“地势顺”的“势”。《说文》：“势，盛力权也。从力埶声。经典通用埶。”《说文段注》：“《说文》无势字，盖古用埶为之。”即“埶”同“势”，假借“埶”以表此义。而“埶”，《说文》：“种也。鱼祭切。唐人树埶字作蓺（园艺之艺），六埶字作艺（艺术之艺）。周时六藝字盖亦作埶，儒者之于礼乐射御书数，犹农之树埶也。”《集韵》：“藝，古作秇。”由此可知，“埶”字原义为艺（园艺之艺），种植的意思。由于“势’字在古代经典中都写作“埶”，因此古代经典文本中的“埶”字就有了“艺”与“势”两种用法或两种意义。换言之，可以说“地势顺”的问题乃是来自注家对《易传》文本中“地埶顺”中对“埶”之二义即“势”与“艺”（蓺）所做出的取舍。

第一个将“坤”与“地势”结合起来的是班固（32—92）。在《汉书·叙传》中，班固以“坤作地势，高下九则”作为《地理志》的写作依据。“九则”的“九”是指九州，“高下”讨论的则是其地形、地力与贡赋等级；“坤作地势”则只能算是修辞，引出下文。“高下九则”的地理内容决定了他在“地埶”中取“势”而弃“艺”（蓺）。毕竟他是在延续《尚书·禹贡》的主题写《地理志》，而不是以经学家身份注解《周易》，思考焦点不可能落在与乾相对的坤卦之坤，而只会落在作为坤卦所取之象地的上面。

在此之前，《淮南子·诠言》“后稷播种树谷，因地也”，以及《泰族》“后稷垦草发菑，粪土树谷，使五种各得其宜，因地之势也”，对班固的训解或许有影响。但是，这里农事的播种树谷、垦草发菑是指人因地制宜，而《大象传》的“地埶，顺”却是在乾坤二卦的语境里，讲的是地“顺承天”的“云行雨施”而“含弘光大”之，语境逻辑和意义焦点并不相同。当然，指出这点，明确《易传》的“顺天”与承认《淮南子》的“顺地”并不矛盾。并且，可以从这里看到“埶”字作"蓺"即种植、培育解完全可通。

但这一毫厘之失影响了时代比他晚出一百多年的易学大家虞翻（164—233）。虞翻在注"地埶顺"时，沿用班固的"地势"组合，将这一选择带到了对《周易》的注解之中。有意思的是，他却是训"势"为"力"，即以"地势"为"地力"："势，力也。"（《周易集解纂疏》卷二）班固《地理志》讨论的"地势"，当然是以地形与地貌为主，但与贡赋有关，因此也可说关乎地力（"地之肥瘠"）。与之约略同时或稍晚的宋衷即如此附和："地有上下九等之差，故以形势言其性也。"

虞翻解卦自成一系而常有穿凿附会，此即显例。他首先是根据《易传·说卦》"坤为大舆"将坤之象确立为车，然后根据《礼记·礼运》"天子以德为车"，再借助《老子》"胜人者有力"一语，最后得出"势，力也"，并且是"君子谓乾，阳为德，动在坤下"。这确实将"地势"从《地理志》的语境里解救了出来，"厚德载物"也确实有一个"载"字可与车勾连。但是，这一乾坤大挪移后，整个《坤·大象传》的内容也就转变成讲"车"与"君子"的关系了。"车"之"力"又如何能作为"地势顺，君子以厚德载物"的究竟义？也许有鉴于此，疏引《鬼谷子》语"以阳求阴，苞以德也。以阴结阳，施以力也"，谓虞翻"'势'训'力'者，言地以势力凝乾也"，显然有将其从《地理志》的九州之"地"以及虞翻处跑偏之"车"往《坤·大象传》的语义拉回以资补救之意。"地"凝乾之所施虽与坤卦含弘光大之顺承天诸说相吻合，但以"势"为"力"而凝之，仍然曲折牵绕远，非允当贴切。颜师古注汉书"坤作地势，高下九则"语云："高下谓地形也。一曰，地之肥瘠。"可知到唐代，"地势"到底是指地形还是"地力"即地之肥瘠，还是两说并存。这从一个侧面说明，班固将"地埶"写作"地势"，距《尚书》很近而离《周易》很远，有着很大的误导性。

在此方向上进一步努力的是王弼（226—249）。也许觉得按照班固以"形"说"势"无关于易，虞翻、宋衷等以"力"说"势"又欠简洁清通，王弼直接从“势”字入手。《坎·彖传》语云“地险，山川丘陵也”，“地势”又如何能以顺言之？不过玄学家正以思维空灵见长，他潇洒地将“势”由地形、地貌的具体之“势”抽象化为“态势”之“势”，轻描淡写的一句“地形不顺，其势顺”，各种窒碍转瞬消解于无形。孔颖达心领神会：“地形方直，是不顺也。其势承天，是其顺也。”随着《五经正义》颁行，这一说法就此成为“地埶顺君子以厚德载物”的正解定本，延续至今。

“承天”以“势”，语义是疏通了。但“地势顺，君子以厚德载物”的训读成立不成立，还有一个思想的标准衡量，那就是，1. 它与《大象传》整个段落即上下句结构与意义能否贯通一体？ 2. 与《坤·文言》中对坤卦、象传的阐释能否衔接吻合？ 3. 能否与乾卦匹配协调，以其意义构成整个系统的底蕴与门户？

先看第一点。

按照《大象传》句法通例，“地埶，顺；君子以厚德载物”，作为对卦象义蕴进行描述的“地埶”应该是一个句子或短语，它的主词或主语必然或必须是作为该卦所取之物象及其组合。“地势顺，君子以厚德载物”整句则，应该按照“天行，健；君子以自强不息”的体例，解读为：上天刚健有为，君子也当则天而行，自强不息、参赞化育。坤卦所取之象是“地”，但在王弼、虞翻这里，主语或主词却成了作为地之形貌态势的“势”、作为“车”之功能属性的“力”。由此“势”或“力”之“顺”，如何得出“君子厚德以载物”的道德联想或智慧领悟？如果说“地势顺”有歧义，那么，“君子以厚德载物”，即君子当法地之德，敦厚其德、成己成物则应无异议。王弼将“地势”解为走势线条律动，其君子恐怕多半近似玄学清谈家。孔疏“据形势以言其性”，被李道平由玄虚拉回地面，再次具体化为中国地形“由西北而趋东南”这样一种西高东低之走势，可谓来回折腾。至于虞翻，他根据《说卦》中的“乾为君”“坤为大舆”，将乾说成君子，坤说成“车”；

“势”则依《老子》中“胜人者有力”而解为“胜人之力”。于是，“厚德”就成为“车”之载人“功能”。其实，“载”除开“承载”之义外，还有“成”这一义项。《白虎通·四时》：“载之言成也，载成万物，终始言之也”；《释名·释天》：“载，生物也。”毫厘之失，千里之谬，莫此为甚。

再看第二点。

屯至离为上经，咸至未济为下经，乾坤两卦则为其统领基础，所谓“其余诸卦及爻，皆从乾坤出”。“文饰乾坤两卦之言”的《文言》不仅是对其奥义的阐释，也是对这一地位以及二者有机关系的证明。因此，“地势顺君子以厚德载物”的解读不仅要结合坤卦的文言与彖传，也要将坤卦的文言、彖传与乾之文言、彖传视为一个整体考察其意义宗旨与逻辑关系。

《乾·彖传》：“大哉乾元，万物资始，乃统天。云行雨施，品物流形。大明终始，六位时成，时乘六龙以御天。乾道变化，各正性命，保合太和，乃利贞。”《坤卦·彖传》：“至哉坤元，万物资生，乃顺承天。坤厚载物，德合无疆；含弘光大，品物咸亨。”“顺承天”不是在天之后或之外独立发挥什么作用，而是在天“云行雨施”的过程中出现，并发挥功能，即“含弘光大，品物咸亨”。

从男女构精生子想象天地合气生物，是古代文明的普遍现象，只是在儒教里表现得最典型充分。[①]“天地絪緼，万物化醇。男女构精，万物化生。”（《系辞·下》）絪緼即阴阳二气交会和合，构精则是同一过程的人身版。这也正是否卦和泰卦、坎卦和离卦的写照：天地之通如男女之交，取坎填离阴阳相济。“乾，阳物也。坤，阴物也。”由此又有《说卦》的“乾，天也，故称乎父。坤，地也，故称乎母。”乾“云

---

① 参见笔者《乾父坤母：儒教文明的世界图景——基于比较宗教学的考察》，《北京大学学报》（哲学社会科学版），2021年第5期。

行雨施”，母“含弘光大”，这就是“乾知大始，坤作成物”，而“万物资始”与“万物资生”也是由此而来。

《文言》可视为对彖传所述的乾坤二卦之义蕴的引申和发挥。《乾卦·文言》主要讨论的是元、亨、利、贞四德及其对人的启示，因为这本就是“乾道变化，各正性命”的过程。[①] 坤的作用是从属性的，所以《坤卦·文言》在这一过程或框架内对坤的特定功能做进一步的阐释：“坤至柔而动也刚，至静而德方，后得主而有常，含万物而化光。坤道其顺乎，承天而时行！”“得主而有常，含万物而化光”是关键。“得主”乾有所施而坤有所受，然后含而养之，使其生长（“含育万物为弘，光华万物为大”）。可见，坤之“顺承天”是有具体明确的功能作用的。

最后看第三点。

“太极”之“太”即是“否泰”之“泰”，天地、阴阳之通也。如果说“太极生两仪”是从起点上说，[②] 那么“保合太和”则是将这一过程当作不是终点的终点，需要永远的生生不息。未济卦之坎离相交即是泰卦的天地相交的形式内容——既济卦与否卦则可以理解为这种互动的暂时休歇。文王以之为六十四卦的系统作结，孔子以“保合太和”揭示其用意宗旨。

“乾坤其易之蕴邪？乾坤成列，而易立乎其中矣。乾坤毁，则无以见易。易不可见，则乾坤或几乎息矣。”乾坤取象天地，只是一个“能指”。当作为“所指”的天地以乾坤之名呈现于文本，则意味着文本对二者之经验直接性的某种解构与疏离，意味着对某种特殊性的强调以及由此而来的神圣性之赋予。“大哉乾元”“至哉坤元”歌颂的正是这种

① 以元亨利贞为卦辞，在六十四卦中仅乾卦一例，并且这些占卜之辞被赋予了完全不同于其他卦辞中的意义。这很可能是来自孔子或其后学的改造，用于表征四时之行、百物之生这一由乾坤开始的大化流行。这样一种生命论其实不能理解为四德说，因为四德乃是君子从四时之序的生命历程中的一种领悟。这也可以将其与穆姜之言区别开来。兹不赘述。

② 朱子“太极一理”的理本论对理学是一种奠基，对易的系统却是彻底的解构和颠覆，笔者将另文专论。

生养之能、造化之德。《蛊·彖传》所谓"终则有始，天行也"，《复·彖传》所谓"复，其见天地之心"，则是从人的视角对这一生生之天的形象理解、精神领会和情感依归。

综上所述，可以说三点都是不能成立的。如果说《彖传》"含弘光大"、《文言》"含万物而化光"以及《系辞》"坤作成物"等是"地埶顺君子以厚德载物"之"埶"的内涵、"顺"的根本，那么可以说，虞翻以车说坤固然失之千里，班固以地说坤亦是其"势"难成。无论王弼如何奇思妙想，地之势终只属地，以势承天完全是外在形式上的，无法勾连或表达这一切。

那么，以"艺"解埶又如何呢？

《说文》："埶，从土，从丸，持种之。"《中华大字典》："埶种互训。"而种，植也，持种种植于土；《集韵》"蓺，古作秇"。而种植，显然有持而种之，使生长之义。如《诗经·楚楚者茨》"我埶稷黍"。《康熙字典》：蓺与种植之种通。辞书之外，《大戴礼记·天圆》语云："吐气者施，而含气者化。是以阳施而阴化也。"王聘珍解诂："施，予也。化，生也。谓化其所施。"古人知道男性施精，未必知道女性排卵，因此只把怀胎孕育理解为一个"化生所施"的过程。《益·彖传》："天施地生。""天施"是"云行雨施""乾知大始"；"地生"是"含弘光大""坤作成物"。《周易程氏传》云："万物资乾以始，资坤以生，父母之道也。顺承天施，以成其功，坤之厚德。"试问，能与此"天行，健"相应的，除了"地秇，顺"，还有什么更合适的呢？如此，参照"天行"即"天云行雨施"，则可将"地秇"理解为"地含弘光大"，整句"地秇，顺"可写成"大地含弘光大发育万物，是为顺（承上天）"。"云行雨施"的天之"健"与"含弘光大"的地之"顺"是对应而互相联系的，所谓天生地成。而与"自强不息"相对应的"厚德载物"之"载"作承载虽亦可通，但从"地秇，顺"语脉、《系辞》"坤作成物"的思想以及《释名·释天》"载，生物也"看，作"成"解在词与义上扣合更加贴切工稳，才是究竟解。[①]

此外，陈鼓应也曾指出“地势顺”当为“地势，顺”。他先是将“势”所借之“埶”视为“執”之讹写，进而将“執”解为“蛰伏”之“蛰”，再依据《释诂》“蛰，静也”，“地埶”就成为“地執”，意思也就变成了《乐记》里的“地静”，也就成为了道家守静的思想。[②]应该说陈氏看到了传统“地势顺，君子以厚德载物”的问题。至于“地執，顺；君子以厚德载物”与本文的“地秇，顺；君子以厚德载物”谁更切合文本思想，就有待读者自行判断了。

① 《白虎通·四时》即谓“载之言成也。载成万物，终始言之也。”

② 陈鼓应：《周易今注今译》，北京：商务印书馆，2005年，第42页。

儒教：作为一个宗教的初步考察

引　言

从公民宗教角度讨论儒教的思想进路似乎越来越受到学术界的重视。但是，对儒教来说，公民宗教与其说是一个实体指称，不如说是一种功能描述。杨凤岗教授就在肯定儒教的公民宗教属性或地位时却彻底否定其作为一个宗教存在的属性或地位。[①] 如果不以宗教为依托的公民宗教就像没有基础的空中楼阁一样难以想象的话，[②] 那么，对作为一个宗教的儒教与作为公民宗教的儒教之间的复杂关系加以梳理就变得很有必要了。

一

如果如伊利亚德所言宗教信仰是一个“人类学常数”，如果如涂尔干所言“有什么样的社会就会有什么样的宗教”，那么我们或许应该记住尼尼安·斯马特在《世界宗教》中的提醒：“不要先去处理一般

① 他说：“西汉皇朝罢黜百家，独尊儒术，儒学被改造成为基本具备了四个条件的准宗教（quasi-religion）而非完备宗教（fully developed religion）。儒教从未发展出专职的教团，而主要是依靠皇朝的强力推行。儒教准宗教被改造成为政治宗教，并且事实上成为国教。”参见：杨凤岗：《对于儒教之为教的社会学思考》，《兰州大学学报（社会科学版）》2008 第 2 期，第 9—19 页。

② 贝拉承认自己所谓美国的公民宗教主要是“基于《圣经》的宗教和公民共和主义”。

性的宗教是什么的问题，而是处理一种具体的宗教是什么的问题。”[①] 所以，当我们讨论作为一个宗教的儒教的时候，我们应该尽量避免将某一具体宗教当作典范，作为判定其是否属于宗教、是否充分发育完成的标准，而应该从儒教所处的历史语境出发，从对它与环境的互动关系及过程的描述中求得对其形态特征、神灵特质与意义产生方式的真实把握。

“人类最初的文明就是萨满文明”[②]。原始思维的基本特征是“万物有灵论”和“互渗律”[③]。这既是萨满教的思维基础，也是几乎所有宗教信仰的思维逻辑。就像所有河流的源头都是相似的一样，几乎所有的宗教都是从原始的信仰基础上发展、脱胎而来。至于中国，“萨满式的文明是中国古代文明最主要的一个特征。”[④]从《尚书》《礼记》诸典籍记载可知，儒教是古代中国文明主干的承接者。我们即以此为起点来对儒教早期演变的几个关节点作一鸟瞰。

《国语·楚语下》记载：“昭王问于观射父，曰：‘《周书》所谓重、黎实使天地不通者，何也？若无然，民将能登天乎？’对曰：‘非此之谓也。古者民神不杂。民之精爽不携贰者，而又能齐肃衷正，其智能上下比义，其圣能光远宣朗，其明能光照之，其聪能听彻之，如是则明神降之，在男曰觋，在女曰巫。……于是乎有天地神民类物之官，是谓五官，各司其序，不相乱也。民是以能有忠信，神是以能有明德，民神异业，敬而不渎，故神降之嘉生，民以物享，祸灾不至，求用不

① （英）尼尼安·斯马特（Ninian Smart）著；高师宁等译.《世界宗教》（第2版），北京：北京大学出版社，2004年。参见该书中文版导言。从涂尔干传统和“多元视角”出发研究全球宗教模式的W.E.佩顿认为，“在较大规模的传统宗教中，有三个重要集群：1.起源于圣经的宗教；2.起源于印度的宗教（印度教和佛教）；3.东亚宗教（儒教和道教）。《阐释神圣——多视角的宗教研究》，许泽民译，贵阳：贵州人民出版社，2006年，第110—111页。

② 金香，色音主编：《萨满信仰与民族文化》，北京：中国社会科学出版社，2009年，第9页。

③ 参见泰勒《原始文化》和布留尔《原始思维》有关章节。

④ 张光直：《考古学专题六讲》，北京：文物出版社，1986年，第4页。

匮。及少皞之衰也，九黎乱德，民神杂糅，不可方物。夫人作享，家为巫史，无有要质。民匮于祀，而不知其福。烝享无度，民神同位。民渎齐盟，无有严威。神狎民则，不蠲其为。嘉生不降，无物以享。祸灾荐臻，莫尽其气。颛顼受之，乃命南正重司天以属神，命火正黎司地以属民，使复旧常，无相侵渎，是谓绝地天通。其后，三苗复九黎之德，尧复育重、黎之后，不忘旧者，使复典之。以至于夏、商，故重、黎氏世叙天地，而别其分主者也。'" ①

民神不杂、民神杂糅、绝地天通是这段文字里的关键词。"民神不杂"并不是民神隔绝，而是由专业的巫、觋沟通天人。这既可能是观射父叙述的某种理想，也可能是在政治性组织 - 权力产生前的社会系统的自然状态或自治状况。这对我们这里所讨论的问题无关紧要，无碍于本文萨满教构成儒教生长起点的判定。② 如果"绝地天通"可以理解为将民间特异男女自发沟通天人的活动转换为由有司执掌的政府行为，那么它无疑具有政治和宗教的双重属性，即既意味着政治权力对宗教权力的控制，也意味着宗教行为本身之民间属性的削弱与官方属性的加强。③ 论者意识到"原初社会普泛性的巫术文化因此转变为以祖先崇拜为代表的宗教祭司文化，巫师沟通神人的权力最终为帝王所独占。'绝地天通'是巫术向宗教演变的一个隐喻说法"④。

巫君合一是早期社会的普遍现象。弗雷泽在《金枝》中叙述了这

① （战国）左丘明撰：《国语》，上海：上海古籍出版社，2015 年，第 376 页。

② 因为它实际上可以被转换成为一个专业性巫觋与家为巫史孰先孰后的问题。可能的发生次序应该是家为巫史在前，专业性巫觋形成在后，再然后才是祝卜之官的出现。

③ 蔡沈：《书经集传》卷六《吕刑》谓绝地天通之前"三苗昏虐，民之得罪者莫知其端，无所控诉，相与听于神，祭非其鬼，天地人神之典杂揉渎乱，此妖诞之所以兴，人心之所以不正也"；绝地天通之后则是"天子然后祭天地，诸侯然后祭山川；高卑上下，各有分限。"《尚书孔氏传》亦高度肯定："帝命羲、和，世掌天、地、四时之官，使人、神不扰，各得其序，是谓绝地天通。"

④ 张树国：《绝地天通：上古社会巫觋政治的隐喻剖析》，《深圳大学学报》（人文社会科学版），2003 年第 2 期。

一点“起源于一种信仰、一种观念……时日既久，巫师或者祭司便发展为帝王”①。这里的材料支持弗雷泽的观察，却不支持他的解释。在他的解释里，君主是因为巫师的特殊技能而成就其君主大位，而“绝地天通”却表明起支配作用的是政治权力，官府的祝史之官替代了民间的巫觋男女。如果要对这一演变的比较宗教学意义加以考察，那就是宗教话语的使用受制并服从、服务于政治治理的目的。②这就提出了一个问题：巫君合一的发展趋势是教权高于君权，还是君权高于教权？这里不存在目的论式的标准答案，一切取决于外部条件，即政治权力及其与宗教的关系。由万物有灵论、互渗律到萨满教，中外皆然；巫君合一，鲜有例外。

周公制礼作乐是颛顼绝地天通之后古代宗教发展的又一重要阶段。《尚书大传》：“周公摄政，一年救乱，二年克殷，三年践奄，四年建侯卫，五年营成周，六年制礼作乐，七年致政成王。”有论者认为周公本人就有巫的身份。③所谓“制礼作乐”就是将上古祭祀祖先、沟通神明以指导人事的祭祀礼仪和巫觋手段加以理性化和体制化，以之作为社会秩序建构和维持的基础和保障。这种宗法制度的确立，王国维概括为“一曰立子立嫡之制，由是而生宗法及丧服之制，并由是而有封建子弟之制、君天子臣诸侯之制；二曰庙数之制；三曰同姓不婚之制。此数者，皆周之所以纲纪天下。其旨则在纳上下于道德，而合天子、诸侯、卿、大夫、士、庶民以成一道德之团体。周公制作之本意，实在于此”④。

---

① 弗雷泽：《金枝》（中文版），北京：中国民间文艺出版社，1987年，第138页。

② 这主要是相对当今占统治地位的基督教而言。实际上早期宗教基本都是公共性的，如犹太教、婆罗门教和儒教均以共同体叙事为特征，基督教的私人性反而是一种特例。下文将讨论这一特例的成立实际与宗教对政治领域的退出进而以特殊形式承担政治组织功能的历史事件密切相关。

③ 郝铁川：《周公本为巫祝考》，《人文杂志》，1987年第5期。

④ 王国维：《殷周制度论》，《观堂集林》（第十卷），北京：中华书局，1959年。

而作为这一社会组织系统逻辑支撑和价值轴心的，就是祖先崇拜。所以，从宗教的角度讲，这里值得关注的变化首先就是祖先神地位的提升，相应的第二点则是对天之属性以及天人连接方式的重新诠释。在殷商宗教思维中，殷人的祖先主要是一个血缘性概念，天人连接的基础是“命”。“命者，人所禀受”（《易》乾卦疏）；“命者，生之极”（《易》说卦注）；“民受天地之中以生，所謂命也”（《左传·成公十三年》）。这里的“命”虽然与天勾连，但彼时天的道德属性并不明朗，因此作为天之所命的“命”，其属性也主要是血缘性的、自然性的。这也几乎意味着天与人的关系是“一命定终身”——纣王既迷惑不解又有些理直气壮的那句反问——“我生不有命在天乎”[①]，正好说明了这点。这应该也是“殷人祭其先无定制”（王国维）的原因。所以，傅斯年把殷人的天命观叫作“命定论”。[②]

与此不同，殷周之际“小邦周克大国殷”激发了人们对天及天人关系的思考，作为周人宗教思想基石的是“皇天无亲，惟德是辅”（《尚书·蔡仲之命》）的“命正论”。“德者得也”，得自天或者图腾“所得以生”的“遗传质素”渐渐被转换成为“所赖以立”的 virtue，伦理的、现世的品格日渐凸显增强。[③]“以德受命”意味着天之道德属性的确立。由此而来的则是“祖先”概念的内涵也渐渐由偶然自在的自然属性向自觉自为的人文属性转移。“祖有功，宗有德”几乎是明确宣示有功有德者方为祖宗。这种道德理性主义或道德实用主义的思想思维在《礼记·祭法》里被视为圣人的制作之意。[④]或许我们可以这样描述这一转换的逻辑脉络：殷周之变激发了对天之属性的思考，思考的结果是天

---

① 参见《尚书·西伯勘黎》。

② 参见傅斯年：《性命古训辨证》，国立中央研究院历史语言研究所单刊乙种之五，1940 年。

③ “亲”显然意味着某种血缘关系，而“无亲”则是对天人之间这种血缘关系的扬弃。

④ 尧舜禹汤，有功烈于民者也；日月星辰，民所瞻仰也；山林川谷，民所取财用也。“非此族也，不在祀典。”

具有道德属性，因为它眷顾具有道德属性的周族先祖而抛弃了不敬天命的殷商家族。周族祖先的道德属性不仅带来了战争的胜利，还因此建构起与天命的联系，[①]其地位升格自然也就变得顺理成章。[②]具体表现，一是宗教层面的祖先崇拜因道德化而被加强，[③]二是政治层面的宗法组织制度和原则向政治领域扩展，礼乐为治，政教合一。[④]

如果说制礼作乐的本质是将原本属于社会-宗教范畴的组织制度和原则推演转换成为政治-法律的制度和原则，并给人以宗教吞并政治的印象的话，那么必须指出，这仅仅是表面印象而已。[⑤]是的，这种以亲亲与尊尊为原则并赋予亲亲之仁以基础地位的王道政治在价值和效率上都值得高度肯定，构成儒家思想叙事的历史基础，但从巫与君、教与政的相互关系看，这并不意味着巫对君、教对政的优势或优位。“国”混合在“家”里面，国是家的放大，君权是父权的延长。这种重叠只是历史递嬗演变中的美妙瞬间，并且这里的国与君实际是一身二任之主体更重要也更真实的身份。这种关系能够维持并成就出王道政治叙事，族际之争与东向殖民及其他诸多具体历史背景是十分重要的外部条件。在这一过程中，整个家族成为一个具有共同政治目标的利益共同体。内部的整合成为共同的福祉之所系，而对父权的强调不仅有效，而且因借助依托宗法制度的组织系统、情感原则与道德资源而成本低

---

① 《尚书·文侯之命》：“丕显文武，克慎明德，昭升于上，敷闻在下。惟是上帝，集厥命于文王。”

② 《史记·鲁周公世家》载：武王病危时，周公“自以为质，设三坛，……告于太王、王季、文王。”这里祭告的对象就是祖先神。

③ 《礼记·表记》云：“殷人尊神，率民以事神，先鬼而后礼。……周人尊礼尚施，事鬼敬神而远之，近人而忠焉。”从《周礼》《礼记》等资料看，西周祖先祭祀的地位大大提升。

④ 《新唐书·礼乐志》谓：“由三代以上，治出于一，而礼乐达于天下。由三代而下，治出于二，而礼乐为虚名。”

⑤ “由宗法所封建的国家与周王室的关系，一面是君臣，一面是兄弟伯叔舅。而在基本的意义上，伯叔甥舅的观念重于君臣的观念。”徐复观：《两汉思想史》，台北：学生书局，1980年，第28页。马克斯·韦伯则看到宗教的一面：“与西方神圣罗马帝国的区别主要在于，周王宗主同时是，并且主要是正统的大祭司。”《儒教与道教》，王容芬译，北京：商务印书馆，1995年，第71页。

廉可谓顺天应人。[①]

“商周世界观的根本区别，是商人对‘帝’或‘天’的信仰中并无伦理的内容在其中，总体上还不能达到伦理宗教的水平。而周人的理解中，‘天’与‘天命’已经有了确定的道德内涵。”[②]在学界对殷周之际宗教观念转换一致强调的时候，指出二者之间的继承性或连续性实际应该是十分必要的，因为它事实上乃是问题本身更为重要的一面。天、人及其连接基础由自然、血缘向人文道德的转换终究只是元素性的，基础性的萨满教天人关系结构模式本身并没有任何的动摇。这是萨满教走向儒教并铸造儒教性格的重要历史环节。而用理性化、半理性化那种进化论或目的论的目光解读评价这一切，不仅不能彰显这一进程，还会使得对儒教之历史意义与未来发展的把握失去厚重感和方向感。

新的发展需要新的契机。春秋战国时期的礼崩乐坏意味着政教合一之蜜月期终结。“政由宁氏，祭则寡人”（《左传·襄公二十六年》）既生动记录了这种分离，也深刻反映了政治权力在这一关系中的主导性、支配性地位。不再与政权相勾连的教权就不再是礼乐制度，而沦为纯粹的仪式，即欧阳修所谓的虚名。

对儒教来说，这既是挑战，也是机会。重建天人关系，适应时代需要，是孔子的使命。“周监于二代，郁郁乎文哉，吾从周。”（《论语·八佾》）以重建东周为政治理想的孔子显然没有周公的条件和机缘，他能做的只是理论上的奠基，借用张载的话说就是“为天地立心”。

五四以来的学界倾向于将儒家思想哲学化，在对待天、生死等问题上倾向于将孔子理解为理性主义者或不可知论者。但杨庆堃认为，“孔子在他尊敬神灵的劝诫中，它对祭祀的强调、对天与命运的态度，

① 儒教的价值性、情感性对君主行为与政治运作的约束作用与三代叙事的正相关性是另一个话题。

② 陈来：《古代宗教与伦理——儒家思想的根源》，北京：三联书店，1996年，第168页。

其背景中都承认超自然力量的存在。”[1]吴文璋用“综合的巫师传统”定位孔子，即既肯定祭鬼神又否定事鬼神。[2]这正与孔子所处历史位置即工作性质相对应，即一方面要切断天与怪力乱神的联系，另一方面要确立天的超验德性，重建天人关系的连接基础。出土文献帛书《要》记载有孔子的一段话：“赞而不达于数，则其为之巫；数而不达于德，则其为之史。……吾求其德而已，吾与史巫同途而殊归者也。君子德行焉求福，故祭祀而寡也；仁义焉求吉，故卜筮而希也。祝巫卜筮其后乎！”与巫史同途，说明孔子在历史起点和思想结构上承认自己跟巫师并无二致；与巫史殊归，则是不满足于巫史仅仅停留在幽赞和筮占的技术层次上。幽赞、筮占的对象是神明。在这种寻求一时一事之吉凶悔吝的经验活动里，神明的意志是充满偶然性，难以捉摸的，这自然难称圣意。“吾求其德也”中的“其”所指代的不是别的什么，正是作为神明之大者的天。

“知地者智，知天者圣”（《周髀算经》）。孔子求得的天之德，就是《易传·系辞》中所说的“天地之大德曰生”。

从《易经》《中庸》的文本分析可知，生化之义不仅由帝到天一脉相承，而且天的主宰性、义理性亦以此为来源和基础。如果说孔子在政治哲学方面的工作是对礼乐制度的重新论证和努力重建，那么他在儒教方面所做的工作就是将“皇天无亲，惟德是辅”所蕴含的天人关系模式和原则发展成为一个清晰澄澈的理论系统：一方面将这个“皇天”的生化内涵明确，进而从这一角度将此前的“德”由经验性禀赋改造提升为具有超验性意义的仁德；另一方面则是通过“有天地然后有万物，有万物然后有男女，有男女然后有夫妇，有夫妇然后有父子，有父子然后有君臣”的生生模式使仁成为贯穿世界的精神品格，而世

① 杨庆堃：《儒家思想与中国宗教之间的功能关系》，载《中国思想与制度论集》，台北：联经出版公司，1976年。

② 吴文璋：《巫师传统和儒家的深层结构》，高雄：复文图书出版社，2001年，第129页。

界也因此获得神圣和价值的统一性。我们知道，成熟期的儒教信仰和崇拜内容是敬天、法祖、崇圣，此三者的内在联系就是建基于此。[①]

由《易传》的“天地之大德曰生”的天道论，到《中庸》的“成己成物”“参赞化育”的人生论，再到《大学》格物致知、修齐治平的功夫论和实践论，孔子及其后学已经把儒教的理论框架完整地搭建起来。

过去儒教的发展至孔子而升华，未来儒教的开展亦由孔子而奠基。而在这块基石上将儒教殿堂正式建立起来的是西汉董仲舒。[②]在董仲舒眼里，孔子不仅是先知，也是获得天命眷顾的“素王”，“西狩获麟，受命之符也”（《春秋繁露·符瑞》）。在纬书的论述里，“圣人不空生，必有所制，以显天心”。[③]董仲舒说，“仁，天心”（《春秋繁露·循天之道》）。以仁为天心，将天与生生之仁的关系进一步明确，是对孔子思想的继承，而他将天进一步人格化则是对孔子的发展。宗教必然以神为本，儒教的最高神明是天。[④]“在董仲舒，天有着三层含义：第一，天是包容万物的规律性的宇宙总体结构；第二，天又具有人性化、伦理化的品格；第三，天更是人心信仰的源出，是人不得不尊崇和敬畏的对象。”[⑤]如果说儒教之天的完整形象是由董仲舒给出的话，那么这段描述很好地传达了其精神本质，因为它把这三者视为一个有机整体。这是对孔子处（《论语》《易传》等）虽已萌芽却稍显离散之天论思想的准确把握和系统梳理。就像上帝是整体、是一切一样，儒教的天作为创造者，同样既与自然世界精神世界同一，也是生活生命的意义源

---

① 笔者对“生生之德”有较为详细的讨论。参见陈明：《生化：主宰与义理的根源与基础——儒教天论之脉络与意义》《北京大学学报》（哲学社会科学版），2010年第2期。

② 董仲舒作为儒教真正建立者在学界有广泛共识，代表者有李申、何光沪、吴文璋、季羡林等。

③ 转引自黄进兴《权力与信仰：孔庙祭祀制度的形成》，载林富士主编《礼俗与宗教》，北京：中国大百科全书出版社，2005年。

④ 中国传统宗教用神明一词指称超验之神，本身就值得深究。兹不赘述。

⑤ 余治平：《唯天为大——建于信念本体的董仲舒哲学研究》，北京：商务印书馆，2003年，第85页。

泉和归宿。[①]没有这样的理解，儒教的理论是不成熟的。我们说董仲舒是儒教的最后完成者，就是根据这一点。

董仲舒建构儒教的背景是汉武帝颇为困惑的社会治理的问题。由此而写就的《天人三策》所建构的儒教体系，虽然是以神为本，以天为中心，[②]以天人关系为结构框架，在价值排序上以“屈民而伸君，屈君而伸天”为原则，[③]这一历史条件决定了其论述不能不是以君主为中心，以社会政治问题的解决为旨归。但透过神学政治论的外衣，董仲舒的儒教建构乃是十分清晰和完整。胡适说“儒学成为帝国的儒教，是汉武帝、董仲舒、公孙弘三人的成绩。在制度方面，如立五经博士，为国立太学的基础；如用经学选官，能通一经以上的补官，是科举制度的起源；如罢黜百家，专崇儒学，是统一思想学术的实行。这些都是在这个时期里开始实行的。”[④]这里的汉武帝、董仲舒、公孙弘三个名字可以看成是三个代表着儒教建立的社会背景、儒教的理论体系和儒教的制度化落实的历史符号。汉族之得名在于汉朝的文治武功，而所谓“文治”，根本的一点就是儒教的确立并几乎像国教一般发挥着它的功能和影响。[⑤]

二

在伊利亚德之前，历史哲学之父维科就把“都有某种宗教”列为各民族共同拥有的三种文化习俗之首。[⑥]相同的思维特征、相近的社会组

---

① 近代学人用所谓分析的方法将其分解为所谓自然之天、意志之天、义理之天、命运之天还颇沾沾自喜，浅薄如盲人摸象沦为笑柄，流弊则是“日凿一窍七日而浑沌死”。

② 《春秋繁露·郊祭》：“天者百神之大君也。”

③ 《春秋繁露·玉杯》：“屈民而伸君，屈君而伸天，春秋之大义也。”

④ 胡适：《中国中古思想史长编》，台北：远流出版事业股份公司，1986年，第637页。

⑤ 之所以不认为儒教是严格意义上的国教，是因为宣帝明言“汉家自有制度，本以霸王道杂之”。

⑥ 维科：《新科学》，朱光潜译，北京：人民出版社，1986年，第333页。

织形态形成了对天、祖先及其他显圣物的信仰崇拜。对于精神生活意义的相似性[①]使得它们获得“宗教”的命名。如果这些叫作“宗教”的东西在形态上的区别可以视为因应不同历史发展环境的结果，那么作为政治权力的王权与作为政治、军事和文化之异质力量的异族，则是最主要的影响因素。前面对儒教的基本理论和形态格局发展成型过程的描述，正是从这样的角度进行的。论者根据“当今的儒教缺少明晰而独特的神灵，没有自成体系的仪式，没有信众组织和教团”而否定其作为一个宗教的合法性。[②]这四点应该说主要是以亚伯拉罕系宗教为参照确立的，下面就以犹太教的成型为参照，做进一步的分析和说明。

借用一下人类学家张光直“连续”和“破裂”这两个对中国和“西方”的文明类型进行分类的概念，或许可以使我们下面的讨论获得一种比较宗教学的宽阔视野。他说：“中国的型态很可能是全世界向文明转进的主要型态，而西方的型态实在是个例外。我将中国的型态叫连续性的型态，而将西方的叫作破裂性的型态。……中国古代联系性的宇宙观显然不是中国独有的，基本上它代表在原始社会中广泛出现的人类世界观的基层。中国古代文明是一个连续性的文明。”这意味着我们可以也应该“用中国社会的观点来观察人。”[③]这不是说连续性本身所关联的普遍性即意味着标准性，而是说我们完全可以转换思维，即在反思“儒教为什么会是这样而不是那样”之前或同时，也追问一下：基督宗教为什么不是这样而会是那样？

如果说“明晰而独特的神灵”一语可以分解为一神信仰的未能确

---

① 或许可以把世界的创造者、秩序的规定者、意义的提供者看作各个宗教共同本质或神灵与人类精神生活关系的基本内容。

② 杨凤岗：“儒教从未发展出专职的教团，而主要是依靠皇朝的强力推行。儒教准宗教被改造成为政治宗教，并且事实上成为国教。作为国教的儒教依附于政体而存在，上靠科举的强制而灌输，下靠家族的延续而维护。儒教对于国家和家族的依附性，表明其缺少独立完备特性，只是一个准宗教。”杨凤岗：《对于儒教之为教的社会学思考》，《兰州大学学报》（社会科学版），2008 第 2 期，第 9—19 页。”

③ 张光直：《中国青铜时代》，北京：三联书店，1999 年，第 487、488、485 页。

立与至上神之人格化的没有完成这两个层面的问题，那么我们也同样可以做这样的追问：早期宗教的一般情况如何？犹太教这样的发展有赖于怎样的历史条件？这种条件的存在或出现具有普遍性意义吗？

虽然可以确定各民族早期的历史都跟宗教联系在一起，但具体情形如何却没人能够说清。或许用自然崇拜和祖先崇拜表述其基本状态是可以接受的。① “自然宗教，作为全人类共同具有的东西，乃是宗教之每一发展形式的本体。” ② 史料显示“族长行使职责都是在所谓圣地即行祭之地”，可见作为游牧民族的以色列人也曾有过祖先崇拜的历史，并且与政治结合在一起。③ 天、太阳一般是自然神的代表；祖先崇拜则主要表现为对部族或首领祖先的信仰。当然，这二者在很多地区都存在千丝万缕的联系。

先看一神信仰问题。从逻辑上讲，一神信仰意味着两个排他性选择：在天神（自然神之大者）与父（祖先神、部族神、保护神之类④）之间做出排他性选择；在自己的天神或父与他人的天神或父之间做出排他性选择。第一点，对于游牧民族来说或许不是什么艰难抉择，因为自然神意义有限，地位不高，⑤部族神、保护神功能重要，地位崇高，因而内在地具有神格随王权的扩张而升格的趋势。第二点，意味着部族间关系的紧张对立，甚至压迫和征服。它的成功条件只能是，或者那个将欲升格之一神所属的政治力量具有相对于其他神灵及其相关利

① 库朗热《古代城邦——古希腊罗马祭祀、权利和政制研究》主要研究的就是“两种宗教，一种是祖先和家族的宗教，一种是自然力所代表的宗教。”见 Hartog 为该书写的前言。上海：华东师范大学出版社，1984 年。

② 埃里克·J·夏普：《比较宗教学史》，上海：上海人民出版社，1988 年，第 49 页。

③ 托卡列夫：《世界各民族历史上的宗教》，北京：中国社会科学出版社，1985 年，第 388 页。

④ 图腾（totem）常常兼具这几方面的内涵。事实上这些信仰也多与图腾崇拜紧密相关。

⑤ 在多神信仰的古巴比伦，天、地、水、火、太阳、月亮诸神在神龛并列。

益集团的压倒优势，足以战胜他人，[①]或者某个部族具有高度的共识或强烈需要维持其部族神的独特地位以保存自我。事实是，埃及、巴比伦以及伊朗等帝国“推行一神教的历次尝试均因掌管地方祭仪的祭司的抵制以及种种离心力的作用而告失败”[②]，属于后一种情形的犹太教部族神雅赫维却成功登顶。

回头检视这一过程，亚伯拉罕、摩西、约西亚应该是最为关键的几位重要人物。

族长亚伯拉罕为保护自己的部族神不被汉谟拉比的马尔都克吞并收编而率部出走。他在依托军事优势击败迦南原住民之后，为建立文化上的优势，将自己的部族神雅赫维说成万能之神，将自己部族说成选民，把迦南地带说成“应许之地”。这时的雅赫维更像是、事实也就是一个部族保护神。[③]身世神奇的摩西以“神力”带领以色列人出埃及，是为了逃避拉美西斯二世针对希伯来人的残酷政策（希伯来人家庭出生的男婴必须溺死）。为了整肃出现混乱的信仰生活，摩西将雅赫维确立成唯一的神，专属于希伯来人，将作为自然神的元素彻底清理干净。[④]王者约西亚则是在内外交困中运用政治权力在管辖范围内将各种神祇清理出神殿，独尊雅赫维，把雅赫维变成全犹太人的神。到巴比伦之囚时，先是先知以西结把耶和华上升为“宇宙神”“世界神”；然后是先知以赛亚第二又在前面加上“开创天地的唯一的”定语。唯

① “一神教诞生了，它与古老的多神教发生了激烈的冲突。除了一神之外，所有的神都被废除了。他被尊为众神的主宰。众神的庙宇被封闭了，他们的祭司被驱逐了，他们的土地和财产被没收了。”（美）怀特（White，L.A.）著，沈原等译：《文化的科学——人类与文明研究》，济南：山东人民出版社，1988 年，第 225 页。

② 托卡列夫：《世界各民族历史上的宗教》，北京：中国社会科学出版社，1985 年，第 402 页。

③ 雅赫维又称撒保特即万军之主。亚伯拉罕的儿子雅各所祈求于雅赫维的也是平安返回家乡。

④ 在亚伯拉罕那里，雅赫维是日月星辰的创造者。这已经规定了雅赫维高于自然神的地位，但毕竟也暗含着对日月星辰的某种特殊地位的承认。

一的至上神就这样在坎坷和苦难的因缘际会中被一步步建构起来。它的动力、目标一直现实而明确：整合民族，增加凝聚，应对挑战，求生存。圣殿两次被毁，国家多次灭亡，人民或寄人篱下，或沦为俘虏囚徒。埃及、巴比伦、亚述、波斯、罗马，帝国无法对抗，政治没有依靠，在无边的苦难中求生存的境遇如此残酷，生存的愿望如此强烈，作为保护神的雅赫维成为唯一寄托，于是一步步由部族神建构升格为全能神、宇宙神直至唯一神。某种程度上可以说这是部族神的绝对化，一般宗教密切相关的灵魂、美德等内容在这里几乎看不到。①

再看人格性问题。在游牧民族的文化中，自然神的地位相对不高，其规律性和伦理性都不如农耕文化中那么清晰突出。以自然属性为神格的天虽是尊重甚至借重的对象，却不可能在影响力上超过首领，因为事实上游牧族群的生存所系于首领者超过所系于天神者。因此，保护神的实际意义和影响都高于大于天神。首领即使与天同一，那也是以人统天。霍鲁斯、马尔都克的被擢升都是目中无天的。雅赫维升格的情形与此相似。部落神、保护神，极有可能是英雄崇拜的产物。②史载亚伯拉罕当初砍掉众多偶像的头颅，独留雅赫维的“伟岸身躯”，可见这些神都是与人同形的。③因此，雅赫维原本就是人格性的神灵。

如果说希伯来人的宗教相对古埃及和美索不达米亚文明是一种例外，那么对于中国就完全是另一种类型了。祖先崇拜是儒教的一大特色，但“敬天”从某种意义上来说却高于“法祖”。从神灵内部说，天作为自然神的形象早早确立。在氏族神产生后，由于部落联盟多元共处，即使有哪个氏族神脱颖而出，试图建立与天的特殊联系，也从未曾试图以人僭天，而只是试图以某种方式建构与之相“配”的地

① 蒙恩的条件不是一般的美德，而是对其特定的意志绝对服从，无条件的虔诚。《出埃及记》：“爱我，守我诫命的，我必向他们发慈爱，直到千代。”

② 古希腊的城邦保护神，多如此。

③ 有一种说法，雅赫维与雄狮、牡牛有关，就是说是由图腾崇拜转化为部落保护神。托卡列夫：《世界各民族历史上的宗教》，北京：中国社会科学出版社，1985 年，第 392 页。

位。[①]“我生有命在天”如此，“皇天无亲，惟德是依”也是如此。《诗经·周颂》“思文后稷，克配彼天”是这样讲的，商周祭祀制度中的“配祀”是这样做的。因为自然神的一个重要特点就是公共性，即“天无私覆，地无私载”（《礼记·孔子闲居》）。夏、商、周三大部族间的竞争不涉及天这个最高神灵的冲突。从宗教角度讲，所争夺的只是与天相“配”的地位。变化的只是与天相配的原则（由“命”转换为“德”），而不是天人相配结构本身。正是这样的结构，不仅决定了一神信仰难以破壳而出，也决定了最高神之人格化难以彻底完成。[②]

但是，对于一个宗教来说，这难道真的就是根本性的或本质性的要求吗？道教多神，不妨碍其成为宗教；佛陀只是一个“觉者”，但也并未妨碍佛教成为宗教。

接下来讨论独立教团问题。所谓独立教团，应该是指专业的教士集团和独立于政治或社会系统的宗教性组织机构。

天无二日，国无二主。就一般情况而言，如果说最早的国家形态是包裹在宗教组织之内的，那么随着政治权力的出现和强大，宗教权力一般会被纳入王权的控制之下。[③]从古埃及霍鲁斯的升格到汉谟拉比对马尔都克的推广，再到中国的“绝地天通”，都可以看到神权后面政治权力的支配作用。希伯来人早期的组织也是政教合一的，如族长在祭祀中心行政、圣殿集体祷告。所以，当我们把独立的宗教组织系统

① 所谓配，在宗教学的意义上或许可以从最高神祇结构的二元性或人神连接的间接性两个层面理解。兹不赘述。

② 富兰克弗特认为埃及与美索不达米比亚文明中的王权与神祇的关系存在“根本而深刻的差异性”。但我认为二者仍然可以看成“配”的二元关系：在埃及，国王是神的后裔；在美索不达米亚，国王是凡人需通过神化仪式获得神圣性。中国三代社会的情形与此相近或介于此二者之间。但属于“配”则是一致的。绝地天通，只是垄断通天的权利，并没取天而代之。在犹太教那里，神是天地自然的创造者。这确实需要一个大胆的跳跃或急中生智。所以，作者用“古怪”一词形容希伯来制度的特殊性。《王权与神祇》，上海：三联书店，2007年，第483页。

③ 恩格斯说，“神的统一性不过是统一的东方专制君主的反映。”转引自托卡列夫《世界各民族历史上的宗教》，北京：中国社会科学出版社，1985年，第402页。

如何建立的问题转换成为支配教权的王权是如何失去对教权的控制的时候，我们就看得十分清晰了。

公元前13世纪，摩西带领以色列人逃离埃及，接受其岳父建议建立百夫长之类的自治组织，这是以色列人组织系统的起始。摩西的身份是先知，神通过他与以色列人立约，意味着神权、神约先于国家的政治组织和法律。强敌环伺，内部分裂，导致王权疲弱，士师、先知等宗教组织的力量强大。这种结构随着国家沦亡、圣殿被毁而引起进一步的变化，那就是民族的生存不能寄望于王权，而只有依靠围绕神灵建立的宗教组织系统。至关重要的一个环节就是，波斯帝国击败新巴比伦帝国，以耶和华的名义将作为巴比伦之囚的犹太人解救出来。出于帝国管理的需要（避免东西两线作战），居鲁士采用羁縻之策，帮助犹太人重建圣殿，仿照波斯教祭司制度建立以学士为主体的祭师阶层进行治理，以教行政。“独立的国家政权对犹太人来说已不复存在。……耶路撒冷的祭司阶层却权势大增，这是由于已无任何世俗政权与之抗衡。”①

作为对照，“政由宁氏，祭则寡人”一语所包含的历史信息则是文化系统之政治元素与功能的削弱淡化，以及政治权力系统对宗教权力系统的独立，直至确立起自己的强势地位。董仲舒建立儒教规模的汉武时代，正是大汉帝国的全盛时期。“以孝治天下”的口号既表明了王权对儒教理念的认同，也说明当时社会宗法组织根基深厚。②“敬天，法祖，崇圣”这些儒教信仰和祭祀的活动，或者由政府出面主持，或者由社会自己组织。功能、组织和诉求与外部世界高度契合同一，使得建立独立宗教组织的问题对儒教来说几乎从来就不是一个问题，因为既无可能也没必要。

① 托卡列夫：《世界各民族历史上的宗教》，北京：中国社会科学出版社，1985年，第401页。

② 汉代庄园就是以宗法制度为组织结构。

毋庸讳言，这当然会引起另外一些问题。① 但是，这应该不至于导致对儒教之宗教地位的否定。三一教、一贯道都可以视为儒教的某种形态。印尼的孔教尤其完整成型。② 摩门教也没有专业的教士团体，但并不妨碍其作为宗教存在和活动。

换一个角度。宗教从其起源上讲，是基于群体的需要（当时个体的生命意识尚未觉醒）。这种社会性从犹太教、儒教以及婆罗门教那里都可以看得很清楚。启蒙运动之后，基督教退向私人领域，其关于个人性的理论得到比较充分的阐扬。但这并不应该被视为宗教的新本质，宗教的社会属性并未因人们的忽视而归于消弭。③

影响一个文明内宗教组织形态、内部结构及生活、生命意义内涵的几个重要因素，应该是其与自然关系、与异族的关系、与政治的关系。我们这里的分析实际基本就是沿着这三条线索进行的。农耕民族对自然的依赖程度高于游牧民族，所以自然神的地位高高在上，不可动摇。游牧民族逐水草而居，表现出准军事的生存方式，因此保护神地位特别突出。游牧民族的流动性注定了其与他民族的关系更为紧张，边界也就更为清晰，对内的凝聚性与对外的排斥性也就更强。与西亚北非那些其兴也勃、其亡也忽的政权相比，中华农业帝国相对稳定持久。儒教的形态特点，很大程度可以说就是在与汉帝国的互动中形成的。

这些都是我们理解儒教时需要考虑的背景参数。

---

① 上依托政府，下依托社会，这是特定历史条件的产物。但无可否认，这也使得儒教的生存变得脆弱，因为随着社会变迁和制度改变，它必须寻找新的基础。这种寄生性导致的另一结果更加致命，那就是由于对政治议题过于关心，儒教日益精英化而与小传统日益疏离，例如对民众所关心的灵魂生死问题失去关切。这些问题将另文讨论。

② 王爱平：《印度尼西亚孔教研究》，北京：中国文史出版社，2010 年。

③ 所谓的政治神学即以“消除神学的私人化”为职志，认为“那种想把圣经传统中关于末世的应许私人化是不可能的。也就是说，想把自由、和平、公义与和好私人化是不可能的”。主张“重新确定宗教与社会的关系，重行确定社会与公众性的关系，重新确定末世信仰与社会生活的关系”。默茨：《政治神学所理解的教会与世界》，见《当代政治神学文选》，长春：吉林人民出版社，2002 年。

孔子与子夏

——君子儒与孔门思想谱系的新可能

君子儒的概念是孔子提出来的。

《论语·雍也》："子谓子夏曰：'汝为君子儒，无为小人儒'。"历代注家都认为这是夫子对子夏的批评。在这种解读里，儒被理解为学者、儒生；君子与小人则被理解为蕴含褒贬的道德概念，分别述指明道与矜名、为己与为人、好义与好利等行为或价值取向诸相应内容。程树德认为诸说"过贬子夏"，方法则是将这里的儒由"学者"（个体之人）转换为职业（"教民者之称"）（参见《论语集释》）。这是一种十分有说服力的辩驳。但是，由于没有进一步对相应之君子和小人内涵加以说明，因而还不足以颠覆旧说证成新说，揭示出子夏在夫子教诲下发生的变化以及变化后其所做工作的成就与意义。

不妨尝试拟构这一言说的语境，看看是在一种怎样的情景中孔子又是因为什么而对子夏有此一说。

有次被哀公问"弟子孰为好学"，孔子的回答伤感而落寞颜回死后"未闻好学者也"。年少好学而又极富天赋的子夏的出现无疑让已过耳顺之年老人家眼睛一亮，可子夏却又是带艺投师。子夏名卜商，应该是晋国卜偃之后。[①]《风俗通》说卜姓是"氏于事者，巫卜陶匠是也"。众所周知，孔门教学以"君子不器"为宗旨，农圃医卜均被视为小人之事难入夫子法眼。《孔子家语·执辔》有两段子夏的问学记载，应该

① 参见高培华：《'君子儒'与'小人儒'新诠》，《河南大学学报》（社会科学版）第52卷第4期。

是入门之初。与子夏的滔滔不绝不同，孔子的反应十分冷淡，“然，吾昔闻老聃亦如汝之言”；另一段则干脆没有反应，只是在子夏言终而出，子贡追问“商之论如何”时，才反问“汝谓何也”让子贡谈看法。子贡认为子夏之学“微则微矣，然则非治世之待也”，孔子淡淡回道“然，各其所能。”显然，孔子作为老师对子夏的家学虽予包容，但作为儒门宗师对子贡批评本身却是赞同的，心情可谓复杂。是的，孔子老而好易，但其所看重的是“德义”，对巫史之筮与数“不达于德”持否定态度，而子夏说的那一套近似《归藏》版的八卦象数。

“儒家者流盖出于司徒之官，助人君顺阴阳明教化者也。”(《汉书·艺文志》)将儒家思想与司徒之官勾连，只是一个角度的观察；“顺阴阳”“明教化”的技术特点与职能定位则显示这一司徒之官在更久远的根源上与巫史祝卜混搭交集。《要篇》中孔子说“吾与巫史同途而殊归者也”，“同途”是对这一关系的承认，“殊归”则是对儒与其分道扬镳的超越之强调。但是，从社会存在的角度说，“以道得民”“以成德为务”的君子儒（梁启超认为君子有“少主人”之义，从《易传·大象传》“天行健，君子以自强不息”“地势坤，君子以厚德载物”看颇有根据），与以求雨或“治丧相礼”为业（这必然意味着儒与巫史祝卜在业态上的交叉并行）的小人儒并行不悖必然是一个长期存在的社会事实。如果这可以说是孔子对子夏说“汝为君子儒，无为小人儒”的宏观背景，那么颜回死后斯文谁付的焦虑，子夏天资聪颖而又以小道为可观就是该言说的微观语境了。两相叠加，其义蕴也就变得十分清晰——有一点不满，但更多的是期待，并且，之所以不满正是因为深怀期待。对照另一场对话可以佐证该判断：樊迟问稼问圃，孔子的反应开始也只是“吾不如老农”“吾不如老圃”的冷淡，可待樊迟退下，老先生就以“小人哉樊迟也”开头好一通数落，可谓失望之至。(《论语·子路》)

子夏的反思、改变与体会也确实非樊迟可比。《论语·子张》中的这些话可以排列成一个由矛盾到开悟再到发挥落实的序列：“虽小道必有可观焉，致远恐泥，是以君子不为也”；“百工居其肆以成其事，君子学以致其道”；“学而优则仕，仕而优则学”。境界提升后，他与夫子间对话的主题和风格也随之一变。《论语·八佾》载，子夏问曰：“‘巧笑倩兮，美目盼兮，素以为绚兮’。何谓也？”子曰：“绘事后素。”曰：“礼后乎？”子曰：“起予者商也，始可与言诗已矣。”讲学论道中的互相发明机缘投契以及后生可畏的喜悦溢于言表，与魏晋玄学家何晏赞王弼“若斯人可与论天人之际矣”的佳话可谓交相辉映。其实，《礼记·孔子闲居》里关于“恺悌君子，民之父母”的讨论才可说是子夏对孔子君子儒期待的郑重回应。在这个如何做一个好的统治者的话题上，师徒二人一问一答，引经据典，层层递进，而君子与儒的内涵也得到揭示——君子儒意味着一种事业和使命，意味着对君子之道的承担，禹、汤、文王为其典范，“参乎天地”，“奉三无私以劳天下”则为其内容。聆听至此，“子夏蹶然而起，负墙而立，曰：‘弟子敢不承乎？’”

“奉天而理物者，儒者之大业也。”（胡宏：《知言·汉文》）但是，春秋战国显然不是属于儒者的时代，加上“诸侯之骄我者吾不为臣，大夫之骄我者吾不复见”的才子性格，子夏在事功上无足称道。因缘际会，“子夏居河西教授，为魏文侯师”（《史记·仲尼弟子列转》），开创西河学派，孔门天人之学赖是以传。《韩非子·显学》称孔子之后，“儒分为八”，“有子张之儒，有子思之儒，有颜氏之儒，有孟氏之儒，有漆雕氏之儒，有仲良氏之儒，有孙氏之儒，有乐正氏之儒”而子夏不与，但东汉时即有此一说，“诗书礼乐，定自孔子。发明章句，始于子夏”，（《后汉书·徐防传》）又当如何解释？答案就在文中，八家“取舍相反不同，而皆自谓真孔”。但子夏没有凭一己之见“取舍”，而是完整接受，述而不作。“孔子弟子惟子夏于诸经独有书”（洪迈：《容斋随笔·续笔》）；六艺“诸儒学者皆不传，无从考其家法。可考者，惟卜氏子夏”（皮锡瑞：《经学历史》）。孔门四科十哲，“文学”就是文献，就是典章制度，也就是“斯文”，子夏当之无愧名副其实。

有论者由“子夏思想更符合孔子原意”而“引发我们对道统的思考”。[①] 兹事体大，但却确实不失为理解子夏工作及意义的极好思路。此前的两个版本，一是韩愈、程颐的孔孟叙事，所谓“孟轲死，圣人之学不传”(《明道先生墓表》)；一个是王阳明的孔颜叙事，所谓“颜子没而圣学亡”(《别湛甘泉序》)。其实，王充《论衡·超奇》所谓“文王之文在孔子，孔子之文在董仲舒”，可说是一个更早的版本，且更具历史客观性，而孔子与董仲舒之间的传承中坚正是子夏。从文明论角度说，儒教文明或者说中华文明的基本规模和结构成型于汉代，法家中央集权的郡县制，儒家敬天法祖崇圣的信仰，赋予“霸王道杂之”的汉家制度以全新的政治、文化内涵。董仲舒与汉武帝携手完成的这一合作中，所谓王道，从《春秋繁露》看就是《易传》的天道信仰和春秋公羊学的政治理念之综合。

这都渊源于子夏。孔子在帛书《要篇》说“《诗》《书》《礼》《乐》不止百篇，难以致之。不问于古法，不可顺以辞令，不可求以志善。能者由一求之，所谓得一而群毕者，此之谓也。”可见《易》的群经之首地位孔子时已有论定。司马迁深谙今文经学要旨，他说“《易》本隐而之显，《春秋》推见至隐”，这显然也是其将天人之际与古今之变勾连的思想渊源与根据。如果说《易》与《春秋》是孔子的晚年定论和精神寄托，那么子夏则是其寄望甚殷的衣钵传人，不管从学术授受还是文化影响来说，都是如此。《隋书·经籍志》：“孔子为《彖》《象》《系辞》《文言》《序卦》《说卦》《杂卦》，而子夏为之传。”至于《春秋》，《公羊疏》引《孝经说》“子夏传与公羊氏，五世乃至胡毋生、董仲舒”。检索董氏学，《春秋繁露·玉英》说“春秋之道，以元之深正天之端，以天之端正王之政”，这里的“元”就是《易传》“大哉乾元”之元，“元者善之长”之元。

---

① 王红霞：《貌合神离——谈子夏与荀子的思想》，《第二届河北儒学论坛论文集》。

长期以来君子概念被严重道德化了，这与程朱理学的诠释、叙事有关。从韩愈升格孟子的道统论开始，心性论在因应佛老挑战时应运而生，朱子以理代天的“伪学”官学化后，歧出之思孟学派取代传经的西河学派成为儒门学统正宗，五经的天人之学也被四书的心性之学覆盖,《易》被朱子还原为卜筮,《春秋》的微言大义则被还原为“史”。但是，这一正脉其实也并没完全沉沦淹没。宋初三先生中的孙复石介均认为“尽孔子之心者《大易》，尽孔子之用者《春秋》。是二大经，圣人之极笔也，治世之大法也”(《宋元学案》卷二泰山学案)。胡宏也有类似表述。牟宗三以五峰为正宗、以朱子为歧，作为其判教标准的所谓“纵贯系统”“横摄系统”的后面，实际乃是对天人之学与心性之学的区分拿捏与取舍褒贬。就“君子儒”理解言，今文经学内部也十分有趣：何休含糊其词曰“君子儒将以明道，小人儒则矜其名”，刘逢禄进而以“贤者识其大者，不贤者识其小者”说之，到戴望这里，邵公句被删而只保留刘氏语，似乎是想回到孟子的“大人之事小人之事”，隐约以天人之学心性之学说大说小。

这应该才是夫子语子夏的真谛。而子夏孺子可教，西河学派口传心授至董仲舒而终于大放光辉。“为天地立心，为生民立命，为往圣继绝学，为万世开太平”，横渠四句，其君子儒之写照也欤！

帝国的政治哲学：《春秋繁露》的思想结构与历史意义

周秦之变意味着由邦国时代向帝国时代的历史性转折。从政治学上说，分封制的周王朝是一种由社会本位主导的治理模式，郡县制的秦帝国则是由国家本位主导的治理模式；政治重心一个在下，一个在上。因此，作为第一代的帝国执政者，必然面对转型阵痛：社会异质多元，没有中央集权，帝国必瓦解；强化中央集权，改造社会，治理成本又必然高企，难以为继（外部性的匈奴问题使这一矛盾进一步强化）。秦始皇采用的是李斯“以法为教，以吏为师”的方案，现实与历史断裂，国家与社会对峙，终于二世而亡。

汉承秦制，雄才大略的汉武帝不可能回避这一问题。这一关切和思考，体现在三次贤良对策中。第一次，提问是基础性的，“欲闻大道之要，至论之极”；第二次，可能与事务繁难而收效甚微有关，“虞舜之时，游于岩廊之上，垂拱无为，而天下太平。周文王至于日昃不暇食，而宇内亦治。帝王之道，岂不同条共贯欤？何逸劳之殊也？”第三次，应该是在认同董仲舒此前对策之分析的前提下表达自己的渴望，“既已著大道之极，陈治乱之端矣，其悉之究之，孰之复之？”

这实际上也正是董仲舒在《春秋繁露》中思考的问题。综合《汉书·董仲舒传》记载的《天人三策》，董仲舒认为有汉“承秦之敝”导致的问题有三：不敬信上天、不尊重社会，不任用儒士。与汉以来反思秦帝国其兴也勃、其亡也忽的儒家思想家们如陆贾、贾谊等不同，董氏不仅找到了问题及其所以然，而且在基础理论、制度论、治理论等方面提出了系统完整的替代方案。“罢黜百家，独尊儒术”之后，历史与现实得到贯通，国家与社会得到整合，不仅很快稳定了汉帝国深根固本，尔后两千年的中国文明也由此得以奠基。

一、基础理论：以天为信仰

董仲舒把武帝所欲听闻的“大道之要，至论之极”理解为“求天命与情性”（《汉书·董仲舒传》）。可见董氏本人就是以“天命与情性”作为其思想的“大道之要，至论之极”。确实，他正是以天这个标示最高存在的概念作为自己理论的核心和基础。

《春秋繁露》为《春秋》“作义”，属于“《春秋》公羊学”一脉。但与公羊学传统的一个显著不同就是对天的重视。《史记·太史公自序》谓：“夫《春秋》，上明三王之道，下辨人事之纪，别嫌疑，明是非，定犹豫，善善恶恶，贤贤贱不肖，存亡国，继绝世，补敝起废，王道之大者也。”这也只是历史学和政治学的内容，因为“《公羊传》除了把周王称为‘天王’以外，没有出现一个宗教性或哲学性‘天’字”。[①] 但是，董仲舒在“对策”中则说：“孔子作《春秋》，上揆之天道，下质诸人情，参之于古，考之于今。”在《春秋繁露·楚庄王》[②] 中也说：“春秋之道，奉天法古。”历史学和政治学的内容，被统摄在以天为中心的神学系统之内：“天者，百神之大君也。事天不备，虽百神犹无用也。”（《郊语》）

一般论者都将董仲舒有关天的观念与阴阳家联系在一起，实际未必如此。《汉书·五行志》：“周道敝，孔子述《春秋》，则《乾》《坤》

---

① 徐复观：《先秦儒家思想的转折点及天的哲学的完成》，载《两汉思想史》（卷二），上海：华东师范大学出版社，2001 年，第 202 页。

② （清）苏舆：《春秋繁露义证》北京：中华书局，1992 年。下引该书，只注篇名，如《春秋繁露·楚庄王第一》写作《楚庄王》。

之阴阳，效《洪范》之咎徵，天人之道粲然粲著矣。汉兴，承秦灭学之后，景、武之世，董仲舒治《公羊春秋》，始推阴阳，为儒者宗。”这里提示了一条理解董仲舒之天论的线索，那就是《易传》的乾坤、阴阳观念。虽然孔子《春秋》以及《春秋公羊传》本身关于天、阴阳的思想隐而不显，但我们可以通过简单直接的文字排比，即可清楚看到《春秋繁露》的天论与《易传》的思想究竟是否相通相合，是否存在传承、应用或拓展的关系。

——《乾·彖传》：“大哉乾元，万物资始”；

《玉英》：“元者为万物之本。”

——《系辞上》：“易有太极，是生两仪，两仪生四象，四象生八卦”；

《五行相生》：“天地之气，合二为一，分为阴阳，判为四时，列为五行。”

——《序卦》：“有天地然后有万物……”；

《观德》：“天地者，万物之本，先祖之所出也。”

这是天的本体论，或者世界的发生论。

——《蛊·彖传》“：终则有始，天行也”；

《阴阳终始》：“天之道，终而复始。”

——《说卦》：“帝出乎震，齐乎巽，相见乎离，致役乎坤，说言乎兑，战乎乾，劳乎坎，成言乎艮。万物出乎震，震，东方也。齐乎巽，东南也……”；

《阴阳位》：“阳气始出东北而南行，就其位也。西转而北入，藏其休也……”

这是天地运行的时空关系，由东南而西北、春夏而秋冬。

需要多说几句的是董仲舒对五行次序的修改。《尚书·洪范》以及《尚书·大禹谟》记载的五行次序都是水、火、木、金、土，但在《春秋繁露》的《五行之义》中却是，“天有五行：一曰木，二曰火，三曰土，四曰金，五曰水。木，五行之始也；水，五行之终也；土，五行之中也。此其天次之序也。”为什么将元素性的五行提升为“天次之序”并且是以木为起始？因为《易传》中的天乃是一个生生不息的宇宙大生命，显现为春生、夏长、秋收、冬藏的生命过程，与《文言》对元亨利贞作为四德的诠释相对呼应。董仲舒甚至进一步将其人格化：“春气爱；秋气严；夏气乐；冬气哀。爱气以生物；严气以成功；乐气以养生；哀气以丧终。天之志也。”这种修改并不只是在《尚书·洪范》原命题论域内的次序改动，而是将其整体的生命化、宗教化，是董仲舒根据《易传》的儒教世界模式对前《易传》时代各种五行观念的替代和覆盖。[①] 当然，也是对该理论开创性的落实，善莫大焉。

——《乾·彖传》：“云行雨施，品物流形”，《坤·文言》：“坤至柔而动也刚，至静而德方。后得主而有常，含万物而化光”，《系辞上》：“乾知大始，坤作成物”；

《人副天数》：“天德施，地德化，人德义。”

——《中庸》：“唯天下至诚，为能尽其性。能尽其性则能尽人之性；能尽人之性，则能尽物之性；能尽物之性，则可以赞天地之化育；可以赞天地之化育，则可以与天地参矣”；

《天地阴阳》：“苟参天地，则是化矣。”

——《乾·文言》“大人者，与天地合其德，与日月合其明”；

《楚庄王》：“圣者法天，贤者法圣”。

这是天人关系。《易传》主要讲天施地化，所谓三才之道是就卦之爻位而言，“人”的定位尚不明晰。《春秋繁露》拓展出“人成”，而这跟“演《易》之书”《中庸》可谓若合符节。

——《系辞下》：“天地之大德曰生”；

《王道通三》：“天，仁也。天覆育万物，既化而生之，又养而成

---

① 《盐铁论·论论菑篇》：“始江都相董生推言阴阳，四时相继，父生之，子养之，母成之，子藏之。故春生，仁；夏长，德；秋成，义；冬藏，礼。此四时之序，圣人之所则也。”也是从《易传》角度理解，无涉于所谓阴阳家。

之……人之受命于天也，取仁于天而仁也……天常以爱利为意，以养长为事。”

《仁义法》又说：“仁者，爱人之心也。”①

这是讲天的德性。《俞序》说“仁，天心。”宋儒进一步说“仁者天地生物之心”。

这些资料及分析应该足以证明，《春秋繁露》中关于天的论述乃是对《易传》之天的继承、应用和拓展。《易传》作为孔子所撰之儒教正经正典，超越了巫觋之筮和史官之数的传统，而进入了精神与伦理的层次。②在那里，阴阳家者流的思想元素早已被《易传》“天地之大德曰生”的系统吸纳消化，成为儒教信仰系统的构成性元素。明确《春秋繁露》与《易传》的这一关系，不仅有学术史和思想史意义，更重要的是作为一个信仰支点，经由制度结构和治理方式的设计，落实渗透于汉帝国的政治实践中，使政治得到规训和提升，文明得以传承和发展。③

对董仲舒自己来说，则是获得了建构其政治方案的价值标杆和逻辑依据。下面就是他提出的一系列命题。

1. 王权源于天

《楚庄王》：“受命之君，天之所大显也。”君主权力的获得，是天意的显现。

《尧舜不擅移汤武不专杀》：“其德足以安乐民者，天予之；其恶足以贼害民者，天夺之……王者，天之所予也。其所伐，皆天之所夺也。”权柄授予的对象，是“德足以安乐民者”。而“恶足以贼害民

① 二者结合，生生之德成为一种神圣之爱，对于儒教天论，显然是一大贡献。

② 参见陈明：《从自然宗教到人文宗教——〈易经〉到〈易传〉的文化转进述论》，《北京大学学报》(哲学社会科学版)，2018年第4期。

③ “秦为诸侯，杂祀诸祠。始皇并天下，未有定祠。”(《南齐书·礼志上》) 汉高祖时，下诏对故秦“上帝之祭，及山川诸神当祠者，各以其时祀祠之如故”(《汉书·郊祀志上》)。邦国时代，各种神灵地方色比较彩强，伦理性、精神性却比较弱。董仲舒对《易传》中儒教之天的阐扬，在纯粹宗教发展的意义上也功不可没。

者”，上天会将其权柄收回。

《郊祭》：“天子不可不祭天也，无异人之不可以不食父也”；《四祭》：“已受命而王，必先祭天，乃行王事，文王伐崇是也。”正因此，受命之君得登大位之后，首先要做的就是郊祭告天，表示自己心领神会，然后“改制以明天命”，等等。

其中最重要的一项，改正朔，也由此获得了新义。“《公羊传》发‘大一统’之说，其意在尊王。至董仲舒，则将‘元年春’与‘王正月’结合起来，突出了‘大一统’说之‘奉天’义。”[①]就此，“改正朔‘一统于天下’者，不仅是天子与臣民的关系，而且首先是天子与天的（受天命）关系。”[②]

2. 制度出于天

《基义》：“仁义制度之数，尽取之天”；“君臣父子夫妇之义，皆取诸阴阳之道……王道之三纲，可求于天。”

甚至行政，也受到天的制约：“灾者天之谴也。异者天之威也。”（《必仁且智》）这些灾异“生于国家之失”，而天则是出于仁爱之心据以救人君施政之过失。

3. 民性禀于天

《为人者天》：“天亦人之曾祖父。”

《玉杯》：“人受命于天，有善善恶恶之性。”

《王道通》：“人之受命于天也，取仁于天而仁也。”

但是，这个“性”却只是一种质料（“性者质也”），需“待教而后为善”。这正是圣王应予承担的工作。

4. 政治的起点与目标皆据于天

《王道通三》谓“三画者，天地与人也，而连其中者，通其道也。

① 曾亦、郭晓东：《春秋公羊学史（上）》，上海：华东师范大学出版社，2017年，第238页。

② 刘家和：《史学、经学与思想》，北京：北京师范大学出版社，2005年，第374页。

取天地与人之中而参通之，非王者孰能当是？”这里说的不是个人性的宗教特权或责任，而是王者的神学政治使命。它后面紧接着的就是：“是故王者唯天之施，施其时而成之，法其命而循之诸人……治其志而归之于仁，仁之美者在于天。”天是王者之治的起点、根据和目标。

《仁义法》：“先饮食而后教诲，谓治人也。”这是王者的为政次第，也就是孔子著名的“先富后教”论。不同的是，已经被整合镶嵌在一个整体性的神学政治系统之中。

《深察名号》：“天生民性有善质而未能善，于是为之立王以善之，此天意也。民受未能善之性于天，而退受成性之教于王。王承天意，以成民之性为任者也。”这区别于现代政治的以肉身性权利个体为基础，以人的德性甚至神性为基础，即不是以自然主义而是以某种形上学为基础。这里的“成民之性”正是追求某种道德或人性的善。“性者质也”（《深察名号》），但还只是一种如“禾”（谷）一样的“质料”，在此基础上将其变成“米”，正是王者的工作——“天所为，有所至而止。止之内谓之天，止之外谓之王教。”（《实性》）

安全的提供，秩序的维持，饮食的保障，都只是作为人性实现或完成的条件、环节。虽然实际的情形并非如此，但政治而进于文明，这样一种论述，必不可少。

二、制度论：以圣人为中心

从与汉武帝一问一答的《天人三策》可知，董仲舒对秦之崩溃、汉之艰辛的原因诊断有三：不信天、不尊重社会、不行教化。他对症下药的解决方案正是重建天道信仰，并以此为前提提出自己的制度论与治理论。

制度论以圣人为中心。

上古尧、舜、禹、汤敬敷五教，巫君合一，王权和教权合一成为传统。在这种结构关系中，王权一直维持着主导位置（不像犹太社会王权疲弱，形成对教权的依赖，教权得以发展坐大），基于神灵沟通的巫觋权力、基于血缘关系的祭祀权力，则随着历史进程日趋衰落。秦灭六国，嬴政自称始皇，“纯任执法之吏”，文化上回归自己的自然宗教，[①]对中原主流的儒教信仰则加以排斥。董仲舒重建儒教之天后，既要肯定君主的政治地位，又要在君权神授的关系架构中落实儒家的价值理念，于是将圣人嵌入天与王的关系架构中，而以“天意”和“名教”（制度）作为支点或根据。

他的论证步骤是：确立天的地位，对权力 - 秩序系统重新设计，在人间之“王”的上面设立位格更高的“天”；制度是天意的显现、落实，天意难知而圣人通天，于是又在天与王的纵轴之间或之外，设立一个圣人的角色或位置；最后，以“治国之端在正名”（《玉英》），将教化之责委托给圣人。

由天子到皇帝，最高统治者名称变化的后面，是不同的职官序列。[②]这一序列又意味着不同的制度结构和不同的中央地方的关系、主权治权的形式，分别与分封制和郡县制对应。

周代分封制下的权力 - 秩序系统是：天子—诸侯—天下；秦朝郡县制的则是：皇帝—百官—四方。区别在于，前一序列中，天是无形的在场者甚至主宰者；后一序列中，天没有地位，因此也就没有了作为信仰内容和教化形式的“教”之位置。“天子一词表明，权力受到了天意的约束，并且对道德正确性保持依赖。但是，皇帝这个新词似乎并

① 《史记·封禅书》载：“（刘邦）问：‘故秦时，上帝祠何帝也？’对曰：‘四帝，有白、青、黄、赤帝之祠。’高祖曰：‘吾闻天有五帝，而有四，何也？’莫知其说。”这里的四帝是空间方位意义上的自然神，相对于刘邦所知的东西南北中五方帝似有所不足，可见其粗糙。

② 相关讨论，可以参阅杉村伸二：《秦汉初的“皇帝”与“天子”——战国后期到汉初的政治局势变化与君主号》，（2018.07.03），［2021.03.25］，https://www.douban.com/group/topic/119719069/。

无此种限制之意。它所指向的权力不受神性或世俗考量的制约。”①

下面材料，是董仲舒铺就的圣人回归、素王落实之理论通道。排列次序为“天意难知，唯圣可通”“制度乃天意显发”“天生之，地载之，圣人教之”。

《郊语》:“天地神明之心，与人事成败之真，固莫之能见也，唯圣人能见之。圣人者，见人之所不见者也。”

《玉英》:“惟圣人能属万物于一，而系之元。”

《随本消息》:“天命成败，圣人知之。”

《度制》:“圣者象天所为，为制度……”

《深察名号》:“名号之正，取之天地……古之圣人，謞而效天谓之号，鸣而施命谓之名……名号异声而同本，皆鸣号而达天意者也。天不言，使人发其意；弗为，使人行其中。名则圣人所发天意，不可不深观也……事各顺于名，名各顺于天。天人之际，合而为一而。”

《官制象天》:“尽人之变，合之天，唯圣人者能之，所以立王事也。”

《保位权》:“圣人之治国也，因天地之性情，孔窍之所利，以立尊卑之制，以等贵贱之差……圣人之制民，使之有欲，不得过节；使之敦朴，不得无欲。”

《玉杯》:“简六艺以赡养之：诗书序其志，礼乐纯其美，易春秋明其知。”

由此可以看到，对于天，圣是通天意者；对于君主，圣是立法者；②对于民，圣是教化者。

随着圣人的回归，素王的落实，从制度来说，秦所确立的“皇帝-百官”的单向关系，“独制天下而无所制”的权力金字塔，已经被重新

① 转引自桂思卓:《从编年史到经典：董仲舒的春秋诠释学》，北京：中国政法大学出版社，2010年，第224页。

② 《深察名号》“天人之际，合而为一而”后有注曰:“圣人因天以制名，后王循名以责实。”

设计为以天为顶端，圣与王分侍的等边三角形关系：天是最高存在；天意托圣人；权柄授君主。这一权力 - 秩序关系很像是“天子—诸侯—天下”和“皇帝—百官—四方”两个系统的折中，而上天信仰的恢复、社会系统的尊重、儒学教化的启动这三大对症之药，全部蕴涵其间。

有意思的是，董仲舒在《春秋繁露》中《玉英》《顺命》等文本中，主要采用的是“天子—诸侯—天下”系统，[①]在《天人三策》中则是采用的“皇帝—百官—四方”系统。[②]这说明《春秋繁露》写作在前，对策在后，说明他在理论联系实际的时候，做出了理论上的调整——山是不会走向默哈穆德的，所以默哈穆德需要走向山。对此，将儒学道德化，将先秦儒家标准化，进而对董仲舒加以批评嘲讽不仅是不公平的，也是肤浅的。

首先要指出，这两个序列所代表的权力 - 秩序系统，在政治功能或目标上是一致的，即都是为了实现对领土疆域的整合和管理。分封制的“封建亲戚”，目的在于“以藩屏周”，巩固周这个国家东征的军事成果。之所以选择分封制，是因为王室力量有限，不足以直接掌控新获取的大片土地，故将利益和情感关系密切的同姓或异姓盟友实土实封，建立邦国同盟。其次，分封制内部，君统与宗统并存，但君统的地位和意义是高于宗统的，首先应该从政治而不是道德或信仰的角度解读。“《春秋》之义，国有大丧者，止宗庙之祭，而不止郊祭，不敢以父母之丧，废事天地之礼也。”（《郊祭》）这实际是把天子作为天之子的政治身份置于作为父母之子的肉身之上。既然郊祭是一种确认国家（权力）与上天之关系的祭祀，天子专享祭天之权乃是一种职务行为，所体现的主要是义务，而不是特权。

---

① 《奉本》：“人之得天得众者，莫如受命之天子。下至公、侯、伯、男，海内之心悬于天子。”

② 《汉书·董仲舒传》：“故为人君者，正心以正朝廷，正朝廷以正百官，正百官以正万民，正万民以正四方。”

《尚书大传》："诸侯之义，非天子之命，不得动众起兵杀不义者，所以强干弱枝，尊天子，卑诸侯也。"孔子把"礼乐征伐自天子出"视为"天下有道"的标志，可见其"道"有着确定具体的政治内涵。

所以，那种"三代以上公天下，三代以下私天下"的说法，想象超过实际，似是而非。正如柳宗元所说，秦之失，"失在于政，不在于制"。这里的"制"是指中央集权的郡县制。其正当性，《封建论》已有充分论证。这里只说两点，更大的国家规模意味着更高的生存几率，以及发展出更高层次文明形态的更多可能。[①] 当然，作为这一政治遗产的继承者，我们选择这样一个建构主义的视角也是自然而必然。

"治国之端在正名"，显然是名教之治的滥觞，到《白虎通义》完全成熟。魏晋时代名教被司马氏集团用作"诛夷名族，宠树同己"的工具，受到嵇康、阮籍的批判。但是，作为其最终成果，"三纲六纪"的名教秩序及其治理系统，在中国社会发挥作用二千年，是非得失不论，其历史意义却难以抹杀。陈寅恪即认为，"吾中国文化之定义，具于《白虎通》三纲六纪之说，犹希腊柏拉图之所谓 Idea 者。"[②]

它的奠基者即是董仲舒。

三、治理论：以君主为枢轴

由于宋明儒学以心性论为特征，先秦儒学又以对春秋战国时期诸侯力征、礼崩乐坏的道德谴责和政治批判令人印象特别深刻，加上

---

① "小型社会似乎经受的暴力很多"。这样的常识在《暴力与社会秩序：诠释有文字记载的人类历史的一个概念性框架》的宏大架构里获得了理论意义。（美）道格拉斯·G·诺斯等著，杭行等译，上海：格致出版社，2017年，第48页。

② 刘桂生，张步洲：《二十世纪中国学术文化随笔大系·陈寅恪学术文化随笔》，北京：中国青年出版社，1996年，第3页。相关研究参见张造群：《礼治之道：汉代名教研究》，北京：人民出版社，2011年。

五四以来东西方文化比较成为热点，儒学就被想当然地塑造成了伦理之学、心性之学。其实“为天地立心”是宗教情怀，“为生民立命”是政治担当。今天，《春秋》学尤其《春秋》“公羊学”凸显出对于国家主题的关注，虽然与很多人的认知相冲突，实际却不过是对儒门理论初衷的回归。

先讨论一下天子、王和君三个概念。

天子，宗教属性较重，是政教合一制度模式中的概念。《三代改制质文》：“天佑而子之，号称天子，故圣王生则称天子。”《礼记·王制》：“天子祭天地，诸侯祭社稷，大夫祭五祀。”《春秋繁露·王道》：“春秋立义：天子祭天地，诸侯祭社稷。”祭天，是与天之关系的确认与强化，意味着权力和责任，但在分封制时代，权力重心在下，共主的象征性意义较大。

王，天地人之贯通者，政治哲学意味较浓，是对天子、君主职能意义之规定，兼圣与君的意义，表达一种期待。《天地阴阳》：“王者参天地矣。苟参天地，则是化矣。”《王道》：“王者人之始也”；“明王视于冥冥，听于无声。天覆地载，天下万国，莫敢不悉靖其职受命者，不示臣下以知之至也。”《灭国》：“王者民之所往。”作为治理方式，与霸相对之王，亦与此有关：皆本于仁心，只是多寡而已——“春秋之道，大得之则以王，小得之则以霸。霸王之道，皆本于仁……仁，天心。”（《俞序》）为“霸王道杂之”以及肯定秦与时王打开通道，扫除障碍。如前所述，这是一种妥协，也是一种成全。

君，“君者，不失其群也”，（《灭国》）“君，掌令者也”，（《尧舜不擅移汤武不专杀》）接近行政学概念，与所治理的对象相对应。天子、诸侯乃至卿大夫，也有自己的治理对象，某种意义上也可称君。《玉杯》：“《春秋》之法，以人随君，以君随天。曰：缘民臣之心，不可一日无君。”因为君意味着群，而群意味着秩序和效率。“不可一日无君”

的判断，即是基于这样的常识，再没有比“乱”(无序)更大的恶了。[①]

董仲舒清楚，天子的时代是回不去了，能做的是把天子概念所蕴含的宗教信仰、对天的虔诚经由圣人的角色承接下来，注入实际的政治运作；君主必须承认肯定，但应该引向“王”的定位。这应该是真正意义上“寓封建之意于郡县之中”的工作。[②]当然，一切都是围绕天这个轴心运思展开。

首先，肯定君这一角色的重要性，“国以君为主”。(《通国身》)

虽然王与圣分离，但在上天的意志里，作为行政中枢，天意的实施者，从制度理性的角度出发，君主享有某种特殊权利，如“君之立不宜立者，非也。既立之，大夫奉之是也”；(《玉英》)“忠臣不显谏……枉正以存君”。(《竹林》)

《立元神》:“君人者，国之元。发言动作，万物之枢机……君人者，国之本也。”

《保位权》给出理由：“国之所以为国者，德也。君之所以为君者，威也。故德不可共，威不可分。德共则失恩。威分则失权。失权则君贱，失恩则民散。民散则国乱，君贱则臣叛。”

其次，君主也应该自觉“法天之象以行事”，“兼利天下”，因为“天之生民，非为王也。而天立王以为民也。”(《尧舜不擅移汤武不专杀》专)《五行五事》甚至给出了修炼法门：“五事：一曰貌，二曰言，三曰视，四曰听，五曰思……夫五事者，人之所受命于天也，而王者所修而治民也。”

《天地之行》:“为人君者，其法取象于天。故贵爵而臣国，所以为仁也；深居隐处，不见其体，所以为神也；任贤使能，观听四方，所

① 《荀子·礼论》:“人生而有欲。欲而不得，则不能无求。求而无度量分界，则不能不争。争则乱，乱则穷。先王恶其乱也，故制礼义以分之，以养人之欲，给人之求。”

② 因为所欲解决的远不只是一个郡县制“其专在上”与分封制“其专在下”的权力分配问题。

以为明也……是故天执其道为万物主，君执其常为一国主……一国之君，犹一体之心也。”

《诸侯》：“古之圣人，见天意之厚于人也，故南面而君天下，必以兼利之。”

《立元神》：“夫为国，其化莫大于崇本，崇本则君化若神，不崇本则君无以兼人。无以兼人，虽峻刑重诛而民不从，是所谓驱国而弃之者也，患孰甚焉？何谓本？曰天地人，万物之本也。天生之，地养之，人成之。”

从理想讲，从传统讲，从角色讲，可谓周全圆通。但是，从“时王”即出任这一角色的具体之人来说，又是否成立呢？譬如说，商纣王、秦始皇如何处理？按照“受命之君，天之所大显”（《楚庄王》）的逻辑，所有时王都应该是权柄受之于天。董仲舒认为确实如此。他不否认桀纣均为圣人之后，不否认“秦与周俱得为天子”（《郊语》），只是说秦不敬天，因此得不到天的加持（“善之”）而已。此外，还有“天夺之”的补救理论。

即便如此，昏聩的时王对“君权神授”乃至天的信仰本身都构成挑战，无法弥缝。从实践理性出发进行解释，即“虽李煜亦期之以刘秀”或“死马当活马医”，通过提醒“与天同者大治，与天异者大乱”勉力为之，应该不无小补，至少不会更坏吧。对比保罗在《罗马书》中对掌权者的无限迁就，[①] 董仲舒这里的良苦用心似乎更加合乎情理，也更应获得理解接受。周公的“皇天无亲，惟德是辅”是论证天命转移的理论，而董仲舒要做的则是说服汉承秦制的武帝“复古更化”，此一时彼一时，非妥协无以合作。[②]

① 《圣经·罗马书》：“在上有权柄的，人人当顺服他。因为没有权柄不是出于神的，凡掌权的都是神所命的。所以，抗拒掌权的，就是抗拒神的命，抗拒必自取惩罚。”

② 《白虎通·爵》：“帝王之德有优劣，所以俱称天子者何？以其俱命于天而王。”同样的问题，在章帝钦定版本里的表述简单决绝，不知董氏复生会有何感慨？

总体看，应该还是双赢吧。

四、意义略说

历史学和政治学领域有所谓“帝国转向”。[①] 从帝国角度研究明清史的美国哈佛大学教授欧立德指出，“以政治结构而不是经济形式的角度研究帝国，它更感兴趣的是主权和文化……是帝国内部的心态和结构的构成”[②]。

研究董仲舒的政治哲学，不能不重视继秦而起的汉朝之帝国属性。

虽然分封制与郡县制对称并举，但严格讲二者并非同一序列概念。分封制是一种建立国家的方式，即通过“授民授疆土”而“封侯建国”，所成就的是一个个独立国家。“封建亲戚，以藩屏周”（《左传·僖公二十四年》）说明了这一行为的军事性，通过建立国家联盟，形成以自己为中心的区域秩序。与此不同，郡县制所表示的乃是一种中央与地方关系的国家结构，所谓国家结构即“国家的整体与部分，中央政权机关与地方政权机关组成关系的性质和方式”。[③]

这也符合历史事实。周代不是“一个”国家，而是奉周天子为共主的国家联盟，而那些由“授民授疆土”所形成的国家，是实行宗法制的邦国或王国。对今天的“我们”来说，秦是统一者，但对当时的“六国”来说，秦却是征服者，因为战国时期的列国已经堪称主权国家（虽然它们属于同一文明体，曾经渊源深厚，用“征服”一词稍显过

① （美）简·班伯克等:《世界帝国史》，柴彬译，北京：商务印书馆，2017 年。

② 欧立德:《当我们谈“帝国”时，我们谈些什么——话语、方法与概念考古》,《探索与争鸣》，2018 年第 6 期。

③ 王松、王邦佐主编:《政治学》，北京：高等教育出版社，2002 年，第 46 页。

度）。[①]当然，由统一或征服而建立的秦王朝，在性质上也就不再是作为七雄之一的王国或邦国，而成为高于王国或邦国的政治存在即帝国了。[②]姑不论秦始皇、李斯所标榜的“殄息暴悖，乱贼灭亡”(《史记·秦始皇本纪》)，终结“争地以战，杀人盈野；争城以战，杀人盈城”(《孟子·离娄下》）的战国时代之道德追求或标榜是否为真，仅仅从军事成果之维持巩固看，他们也必然选择郡县制，由中央集权控制地方，而不可能是权力重心在下的分封制。任由六国自治，结果必然是各自独立，重回战国。[③]

汉朝的帝国化也有迹可循：高祖起兵时只能说是一种地方武装，然后被楚王封为武安侯，因先入关中而称王，“始得天下”（《史记·季布列传》)。

《史记·秦楚之际月表》云：“杀项籍，天下平，诸侯臣属汉。”《史记·叔孙通列传》云：“汉五年，已并天下，诸侯共尊汉王为皇帝于定陶。”《史记·高祖本纪》云：“正月，诸侯及将相相与共请尊汉王为皇帝。”只是由于经过文景二帝无为而治、休养生息的过渡，到汉武帝时，他开始具备条件，在郡县制的架构之下来解决现实与历史断裂、国家与社会对峙的问题，使帝国获得文明的属性和品质。

正如秦始皇与李斯合作提出“以法为教，以吏为师”一样，汉武帝与董仲舒合作决定“罢黜百家，独尊儒术”也具有历史必然性。关于董仲舒的政治哲学，目前学界观点大致有如下几种：

---

① “春秋时代的列国，并不是国家的初型，而是西周国家瓦解后的残余。”春秋列国间的战争和内部冲突，使“……西周瓦解后列国不完整的国家功能及结构，转变为完整的主权国家。”战国时代则“循着同一方向发展，……转变为充分具体的国家。”许倬云：《东周到秦汉：国家形态的发展》，载《中国史研究》，1986年第4期。

② “六合之内，皇帝之土”；“皇帝并宇，兼听万事，远近毕清”，“禽灭六王，阐并天下，甾害绝息，永偃戎兵”等充分说明了这点。而在秦二世被杀后赵高说“秦故王国，始皇君天下，故称帝。今六国复自立，秦地益小，乃以空名为帝，不可。宜为王如故，”则更可以清楚看出帝与王的区别：帝与天下对应，王与特定区域对应。这也正是 emperor 与 king 之别。

③ 中原动荡时，作为远征军将领的赵佗尚且独立称王，建南越王国。

池田知久的专制辩护士说。这其实是现代以来比较主流的说法。徐复观作为现代新儒家，认为董仲舒是民本政治主张者，明显是与前者对话或打擂台。[①] 二者一正一反，都是权力中心范式的研究，并且共享现代价值预设和道德评价视角。

从帝国角度研究的有冯友兰和马勇。冯认为董“将汉帝国理论化”，[②] 马则认为董是“帝国设计师”。[③] 这是一个内在的视角，但冯氏所谓汉帝国的理论化只是就董氏思想本身做描述，马勇的“设计”一词则稍显夸张，因为无论秦还是汉，对董仲舒来说乃是一个无法选择的现实，其缔造者主要采用的主要是李斯的方案。

本文以《帝国的政治哲学》为题，自然是以帝国为研究视角。

秦帝国意味着秦以边陲王国控制中原，因此必然遭遇文化上的现实与历史断裂、政治上的国家与社会对峙这种深层矛盾。[④] 汉武帝所困惑的，董仲舒所解决的，正是这两大问题。从这一角度解读《春秋繁露》，不仅意味着从周秦之变、汉承秦制的时代转换去理解董仲舒所抱持之文化立场和价值理想及其意义，而且意味着从这一切与我们今天的处境存在某种内在联系的认定去解析其内在思路、历史成就和现实启示。

首先，从现实和历史的关系说，董仲舒通过对天的论证、阐释和应用，将三代正统的儒家信仰体系重新确立为汉代社会主流意识形态，不仅使政治系统获得义理的基础，也使天地人获得道德上的统一性，确立起帝国的文明属性。秦所完成的统一只是军事和政治意义上的，国家尚且不稳，文明无从谈起。汉初郡国并建，休养生息，也只是将

---

① 参见（美）桂思卓：《从编年史到经典：董仲舒的春秋诠释学》“代译序”，北京：中国政法大学出版社，2010 年。

② 冯友兰：《中国哲学简史》第十七章，北京：北京大学出版社，2012 年。

③ 马勇：《帝国设计师：董仲舒》，北京：东方出版社，2015 年。

④ 《史记·秦始皇本纪》载“偶语诗书弃市”，是因为李斯意识到了《诗》所记载的六国文化记忆和《书》所记载的先王治理经验与帝国的政治体制与目标不兼容，甚至排斥冲突。

矛盾悬搁，并非长久之计。董仲舒所确立的天的信仰（以及相应的尚仁崇德的价值观）、大一统的国家观念、“霸王道杂之”的治理模式（兼顾国家与社会），不仅贯通了历史，整合了社会，也塑造了中国人的思维模式、行为模式。这是文明的成果甚至文明的内涵本身。在后来的历史中，这一“道统”不仅没有随政权的转移而消亡改变，反而作为土壤和基础，在很大程度上塑造着历代政治、社会的具体样态，使之呈现出不同于其他文明形态的特色。

其次，在社会整合上，由于儒家思想原本就是三代和中原地区主流的文化传统，对它的尊重就是对社会的尊重，对文化情感与社会组织系统的尊重。“五经博士”以及郎官制度等举措的实施，为社会基层开辟了一条向上流动的通道，这不仅使国家和社会的对峙从根本上化解，政府对儒学的提倡同时也反过来使社会的文化水准和文化同质性得到大幅提升。结果则不仅是政治的稳定、经济的发展，国家、国族的建构与认同也凝聚成型。如果说“秦族”还只是一个与“楚人”“齐人”相对的族群概念（ethnic），那么“汉族”之名则已经初步具有了整合齐、楚、秦、晋诸族群的国族（nation）的含义了。[①]这显然与有汉一朝的文治武功密不可分。

最后，董仲舒用“圣”和“王”区分了“开国之君”“主权者”与“立法者”，[②]同时承认二者的地位和作用，使超验和经验、信仰和政治维持着均衡的张力，在世界文明谱系中表现出东方的特征。秦始皇和汉武帝只能说是军事、政治意义上的开国之君、“主权者”，而孔子（包括董仲舒自己）才是宗教、文明意义上的“立法者”。在某种程度上，这也就是王夫之所谓政统、道统论的本质。[③]费孝通在对绅权的考察中

① 今天汉族成为 ethnic 意义上的概念当然又是另一回事了。

② 参阅卢梭：《社会契约论》第一卷第七章、第二卷第七章，何兆武译，北京：商务印书馆，2003 年。

③ 王夫之：《读通鉴论》卷十三，舒士彦 点校，北京：中华书局，1975 年。

曾注意到董仲舒思想的宗教属性和意义。他说:“师儒的理想是王道,王道可以说就是政统加道统”;“如果董仲舒再走一步,也许可以到宗教的路子上去,就是由师儒来当天的代表,成为牧师,或主教。师儒再加组织,形成一个教会,获得应归于上帝的归之于教会的权柄,发展下去,可以成为西方的政教关系。”①但中国的王权稳定,社会组织牢固,儒教作为宗教(a religion)在组织和权力维度没有多少的发展机会和空间。②董仲舒能做的只是通过对“圣”这一角色的设计和论证,将其作为“道统”重新嵌入现实的政治运作过程,并不否定或挑战作为治理者的“王”的地位。③或许可以说,正是自觉接受“素王”的定位,尧舜禹汤文武周孔的道统才能绵延数千年。④

王充的《论衡·超奇》说“文王之文在孔子,孔子之文在仲舒”,不只是一种描述,也是一种评价,更是一种洞见:文王奠定周朝基业;孔子升华神圣理念,董仲舒将其落实于延续两千年的秦汉帝国。从政统的角度说,这是对国家的完善;从道统的角度说,这是文明的定型。

---

① 参阅费孝通:《论师儒》,载《皇权与绅权》,天津人民出版社,1988 年。桂思卓的《从编年史到经典:董仲舒的春秋诠释学》也强调董仲舒思想的宗教维度。该书第 228 页即指出了董仲舒后汉代宗教观念由自然之天向德性之天的回归。

② 在董仲舒处,教化的权力理论上属于圣人,君主只是实施者。如果说这里暗含着教权与治权的潜在竞争的话,那么到《白虎通义》,治权已经获得了对教权的优势或控制,天子(君主)自己可以在“明堂”直接体察天意,圣人的独特或独立地位被解构。当然,这并不意味着矛盾就此解决或者董仲舒的工作失去意义。

③ 对于这一传统的新的存在形式和功能,笔者倾向于用“公民宗教”概念进行描述定位。参阅陈明《儒教与公民社会》,北京:东方出版社,2013 年。

④ 董仲舒在对策中引孔子“凤鸟不至,河不出图”语,谓孔子“身卑贱”而以“天子”称武帝,显然是对孔子“有德无位”之素王地位的接受和承认。

霸王道杂之：中华帝国的政治架构与文化精神

——基于文明论范式的宏观扫描

在大陆新儒学的谱系里，我被认为是“文化儒学”的提倡者。这其实并不怎么准确，因为“文化”的概念本身就十分复杂，甚至模糊。儒家思想与中国社会历史的关系不只是文化性的，更是文明性的。这种文明性意味着它与社会和政治组织的渗透结合，形成一种实体（entity）。因此，它在公共领域和私人领域有着全方位的影响，并拥有相对于其他文化如佛教、道教更多更大的文化权重——这显然就是中国文明叫被叫作儒教文明的原因。

冷战结束，苏联解体，这否定了革命叙事的乌托邦，“文明冲突论”及现实中的文明冲突则证伪了美籍日裔学者福山的“历史终结论”——它显然是以启蒙叙事为思考框架和依托的。亨廷顿以文明代替阶级和个体，作为其著作的核心概念，不仅具有现实的、战略的意义，也预示着某种思想范式的转换。中华民族复兴口号在东方响起则给这一关键词在中国思想界的拓展带来理论的需要和深化的契机。习近平将文化自信视为理论自信、道路自信和制度自信的基础，将现代中国的一切视为历史演化的结果，内在包含着从文明视角理解自身，审视西方，把握中国与世界关系的思维元素。

启蒙话语，民主与科学是五四时期引入的，因其对于救亡的有效性预设而成为主流和核心价值。跟革命叙事一样，它的工具性和手段性最初是非常清楚的——民主救国、科学救国、只有社会主义能够救中国等均是如此。由救亡到复兴的时代变化自然要求相应的思维升级，用复兴叙事吸纳启蒙叙事和革命叙事的可能途径就是从历史连续性角度面对和处理我们的政治、文化。这正是一种文明论的思考范式。[①]既然文明是“文化的实体”[②]，那么所谓文明论范式就要求我们在文明体预设的前提下对历史和社会诸结构关系、运作维持等现象和问题进行研究分析、阐释评价。

基于这一范式的中国研究，首先意味着对中华文明作为人类文明单位之存在的事实肯定，即不再简单将中华文明纳入西方中心的史观，根据其所设定的典范标准将自身贬为某种非常态的亚型，如亚细亚生产方式之类。这是文明论范式中文明相通而多元、互动而独立这一基本预设的内在要求。不从中国内部发现和理解自己的历史，我们就只能是把苏联、美国的今天当作自己的明天。确立自己作为叙述者的主体地位，才能建立起自己的历史叙事，才能从自己的内在可能性中想象自己的未来。

其次，这意味着对中国文化及其相应的意义与价值系统之正面性先做一个基本肯定的预设，因为每一个文明体都必然是人类活动的一大成就，是自然演进和人类创造合作的结晶。即使问题与不足，也应从文明整体的框架出发加以考虑处理。这与固有学科框架和研究进路不是互相对立而是互相补充的关系，如国家 - 社会范式或者左、右意识形态中的研究方法原则。

再次，则意味着对历史整体性的认知与重视，关注儒家思想的公共性意义。“文化”一词跟耕种有关，跟教化有关，儒家的这一层面意涵一直被强调，但它与政治制度和政治运作的关系，其心灵教化、人格养成的超出个体性的认同与整合等意义，却没有得到充分重视，即使在具有一定文明类型意识的现代儒家学者那里也是如此。而“如果

① 亨廷顿在《外交》1993 年 11—12 月号发表《如果不是文明，那又是什么？——冷战后世界的范式》，应该可以说是文明论范式的起始。

② 亨廷顿：《文明的冲突与世界秩序的重建》，北京：新华出版社，2010 年，第 20 页。

不涉及全面的文明，它们的任何构成单位都不能被充分理解。”[①]从文化儒学到文明儒学，不能说没有连续性，但问题意识和思维方式确实已经大为不同。

文明问题的凸显是文明论范式产生的原因。冷战与工业革命一样强化了启蒙话语的个人主义之价值意义。冷战结束既是现代自由主义政治哲学的胜利，也是其终结，因为很快亨廷顿的“文明冲突论”以“文明”作为关键词取代了启蒙话语里的“个人”，与此相应，信仰、认同也获得了与欲望与权利等相当甚至更多的理论关注，跻身政治论题的中心。例如，《WHO ARE WE？ the Challenges to America's National Identity》重新追问美国人到底是谁是什么？它的答案就是WASP，即信仰基督教的安格鲁撒克逊白人。美国宪法“我们人民”的修辞被反复研究和引用，但似乎只是把重点放在“人民”上，而对这个“我们”却有所忽略。随着亨廷顿对定居者和移民的区分，强调是定居者创建了美国这一“山巅之城”，我们可以清楚地看出，在“我们”限定下的“人民”并非只是国王或女王的对立面，更是一个特定的文化共同体，因此也是一个更基础的问题。“我们”的复数形式表明，其精神取向或理论旨趣显然不属于自由主义的个体主义价值论和方法论。

文明论范式产生的第二个原因在于，中国是一个文明古国，中国人对自己的历史文化有强烈的自觉和自信，并且这种曾经失落的自觉和自信在最近几十年的经济发展后开始重新复归。中华民族复兴的国家目标之确立，意味着主流意识形态在对革命叙事和启蒙叙事消化吸纳后的升级，不仅标志着执政党的理论成熟，也标志着全社会的文化成熟。五四救亡语境里的中西文化论争其实是我们的文明在军事和经济竞争失败的情况下，以西方或现代性为参照系对儒家思想价值与意义的质疑、清理与重构，对文明未来走向的反思、探索。当启蒙和革

① 同上书，第21页。

命形成的世界和历史论述由思考变成教条，它也就由手段异化为目的，使我们在西方中心的单线进化论里失去自我。“苏联的今天是我们的明天”“美国的今天是我们的明天”显然都属于“直把杭州作汴州”的幻觉。其实，以保国、保种、保教为内容的救亡，它的主体和内涵一直是也只能是中华民族，而不可能是阶级或个体。如果以阶级或个体为关键词和价值尺度，古圣先贤、诗书礼义以及五千年历史将毫无意义。现在，中华民族重新成为叙事主体，中国道路正待开拓，那么文明传统对于中华民族之生存发展的关系及其意义承担就成为需要重新思考的问题：道德价值奠基、社会组织整合、文化认同维持等在历史上是怎样一种状态？今天该如何面对？将来又如何做得更好？文明论视野里的复兴叙事建构必须对此做出回答。

福泽谕吉把文明分为“文明的外形”和“文明的精神”。我们不妨沿着这种区分加以简化或具体化，把文明看成是政治架构与文化精神的组合——土地和人作为普遍性前提是不言而喻的——进而分别以“霸王道杂之”中“霸”与“王”两个概念与之相对应匹配。需要指出的是，福泽把文明分为野蛮、半开化和西方现代三个阶段，以日本的脱亚入欧为追求目标，可见其所谓文明只是一种人类发展进程中的状态、阶段，是一个与野蛮相对的概念，而没有对不同族群、不同区域内具体文明样态及其差异性、独特性的意识和尊重。五四时期中西文化论争中的西化派甚至八十年代的新启蒙派也仍跟福泽谕吉一样思考。儒家阵营则有所不同，认为中西之间的差异（difference）是类型（kind）上的，而不是阶段（grade）上的，因此应该坚持东方文明自己的理念——用亨廷顿的话来说，这是一种多元文明观。但左和右的普遍主义一直占据主流，甚至一些后来的新儒家也接受了这种思维方式。现代新儒家提出的“内圣”“开出”新“外王”的思路，在某种程度上可以说是一种对新文明形态的想象和追求，即“儒家精神价值”与“民主政治制度”二元统一的结构。在某种程度上可以说，这与启蒙叙事和革命叙事一样，仍是一种半吊子的西方中心的单线进化论思维。

因此，这种文化保守主义有必要提升到文明自觉的层次，将政治这个文明的结构要素纳入思考范围，并从历史、国情出发，思考自己的需求，筹划自己的未来，才能成为完备的理论，真正落地生根。钱穆、康有为以及更早的董仲舒等就都是这么做的。那种希望内圣开出新外王的思路，记录着当年的真诚与浪漫，但后来却受到自由主义者的批评与嘲笑。[①] 近代救亡的真实内涵乃是“保国，保种，保教”。这不是一个现代性问题，而是一个生存的问题。如果一定要以欧洲经验对应比附，从国家或文明的生长次第来说，那也应该去与挣脱罗马教廷神权统治的宗教改革参照理解，因为对救亡来说，主权而非人权才是当务之急。启蒙叙事和革命叙事是作为救亡的手段引入中国，其历史意义与逻辑意义都要在此语境内评估限定，其所暗含的以个体或阶级为基础重建国家甚至文明的预设、期待或想象，是各种左派和右派的思想精髓或要害之所在，在以“中华民族”为关键词的复兴叙事业已成为共识的今天，均已不再具有什么理论说服力与现实可能性。

回到今天的问题。“霸王道杂之”出自《汉书·元帝纪》，汉宣帝训导柔仁好儒的元帝说：“汉家自有制度，本以霸王道杂之，奈何纯任德教，用周政乎！”“霸王道”即霸道与王道；“杂之”即二者结合运用。“杂”的主体是汉家皇帝，所以，在这个句子中，“霸道”与“王道”应该是某种治理方式，即“儒法并用，德主刑辅”，属于行政学范畴。《礼记·乐记》的“礼乐刑政四达而不悖，则王道备矣”与此类似。这对概念渊源久远，当年商鞅见秦孝公进献富国强兵之策就依次提出了帝道、王道和霸道三套方案。

从学派性角度看，以无为为主旨的帝道对应于道家，以德教为主旨的王道对应于儒家，以刑罚为主旨的霸道对应于法家。它们分别有

① 朱学勤：《老内圣开不出新外王——从〈政道与治道〉评新儒家之政治哲学》，《探索与争鸣》，1991年第6期。

不同的哲学基础和价值目标：帝道是自然与无为；王道是仁爱与和谐；霸道是力量与富强。

从学科性角度看，商鞅语境里的帝道、王道、霸道应该都是治理方式，都是富国强兵的手段。到宋代朱熹讨论王道和霸道，则从他自己所谓人心和道心的区分出发，认为从道心出发的行为属于王道，从人心出发的行为则属于霸道；王道与霸道之分在于公私、义利之别——将二者转换成为了伦理学范畴。费孝通曾经从政府和社会的权力分配或安排的角度加以讨论，认为一切由政府主导的权力叫霸道，政府与社会协商组合而成的权力叫王道——这后面所隐藏的郡县制和分封制的影子，使这对概念有了制度的味道。

我们这里更进一步，从文明结构论出发，将霸道理解为中央集权的郡县制，将王道理解为以天道为信仰的儒教——主要体现在《春秋》公羊学中的天地秩序、政治和社会治理原则以及这一切后面的天道信仰。汉承秦制是就霸道这一点而言的。秦的失败在诸多原因之外，有人认为其中之一就是没有“立教”。[①]“以法为教，以吏为师”就是以政为教、以政代教，也就是以官吏取代儒生，结果自然是否定固有之教，终于无以为教。所以最重要的一点，讨论“霸王道杂之”的文明结构，需要关注、分析的是王道的转换，及由此而来的其与霸道的结合。

“法备于三王，道著于孔子”（《读通鉴论》卷一）。如果说周公的制礼作乐主要属于政治实践，孔子、孟子的相关论述主要属于理论阐释，那么，以董仲舒为代表的《春秋》公羊学家的工作则主要属于政治哲学，是孔子之道的再落实。大一统、通三统以及改正朔、易服色等讨论聚焦的不再是权力的分配与运行即制度论与治理论，而是其合法性基础与运作原则。正如孔子的素王化是因为时王地位不可动摇一

① “秦政的历史教训不在于立朝的武力选择，而在于没有着手立教”；“立教就是定位并弘扬本朝的德性”。董成龙：《武帝文教与史家笔法》，上海：华东师范大学出版社，2019年，第49页。

样，“王道”如此脱实向虚是因为“霸道”已经在现实中确立了自己不可动摇的地位。

这种稳定性基础不能被狭隘地理解为服务于一姓之私的暴力，其对大一统的保障，将富强作为一种价值追求，在国家和文明的层面上，都需要高度肯定。[①]孔子说的“先富后教”是常识，也是常理常情。《春秋繁露·身之养重于义》循此立论：“天之生人也，使人生义与利。利以养其体，义以养其心。心不得义不能乐，体不得利不能安。义者心之养也，利者体之养也。”虽然“正其义不谋其利，明其道不计其功”的说法更为人所熟知，但那主要是从施政之仁人而为言，而“身之养重于义”则是与本体论相连的一般人性论。富强不是安老怀少、悦近来远的充分必要条件，但安全富足作为必要条件应该毋庸置疑。

从三王之法到孔子之道再到《春秋》之义的发展转换过程及其得失，一言难尽，兹不赘述。这里只想从儒家思想史和中华文明发展的角度指出其理论思维上的两个变化重点。

首先，是将论述的中心或重心由“人”转换成为了“天”——“天”毫无疑问是《春秋繁露》的关键词，这跟《易传》一样。儒教早期“皇天无亲，惟德是依”的天人关系中，天的形象呈现比较模糊，意志性、活动性都比较平面弱淡。因为有命在天的大国殷被小邦周打败了，周公提出此命题的直接动因是依此此化解君权神授的现实尴尬，而“敬德”又总是与“保民”联系在一起，《尚书·泰誓》甚至说“民之所欲，天必从之民之所欲，天必从之”。

到《论语》，“天之历数在尔躬”以及“惟天为大，唯尧则之”涉及了政治权力的来源、执政者行政目的与原则等，暗含着儒家天道政治的内涵及其发展可能与要求。董仲舒正是在这一轴线上深化拓展：

① 《史记·秦始皇本纪》载秦始皇废封建立郡县的理由就是，“天下共苦，战斗不休，以有侯王。赖宗庙，天下初定，又复立国，是树兵也，而求其宁息，岂不难哉！”

“三统三正”之说把人间权力的根据系属于天；[①]然后指出“《春秋》之道，奉天而法古”（《春秋繁露·楚庄王》），“《春秋》之法，以人随君，以君随天……屈民而伸君，屈君而伸天，《春秋》之大义也”（《春秋繁露·玉杯》）。可以清楚地看出，孔子处“天之历数在尔躬”较多地显现或依托于个体人格，而到董仲舒这里，由于君主之位是“马上得之”，而不再是由尧、舜这样的圣人所拣选，圣与王的统一性不再那么确定，因此，作为内在统一之基础的天的意志（历数的抽象性被充实为“三统”）及其约束力被强烈凸显出来。[②]他依托《易传》“天地之大德曰生”的基本精神和“元亨利贞”四德所象征之生生不息的宇宙生命论，[③]紧扣“大哉乾元”，强调“明王者当继天奉元，养成万物”（《春秋繁露·解诂》）。落实为行政，就是“以元之深正天之端，以天之端正王之政，以王之政正诸侯之即位，以诸侯之即位正境内之治。五者俱正而化大行”（《春秋繁露·二端》）。而政治的目的，并非只是秩序的稳定、民生的安顿，更有“化民成性”这样一层具有精神性和伦理性的天赋责任。《春秋繁露·深察名号》：“天生民性，有善质而未能善，于是为之立王以善之，此天意也。”

“民为邦本”是朴素的行政经验与情怀，“继天奉元”则是深刻的思维理念，使“任德不任刑”的仁政成为天道要求。“立元神”“王道通三”和“深察名号”等一系列命题具有强烈的神学气质，故任继愈先生等学者将董仲舒视为儒学宗教化第一人。[④]其实儒学思想从来如此，只是时移世易，霸道稳立之后，天道的落实需要另辟蹊径，于是天的人格化、

---

① 董仲舒的《春秋》学理论是神学性的、政治哲学性的，王者“通三统”意味着权力是“顺天志”“明天命”；何休的《春秋》学则属于历史哲学、社会伦理，他提出的“三世”概念基础和目标都是宗法礼治。二者不宜相提并论。

② 如通三统的意义就是“明天命所授者博，非独一姓也”。（东汉）班固：《汉书》，赵一生点校，杭州：浙江古籍出版社，2000 年。

③ 陈明：《从原始宗教到人文宗教——〈易经〉到〈易传〉的文化转进述论》，《北京大学学报·哲学社会科学版》，2018 年第 4 期。

④ 任继愈：《论儒教的形成》，《中国社会科学》，1980 年第 1 期。

意志化及其社会影响力建构与彰显成为这一代儒生的工作重点。

其次，在现实性上，则是弱化了此前儒家政治论述中对地方性、血缘性之重要性的强调，放弃了对分封制背景下诸行政制度的坚持。[①]如此这般的改造调整之后，“大一统”“通三统”“正五始”等概念命题体现的以奉天敬德为中心的《春秋》公羊学终于成为一个全新的儒家政治哲学体系，并在因缘际会中实现与霸道政治架构的有机结合。公羊家说孔子著《春秋》是为汉家立法，而汉的政治环境主要就是“汉承秦制”而有政无教。既然政治制度已经是“霸道”，且确有其不可替代的地位功能，那么董仲舒等汉儒能够做也最需要做的，就只能是在反思中求进取，在妥协中求合作。儒家精神价值与信仰体系就此得到保留传承，并沿着制度管道向整个社会的落实回归。

武力打下的江山曾被刘邦视为私家产业，[②]如今终于获得一种精神和伦理的品质。当君主及其权力成为天意的拣选，所谓“王者必受命而后王（《春秋繁露·三代改制质文》）国家就成为天意的展开，成为宇宙秩序的组成部分，而帝国也就此而成为一种文明。[③]如果说基督教是通过使国家服从上帝而废除国家的自足性，将其导入更高的道德层面，[④]那么儒教则是通过将王权纳入天命意志，将其视为天人中介，使之承担起天之代理人的职责。[⑤]

王国维《殷周制度论》说“中国政治与文化之变革，莫剧于殷周

---

① 《春秋公羊传·隐公三年》：“世卿，非礼也。”董仲舒在《春秋繁露·二端》中尚使用“王、诸侯、四境”分封制话语，在《汉书》记载的“举贤良对策”中，同样的意思却已是使用“君、百官、朝廷”的名词系统，表现出对郡县制的接受承认。

② 《史记·高祖本纪》记刘邦语云：“始大人常以臣无赖，不能治产业，不如仲力。今某之业所就孰与仲多？”

③ 陈明：《帝国的政治哲学——〈春秋繁露〉的思想结构与历史意义》，《政治思想史》，2019年第2期。

④ 特洛尔奇：《基督教理论与现代》，北京：华夏出版社，2004年，第33页。

⑤ 这种政教关系显然更接近新教徒建立的“新罗马”美国，而不是从教权制约下分离出来的欧洲民族国家。

之际……其旨则在纳上下于道德，合天子、诸侯、卿、大夫、士、庶民以成一道德之团体”。儒门亦言必称三代，据以对现实政治的缺失进行批判调整，成周之世因此被叙述为政治的黄金时代。但从精神层面说，天的意义内涵尚欠缺深度、丰富性和明晰性。[①] 从政治的角度说，分封制和宗法制所成就的只能说是一个王朝或王国（kingdom）的联盟，或者“都市国家的联合体”。[②] 虽然温情脉脉，叫人向往，但其内部的组织结构是脆弱的、不稳定的：宗法制的基础是血缘、情感，而血缘关系的自然趋势是越来越淡，所谓“君子之泽，五世而斩”；分封制的基础是各地方豪强（所谓八百诸侯）面对共同敌人时形成的战略利益关系，随着内外情势的变化，“治权在下”的独立王国必然走向分崩离析的战国时代。著名文化人类学家埃尔曼·塞维斯就将商周只是看作“中国早期文明发展的古典时期”。[③]

作为文明体之中国的政治制度正式建立并至今仍行之有效，乃是由秦始皇钦定的中央集权的郡县制。[④] 周秦之变的重要性虽不亚于殷周之变，但意义理解和评估存在相反的两极。《春秋》公羊学试图协调弥缝二者。四库馆臣说《春秋繁露》“明制礼作乐之原”，我觉得大一统就是董仲舒找到的将三代与秦汉、分封制与郡县制加以统一的理论津梁。他说，“《春秋》大一统者，天地之常经，古今之通谊。”（《汉书·董仲舒传》）“古今”这里应该就是三代与秦汉。

宗法制和分封制的制度目标都是大一统。“封建亲戚，以藩屏周”

---

① 中华文明中天的信仰是由孔子在《易传》里才给出明确说明与系统表述的。“天不生仲尼，万古如长夜”应从这里理解。

② 柄谷行人：《帝国的结构》，台北：心灵工坊文化事业股份有限公司，2015 年，第 144 页。

③ 塞维斯：《国家与文明的起源：文化演进的过程》，上海：上海古籍出版社，2019 年，第 264 页。

④ 柳宗元《封建论》肯定“郡邑之制”，认为秦祚短促的原因在于“暴其威刑，竭其货贿”的治术。这其实与天下初定治理成本偏高，同时北方戍边、南疆开拓导致财政压力过大等有关。

(《左传·僖公二十四年》) 八个字已充分说明分封本身的目的就是要维持周公东征的军事成果，[①] 将夏、商以来的三大地域区块整合为一个完整的周王朝。《春秋》“公羊学”“王正月”的大一统之显性层面的意义是天人一统，但天的统一性无疑暗含着对天下之统一性的要求。[②] 论者指出，大一统的政治要义就是“合多为一”，[③]体现在不与诸侯专封、专地、专讨而尊周王等。这与《论语·季氏》“天下有道，则礼乐征伐自天子出”的反对僭越擅权是一致的。但实际情况却是，礼乐征伐“自诸侯出，盖十世希不失矣”，因为在分封制下，《诗经》所期待的“普天之下，莫非王土。率土之滨，莫非王臣”有其名而无其实。真正的“六合同风，九州共贯”(《汉书·王吉传》) 是在郡县制下才真正做到。这应该也就是“百代皆行秦政法”的原因。

另一方面，经过改造后内在于政治和社会的儒家理念和信仰，虽然在宣帝等眼中也许只是工具性的术，但在董仲舒和公羊学家眼里却是目的性的道，“天不变道亦不变”。“霸王道杂之”的结构虽然存在所谓道统与政统的紧张，但“尔爱其羊，我爱其礼”的不同理解定位并不妨碍二者互动合作并产生双赢实效。从现实看，是汉家“霸王道杂之”；从长远看，则是儒教驯服权力，铸造文明。一家一姓毕竟短暂，而生生不息之天道本身的精神性可以渗透到公私领域的各个层面，日新其德。[④]

“创建文明归制度，要知垂拱变洪荒”。圣王理想一半来自巫君合

① 参见杜正胜:《周代城邦·自序》，台北：联经出版事业公司，2018 年。

② 《礼记·曾子问》:“孔子曰：天无二日，土无二王。”

③ 刘家和:《论汉代公羊学的大一统思想》,《史学理论研究》，1995 年第 2 期。最近的一次会议中,《春秋公羊学史》(华东师范大学出版社) 作者之一郭晓东教授认为,“三科九旨”以“大一统”为基础:“通三统”意味着政治的统一;“异内外”意味空间的统一;“张三世”意味着时间的统一。

④ “太初改元”是一个重要节点。《史记·礼书》:“以太初之元改正朔，易服色，封泰山，定宗庙百官之仪，以为典常，垂之于后。”将制度与天、历史连接，表明天下不再只是武力打来的私家产业，而是天地有机整体的组成部分或其人间存在形式——这正是文明的本质。

一的遥远记忆，一半来自现实的建构。[①] 不管怎样，这种依托于个体人格理想的政治即使曾经出现或存在，并且孕育积淀出文明的种子和土壤，但在政治类型上它终究只是一种属于乡村的社会政治，而不是属于城邦的国家政治，因为它缺乏行之有效的制度机制维持其大一统政治目标。[②] 因此，就像城邦终将代替乡村成为人类生活的中心，三代及其理念在“霸王道杂之”即霸道的政治结构与王道的精神信仰的结构组合里落实并发挥功用，既是文明发展的必然，也是其由种子而开花结果的真正开始。或许可以说，公羊家所谓孔子“为后世立法”的另一层含义就是指儒家理念只能在一个相对稳定的政治基础上才能“为万世开太平”。

“罢黜百家，独尊儒术”，“霸王道杂之”结构中的儒教在公共领域中无疑拥有最大的文化权重。现代人们习惯用官方意识形态描述它和它的这一地位影响，其实并不准确，因为儒家思想并非出自对现实权力合法性的建构，而是一个反应社会价值和需求的古老文化传统，并且在服务政治治理的同时也改变了从人到制度的整个政治系统本身。从董仲舒与汉武帝合作完成确定这一结构关系的过程可以看到，这是一种社会与政府、文化与政治的博弈均衡。近些年有人用“国教”“公民宗教”等概念重新解释定位，各有得失。这里我觉得使用“道统”一词也许更加适合文明论的视角，既能揭示其儒家思想内涵，也能反

① 现代新儒家津津乐道的“内圣外王”概念，其实最初来自道家。圣所通之天并无儒家仁义之意，所导向的是“帝道”的政治模式。参见郑开：《道家政治哲学发微》第六章《帝道：黄老政治哲学新思维》，北京：北京大学出版社，2019 年。

② 文明（civilization）本就与城邦联系在一起，civil 也有国家含义。政治（political）的词根也来自城邦（polis）。亚里士多德说人天生是政治动物（political animal），这里的政治就有城邦和国家的含义。在亚里士多德看来，城邦相对于乡村是一种更高级的共同体，因为乡村组织中的父子、主奴结构都属于自然关系，而城邦作为一种政治组织是为了某种善的目的而人为建构起来的。参见亚里士多德：《政治学》，北京：商务印书馆，1965 年，第 3 页。由《荀子·王制》“圣者尽伦，王者尽制”可知，战国时代正处于由社会政治向国家政治转进的前夜。

映儒家思想在社会或文明体系中的地位，以及与文明体中其他文化系统的关系。

一般认为儒家有两个阶段或高潮，分别以孔子与朱子为代表或标志。我觉得孔子在三王之法基础上提炼出儒家之道，董仲舒将这一儒家之道落实于秦汉政治制度，由此确立起中华文明的基本架构。相对来说，朱子只是在儒家或儒教这一道统地位在受到佛教、道教挑战冲击时起而卫道，成就了一个以“四书”为中心的所谓新儒学系统，因而在文明论范式里无法与董仲舒相提并论。

道统之道是指儒家的价值理念及其叙事；道而成为统意味着它是一个传承谱系、一个持续拥有“文化领导权”的价值系统。这可以从其传承 - 承担者的身份——尧、舜、禹、汤、文、武、周公均是执政者，孔子则是“立法者”——推导论定。

道统的这层意蕴最先由韩愈《原道》揭示出来。《原道》将“夷狄之法”与“圣人之教”对立，认为道统不保则中国将“胥而为夷”，表达的正是韩愈对道统之意义及重要性的理解。这显然是一种文明论范式思维。[①]韩愈认为“圣人之教”是仁义，偏价值，揭示了“文明冲突”的本质；朱子认为是“十六字心法”，对佛教教义的挑战回应更具针对性，因为佛教尤其禅宗正是通过将万物视为心之幻觉而解构世界之真实性，否定社会人生及其价值。

朱子的道统意识或思考、论述可分为《伊洛渊源录》和《中庸序》两个阶段。从他是在“中和新说”成立之后开始对伊洛渊源的梳理，[②]而“中和新说”又是基于对佛老“穷性命而坏纲纪”的忧虑否定，可知朱子此时的道统观念在本质上与韩愈一致，是要维护圣人之教在中国社会中的地位或“文化主导权”。如果《伊洛渊源录》是朱子道统论的

---

① 顾炎武《日知录·正始》提出的“天下兴亡，匹夫有责”同样如此。

② 束景南认为，对伊洛渊源的梳理，是朱子道统构建之始。《朱子大传》，上海：复旦大学出版社，2016 年，第 264 页。

初级版，那么《中庸序》里的道统论就是其终极版。在与陈亮著名的“王霸义利之辨”之后，朱子意识到需要将自己对治佛老的道德心性论拓展至历史哲学的领域，将世界的虚与实的问题[①]拓展至天下治理的公与私的问题。这样既不仅可以增强其论证的说服力，更可以提升其结论的普遍性与权威性。他对二帝三王本质的新阐释路径或结果，就是通过将“人心惟危，道心惟微，惟精惟一，允执厥中”心法化，进而将这“十六字心法”道统化。

五四以来学界提到道统与政统的关系时总是强调二者的对立性。主要原因是将其与政治切割，因为过去的政治是所谓封建专制，也应该为近代的落后挨打负责，所以应予否定，而对尚有价值、可以传承的儒家文化则采取将其与政治区分，进而将其视为对抗封建政治之政统的独立道统而加以肯定。其实，道统虽然与政统内涵不同，实践中也不免紧张冲突，但整体上还是在“霸王道杂之”的文明结构框架内互相渗透，互相合作。从董仲舒到韩愈、朱熹莫不如此。董仲舒促成了这种结构，韩愈意识到佛教对儒家在这一结构中地位的挑战，朱熹则建立起心性论，对这一挑战做出了回应。王船山在《读通鉴论》里将道统、政统并举，也是区分二者而以其合为追求宗旨。余英时《朱熹的历史世界》[②]从政治史、思想史角度批评牟宗三对朱子的哲学史、儒学史研究受限于儒门判教意识，狭隘封闭。从文明论范式出发，我们也可以说余先生在自由主义理念导引下把道统塑造为政统的对立面，而无视其与佛老争的文化政治矛盾更是只见树木，不见森林，与历史相去甚远。[③]

---

① “戊申封事”：“老子佛屠之说，固有疑于圣贤者矣。然其实不同者，则此以性命为真实，而彼以性命为空虚也。”（清）王懋竑撰；何忠礼点校：《朱熹年谱》，北京：中华书局，1998年，第191页。

② 余英时：《朱熹的历史世界：宋代士大夫政治文化的研究》，北京：三联书店，2004年。

③ 笔者前揭朱子文章对朱子心性论与排佛及道统的关系有相对详细的讨论。

宋孝宗亲撰《三教论》，用“以佛修心，以道养身，以儒治世”的功能划分、权重分配，既肯定了儒教的特殊地位，又为佛老的存在留下空间，从而在政治或政策上解决了儒教与佛、老的矛盾。此后，儒教之道统地位所遭受的冲击主要来自基督教。明代编辑成书的《破邪集》记录了士绅对基督教的理解，焦点在“夷教乱华”，跟韩愈、朱熹一样，属于文化政治思维或文明冲突论。

张广恬在《破邪集·辟邪摘要略议》写道：“国中敦秉伦，独尊孔孟之学，凡在摄化之区，无不建立素王之庙，诚万世不易之教道也。近有外夷自称天主教者，言从欧罗巴来，已非向所臣属之国，然其不奉召而至，潜入我国中，公然欲以彼国之邪教，移我华夏之民风，是敢以夷变夏者也。”至于颜茂猷的《破邪集·明朝辟邪集序》则表达了儒释道三教的同仇敌忾：“粤自开辟以还，三教并兴，治世、治心、治身之事，不容减、亦不容增也。何僻而奸夷，妄尊耶于尧舜周孔之上，斥佛、菩萨、神仙为魔鬼，其错谬幻惑固已辗然足笑。”也有位叫王启元的柳州儒生，意识到基督教理论挑战的严峻性，暗自发力，写下《清署经谈》对儒教进行系统化努力。

礼仪之争则可以说是这一文明冲突的官方版。由于政治斗争，康熙拿下反基督教的官员杨光先。还在 1692 年下达容教令：“查得西洋人，仰慕圣化，由万里航海而来……诚心效力，克成其事，劳绩甚多。各省居住西洋人，并无为恶乱行之处，又并非左道惑众，异端生事……相应将各处天主堂俱照旧存留，凡进香供奉之人，仍许照常行走，不必禁止。俟命下之日，通行直隶各省可也。”从“圣化”“劳绩”的用词可见康熙的文化本位立场是清晰的。所以，当 1704 年教廷颁布禁令，不许中国教徒“敬天”“祭孔”和“祭祖”等，康熙下令将前来传达教令的特使多罗押往澳门交葡萄牙人看管。康熙朱笔批曰：“览此条约，只可说得西洋等小人如何言得中国之大理。况西洋等人无一通汉书者，说言议论，令人可笑者多。今见来臣条约，竟与和尚道士异端小教相同。彼此乱言者，莫过如此。以后不必西洋人在中国行教，禁止可也，免得多事。钦此。”在华传教士提出若干变通办法，但康熙不为所动，传旨曰：“中国道理无穷，文义深奥，非尔等西洋人所可妄论。”后来的雍正也说：“中国有中国之教，西洋有西洋之教。彼西洋之教，不必行于中国，亦如中国之教，岂能行于西洋?!”

我想说的是，康熙、雍正这种态度所体现的，主要并不是对基督教的反对，而是对儒教在中国文明结构中地位的肯定和维护。这点与民间士绅其实并无二致。另外，“天地君亲师”的儒教信仰正是在雍正的《谕封孔子五代王爵》之后正式颁行。[①] 显然，它与董仲舒的工作，与“霸王道杂之”的中华文明结构具有形式和精神上的一致性。进入民国，它被修改为“天地国亲师”，十几年前我与李泽厚先生到贵州时还在百姓家中见到，他颇肯定。

如果这时的冲突还只是隔空过招或“文斗”，到洪秀全的“太平天国”运动，曾国藩与之展开的就是笔墨刀枪一起上的文攻武卫了。主流教科书一般将“太平天国”运动视为农民起义，有意无意淡化其宗教色彩。近些年许多著作重新从这一角度研究，颇有影响。[②] 其实，耶稣之说、《新约》之书与礼仪人伦、诗书典则间的“文明冲突”，早在曾国藩的《讨粤匪檄》里揭露无遗：

“自唐虞三代以来，历世圣人扶持名教，敦叙人伦，君臣、父子、上下、尊卑，秩然如冠履之不可倒置。粤匪窃外夷之绪，崇天主之教。自其伪君伪相，下逮兵卒贱役，皆以兄弟称之，谓惟天可称父，此外凡民之父皆兄弟也，凡民之母皆姊妹也。农不能自耕以纳赋，而谓田皆天王之田；商不能自买以取息，而谓货皆天王之货；士不能诵孔子

---

① 徐梓：《“天地君亲师”源流考》，《北京师范大学学报》（哲学社会科学版），2006 年第 2 期。

② 周伟驰：《太平天国与启示录》，北京：中国社会科学出版社，2013 年。夏春涛：《天国的陨落——太平天国宗教再研究》，北京：中国人民大学出版社，2016 年。

之经，而别有所谓耶稣之说、《新约》之书，举中国数千年礼义人伦诗书典则，一旦扫地荡尽。此岂独我大清之变，乃开辟以来名教之奇变，我孔子孟子之所痛哭于九原，凡读书识字者，又乌可袖手安坐，不思一为之所也！”

《阙里志》云：“孔子之教，非帝王之政不能及远；帝王之政，非圣人之教不能善俗。”政以施化，教以善俗，政教相维，正是船山所希望的政统道统相合而“天下以道以治”的理想，也正是“霸王道杂之”的帝国文明架构良好运作的理想状态。

这一结构确立后维持了近两千年。儒学几乎所有重要的变化都与政治和社会结构的变化相对应，既是这种变化的反映与结果，又是对这种变化的适应与规训。中华帝国在西方世界性殖民主义运动冲击下陷入危机，“保国、保种、保教”的压力彻底动摇了国人对自身文明的信心。作为军事危机的鸦片战争、甲午战争之败主要是兵器存在代差，管理组织系统也效率低下。但是，在一败再败之后的反思中，最后却认为是文化（伦理、文明）不如人。于是，政治经济和军事上的对手转而成为学习的榜样。于是，启蒙叙事、革命叙事甚至基督教叙事及其关键词被认为是西方文化之本，不全盘移植则无法获得其制度、器物之用，因而被次第引入中土。意识形态的特点之一就是包含有对社会、历史及其目的的系统论述。它们通过设定新的历史目标，将五四运动作为新的起点，从而将自己以及尔后的历史从近代救亡的语境抽离出来。于是，手段僭越成为目的，救亡的目标被浪漫的口号替代，个性和阶级登场狂欢，中华民族则悄然退场。①

这当然是不成立的。②原因不只在于对失败的错误归因，在方法论

---

① 其实这个主体一直都是在场的：黄埔军校校歌唱的是“以血洒花，以校作家，卧薪尝胆，努力建设中华”；抗日军政大学校歌唱的是“黄河之滨，集合着一群中华民族优秀的子孙”。

② 陈明：《反思一个观念》，载陈明著《儒者之维》，北京：北京大学出版社，2004 年。

上将器物、制度与“道”机械地捆绑，还在于不知道儒家思想作为意义源泉及认同符号对于中华文明以及中华民族的意义作用，不知道历史和文明的逻辑与吾土吾民命运的内在一致性。没有这个基于天道的意义的认同符号及其价值理念，中华文明早就分崩离析了。而有此信念与凝聚力就有了以孙中山、毛泽东为代表的仁人志士奋起救亡，又一步步从救亡走向复兴。“大一统”，这个最基础的政治常识，最核心的文化理念，又一次成为将传统与现实统一贯通的思想桥梁。中央社会主义学院党委书记潘岳就在“中华文明与中国道路”的讲话中说，“文化传统决定道路选择”，“中华文明的核心要义是‘大一统’”。[①]

其实，这一论述基础早已奠定、确立。党的十六大修改党章，在中国共产党是“中国无产阶级先锋队之外”，增加中国共产党“是中国人民和中华民族的先锋队”即是重要节点。其意义，不仅横向扩大了中国共产党的社会基础，更是将这一群体与历史做了纵向连接。而这在某种程度上意味着执政党开始了自身与中华文明关系的重新定位和自觉回归。习近平以中华民族的伟大复兴定义“中国梦”，以文化自信作为道路自信、制度自信和理论自信的基础，从五千年和一百五十年来理解道路、理论和制度上的发展，而不是以意识形态去切割和规划历史，替代甚至否定传统文明。习近平说，“一个国家选择什么样的治理体系，是由这个国家的历史传承、文化传统、经济社会发展水平决定的……我国今天的国家治理体系，是在我国历史传承、文化传统、经济社会发展的基础上长期发展、渐进改进、内生性演化的结果。”[②]“中国共产党人的初心和使命，就是为中国人民谋幸福，为中华

① 潘岳：《中华文明与道路》，（2019.11.05），［2020.03.20］，http://www.chinareform.net/index.php?m=content&c=index&a=show&catid=99&id=34552。

② 2014 年 2 月 17 日在省部级主要领导干部学习贯彻十八届三中全会精神全面深化改革专题研讨班开班式上的讲话。

民族谋复兴”。[①] 这些不仅是对回归近代救亡主题的明确宣示，也是对承接、承担五千年文明使命的郑重承诺。

绝非偶然，同样的变化也发生在学界。“大陆新儒学”群体提出“超越牟宗三，回到康有为”[②]，其历史哲学的意义就是将五四重新置入“救亡”主题的近代史。现代新儒家们以西方思想为参照系的儒家思想建构虽有其历史文化意义和地位，但其工作领域却偏离了古圣先贤“为天地立心，为生民立命”的自我期许。知识形态的时代性不等于价值意义的时代性，儒家思想的价值不可能寄望通过与异文化中的思想体系建立这种或那种关系而获得承认，唯一的途径只能是对自身文明的功能承担，对自身文明中认同其价值之群体的意义承诺。而这就要求对特定处境中国家民族所面对的问题和挑战有着准确的把握。很不幸，五四主流的思想家们将“中国在面对西方殖民主义侵略时如何抵抗争胜”的问题转换成了“落后的东方文化如何向西方先进的文化学习”“全盘西化”的问题。

康有为不是这样。他在 1898 年成立“保国会”，明确提出“保国、保种、保教”，“保皇”与“国教”两个思想标签则是其解决之道。相对于“革命”，“保皇”是一种改良的救亡进路。与“革命派”采取“驱除鞑虏，恢复中华”的民族革命策略不同，“改良派”以“爱国救亡”为旗帜，希望依托现有政治组织系统，推行变法维新，实行君主立宪制度。其他不论，这种理念所包含的对中国的“大中华”式理解，即中国是指整个满蒙回藏汉而言，就毫无疑问比革命派的“排满”思维要端正、高远许多。而这种整体性乃是由清帝国奠定的，因此，对于帝国的“大一统”来说，作为国家象征的清朝皇帝，其法律地位和政

① 新华网：《习近平说，中国共产党人的初心和使命就是为中国人民谋幸福为中华民族谋复兴》(2017.10.18)，[2022.01.15]，http://www.xinhuanet.com/politics/19cpcnc/2017.10/18/c_1121819598.htm。

② 陈明：《回到康有为》，《开放时代》，2014 年第 5 期；《超越牟宗三，回到康有为》，《天府新论》，2016 年第 2 期。

治意义十分重要。①

至于“国教”即“孔教国教化”，一般倾向于认为康有为是从道德水平维持、对基督教冲击的应对以及对儒教自身危机的解决等方面理解分析。干春松教授则指出，康实际是从“中国如何从一个王朝变成现代民族国家？如何设计这个新国家的内部秩序与治理体系”进行这种思考的。②如果将这种思考与康有为对基于清帝国整个疆域及多元族群的把握结合一起，将这种构思（“保皇”和“国教”）与中华帝国的文明结构维持、结合在一起，与董仲舒当年的工作方式互相参照（康专门著有《春秋董氏学》），不仅会增进该观点的论证力度，对康有为的工作获有更多同情，也会使我们对今天的许多问题获得更深的理解。

或许，“霸王道杂之”的文明结构，又将面临新一轮升级的挑战并浴火重生。

① 《清帝逊位诏书》即是证明。这一层面的意义近年得到很大关注。如高全喜：《立宪时刻：论“清帝逊位诏书”》，桂林：广西师范大学出版社，2011 年。

② 干春松：《保教立国：康有为的现代方略》，北京：三联书店，2015 年。

民族国家的制度文化
与帝国性质的社会结构之间的矛盾

——美国现实问题的东方观察

2020年大选前，以“弗洛伊德事件”为导火索的“黑命贵”（Black Lives Matter）运动席卷美国，进而导致对美国建国史及建国者的批判。[①]白人民族主义组织“骄傲男孩”则在美国多个城市与之冲突对抗。大选中，为“黑命贵”站台的民主党总统候选人拜登谴责竞选对手特朗普支持“骄傲男孩”，并最终获胜。按人头计算，拜登有7800万支持者，而特朗普也有7500万——这是美国历史上输家得票数的最高纪录。有论者把这种两党选民在意识形态和政策立场上的紧张对立和极端分化叫作“政治极化”（Political Polarization）。[②]

如何理解这种政治极化的原因与发展前景？任剑涛认为这乃是美国民族国家建设尚未完成的表征。[③]丛日云则将其视为保守主义与后现代的矛盾对抗。[④]它们的后面，一个是民族国家的政治现代性预设，一个是对美国社会文化发展之欧洲中心主义与文化多元主义两种主张的

---

① 《纽约时报》2019年8月14日刊发了所谓“1619计划”，“旨在通过叙述奴隶制的后果以及黑人对美国的贡献作为民族叙事中心，重塑美国历史”。这是“非洲中心主义”与“欧洲中心主义”对立的最新形式。

② 王浩岚：《美国大分裂的前世今生：极化的起源及其原因》，（2021.03.10），[2022.04.05]，https：//m.thepaper.cn/baijiahao_11389364。

③ 任剑涛：《重构国家——特朗普理念的政治理论推定》，《美国问题评论》2020年第3期，第48—76页。

④ 丛日云：《民粹主义还是保守主义——论西方知识界解释特朗普现象的误区》，《探索与争鸣》，2020年第1期，第118—137页。

判断定性——以褒义的保守主义定位共和党的路线，以贬义的后现代定位民主党的主张。但是，作为政治现代性之主要内容的民族国家是不是美国的历史现实与政治前途？民主党的思想主张究竟是启蒙话语的主流传承还是某种后现代变异？共和党路线与它的紧张对立究竟是基于思想理念还是现实利益关系？这些前提本身都是有待论证厘清的。

小施莱辛格《美国的分裂：对多元文化社会的思考》将文化与族群相联系，认为移民和少数族裔的比重增加，导致了英裔美国人及其文化地位的衰落，“其潜在的哲学是：美国根本不是一个由个人组成的国家，而是一个由群体组成的国家。”① 亨廷顿与此类似。在20世纪60年代美国社会由WASP主导开始向多元文化主义转型时，其《美国政治：激荡于理想与现实之间》一书还是从美国政治的制度、理念与现实脱节的角度来解读族群问题。但三十年后的《谁是美国人？——美国国民性面临的挑战》已将叙述转换为《文明的冲突与世界秩序的重建》中的文明冲突论。在将WASP作为定居者，并与其他群体进行区分后，② 曾经被他视为一般共识的美国信条（American Creed）③ 又被他特殊化为盎格鲁-新教文化之一脉，④ 进而将以身份政治为内里的文化多元主义思潮对“美国特性”的冲击视为“文明的冲突”。

其实，民族问题本身乃是一种帝国症候，⑤ 具有某种普遍性，如印度、俄罗斯和中国都有不同程度的存在。之所以在美国形成“政治极化”这种内部对抗，是因为它的帝国社会结构是在其作为民族国家的发展进程中随着非WASP群体从数量到性质即政治身份的改变提升才

① 谈丽：《小施莱辛格史学思想研究》，上海：复旦大学出版社，2015年，第176页。

② 《谁是美国人？——美国国民性面临的挑战》，北京：新华出版社，2018年，第31页。

③ 《美国政治：激荡于理想与现实之间》，北京：新华出版社，2017年，第23—24页。

④ 《谁是美国人？——美国国民性面临的挑战》，北京：新华出版社，2018年，第1页。

⑤ 柄谷行人认为“所谓民族问题，事实上是帝国的问题。”《帝国的结构：中心·周边·亚周边》，台北：心灵工坊文化事业股份有限公司，2015年，第216页。

逐步成型，其早期确立的民族国家制度安排对这一结构性改变以及由此而来的社会冲突不仅缺乏有效应对的制度资源和思想储备，那种自治传统和选举文化甚至进一步强化这种族群对抗，甚至制塑造出与选举周期相应的恶性循环。从“美国困境”“认知失调”的概念阐释[①]到“文明冲突论”的理论焦虑，亨廷顿的著述本身在某种程度上就可以被视为对这一美式帝国综合征诊断的印证和支持。

一、民族国家的制度安排

民族国家的理想形态就是由同质性社会单元所建构的政治共同体。虽然实际情况远非如此，但这却可说是解决欧洲战乱困局之威斯特伐利亚体系的基本政治原则。外部威胁应对、内部情感满足意味着某种利益和诉求上的一致性，这决定了由此进行的国家建构在制度安排或政府形式上以国家对社会的服务性为其组织目标与伦理禀赋。主权在民、社会为本、权利保障（首先是民族生存权，然后才是其他个人权利）、以代议制等民族国家制度安排或文化（自由、平等、博爱等）根本上说均由这种社会构成的民族同一性为基础或条件。

美国作为欧洲的衍生物，既在这一传统之内，又带有由北美历史背景而来的特殊性。这种特殊性就是清教徒的文化素质和殖民开拓者的政治身份。前者意味着对政府倾向，排斥怀疑，后者则意味着其身后有一个作为政治依托与效忠对象的宗主国（英王室）。此外，相对欧洲国家间的某种均势，其所面对的是辽阔疆域以及在力量上与自己存在冷热兵器之代差的印第安原住民（没有外部威胁）；再一点就是，他

① 亨廷顿把美国信条与政府制度之间的紧张叫作“美国困境”，把美国政治理想与现实中诸多行为之间的背离叫作“认知失调”。参见《美国政治——激荡于理想与现实之间》第66、110页。

们主要是以自组织形式与之对抗（自组织系统发达而国家形态发育严重滞后）。美国民族国家的制度形式与政治理念，与欧洲本土的区别主要是由此塑造的。具体情况从对1620年的《五月花号公约》、1776年的《独立宣言》、1777年的《邦联条例》、1787年的《联邦宪法》以及1789年的《权利法案》（宪法修正案）的宏观扫描中可清晰辨认。

“以上帝的名义，阿门。我们，下面的签名人，作为伟大的詹姆斯一世的忠顺臣民，为了给上帝增光，发扬基督教的信仰和我们祖国和君主的荣誉，特着手在弗吉尼亚北部这片新开拓的海岸建立第一个殖民地。我们在上帝的面前，彼此以庄严的面貌出现，现约定将我们全体组成政治社会，以使我们能更好地生存下来并在我们之间创造良好的秩序。为了殖民地的公众利益，我们将根据这项契约颁布我们应当忠实遵守的公正平等的法律、法令和命令，并视需要而任命我们应当服从的行政官员。”

这里的主体“我们”在文化上是清教徒。清教徒认为“人人皆祭司，个个有召唤”，并因反对教会从属于国家政权而遭受迫害——从某种程度上说，这构成他们出走的原因。他们“相信自己是上帝的选民，是一类特别的、更优越的人，而新英格兰就是他们的以色列，是他们的特殊之地。”[①]这既可以帮助我们理解《五月花号公约》之产生的宗教背景与内涵，也可以帮助我们从这种特殊群体性切入对美国契约政治制度之内部封闭性与外部排斥性之逻辑的理解。

《公约》显示，他们远涉重洋是为了建立一个殖民地，建立殖民地则是为了荣耀天上的神（上帝）和地上的王（詹姆斯一世）。由于能够“生存”下来并创造出“秩序”是实现这一目标的前提，他们立约组建了一个“公民自治体”（a civil body politic），颁布法律、选任官员以保障殖民地的公共利益。

① 转引自伊布拉姆·X·肯迪《天生的标签：美国种族主义思想的历史》，北京：社会科学文献出版社，2020年，第18页。

这一契约比欧洲更早——甚至有可能是欧洲思想家建立契约论论述的灵感触媒，但与之对照却颇有助于辨析其特点，最重要的就是其所成就者只是一个“公民自治体”，而不是霍布斯笔下那种可以用神话怪兽来形容其力量的利维坦国家。思辨哲学家黑格尔也从自己的谱系出发认为那只是一个“市民社会”，没达到“国家”的阶段。[①]是的，公约里只有诸多个体即自然人格之间的相互立约，而没有霍布斯意义上那种诸自然人格作为整体与利维坦这一人造物之间的相对立约。[②]那意味着“把大家所有的权力和力量付托给某一个人或一个能通过多数的意见把大家的意志化为一个意志的多人组成的集体”。由此形成的主权者才意味着国家，“对内谋求和平，对外抗御外敌。国家的本质就存在于他身上”。[③]由此我们似乎也就可以推测，《五月花号公约》中国家建构之所以付诸阙如，原因就在新大陆没有肉眼可见的外部威胁需要抵御，群体内部也不存在类似欧洲那样的封建势力需要抑制。此外，就是他们心底还隐约闪现着詹姆斯一世的身影——这一政治效忠对象的存在使得国家想象变得多余。[④]

这种早期美国政治制度的形态被相对完整地保留在波士顿郊区的贝尔蒙（Belmont）小镇，可以为上述判断提供支持。它的管理者自称这是一种“朋友和邻居自己管理自己的组织；其精神起源于英国。权力属于全体公民，最高决定权是全体公民大会”。政治学家认为这就是“美国政制的源头”或“政治基因”。[⑤]需要补充的是，这一“政治基因”

① 黑格尔：《法哲学原理》，北京：商务印书馆，1963 年，第 130 页。

② 吴增定：《霍布斯主权学说初探》，《天津社会科学》2007 年第 5 期，第 17—23 页。（不是文字出处）

③ 霍布斯：《利维坦》，北京：商务印书馆，2020 年，第 131—132 页。

④ 从英国人角度看，“美洲人是隶属于母国的殖民者，美洲人是在海外的英国人。”琳达·科利：《英国人：国家的形成，1707—1837》，北京：商务印书馆，2017 年，第 173 页。

⑤ 王沪宁：《美国反对美国》，上海：上海文艺出版社，1991 年，第 55 页。这方面的理论研究，参见戴维·D 霍尔：《改革中的人民》第一章《“专制”还是“民主”？创建殖民地政府》，南京：译林出版社，2016 年。

孕育于 WASP 的血缘、文化同质性、詹姆士一世臣民的政治同质性以及殖民地开垦这一共同经济目标在彼时彼地的历史统一。显然，这是一种不可复制的因缘际会，跟被启蒙思想家普遍化的各种自然状态的想象设定了无干系。

事实上，作为“公民自治体”之拓展版的邦（state）在本质上可说是英王的直辖领地。早先由总督治理，殖民地议会成立之后则由二者协商共管。①《独立宣言》所谓的独立，就是解除北美殖民地与宗主之间这种或密或疏的“政治联系”（the political bonds）。文本中“人类才在他们之间建立政府，而政府之正当权力，是经被治理者的同意而产生的”一语，是对某种政府权力或从属关系产生之一般逻辑或正当性的追问或反思，主要用于批判、否定。由此可见，前述《五月花号公约》本身并不包含建立政府的内容，也不包含在解除对不列颠王室的拥戴后由 United Colonies 转变提升为 United states 的可能意向。《独立宣言》郑重宣布：“这些联合的殖民地是，而且有权成为自由和独立的国家。它们取消一切对英国王室效忠的义务，它们和大不列颠国家之间的一切政治关系从此全部断绝，而且必须断绝；作为自由独立的国家，它们完全有权宣战、缔和、结盟、通商和独立国家有权去做的一切行动。”“That these United Colonies are，and of Right ought to be Free and Independent States”中的“是”与“有权利成为”国家，重点其实在后者。这段话不能理解为一种事实描述，而应被视为一种用于点燃激情的修辞，因为宣言本身正是要终止其作为臣民对不列颠王室的效忠而为自己争取政治权利。

历史学家注意到，“从《独立宣言》到宪法的转变并不能被描述为

① 例如，马萨诸塞海湾公司的特许状“安排了一个基本的政府结构，其基础是自由民组成的一个‘常设法院’；有自由民选举出来的 18 个‘助理’组成的小团体；一个总督和副总督。”霍尔：《改革中的人民：清教与新英格兰公共生活的转型》，南京：译林出版社，2016 年，第 28 页。

一个自然的过程。恰恰相反，它表现出由拥有主权的邦组成的邦联朝着一个全国性的共和政体（确实是当时世界上最大的共和国）发展的过程中在方向和规模上的一个戏剧性的变化。”[①]也就是说，从宗主国独立出来的 Colonies 依然希望维持类似于贝尔蒙小镇那样一种“公民自治体”的状态。[②]《邦联条例》正是试图以此为基础结成一个“同盟”，“各邦保留自己的主权、自由和独立”——这与《独立宣言》中的主词“Free and Independent State”维持一致。甚至该《邦联条例》被送交各邦批准时，还是被视为“一项战争措施，而不是什么关于美国未来建立同盟的承诺。”[③]当此之时，邦是不是国姑置不论，北美此时还不是美利坚合众国则确定无疑。[④]

“从《邦联条例》到宪法的转变是由一群政治精英策划的。他们通过合作……以一个宣称代表了全体美国人民的联邦政府取代了一个以邦为基础的邦联。”[⑤]如果坚持《邦联条例》立场的人才是真正的“联邦主义者”（the Federalist），那么，主张以联邦代邦联的联邦党人或许就可以说成国家主义者（the Nationalist）了。作为记录反映其思想取向及其论辩理据的《联邦党人文集》，其中心论点就是

① 约瑟夫·J·埃利斯：《缔造共和：美利坚合众国的诞生，1783—1789》，北京：中信出版社，2018 年，第 4 页。

② 拉塞尔·柯克对《独立宣言》的措辞 government 与 state 加以辨析，认为“宣言提及建立新政府，没有说要颠覆国家或社会秩序，这是美国革命者温和特性的另一种表现。”《美国秩序的根基》第 415 页，南京：江苏凤凰文艺出版社，2018 年。凡勃仑（1857—1929）则从另一角度指出：“乡村小镇是美国一种优秀制度，从某种意义上讲是最优秀的制度，因为它已经并将继续在塑造公众情感、赋予美国文化特性等方面起到其他地方无可比拟的作用。”参见罗伯特·伍斯诺：《留守者：美国乡村的衰落与愤怒》引言，上海：东方出版中心，2021 年。

③ 汉密尔顿认为，“各邦所组成的与其说是一个政府，不如说是一个连统治权都没有的国家联盟。”约瑟夫·J·埃利斯：《缔造共和：美利坚合众国的诞生，1783—1789》，北京：中信出版社，2018 年，第 26 页。

④ 约瑟夫·J·埃利斯：《革命之夏》，前言：“1776 年还不存在共同的美利坚民族意识。”北京：社会科学文献出版社，2016 年。

⑤ 约瑟夫·J·埃利斯：《缔造共和：美利坚合众国的诞生，1783—1789》，第 5—6 页。

建立中央相对集权的强大的联邦政府十分必要。而反联邦党人反对宪法草案的主要理由则是因为“新宪法将使各州联盟变成单一的大共和国”。[①]

联邦党人对自己主张的主要论述如下：

“由国家的幅员带来的困难，是赞成一个坚强政府的最有力的论据，因为任何其他政府决决不能维持这样大的联邦。”

“在古今联盟的所有实例中，各成员常常表现出夺取全国政府权力的最强烈倾向，而全国政府对于防止这些侵犯无能为力。”还有“党争就是一些公民……团结在一起，被某种共同情感或利益所驱使，反对其他公民的权利，或者反对社会的永久的和集体利益……党争的原因不能排除，只有用控制其结果的方法才能求得解决。”而“目前的邦联政府不足以维持联邦。”

历史证明，“国家首脑的权力一般过于弱小，不足以维持公共和平，也不足以保护人民免受直属领主的压迫。欧洲事务的这段时期，历史学家着重称之为封建无政府时期。”“……如果希腊是由一个比较严密的邦联联合起来，并坚持团结，那么它就致不致于受到马其顿的束缚，并且可能成为罗马推行大规模计划的障碍。”[②]

如此雄辩的结果就是宪法顺利获批通过，《联邦党人文集》也成为

---

① 那些赞同宪法草案的人自称为“联邦主义者”（the Federalist），而将持反对意见的人称为“反联邦主义者”（the anti-Federalist）。实际上所谓的反联邦党人才是字面意义上的“联邦主义者”（the Federalist），而联邦党人应该叫国家主义者（the Nationalist）。姜峰、毕竞悦编译《联邦党人与反联邦党人》，北京：中国政法大学出版社，2012年，第8、18页。在《缔造共和：美利坚合众国的诞生，1783—1789》第57页，作者埃利斯将麦迪逊视为“仅次于华盛顿的国家主义者”。当然，这里的国家主义应该是行政学而非政治哲学意义上的，即主张权力重心应该在中央而非在地方。联邦党人这样阐述自己对联邦宪法的理解：“其基础是联邦性的不是国家性的；在政府一般权力来源方面，它部分是联邦性的，部分是国家性的；在行使这些权力方面，它是国家性的，不是联邦性的。”《联邦党人文集》，北京：商务印书馆，1980年，第227页。

② 分见《联邦党人文集》，北京：商务印书馆，1980年，第135、271、53、82、97、101页。

对宪法的经典解释。但尘埃并未就此落定。1791 年《权利法案》通过，反联邦主义者又扳回一城，并将双方的矛盾带进宪法。[①]

《权利法案》第一条说："联邦不得立法建立宗教，不得立法禁止宗教活动自由。"虽然今天主要被作为政教分离原则被提起，但当时却主要是反映清教徒对信义宗与圣公会之类较大教派与国家结合对自己形成威胁的忧惧，如英国本土那样。第二条："人民持有和携带武器的权利不可侵犯。"这虽然与民兵打败英国陆军建功、公共资源不足以为人身自由提供充分保护以及此前英国的《权利法案》相关条款有关，但"一支规范民兵是确保自由邦之安全所必需"一语，表明这主要是"邦"之自由而非"国"之秩序的需要——作为参考范本的 1689 年英国《权利法案》持枪权的授予对象是新教徒，背景则是新教与天主教的百年恩怨。结合第十条"宪法未授予联邦的权力，也未禁止给予各邦的权力，保留给各邦，或保留给人们"，整个《权利法案》作为联邦主义理念对国家主义主旨之宪法的修正意味跃然纸上。

国权、州权、民权的确需要良性平衡，联邦党人与反联邦党人之争自然不能以简单的是非黑白区分定性。有的将其说成工商经济与农业经济的冲突，有的说成自由与秩序的冲突，[②] 也有的说成是对公民美德的信任与怀疑的不同。[③] 笔者认为，将其表述为在美国国家建构的制度安排中，权力配置的国家本位论与社会本位论的冲突，应该更准确，也更切合实际。

《五月花号公约》以及《邦联条例》这些文件均是以社会本位甚至个人本位立论，有着反建制、反政府的倾向，而彰显国家之维、标志

① "这不仅是反联邦党人最可得意的胜利果实，也构成了两百年来美国宪法体制的一个核心"。《联邦党人与反联邦党人》，第 6 页。

② 参见《联邦党人与反联邦党人》，第 4—7 页。

③ 杰斐逊认为"他的党与联邦党人的斗争是热爱人民的人同不信任人民的人之间的斗争。"理查德·霍夫斯塔特：《美国政治传统及其缔造者》，北京：商务印书馆，2010 年，第 39 页。

着合众国诞生的《联邦宪法》毫无疑问意味着一个新的政治传统的开启。[①]“美国革命最终创立了一个统一的民族国家。”[②]

但必须指出，就制度而言，经过《权利法案》修正的美国只能说是一个民族国家的“弱政府版”。[③]

二、帝国社会结构的形成

美国叙事的保守主义版本是以“定居者”为主轴展开；[④]文化多元主义者提出的“1619 计划”[⑤]则是一个以黑人为主轴的版本——与前者针锋相对。但殖民或殖民者及其与相关他者的互动，应该才是美国叙事的真实起点与主要内容，因为只有这一视角才能从整体上给出关于 WASP、印第安人、黑人及其关系的系统描述，并对后续发生的诸多事项给出解释。[⑥]

在这种叙事里，首先是作为殖民者的种植园主们主导建立了民族国家的制度；然后是因为战争需要，黑人通过加入北方联军改变其奴隶身份获得成为自由民的机会，进而导致了第十三、十四、十五条

① 以汉密尔顿为代表的的联邦党人“在大多数美国人的忠诚和视野还局限于本地或本邦的界线之内时，他们却已经习惯了‘用大陆思维来思考’。”这种“大陆思维”被认为是一种“国家精神”。参见《缔造共和：美利坚合众国的诞生，1783—1789》，第 7 页。

② 约瑟夫·J·埃利斯：《革命之夏：美国独立的起源》，前言，2017 年。

③ 亨廷顿在《美国政治：激荡于理想与现实之间》中写道：“在美国人的思想观念中，实际上没有国家的概念……政府被视为社会的仆人，作为合法权威实体的国家概念对美国思想而言是陌生的，这使欧洲式的国家理由（Raisond’ Etat）成为美国传统自由主义、宪政主义和自然权利的极端对立面。”该书第 60—62 页。

④ 缪塞尔·亨廷顿：《谁是美国人？》，2010 年，第 30—35 页。

⑤ 2019 年《纽约时报》提出的项目，“旨在通过叙述奴隶制的后果以及黑人对美国的贡献作为民族叙事中心，重塑美国历史。”项目将 1619 年第一批被奴役的非洲人抵达弗吉尼亚殖民地视为“美利坚民族的诞生”。《纽约时报》记者妮可·汉娜·琼斯因主导该项目获得普利策评论奖。

⑥ 有人聚焦国家行为，认为美国一开始就是帝国。参见强世功：《“天下一家”VS. 世界帝国：深度全球化与全球治理的未来》，《东方学刊》2021 年第 14 期。

《宪法修正案》以法律的形式废除奴隶制，确立出生地公民资格和法律面前不分种族、一律平等的原则，赋予黑人公民身份（如选举权）等，从而使殖民者与黑人间由主奴关系向公民关系改变；接下来则是美国主流社会层面对这一以宪法修改内容和结果之“第二次建国”的政治抵制、思想否定与实践反扑；[①] 再然后，则是一次、二次世界大战以及冷战等带来的移民数量增加以及身份变化，改变了非 WASP 与 WASP 阵营的力量对比，其所积累的能量释放促成了 20 世纪 60 年代的民权运动的爆发；最后，到 20 世纪 90 年代以及 21 世纪冷战结束、北美自贸区成立，非 WASP 群体（黑人、拉美裔等）数量进一步增加，旧的族群关系模式更加无法维持，导致矛盾加深，震荡加剧。面对这一趋势，右派保守主义者担心“美国解体”而给出“文明冲突”的定性，吁请严阵以待；左派进步主义者则在选举政治中基于选票和理念，以文化多元主义之名投怀送抱，推波助澜，并将冲突带入政治层面。

回望历史或许可以看得更清：“北美”并非无主之地，印第安人之外，还有先 WASP 一年抵达的黑人。因此，由后来居上的 WASP 在此基础上建立的“合众国”，从族群构成这一政治社会学角度看，它一开始就是帝国性质的，即疆域广阔、民族众多。之所以能在《五月花号公约》基础上发展成为WASP的“民族国家”[②]，是因为族群之间的关系严重不平等：黑人是 WASP 的奴隶，其作为社会存在的意义仅在于他们是 WASP 的财富；印第安人则是政治上被 WASP 排除的敌人。因此，在《五月花号公约》《独立宣言》和《联邦宪法》这一系列重大建国事

① 埃里克·方纳：《第二次建国：内战与重建如何重铸了美国宪法》，北京：商务印书馆，2020 年。

② 美国最高法院第一任首席法官杰伊（1745—1829）把美国人民“有共同的祖先，讲同样的语言，信仰同一种宗教，遵从同样的治理原则，习俗风尚非常相近”说成是上帝的赐予。所以迈克尔·林德说美国早期确实是一个“民族国家”。参见《谁是美国人？——美国国民特性面临的挑战》，北京：新华出版社，2018 年，第 38 页。

件中，他们都是无法出席的局外人。[①]

“当托马斯·杰斐逊在1776年宣称人类拥有不可剥夺的自由权的时候……每五个美国人中就有一人是黑人奴隶。”[②]1790年第一次美国人口普查，美国人口约393万人，约323万人为白人；当中不列颠人占80%，其余为德意志人和荷兰人；宗教信仰90%为新教徒。当时，占总数的百分之二十约70万黑人只是作为种植园主的财产存在着。同年制定的第一部《归化法》，创立了统一的联邦移民管理体制，规定外国人变成美国人的法律程序只适用于“自由白人”。也就是说，“关于美国性（Americanness）的种族性界定从一开始就被建构在国家法律结构之中”，“即美国是一个由白人组成的政治共同体。”[③]

至于印第安人干脆就不被计算在内。美利坚合众国建立后，印第安事务被交由陆军部（War Department）全权处理，由此可知所谓印第安事务一开始就是被视为军事问题。1849年后印第安事务才移交内政部。内战结束，《宅地法》的颁行刺激了西部开发，印第安人遭到更为广泛的驱逐。1860—1890年，美国政府连续发动讨伐印第安人的战争。格兰特将军（1822—1885）称，“为保卫移民，有必要灭绝全体印第安人部落”。陆军总司令谢尔曼（1820—1891）则对这种屠杀行径大加赞扬，“这些印第安人必须斩尽杀绝”。[④]“只有死的印第安人才是好的印第安人”，就是他的名言。

契约组织社会，战争建构国家，这既适合英国，也适合美国。美

① 1857年首席大法官罗杰·坦尼在斯科特诉桑福德案判决书中指出，即便自由的黑人也不是《美国宪法》中所指的公民，所以斯科特无权在联邦法院提起诉讼。在他的逻辑里，作为奴隶主的财产，“奴隶”一词可以与“酒”或“车”互换，即没有本质不同。

② 埃里克·方纳：《十九世纪美国的政治遗产》，北京：北京大学出版社，2020年，第6页。

③ 埃里克·方纳：《十九世纪美国的政治遗产》北京：北京大学出版社，2020年，第9、12页。

④ 邱惠林：《美国印第安人口下降原因初探》，《西南民族学院学报·哲学社会科学版》总20卷第5期，1999年9月。

国族群间关系的松动，即以南北战争为动因和起点。战争以维护联邦统一开始，以废奴结束。由于在是否将奴隶制扩展至西部州的问题上发生分歧，诸南方邦退出联盟，联邦陷入分裂。[①]从契约论乃至宪法出发，南方联盟退出合众国可说并非完全无据，宪法第十修正案有云“本宪法未授予合众国也未禁止各州行使的权力，分别由各州或人民保留。”[②]而林肯自己也曾声称“任何地方的人民都有权起来推翻现政府并组建其认为更适合的新政府，只要他们有此意愿和力量。”但是，“革命者”之外，林肯还有“国家主义者”的一面，“这个林肯镇压了分离主义，不肯承认南部也有起来革命的权利。”这种矛盾性在盎格鲁-撒克逊历史上并非林肯所独有，[③]说明国家理由本身作为一种政治价值十分真实，只是其存在方式有着或隐或显的不同。

在这场黑奴获得解放的战争里，应该说奴隶制问题其实一开始只是作为经济问题（劳动力、关税等）或作为背景浮现，后来，则是作为军事谋略正式出场。埃利斯说立宪的国父们是“有意识地将道德目标置于政治目标之下”，即“为了换取一个国家的建立而许可了奴隶制的继续存在”[④]。正是在这一传统脉络里，林肯作出政治决断，其所签署的《废奴宣言》（The Emancipation Proclamation）仅仅宣布那些叛乱诸州土地上的黑奴应享自由，而未脱离联邦的边境州以及联邦所掌控诸州的黑奴却并不在豁免之列。换言之，《宣言》并非一个针对美国黑奴问题的道德-法律决定，而只是一个基于战争对抗而做出的针对南方叛乱州之黑奴争取的军事谋划（当然，完全排除前者也有点过于绝对），虽然我们今天主要将其视为一个道德和法律问题。逻辑并不复杂：联邦统一

① 南北战争后，最高法院对德州诉怀特案的裁决将各州加入联邦视为终极性行为，完整永久，不可撤销。它的理论基础显然绝非契约论，而只能是由几十万人命证成的国家理由。

② 《美利坚联盟国宪法》几乎是合众国宪法逐字逐句抄录的副本。

③ 理查德·霍夫施塔特：《美国政治传统及其缔造者》，北京：商务印书馆，2010年，第121页。

④ 约瑟夫·J·埃利斯：《缔造共和：美利坚合众国的诞生 1783—1789》，第10页。

的维持有赖于北方联军的胜利；北方联军的胜利有赖于充足的兵源，而白人志愿兵数量有限；吸纳南方青壮黑人加入北方联军对阵南方联军是取得胜利的直接方式（战争初期联邦军队曾拒绝接受黑人志愿者，但很快在军事压力下打开大门），而获得自由民身份对南方青壮黑人吸引力巨大。因此，虽不赞成奴隶制，但也并未将黑人视为美国公民，对蓄奴州也没有什么特别反感的林肯，在就任总统职位就遭遇南部七个州退出联邦另立“美利坚邦联国”时，必须捍卫联邦的他别无选择。①

1861 年 4 月，南部同盟炮轰桑姆特堡，1862 年 9 月“废奴宣言”颁布。很幸运，在这一次国家主义取向的政治决策中，黑人成为“受益者”，并由此开启了美国“第二次建国”的进程。② 这一切集中体现在第十三条、第十四条、第十五条《宪法修正案》上。它们的主要内容分别是：“奴隶制和强制劳役不得存在”；“所有在合众国出生或归化合众国并受其管辖的人，都是合众国的和他们居住州的公民”；“合众国公民的选举权，不得因种族、肤色或以前是奴隶而被合众国或任何一州加以拒绝或限制”。此外，三者最后都有一个共同条款：“国会有权以适当立法实施本修正案。”

第一点是告别昨天，废除奴隶制；第二点是开创未来，确立出生地公民原则；第三条是将这一点落实在选举这一政治权利上。而“国会有权以适当立法实施本修正案”，则是将相关权力收归联邦政府。在此前的宪法里，奴隶制属于各邦内部制度，公民身份及其权利也是由各邦自己规定，联邦政府均无权干涉。

《修正案》直接的结果是社会层面的族群关系改变：白人与黑人在法律上不再是“主奴关系”，而是同为合众国公民，政治权利平等。间

① 他“给霍拉斯·格雷利的公开信坚持说他对奴隶制采取的一切行动都是处于拯救联邦的动机。”参见《十九世纪美国的政治遗产》，第 70 页。

② “内战期间，当国会通过第十三条宪法修正案时，第二次建国就开始了。”参见《第二次建国：内战与重建如何重铸了美国宪法》，第 18 页。

接的结果则在制度层面：国家社会间权力，用中国的说法——外重内轻的格局被重新配置，地方权力严重收缩，中央权力大幅扩充；个体美国人与联邦之间建立起了新型的宪法联系，即与国家建立起了直接联系而不再只是系属各州。相对《权利法案》对联邦的限制，这一次修宪旨趣正相反，州权成为限制对象。①

“主奴关系”在法律上的解除并不意味着权利平等在现实中的真正实现。这三条宪法修正案通过后不久，由白人控制的南方各州政府、立法机构及法院通过了一系列的吉姆·克劳法（Jim Crow laws），对有色人种（主要是非裔美国人）实行种族隔离制度，就是这种矛盾冲突的表现。② 邓宁学派则为这种做法提供了思想支持。③ 显然，这是社会层面 WASP 从人口数量到政治权力、文化话语全面占据优势的反映。但黑人身份公民化这一性质的改变既已发生，美国社会结构的帝国化或去民族国家化进程也就开始了。④ 它需要时间，等待数量的积累，以及一些人与事的出现。

蒸汽船对风帆船的升级加快了移民进程，也改变了移民格局。移民人数在南北战争前总共约500万人，战后的20年中剧增到1000万人。

---

① 许多人认为，“州权是仅次于奴隶制本身的导致战争的一个原因。”参见《第二次建国：内战与重建如何重铸了美国宪法》，北京：商务印书馆，2020 年，第 17 页。

② 1890—1960 年间，南部有 4000 多人遭到私刑处置，即被暴民群体谋杀致死，其中大多数的受害者是非裔美国人。参见埃里克·方纳：《美国 19 世纪“重建”及其在种族问题上的回响》，[2021.05.01]，(2020.06.07)，https://new.qq.com/omn/20200607/20200607A0GVI800.html。

③ 邓宁学派将重建视为时代肮脏可耻腐败堕落的产物，认为赋予黑人平等参与美国政治的权利是一种错误。参见姚念达：《方纳北大讲座丨战后重建的历史遗产：谁有资格获得美国公民权》，[2021.05.01]，(2017.03.20)，https://www.thepaper.cn/newsDetail_forward_1648414。

④ 当然这首先是黑人自己抗争的成果。一种观点认为，黑人的努力不但为自己也为妇女、同性恋以及其他族群的平等发展铺平了道路，甚至可说“帮助美国实现了自己的建国理想”。殖民地建 WASP 的民族国家，只能以种族灭绝为前提。事实也近乎如此：美洲印第安人总人口大约是 4000 万人，但在新航路开辟以后的 100 年间印第安人人口减少了 90%~95%，加勒比海地区及热带沿海地区的印第安人几乎灭绝。只有一些自然条件恶劣地区，印第安人相对较多的得到保存。黑人之所以幸存是因为他们被视为 WASP 的财产。

20 世纪前 87% 的移民来自北欧和西欧新教地区，进入 20 世纪，81% 的移民来自南欧和东欧天主教地区。一战促进了非 WASP 白人（南欧和东欧以及爱尔兰移民曾被视为“低等种族”）的被接纳和融合；二战提升了亚裔的地位（20 世纪 40 年代，亚裔始获得进入归化程序资格）。在此基础上，各殖民地独立的国际氛围以及国内一系列或偶然或必然的事件触发了美国黑人的自由渴望与民主憧憬。于是，1964 年成为这样的时间节点，以第十四条宪法修正案为基础的《民权法案》（Civil Right Act of 1964）在这一年正式通过。

如果可以说由此开始了美国的第三次重建，那么，由于有新的族群结构支撑其意义显得有所不同。所谓新的社会结构就是多元族群的帝国社会结构。1790 年第一次美国人口普查结果是：美国总人口约 393 万人；白人约 323 万人，占比 80%；黑人约 70 万人；占比 20%。但 2020 年人口普查的结果是：总人口 3.31 亿人；白人约 2.04 亿人，占比 57.8%；黑人占比 12.4%，约 4100 万人。问题是，白人总人口比十年前的 2.23 亿人下降了 8.6%，总占比由 63.7% 到现在的 57.8% 下降了 5.9 个百分点。增长人口中，20 世纪 70 年代白人占比 46%，80 年代占比 36%，90 年代占比 20%，但是在 21 世纪的第一个十年仅仅占比 8%，进入第二个十年则为零！得益于北美自贸区及其他天时地利，拉美裔成为新增人口的大头，人数达 6210 万人，比 2010 年时的 5050 万人增加 23%。按照这一趋势，到 2050 年，白人只会占据总人口的 46%，拉美裔将占据 30%。而拉美裔，比黑人异质性更明显。1994 年 7 万人在“墨西哥国旗的海洋”下游行抗议 187 号公民提案。四年后还是洛杉矶，美国主场与墨西哥的足球比赛仍然是“墨西哥国旗的海洋”，谁要是打出星条旗就会被嘘被扔啤酒杯。正是这样的画面刺痛了亨廷顿的盎格鲁 - 撒克逊心脏，使他发出“谁是美国人”的追问。

严格说，征服、奴役关系中的白人—印第安人关系、白人—黑人关系性质是军事和经济性的，不同于一般意义上的族群关系，因此早期美国可以视同存在军事和奴役情况的民族国家，而非帝国。但是，当非 WASP 族群在第十三、十四、十五条宪法修正案的加持下随着数量增加而重组美国社会，它就在社会结构上变身成为政治社会学意义上的帝国了。这必然表现出对国家制度与治理模式进行改革的要求，具体表现为非 WASP 对 WASP 之主导地位的冲击（因为二者关系在历史上严重失衡），而 WASP 群体也必然对这一冲击做出全方位的回应。从奴役到歧视到平等的族际关系转换不只是一个心理调适、认同清理的问题，对保守主义者如亨廷顿们来说，更是美国作为一个国家的制度理念、文化之连续性维持的问题，一个国民性变化与美国性瓦解之文明存亡绝续的问题。

有保守主义，就有进步主义。克里斯托弗·考德威尔（Christopher Caldwell）写道："当今的美国社会已经被割裂为两大阵营，一个是一群偏执者们组成的政党，而另一个则是一群极权主义者组成的政党。而党派极化最根本的原因便是 1964 年颁布的民权法案，它的原意是认定因种族、肤色、宗教信仰、性别或来源国而有的歧视性行为为非法，殊不知却导致美国人分裂成两种不同且互不相容的宪法文化，而这一分裂随着时间的推移变得愈发明显。"[①] 将这一切归因于 1964 年颁布的《民权法案》，应该即是认为当今政治极化的深层根源是族群矛盾，以及对这一矛盾的错误处置。

三、外部观察：寻找帝国治理逻辑

进步主义的民主党拥抱文化多元主义，坚持个体本位的公民民族论，从政治价值定义美国；保守主义的共和党则坚持 WASP 中心的民

① 克里斯托弗·考德威尔:《〈民权法案〉是美国党派分歧的根源》,［2022.3.20］,（2020.03.25）, https://www.sohu.com/a/383022243_100033819。

族国家论，主张文化熔炉论。从帝国的社会结构出发，可以清楚看出这两种政策的偏颇谬误：前者去美国化的“国族认同”建构无视族群存在的真实性，将问题个体化，进而从个体权利尊重出发，无限迁就文化多元化；后者“再民族国家化”则无视族群结构及其力量对比的改变，幻想维持 WASP 曾经的绝对优势地位，从而导致族际对抗加剧。各执一端，针锋相对，前景悲观。[①] 如果我们的判断可以成立，即问题在民族国家的制度安排与帝国的社会结构不相匹配，那么，从帝国的社会结构这一现实出发，反思民族国家的政治理念，回归帝国治理逻辑，就成为一种值得考虑的选择。

这里的帝国是相对民族国家而言的。作为政治学概念，它所述指的是那种疆域广阔、包含两个以上规模族群的国家，而与用于国家行为描述的帝国主义没有关系。什么是帝国治理逻辑？就是由疆域广阔、民族众多的自然、社会条件决定的制度安排和文化权重分配，具体来说就是政治一统，文化分层。

或许可以将西方的罗马帝国与东方的中华帝国作为理解这点的历史参照。如果说罗马帝国的兴盛在于“他们能够同化战败者的理念”，那么，罗马帝国的衰亡则很大程度上与卡拉卡拉皇帝将公民权普遍授予境内全体自由民有关。二者之间其实存在一个共同的逻辑，那就是在文化包容与政治平等政策的制定和执行上，缺乏智慧和原则性：万神殿表明文化权重结构未有做出系统安排；卡拉卡拉敕令则在仓促改变固有政治秩序的同时，削弱了主体民族的荣誉感，进而影响其社会

① 美国弗吉尼亚大学无党派政治中心 2021 年 11 月 2 日发布的民调结果显示，有 52% 的特朗普支持者和 41% 的拜登支持者认为，国家分裂，让红蓝州建立自己的国家会更好。52% 的特朗普选民在某种程度上同意红蓝州分裂，25% 的人强烈同意。41% 的拜登选民在某种程度上同意这种观点，18% 的人强烈同意。主持民调的弗吉尼亚大学教授萨巴托坦言：“特朗普和拜登选民之间的分歧是深刻、广泛和危险的，不仅范围前所未有，而且不易解决。”新民晚报，《最新民调，美国人支持国家分裂》，［2022.3.20］，（2021.10.03），https://baijiahao.baidu.com/s?id=1712563991856612033&wfr=spider&for=pc。

责任感，帝国基础随之动摇。

而绵延数千年的中华帝国，这方面角度都有自觉（制度安排和文化权重），即政治一体，文化分层。武王克商建立周朝，周公主持的“封建亲戚，以藩屏周”（所谓分封制）表面看是“分”经由“分封”建立一个邦联，但这个邦联其实是有一个政治和军事目的或目标的，那就是拱卫宗周（“藩屏周”）。并且，虽然从天子与诸侯的关系来说支配性很低，但是相较此前的部落联盟已经纳入了同一个政治实体。宗法制对亲属制度政治改造的关键之处，就是通过嫡长制强化了父子关系的主干地位。与其他亲属关系更多基于感情相比，父子关系的等级性、理性因素最强，性质上更接近政治关系。事实上，提升父权正是要确立天子对于各地方诸侯的支配能力，以维持王朝的政治统一性。

随着时间推移，诸侯国之间亲情日趋淡薄，利益日趋分化。到春秋战国时期，礼崩乐坏，政治陷入乱局。李斯和秦始皇都意识到“天下共苦战斗不休，以有侯王”，于是以郡县制代替分封制，并通过车同轨、书同文、统一度量衡等措施进行各方面的同质性建构，使中央集权制度名副其实。(《史记·秦始皇本纪》) 汉承秦制，董仲舒以“《春秋》大一统”和“素王论”化解了儒教在理论和政治上与帝国以及“时王”之间的紧张。汉武帝采纳董仲舒“罢黜百家，独尊儒术”的建议，以五经博士制度替代秦始皇“以法为教，以吏为师”的文化政策，中华帝国制度体系和治理结构底定成型。[①]

《礼记·王制》“修其教，不易其俗；齐其政，不易其宜”中对“教”与“俗”，“政”与“宜”的区分就是一种治理秩序安排，“政”与“教”是国家政治秩序和文化秩序，“俗”与“宜”是地方风俗与习惯，二者存在权重上的等级差别，后者次于或服从于前者。“霸王道杂之”中的霸道是指法家设计的中央集权制，王道则是儒家主张的社会自治，所

① 陈明：《帝国的政治哲学——〈春秋繁露〉的思想结构与历史意义》，《政治思想史》，2019 年第 2 期。

谓社会自治的主要机制就是宗法组织构成的文化权力发挥作用。“九州共贯，六合同风”的“大一统”局面就是建立在这样的基础上。

随着道教兴起，佛教传入，这些以个体生命问题解决为承诺的宗教，因为信众增加，产生溢出效应，在公共领域对儒教叙事形成冲击，危及道统。韩愈主张“人其人，火其书，庐其居，明先王之道以道之”。朱熹在以佛老为异端，建立“四书学”系统进行文化应对之外，也上书朝廷，呼吁禁绝。南宋孝宗皇帝则从天下治理的角度根据三教特点各取所需，提出“以儒治世，以佛治心，以道治身”的“三教论”应对。需要指出的是，这里的三教合一并非思想学术意义上的，而是对三者之社会功能和地位的划分规定，既是社会治理方式，也是宗教管理方式，更是一种帝国治理的文化结构。如果说治世、治心、治身都意味着一种文化权重赋予和安排，那么谁的权重最大？毫无疑问是治世。清代，雍正以皇帝和国家的名义将“天地君亲师”的信仰体系颁行天下。与此同时，这个满族统治群体又在紫禁城悄悄进行着萨满教的祭祀活动，以维持自身的文化传统。

从民族国家的视角是无法理解这一切的。换言之，正视自己的帝国性质，回归帝国治理逻辑的前提之一，就是美国需要走出民族国家的幻觉或想象。民族国家是帝国瓦解的产物，是欧洲对民族和宗教纷争的解决方案，将它普遍化为政治现代性的内涵是一种理论僭妄。作为殖民者进入的 WASP 在《五月花号公约》基础上建立的合众国只是自称的民族国家，殖民者身份本身必然带有帝国的属性。对印第安人的驱逐杀戮、视黑人为棉花烟酒一样的财物，这样的阶段在 20 世纪 60 年代已经彻底终结。作为“他者”的民族浮出水面，既不能化约为个体，也不能被 WASP 覆盖，必须被合理对待。由此而来的则是意识到需要遵循帝国治理逻辑，在国家 - 社会的权力配置中调整此前外重内轻的格局，反思基于民族国家历史和理念形成的政治文化，如契约论、文化政策等。

“良好行政的国家是最好的国家，行政管理的有效性在判断国家的好坏问题上，优先于政府形式的考量。”[①]汉密尔顿说“由国家的幅员带来的困难，是赞成一个坚强政府的最有力的论据，因为任何其他政府绝不能维持这样的联邦”，表达或遵循的就是帝国的治理逻辑。准此以观，今天的幅员相对当年的十三州扩展了多少倍，国内的社会结构复杂了多少倍，今天的国际环境又复杂了多少倍，那么，维持联邦所需的“坚强政府”的权力 - 能力应该增加多少倍，就成为必须认真思考的真实问题。

多元族群带来的社会异质性变化，注定了社会内部不仅已经失去经由契约建立组织系统或者形成解决方案的可能性，而且身份政治导致的族群矛盾乃至文明冲突潜藏着撕裂社会、动摇国本的危险。对此，曾经引以为傲的以“美国信条”为内容的国家认同，不仅无法提供整合的资源和能力，反而强化着对抗和分化——以平等、自由、个人主义为内容的“美利坚信条的独特之处，就在于反对政府”[②]。

这是一种先天缺陷。因为作为民族国家基础的社会是同质性的，不会出现这种问题，于是国家服从于社会，国家是社会实现其目的、保障其利益的工具。但是帝国不仅不可能立基于契约，甚至根本上就是反契约（论）的。因为帝国本身就意味着社会的异质性，必须为国家寻找不被社会所范围和限制的国家理由。麦迪逊强调的“社会的、永久的和集体的利益”正是这样一种东西。黑格尔所见略同：“国家的目的就是普遍利益本身，而这种普遍利益又包含着特殊的利益……”[③]当然，美国的调整无须借道黑格尔，汉密尔顿、麦迪逊等联邦党人以及林肯的国家主义本就内在于美国历史和美国政治，那是一个隐而不

① 理查德·C. 西诺波利：《美国公民身份的基础：自由主义、宪法与公民美德》，上海：复旦大学出版社，2019 年，第 267 页。

② 亨廷顿：《美国政治：激荡于理想与现实之间》，北京：新华出版社，2017 年，第 58 页。

③ 黑格尔：《法哲学原理》，北京：商务印书馆，1961 年，第 306 页。

显却总是在关键时刻横空出世、力挽狂澜的深层传统。林肯在当选总统后的第一次就职演说中就强调“联邦先于宪法”（The Union is much older than the Constitution）。这不是历史，而是心底的信念。

政治一统，文化分层。文化分层是与帝国社会结构之多元性相应的政治要求。曾几何时，亨廷顿对“以政治信条和价值来定义民族使美国从根本上与众不同”津津乐道，[①] 旋踵之间又开始对美国信念的盎格鲁 - 新教属性郑重其事小心求证了。[②] 有学者用同化论（Anglo-Comformity）、融合论（The Melting Pot）和文化多元主义（Cultural Pluralism）三种理论或模式描述美国这个移民社会里曾经产生的文化策略。[③] 大致可以 20 世纪 60 年代为界，之前以同化理论为主，之后以文化多元主义为主。[④] 如果说同化是保守主义文化的进攻版，那么现在流行的则是它的防守版。至于文化多元主义，则因 1619 计划以及对 LGBT 的拥抱而走向了后现代的极端。从政治极化及其对立来看，二者对冲并没形成某种互补均衡的文化生态，而是势同水火，陷入僵局。

从旁观者角度看，1967 年罗伯特·贝拉提出的公民宗教理论，或许可以视为文化秩序建构的不同思路，隐隐与融合论（The Melting Pot）相衔接。表面上看，他提出这一论述是“试图将国家置于道德原则的制约和评判之下”[⑤]，但不可否认，这制约国家的道德原则也无疑就此被赋予了国家价值基础的地位（类似于“以儒治世”）。贝拉所谓公民宗教的主要内容为清教主义（法律与正义以及个人与社群关系强

① 亨廷顿：《美国政治：激荡于理想与现实之间》，北京：新华出版社，2017 年，第 40 页。

② 亨廷顿：《谁是美国人？美国国民特性面临的挑战》，北京：新华出版社，2010 年，第 1 页。

③ 米尔顿·M. 戈登：《在美国的同化：理论与现实》，载《西方民族学社会学经典读本》，北京：北京大学出版社，2010 年。

④ 朱文莉为亨廷顿《美国政治：激荡于理想与现实之间》中文版所撰序言将 20 世纪 60 年代视为美国现代和后现代的分水岭，“此前的美国是 WASP 文化居核心地位的清教伦理之国，此后则是多元文主义占据主流。”

⑤ 陈勇译罗伯特·贝拉：《美国的公民宗教》，《原道》第十三辑。

调）、启蒙哲学（强调理性、自由、自然权利）和罗马共和主义（强调社会成员对整个共同体的责任、培养公民道德以实现共同善），其与WASP的勾连显然超过任何其他族群，并且因为渗透在美国历史的重大事件中而业已成为广泛共识，成为一种共同善（common good）。公民宗教渊源于这样一种古典政治理念，即任何城邦（国家）要强大且持久，公民群体的道德共识和神祇共信不可或缺。因为这一公民宗教的主要象征符号都出自基督教，作为保守主义者的亨廷顿也在自己的书中加以重申。[①] 从这个角度定位基督教及其相关思想资源，进而形成一种文化秩序，既与历史衔接，也与现实匹配。

杜威说伟大的社会（society）需要转换成伟大的共同体（community），即是指既有认同凝聚又有对多样性、异质性的包容。贝拉的公民宗教可说正是实现这一愿景的基础与核心，是构成文化秩序之分层结构的主体。它不仅对同化论（Anglo-Comformity）和文化多元主义（Cultural Pluralism）具有双向的约束作用，而且在维持着美国历史连续性、凝聚社会认同的同时，给各种文化体系的生存发展预留了足够的空间。就其概念本身而言，公民宗教在普芬道夫（1632—1694）和卢梭（1712—1778）那里，都有很强的国家维护、社会整合和宗教（文化）治理的功能与色彩。[②] 因此，对中央政府的权威既是限定，也是加持……

中国和美国属于不同的文明体系，不仅在世界图景和存在秩序上

① 亨廷顿：《谁是美国人？美国国民特性面临的挑战》，北京：新华出版社，2010年，第77—79页。

② 例如普芬道夫写道：“应该努力在一个国家中确立一种信仰和宗教……可以有助于公共安宁的维持……在宗教的公共形式没有建立的共同体中，主权者可以建立一个。”《就公民社会论宗教的本质与特性》，上海：上海三联书店，2013年，第111—112页。而卢梭，更认为公民宗教“纯属公民信仰的宣言。这篇宣言的条款应该由主权者规定……作为社会性情感。”《社会契约论》，北京：商务印书馆，2003年，第181页。

有着根本的不同，意识形态上的分歧也非常严重。因此，本文的观察，尤其是最后的分析，难免被视为某种疯狂或幼稚。但是，必须承认中国和美国一样在世界上属于另类的政治存在，基于欧洲经验的现代性理论很难提供有效的描述和阐释。在“帝国范式”日益受到重视的今天，将中国五千年历史中的帝国治理经验呈现出来，作为芹曝之献，这一东方观察的理论价值姑置不论，“君子成人之美，不成人之恶”的儒家善意应该还是明确可感吧。

朱子思想转折的内容、意义与问题
——以儒家文化与中华文明之结构关系为视角的考察

绪 论

儒家思想素称“四书五经”。“五经”是孔子修订的文本；“四书”的系统则出自朱子之手。钱穆说的“中国历史上，前古有孔子，后古有朱子”，[①] 其实也是长期以来社会和学界的共识。但是，牟宗三从其所谓宋明儒学“三系说”出发，认为朱子思想在儒家传统中并非正脉，而属于“别子为宗”。[②] 钱氏治史，是在国势危殆中，带着“温情与敬意”“为故国招魂”，自然聚焦于精华演绎以“发潜德之幽光”。牟氏作为哲学家，是在西方文化压力下，试图为儒家思想建构一个哲学形态的知识系统，以儒学的知识合法性证成其价值合法性，因此倾向于将儒家思想视为一个整体，对各种学术流派的逻辑理路及其结构关系加以分疏，而不能不从判教视角对朱子心性论定性判分。

另一个有影响的研究是余英时的《朱熹的历史世界：宋代士大夫政治文化的研究》。[③] 书中一方面批评牟氏将“道体”抽象化，忽视“道学家与他们的实际生活方式之间的关联”，另一方面则将“道体”问题政治化，并将其纳入“道统”与“政统”两相对峙的预设中加以阐释

① 钱穆：《朱子新学案》(上册)，成都：巴蜀书社，1986 年，第 1 页。

② 三系划分，见参见牟宗三《心体与性体》，上海：上海古籍出版社，1999 年，第 43 页。“别子为宗”，见参见牟宗三《中国哲学十九讲》，上海：上海古籍出版社，2005 年，第 76 页。

③ 余英时：《朱熹的历史世界：宋代士大夫政治文化的研究》，北京：三联书店，2004 年。

评估。这显然是一种现代性视域下基于自由主义之问题意识与价值立场的政治哲学研究，即根据儒学与现代性的相关性，对儒学（以及整个文化传统）之价值合法性进行评判。①

这些观点及其所属之研究范式反映着研究者本人的生活处境与问题意识，自有其思想史、学术史意义与价值。但是，它们均不同程度地脱离了朱子思想文本之真实语境，忽视了儒学首先是作为一种思想和信仰的体系存在于中华文明系统之内，以价值和意义的提供者构成其内在的精神结构，并在这一功能、作用的提供过程中适时更新其话语论述的整体属性与特征。以此为出发点，则我们对牟宗三的研究可以且应该如此追问："别子为宗"何以成为可能？难道不是因为它确实解决回应了某种属于朱子的时代课题？对余英时，我们同样可以且应该如此追问：朱子的"四书系统"及其"道统论"果真是指向"政统"的政治哲学理论吗？其所建构的道统论及其与佛道二教在心性控制和文化权重上展开的论辩争夺，以"文化的政治"命名定性岂不更加符合当时的历史实际，也更加符合朱子本人意志及其思想的品质属性？②

本文即拟从这一文化 - 文明的视角，以儒教与中国社会和政治这一

① 余英时：《朱熹的历史世界：宋代士大夫政治文化的研究》，北京：三联书店，2004年，第 59 页，附论一：《抽离、回转与内圣外王——答刘述先先生》。他认为，"政统具有强固的传统性格，道统却蕴藏着浓厚的现代精神"；朱子提出道统乃是为了给"批判君权提供精神的凭借。"

② 余氏《朱熹的历史世界：宋代士大夫政治文化的研究》用"回向三代"概括宋代政治文化，似是而非。"回向三代"可谓秦汉以降儒士大夫共同的愿望，而以两汉为最，甚至汉武帝也曾向董仲舒询问："何行而可以彰先帝之洪业，上参尧舜，下配三王？"（《汉书·武帝纪》）但用作现实政治批评参照的三代毋宁说只是一个抽象概念，因为偏重德性礼治而无关井田分封，真正如此实践的王莽等败得很惨。宋代因为太祖祖制等原因，士大夫地位提高，应该说"回向三代"获得了最大的实现可能性，却导致了士大夫为竞争与皇权合作机会而展开的朋党之争。即便如此，"得君行道"的王安石推行的"熙宁变法"也是以"富国强兵"为导向，而司马光的反对理由之一竟然是"南人不可当政"。至于写出《皇王大纪论》、主张恢复井田的胡宏，在政治上毫无影响。

内在结构关系[①]自唐代开始受到佛老二教冲击，历代儒生奋起卫道为广阔背景，正面阐述朱子是如何在这一文化、政治的脉络里工作，[②]维护儒教文化与中华文明固有的内在联系及其文化权力，最终建立起其个体心性论及相关之道统论的思想体系——这种理解应该才是基础性的和根本性的。

一、中和旧说：未发为性走出道南

佛教作为一种基于个体生命体验的宗教，其传入中土对国人关于生命和世界的理解以及思维方式与能力的深化拓展贡献良多，但那种“空”的哲学对于中国社会和文化的基本价值和信念具有解构作用也是不言而喻的。所以，当它由一种个人安身立命的方案通过众多个体行为呈现为社会现象和思潮，动摇、瓦解政治秩序和文化认同的根基时，就不能不与儒家所代表的社会主流价值发生冲突。这也正是韩愈以来儒家士大夫反佛的原因和要害所在。

唐宋变革，门阀世族衰落，个体成为社会的主要构成单位，中国化的佛教禅宗在社会广泛传播。韩愈指出儒佛之间乃“夷狄之法”与“圣人之教”的对立关系，儒教如果不能有以应对，结果就将是中国的夷狄化。[③]他的对策就是揭橥儒家仁义之帜，建立儒家道统，宣示尧、

---

① 关于这种结构关系，参见陈明：《帝国的政治哲学：〈春秋繁露〉的思想结构与历史意义》，《政治思想史》，2019 年第 2 期。

② 《朱子语类》卷一百二十六：“禅学最害道。庄老于义理绝灭犹未尽，佛则人伦已坏。至禅，则又从头将许多义理扫灭无余。以此言之，禅最为害之深者。”朱子虽常常佛老并称，但实际以佛为主要论战对象。

③ 《原道》：“古之所谓正心而诚意者，将以有为也。今也欲治其心而外天下国家，灭其天常，子焉而不父其父，臣焉而不君其君，民焉而不事其事……今也举夷狄之法，而加之先王之教之上，几何其不胥而为夷也？”韩愈已经注意到，儒佛之争的焦点在“正心诚意”的心性层面。

舜、禹、汤、文、武、周、孔代代相传之道才是中华文化正脉所在。韩愈的学生李翱撰写《复性书》，进一步完善韩愈的主张。此后，从孙复、石介、欧阳修、李觏、张载到程颢、程颐、胡宏，排佛成为儒门共识，并且都是从"公共领域"而非"私人生活"立论。其中欧阳修所撰《本论》认为佛教之所以兴盛，是因为社会政治不够清明，而不是儒门理论不够完善："佛所以为吾患者，乘其（三代政教）阙废之时而来，此其受患之本也。补其阙，修其废，使王政明而礼义充，则虽有佛无所施于吾民矣"；他的结论是，"修其本以胜之"。

这就是朱子真正的历史和思想的世界①：韩愈的道统观念，李翱的心性论题和欧阳修的政治关注成为他思考的起点、工作的范围和理论建构的目标。到乾道三十二年，朱子三十三岁的时候，他在上孝宗皇帝的"壬午封事"中正式将佛老判定为"政事不修，夷狄不攘"这一时代困局的原因，并将其视为自己思想上的对手。②借用欧阳修"修其本以胜之"的话，朱子的"本"乃是"心性"而非"政教"③。

有趣的是，这一工作竟是从自我反思、内部清理而次第展开，逐步深化，并最终完成。因为不仅朱子自己早年醉心佛老，同时，点拨他逃佛归儒的延平先生李侗自己所属之道南学派其工夫论亦深受禅宗影响。《延平行状》云："（李侗）讲诵之余，危坐终日，以验乎喜、怒、哀、乐未发之前气象为如何，而求所谓'中'者。"④朱子对老师的这

① 有人统计，《朱子语类》中，关于韩愈的议论是最多的。参见全华凌：《论朱熹的韩愈研究》，《船山学刊》2009年04期。朱子与韩愈的关系，矛盾纠结，大可参详。

② 《宋史·朱熹传》："（皇上）颇留意于老子释氏之书……虚无寂灭，非所以贯本末而立大中。帝王之学，必先格物致知……意诚心正，而可以应天下之务。"

③ 朱熹《答廖子晦》批评韩愈"只于治国平天下处用功而未尝就其身心上讲究持守"，显然也适应欧阳修。

④ 王懋竑：《朱熹年谱》，北京：中华书局，1998年，第9页。

些学问路数并不认同契合。[①]所以，当他觉得“圣贤言语渐渐有味，释氏之说罅漏百出”，尤其现实中看到佛老虚无寂灭之言对孝宗皇帝心性的影响，使他得出与欧阳修不同的结论，不是政教不立导致佛老泛滥，而是人之心术被佛老掌控导致政教不修、夷狄不攘。所以，当务之急是批驳佛教的心性论，建立儒教的心性论，夺回对人尤其是人主、士大夫的心术主导权。

如果说三十五岁编成的《困学恐闻》是朱子对自己“出入释老者十余年”的自我反思，[②]那么，翌年所撰之《杂学辨》则是“斥当代诸儒杂于佛老”（四库馆臣语）的系统批判。[③]“破”是为了“立”，而从李侗那里所学的道南学派思想及其工夫论，不仅无法导向心中的目标，甚至其本身就是必须先予以走出的牢笼桎梏。走出道南，成为“破”的高潮或“立”的起点。

他在给张栻的信中质疑自己老师李侗的老师杨龟山，“龟山所谓‘学者于喜、怒、哀、乐未发之际，以心验之，则‘中’之体自见’亦未为尽善……只云‘寂然不动之体’，又不知如何？”此外，对其“存养未发之时”“当中之时，耳目无所见闻”之类的说法，他也难以接受。因为，道南学派以“心之动静”即心之活动与沉寂的不同状态来解释《中庸》文本中的“已发”与“未发”，[④]以及由此而来的所谓“静中体验未发”工夫路数，实际是以心之功能观心之状态。而当个体之心成为“对象”，实际也就是把心当成了“本体”。这正是佛教“心生万法”的翻版。

---

① 《朱熹年谱》，北京：中华书局，1998 年，第 15、18 页。一种解释是，朱子所习乃“看话禅”，道南学派之工夫论则近“默照禅”，二者风格对立。参见蒋义斌：《朱子排佛与参究中和的经过》。

② 见《困学恐闻》编序，载《朱熹年谱》，北京：中华书局，1998 年，第 26 页。

③ 肖湘：《朱熹〈杂学辨〉研究》，2018 年湖南大学硕士论文。

④ 《中庸》原文，“喜怒哀乐之未发，谓之中；发而皆中节，谓之和。”“发”为动词，因此“未发”“已发”应该是指某种东西的状态。对“某种东西”的不同理解，意味着对人性及其基础等理论问题的不同设定。

如此，则不仅《中庸》文本中作为“已发”“未发”之基础与前提的“天命之谓性”以及作为生命存在形式的“情”（喜、怒、哀、乐），以及作为价值尺度的“节”，都被排除；世界万象也沦为一心所转之幻觉——失却源头活水的所谓心之本身自然更是枯井一眼，毫无生机。这正是朱子所抨击的“虚无寂灭”之教的症候，又如何能够据以“正心诚意”，证成儒家君子而与佛老分庭抗礼，争夺文化主导权?

张栻能懂朱熹的困惑与不满，因为张栻的老师胡宏（胡五峰）对杨龟山的这一理论曾做出分析批评。他们二人这一时段的通信不仅频繁，而且篇幅极长，可见心理兴奋与思维活跃。早在1164年与张栻的船舱晤谈，以及从张栻处获赠五峰《知言》对“日用处操存察辨”的重视，已经促使朱子由专注“未发”之内心向“已发之伦常日用”的转换。[①] 而打通“未发”之内与“已发”之外，则意味着对于心性关系的重新思考和安排。

五峰强调，“心性二字，乃道义渊源……然后由所持循矣”。就是说心与性虽属于一己之身，却上与“本体”相接，下与生活世界想通。所以，他断言，“未发只可言性，已发乃可言心”，“恐说‘寂然不动’未得。”[②] 朱子后来自述五峰此说“与己意相合”，“用是益自信”。他在给张栻的信中说，“通天下只是一个天机活物，流行发用，无间容息。据其已发者而指其未发者，则已发者人心，而凡未发者皆其性也。……若果见得分明，则天性人心，未发已发，浑然一致，更无别物。由是而克己居敬，以终其业……《中庸》之书，要当以是为主。”[③]

“已发者人心，未发者皆其性”，就是著名的“中和丙戌之悟”或曰“中和旧说”的主要内容。这一阶段性成果带来的兴奋，体现在与友人书中小诗里：“半亩方塘一鉴开，天光云影共徘徊。问渠那得清如

① 束景南：《朱熹年谱长编》上卷，上海：华东师范大学出版社，2001年，第330页。

② 《胡宏集·与曾吉甫书三首》，北京：中华书局，1987年，第115页。

③ 《答张敬夫》，载《朱熹年谱》，北京：中华书局，第29—30页。

许？为有源头活水来。”

这与五峰的说法几乎完全一致。有人如钱穆认为朱子此说得自湖湘，[①]也有论者否认朱子受五峰影响。[②]前者似乎成立，因为表述一样而五峰时间在先。但细究后者也有道理，因为朱子之说与五峰之说字面意义虽一致，深层逻辑却并不相同，意义旨归更是完全不一样。表层意义一致：首先，均主张“未发为性，已发为心”，二者间存在纵向的“隐”与“显”之内在关系；其次，都反对龟山以心之动静即心之活动与沉寂的状态言已发未发；最后，都区分心与性，以性与某种本体勾连，对心则主要作功能性理解。深层逻辑不同：五峰论述的理论基础是《易传》的“感而遂通天下之故”，有一个“天”的大前提；其所谓性，是“天地之大德曰生”的生生之德，目标所向，是如何“尽性”，即通过心的作用将生命潜在的可能性转化成现实性，“成己成物”“立天下之大业”——与“性”相对应的概念是“物”，[③]所讨论的是人与世界的实践性关系，远远超出心性论范围。而朱子论述的基础乃是《大学》的“正心诚意”，完全是基于个体心性的修养论（或者说，本体论内容被彻底内在化，被收摄于一心之内）；其所谓性，是伊川处“中者（“未发”）所以状性之体段”，[④]关注的问题则是“心术之正”即人性的规训、德性的呈现、人格的完成。此外，二者虽同样注重心的功能作用，但五峰处“心以成性”的心是一种富有能动性、积极性的工具性存在；[⑤]而朱子这里对心尚无明确论述，虽然“克己居敬”一语作为

① 钱穆：《朱子新学案》，北京：九州出版社，2011 年，第 264 页。

② 陈代湘：《朱熹与张栻的学术交往及相互影响》，《东南学术》，2008 年第 6 期。

③ 《胡宏集·释疑孟》，北京：中华书局，1987 年，第 319 页：“形而上者谓之性，形而下者谓之物。”

④ 《二程集》，北京：中华书局，1981 年，第 605 页。伊川亦有“凡言心者，皆指已发”之说。必须指出的是，伊川所谓“性之体段”，除开暗示着“未发”与“已发”的贯通性，其内涵究竟却是晦暗不明的，既非五峰之“道义渊源”，亦非朱子自己后来定义的“太极”“天理”。

⑤ 《胡宏集·知言》，北京：中华书局，1987 年，第 22 页：“性之流行，心为之主。”

朱子立论的目的、目标多少暗示了其可能的意蕴内涵，“为有源头活水来”也透露出某种对“性”的隐隐直觉，但毕竟均语焉不详——直到三年后“中和新说”形成，在“性”的内涵得到相对厘定后，“心”才在“心统性情”的架构里成为工夫枢纽，修炼对象。

如果说，五峰的“未发为性，已发为心”是在《易传》的天人关系架构里而为言，那么朱子基于《中庸》“喜怒哀乐之未发谓之中”而提出的“未发只可言性，已发乃可言心”主要是在经典诠释学论域里提出的文本理解，与道南学派的工夫论紧密勾连。而工夫论显然是一种个体心性论视角。所谓个体论心性论视角，首先是以个体为对象和范围，论域上既区别于天与人，也区别于人与物（事）、人与行（活动）。所谓心性，则是指其个体内心中内化之心与自在之心的关系作用，常常表现为人格修养论。

引入牟宗三先生的“三系说”，或许有助于从整体上理解这种差异。胡五峰、刘蕺山一系，从《易传》《中庸》入手而回归于《论语》《孟子》，在哲学上（工夫论或认识论）走纵向的“逆觉体证”（以由天向人为前提，自人回归于天）的路子；陆象山、王阳明一系，以《论语》《孟子》统摄《易传》《中庸》而以《论语》《孟子》为主，哲学上（工夫论或认识论）也是走“逆觉体证”之路；伊川与朱子一系，以《大学》为主，结合《易传》《中庸》，在哲学上（工夫论或认识论）走横向的“顺取之路”（在人与物的外部关系里，感知、认识世界万物进而达成对本体的把握）。[1] 五峰说，“知《易》，知《春秋》，然后知经纶之业。”[2] 伊川则认为，“《论》《孟》既治，则六经可不治而明。”[3] 而朱子从一开始就是以《大学》的“正心诚意”为心性论建构的起点和目

① 牟宗三：《心体与性体》，上海：上海古籍出版社，1999 年，第 41—43 页。至于这种划分的问题，暂不讨论。

② 《胡宏集·知言》，北京：中华书局，1987 年，第 40 页。

③ 朱子：《论语集注》序引。

标——其实，韩愈的《原道》一开始就已经揭示出这乃是儒佛冲突的关键所在。

凡此种种，说明两点：一、朱子与五峰的交集只是有着不同理论背景和现实关怀的两位思想者的奇妙相遇，谈不上知识产权的关系——朱子只是暂借此一苇渡江，走出道南旧境，言辞下的意义相去甚远；二、朱子自身的思想尚处生长之初级阶段，“破”而未“立”，有待成熟。至于五峰、张栻对朱子的影响作用，则主要体现在对心之功能化理解而否定道南工夫论的以心观心，由此而有由内省（神秘静坐）向外观（经验察识）的转化。至于“未发为性，已发为心”本身，倒未必成为重点。“未发为性，已发为心”在伊川处已有某种端倪，朱子应早有所闻。其意义内涵，在湖湘学派具有中坚支撑的地位和意义，但对早已在心中将佛老理论锁定为思想对手，志在于心性领域与其全面对决的朱子来说，首当其冲的就是如何处理横亘在自己前面的道南学派工夫论。

“已发为心”，道南学派之工夫论原本就包含此意。所以，如何否定、替代“未发为（心之）寂”才是朱子工作的关键所在。伊川的“中者状性之体段”显然不如五峰的明确否定来得直截了当。但五峰本于《易传》的生生之德，其与经验世界的贯通也是向着圣贤之业之实施绝尘而去，完全没有朱子念兹在兹的心性论关切。[①] 这些差异注定了一旦其思想成熟成型，他与湖湘学派不仅必然分道扬镳，而且一定针锋相对，水火难容。

---

① 朱子批评张栻以及湖湘学子“不历阶级”“失之太高”（《朱熹年谱》，第 36 页，关键就在这里。他批评韩愈也是基于同一逻辑：“不曾向里面省察，不曾就身上细密做工夫。只从粗处去，不见得原头来处。”《朱子语类》卷一百三十七。心性论确实是他思想的重点与特点所在。

二、中和新说：已发为情 超越湖湘

《朱子语类》载朱子语云“湖湘学者皆崇尚胡子《知言》”。这应该是他在形成“中和旧说”后的第二年前往长沙岳麓书院与张栻进一步切磋时，对张栻及门下诸生的整体印象。所以，如果说朱张会讲是朱子完成由“中和旧说”向“中和新说”转化的催化剂，那么，主要的一点就是朱子终于意识到其致思理路与追求目标与五峰之学的差异性。

于是，重读二程的他顿觉“冻解冰释”：“乃知前日之说，虽于心性之实未始有差，而未发、已发命名未当，且于日用之际欠缺本领一段工夫。”读到这层意思，朱子自谓“冻解冰释，然后知情性之本然，圣贤之微旨。”[①] 随后，在《与湖南诸公论中和第一书》中进一步申说：“按《文集》《遗书》诸说，似皆以思虑未萌、事物未至之时，为喜、怒、哀、乐之未发。当此之时，即是此心寂然不动之体，而天命之性，全体具焉。以其无过不及、不偏不倚，故谓之‘中’。及其感而遂通天下之故，则喜、怒、哀、乐之情发焉，而心之用可见。以其无不中节，无所乖戾，故谓之‘和’。”[②] “性之静也而不能不动，情之动也而必有节焉，是则心之所以寂然感通，周流贯彻，而体用未尝相离者也。”相对于“中和旧说”的“无甚纲领”，现在“以心为主而论之，则性情之德，中和之妙，皆有条而不紊矣！”[③]

这就是“中和新说”——“未发为性，已发为情”；性体情用，心统性情。

表面看似乎是回到了伊川，其实不是。诚然，伊川之“中”，“状性之体段”，暗含着“性”与“心”的分离，暗含着“未发”与“已发”的贯通，但是，朱子做做了重要改变或推进。首先，区分“中”

① 《朱熹年谱》，北京：中华书局，1998 年，第 39、41 页。
② 《朱熹年谱》，北京：中华书局，1998 年，第 42 页。
③ 《答张敬夫书》，载《朱熹年谱》，北京：中华书局，1998 年，第 43 页。

与“性”，[①]即“性”是名词，指某种质料（可以“体段”名之），“中”则是形容词，指此质料（体段）的状态（无过无不及、不偏不倚）。[②]其次，由于“性”被质料化，此无过无不及的“体段”就可以由“未发”之“隐”“显”为“已发”之“情”，统一为一体而克服“疑为两物之弊”。“性体情用”，就是朱子发掘的“情性之本然，圣贤之微旨”[③]。最后，以“性”与“情”说“未发”与“已发”的不同状态之转换，[④]是通过心这一功能性存在实现的；不仅如此，心还要负责对它进行调节，使之达致“和”的状态——“心统性情”的结构义、功能义在此。

如果说体验未发的道南工夫论在理论上可表述为“心—心”（“以心观心”“以心求心”）的结构，逻辑重心在作为对象的“心”；五峰的湖湘学理论上可表述为“性—心”(“心以成性”）的结构，[⑤]逻辑重心在“心”之作用，即将生命潜能的可能性转化为生命成就的现实性（圣贤事业）；朱子“中和旧说”在理论上也可表述为“性—心”的结构，虽然这否定了道南工夫论的“以心观心”，但由于其“性”与“心”此时尚晦暗不明，逻辑重心也谈不上落在哪一维度。到“中和新说”，一切得到澄明，其理论可表述为“性—心—情”（心统性情）的结构，逻辑重心跟五峰一样是功能性的“心”，但其作用则是在显“性”为“情”，且“节”“情”致“和”。

于是，我们可以清楚地看到：在反对道南学派以“未发”为心之寂然不动上，朱子与五峰一致。此外，在重视“心”的功能性作用上，

---

① “天命之性，体段具焉，以其无过不及，不偏不倚，故谓之‘中’，然已是就心体流行处见，故直谓之‘性’则不可。”《朱熹年谱》，北京：中华书局，1998年，第39页。

② 在《太极图解说》中明确说，“中之为用，以无过不及者言之，非指所谓未发之中也。”

③ 程氏门下龟山诸子，之所以从心之寂然不动去体验“未发之中”，就是因为仅仅从“隐”的状态去理解作为描述“性之体段”的“中”，而没有注意“无过无不及”的视角。

④ 《朱子语类》卷五九：“仁是性，恻隐是情，恻隐是仁发出来底端芽，如一个谷种相似。”

⑤ 朱汉民：《论胡宏的性本论哲学》，《湖南大学学报(哲学社会科学版)》1990年第5期。

朱子与五峰也基本一致，但由于对“性”的内涵理解不同，五峰处心的作用是将生命的可能性（生命意志）呈现为现实性（人文世界），其实现意味着“则天而行”“奉天理物”的实践论，由此实现其性分而“与天地参”。朱子处则是将隐伏的“性”转换为现实的“情”，并在这一过程中有以“节”之不失其“和”，所以体现为对“性”的体认与对“情”的约束（所谓“妙性情之德”），而表现为工夫论（经由“格物致知”，“今日一物、明日一物”，“一旦豁然贯通……无心之全体大用无不明矣”）。

“涵养”和“察识”之先后轻重一般被认为是朱子与湖湘学在工夫论上的区别。其实湖湘学派的察识主要乃是本体论而非工夫论意义上的，因为所察识的对象是“仁之体”，察识的目的是“志于大体”：“欲修身平天下者，必先知天。欲知天者，必先识心。欲识心者，必先识乾。乾者，天之性情也。”[①]而“乾元统天，健而无息……云行雨施，万物生焉”。[②]用张栻的话说就是“圣人与天地同用”。[③]相对朱子的工夫论，这显然是一种具有信仰色彩而又充满经世致用精神的宏大叙事，所以，被专注心性修养次第的朱子批评为“不历阶级”“失之太高”“一例学为虚谈”，[④]也就不足为奇了。

但必须承认朱子这样做也自有其道理，因为可以说“心统性情”一开始就是被朱子排佛之文化政治目标所选择或必然达致的理论形态或目标，即在个体论视域里，把儒教义理内化于心，并具体落实为可操作的工夫论形式。朱子不可能不知道五峰这本于《易传》的观点所代表的乃是历代儒学之正统，可是缓不济急，现实的“文明冲突”需

① 《胡宏集·知言》，北京：中华书局，1987 年，第 41 页。

② 《胡宏集·知言》，北京：中华书局，1987 年，第 38 页。其实这才是《大学》“格物致知”的本义。参见陈明《王道的重建：格物致知义解》，载《儒者之维》，北京：北京大学出版社，2004 年。

③ 《张栻集·太极图解后序》，北京：中华书局，2015 年。

④ 《朱熹年谱》，北京：中华书局，1998 年，第 36 页。

要自己这种“道学”“理学”形式的新儒学。佛教作为满足生命需求的宗教方案是个体性的、心性论的，而儒家思想库中却没有相应的产品类型。《易传》固然提供了一个整体性的世界图景，但其中天与人的连接是经由“大人”“君子”之行为实现的，所谓“天地合德”“自强不息”等。到董仲舒，天人关系被政治化，“君权神授”关乎政治权力，“王承天意以成民之性为任”①倒是涉及凡人之性，但却是德性的完成而非灵性的安顿。可以说，董仲舒与汉武帝合作，在重建起儒教与现实政治之连接的同时，个体视角、生命关怀被严重忽视和遮蔽。道教承接儒家理论中的灵魂等观念并由此发展起来满足需求，佛教传入后也因此而得到广泛传播。兵来将挡，水来土掩。在各种反佛的声浪中，朱子决定与佛老正面对抗，就不得不聚焦于个体视角下的心性论，也就不得不以“别子”的身份另端别起，开山立宗。②

朱子思想体系虽被称为“至广大，尽精微，综罗百代”③，呈现为一个著作的体系，但其核心却是《四书章句集注》。④“四书”之中,《论语》《孟子》二书都是“集注”，即主要是对前人研究成果的综合，而以伊川之说为本。只有《大学章句》《中庸章句》才是自己亲手所撰，因此，此二书才是朱子思想体系核心。这从四本书的序言也可以看出：《论语集注》《孟子集注》的序言都是在对作者生平稍作介绍之后，选取若干前人议论汇集成篇，朱子本人并无特别强调者。《大学章句》与《中庸章句》虽均有长篇序说，但前者主要点出《大学》“复性”之宗旨目标，

① 《春秋繁露·深查名号》，湖南：岳麓书社，1997年，第173页。

② 这也很大程度能够解释为什么他要编一本《知言疑义》对五峰思想进行系统批判。参见笔者《胡宏思想的逻辑与意义——从朱子对〈知言〉的批评说起》参见陈明,《胡宏思想的逻辑与意义——从朱子对〈知言〉的批评说起》,《湖南大学学报·哲学社会科学版》2009年第6期。这篇旧文站在胡宏的角度处理朱子的批评，存在偏颇。但二人思想之分际以及朱子不假辞色的严厉，对本文所论仍然具有参考价值。

③ 全祖望:《宋元学案》卷四十八。

④ 《朱子行状》：“先生著述虽多，于《语》《孟》《中庸》《大学》尤所加意。”载《朱熹年谱》，北京：中华书局，1998年，第522页。

后者则以“道统”为中心从历史和理论两个角度展开论述。[①] 此外,《大学章句》直到朱子晚年也仍在被修订，这固然可以视为精益求精，但同样也可以视为未尽如人意。[②] 而作为对《中庸》文本之诠释的“中和新说”成型后，马上就是对周敦颐《太极图说》的重订改造，然后是《大学章句》的“草创”(“复性”宗旨也是以二程“接胡孟子之传”即道统为基础)，以及《伊洛渊源录》的追溯——均以“未发为性，已发为情”为中心进行的理论拓展和强化。所以，虽然朱子曾说“治《四书》，莫先于《大学》”，[③]但这只是就为学次第而言，从体系逻辑结构来说,《中庸章句》才是最重要的枢要所在。

《朱子年谱考异》断定，朱子“生平学问，大旨定于此。”[④] 陈来也将“中和新说”视为朱子思想成熟的标志。[⑤] 而牟宗三所重之心性论，余英时所重之道统说，亦均在《中庸章句》相关章节。

我们认为，朱子中和新说，既是对道南工夫论的否定，也是对湖湘学派的超越，更是儒家治心方案的完成。它将湖湘学所代表之传统儒学偏于政治且稍显抽象的生命论，转换为基于个体心性的性情论，由此建立起个体之人与天的连接方式，解决了儒教个体论意义上的修证践履问题。它不仅是朱子整个思想体系的基石，也是其归宿：“太极一理”的本体论，是从“未发为性”出发，向上寻找形上根据的结果；“人心道心”的工夫论，则是从“已发为情”出发，向经验领域落实而

---

① 相同之处则是反佛老，如《大学章句序》之“异端虚无寂灭之教”、《中庸章句序》之“老佛之徒出，弥近理而大乱真”。

② 《答胡季随》:“……近日读之，一二大节目处，犹有谬误。”载《朱熹年谱》，北京：中华书局，1998 年，第 77 页。

③ 《朱子语类》卷十四:“治学，莫要于《四书》；治《四书》，莫先于《大学》。”

④ 《朱熹年谱》，北京：中华书局，1998 年，第 298 页。

⑤ 陈来:《朱子哲学研究》，上海：华东师范大学出版社，2000 年，第 193 页。他给出的理由是，实现了从追求未发体验的直觉主义（中和旧说）向主敬穷理的理性主义（中和新说）的转变。这种哲学视角的研究揭示的是朱子思想的知识品质，儒学内部的研究则聚焦于其在历史文化中的真正性质、意义及地位。

形成的人格完成模式。而正心术以立纪纲、建道统以排佛老之社会功能等，亦无不有赖于这一系统发挥作用，实施完成。

三、系统化：太极一理 疏通本体

钱穆说："叙述朱子思想，首先当提出其主要之两部分，一为其理气论，又一为其心性论。理气论略当于近人所谓之宇宙论及形上学，心性论乃由宇宙论形上学落实到人生哲学上。"[①]理气论虽逻辑在先，实际朱子却是先有以"中和新说"为内容的心性论，然后才思维向上，借道濂溪《太极图说》与《通书》，建立起以理气论为内容的本体论。[②]

朱子在周敦颐此二书的基础上编订出《太极图说解》，思想内容完全超出原作，一般认为这体现的是朱子"个人对周敦颐太极思想的诠释和评价"。[③]其实，更准确地说应该是朱子将周敦颐原作当作资料素材，调整结构，修改命题，置换概念，将其作为与"中和新说"之心性论配套的本体论论述整合，以实现其理学思想系统的建构。[④]

《宋史·周敦颐传》说周"著《太极图》，明天理之根源，究万物之终始。"这是以朱子改造后的思路和成果为基础的。朱子在《周子太极通书后序》写道，"先生之学，其妙具于《太极》一图，《通书》之言，

---

① 钱穆：《朱子新学案》（上册），成都：巴蜀书社，1986年，第25页。

② 乾道五年（1169）春"中和新说"成立，参见《朱熹年谱》，北京：中华书局，1998年，第41页，《太极图说解》即于乾道六年初定稿。相关考证见束景南：《朱子大传》，上海：复旦大学出版社，2016年，第239页。

③ 苗圃：《朱熹对周敦颐〈太极图说〉版本与内容修订的考察》，《朱子学刊》第二十九辑。

④ 在《太极图解说》中，朱子自己也承认，该书刊刻后"读者病其分裂已甚，辩诘纷然。"朱子编辑整理了很多著作，但基本都是命以己意：《知言疑义》里的胡宏观点被他从《知言》正文删除；编《南轩文集》也拒收张栻的《太极图解》前后两序；章句《大学》更是增补经文。有论者以"义理领导训诂"概括其哲学体系建构的方法论特点，见参见蔡家和：《朱子哲学体系建构方法》，《朱子学刊》第二十九辑。也许这是"别子为宗"所不得不然者。

皆发此图蕴。”但实际上周著原名《通书》，两个版本一种是“图”，附在《通书》文本之后，一种则有文无图，是朱子将“太极图”前置，而将作为《周易》阅读札记性质的《通书》视为“图”的阐释附属。

《易传·系辞上》的“易有太极，是生两仪。两仪生四象，四象生八卦”乃是对揲筮成卦过程及其意蕴的一种拟构和解释，而这种筮法本就跟古人的宇宙发生论思维和想象联系在一起。[①]“太极”一词在这里是作为揲筮技术或操作之一环，被确立为成卦的起点——全书仅此一次，但因为暗含着对宇宙起点的想象或规定，“太极”概念在后来的思想史中变得特别重要。追求长生不死的道教，根据人的出生、发育、老死的观察，设想或者吸食天地精华（外丹），或者将“男女构精”之“精”由交媾外泄反转，由“玄牝之门”或曰丹田出发逆行，炼精化气，炼气化神，炼神还虚，直至成就不死金丹（内丹）而羽化登仙。据黄宗炎《图学辨惑》，周敦颐的《太极图》就是源于著名高道陈抟的炼丹图。[②]

与文字相较，“图”更接近“空框结构”，具备较大的阐释空间。周敦颐当然不是以“玄牝之门”为起点逆向上行的丹道思维，而是按照“太极—阴阳—五行”的顺序照着自己内心的目标步步推进：“五行之生也，各一其性。无极之真，二五之精，妙合而凝。乾道成男，坤道成女。二气交感，化生万物。万物生生而变化无穷焉”。这似乎是回到了《易传·系辞》中的宇宙生成论，但又不完全是。因为首先，《易传·系辞》的宇宙生成论是隐而不显的，我们看到的只是筮法或其衍生形态；其次，《易传·序卦》相似的内容，“有天地然后万物生焉。……有天地然后有万物，有万物然后有男女，有男女然后有夫妇，有夫妇然后有父子，有父子然后有君臣，有君臣然后有上下，有上下然后礼义有所错”，虽也有个天地、万物、男女、夫妇、父子、君臣的宇宙演

① 陈明：《从原始宗教到人文宗教——〈易经〉到〈易传〉的文化转进述论》，《北京大学学报》（哲学社会科学版），2018 年第 4 期。

② （清）黄宗炎：《图学辨惑·太极图说辨》，四库全书本。

生序列，但这里的“男女”是抽象的，主要是就性别或性别关系而言，独立存在的意义未获彰显。与“礼义”导向的儒教思维不同，道教的丹道修炼决定了“乾道成男，坤道成女”中的男与女却是一种具体鲜活的个体性存在。这称得上是具有思想史意义的发展。朱子正需要这样的个体落实其心性论，也需要这种形上形下一贯的关系链条衔接本体论与工夫论，而他也确实敏锐地抓住了这一契机。他当机立断，将《太极图说》置于《通书》之前，宣布：“先生之学，其妙具于太极一图。《通书》之言，皆发此《图》之蕴。”

据洪景庐《国史·濂溪传》所载之《太极图说》，首句原文为“自无极而为太极”。另一版本则是“无极而生太极”。朱子均改为“无极而太极”。这一修改带来的第一个变化是全文由发生论（cosmology）变成了本体论（ontology）。“自无极而为太极”和“无极而生太极”都属于宇宙发生论命题，“无极”为起点，“太极”为阶段；或者“无极”为“太极”之母。朱子的“无极而太极”并“无极”于“太极”，《太极图解说》明确指出“非太极之外复有无极也”。

按照朱子思想建构的内在目标或要求，“太极”与“无极”的关系解决后，应该就是“太极”与“天地”的关系的厘定、“太极”概念的义理内涵之注入及其与人之心性的连接贯通。事实也确实如此。[①]

周子《太极图说》原文“五行，一阴阳也；阴阳，一太极也；太极，本无极也。五行之生也，各一其性”，一定程度包含了“太极”既是根本，同时又与“阴阳”“五行”甚至万物同在的观念。朱子强化了这点，认为本体之“太极”同时亦作为“性”（本质）而月印万川般存在于万物：“五行异质，四时异气，而皆不能外乎阴阳；阴阳异位，动

① 《易传》的宇宙生成论是“有天地然后有万物”，朱子则认为：“未有天地之先，毕竟也只是理。有此理，便有此天地；若无此理，便亦无天地。有理，便有气流行，发育万物。”（《朱子语类》卷一）朱子学生黄士毅编《眉州朱子语类》时顺序安排就是按照他理解的朱子思想逻辑，是即“有太极然后有天地……”参见邓庆平：《朱子门人与朱子学》，北京：中国社会科学出版社，2017 年，第 72 页。

静异时，而皆不能离乎太极。至于所以为太极者，又初无声臭之可言，是性之本体然也”。《太极图说》中作为“无极之真”的“二五之精”，被《太极图说解》诠释为“理”，质料性的概念转换成为精神性概念。后来的表述更清晰：“无极而太极，只是说无形而有理。所谓太极者，只二气五行之理，非别有物为太极也。”（《朱子语类》卷九十四）

置换概念，即对概念内容加以改动。《太极图说》：“阳变阴合，而生水火木金土。五气顺布，四时行焉。五行，一阴阳也；阴阳，一太极也；太极，本无极也。五行之生也，各一其性。……惟人也，得其秀而最灵。形既生矣，神发知矣。五性感动而善恶分，万事出矣。……圣人定之以中正仁义而主静，立人极焉。”

朱子知道，“五行之生，随其气质而所禀不同，所谓各一其性”的性只能是“气性”或物质之性。但五行而至万物，尤其到万物中“得其秀而最灵”之人的时候，“五性感动而善恶分”的“五性”，便逼近物质之性与精神（或道德伦理）之性的分界线而处于两可之间了。从周子文本看，善恶之分是外在的，因为是圣人“定之以中正仁义而主静”才标立出“人极”原则或方向。《通书·道第六》也是强调圣人的教化作用：“圣人之道仁义中正而已。守之贵，行之利，廓之配天地。”由此可知，此“五性”乃是一般意义上的“人性”，也就是说，在宋儒所谓“气质之性”和“义理之性”的范畴里，是没有清晰定位或者干脆就不在这一论域之内的。但朱子却是将其定位为“义理之性”。《太极图说解》引有程子“四德之元，犹五常之仁”语，可知其将继“五行”而来的“五性”，是以仁义礼智信为内容，而“未发为性”的“性”就此获得明确规定。①

“人物之生，莫不有太极之道……所谓天地之心，而人之极也。”注意，周子处由圣人所立之“人极”，就此而被内化于心。至于圣、凡

① 《朱子语类》卷二十：“自古圣贤相传，只是理会一个心，心只是一个性，性只是有个仁义礼智。”

之别，则在于圣人“得其秀之秀者”即禀有更高的心智，因而能“全动静之德”；凡人则限于心智，故“常失之于动”。细加深究，这种心智高低的不同处理实际潜藏着对心性工夫的重视以及对相关操作的期待。另一方面，就像强化德性，弱化抽象的“生生之德”一样，疏离《易传》的“大人”“君子”的精英传统，弱化圣人的地位和作用，某种程度上乃是建立个体性视角论述的逻辑要求。

如此这般之后，只要将“诚”说成“太极”，将“五常之性”与作为本体的“理”或“天理”的勾连贯通，其本体论、理本论及其与心性论的统一就可以大功告成了。

周敦颐《通书·诚第一》云：“诚者，圣人之本。‘大哉乾元，万物资始’，诚之源也。‘乾道变化，各正性命’，诚斯立矣，纯粹至善者也……诚，五常之本，百行之源也……元、亨，诚之通也；利、贞，诚之复也。……圣，诚而已矣。”

朱子《通书解》如此诠释：“诚即所谓太极也。乾者，天德之别名……言乾道之源，万物所取以为始者，乃实理流出，以赋于人之本……元、亨，诚之通也；利、贞，诚之复也。圣人之所以圣，不过全此实理而已，即所谓‘太极’者也。”

“诚”是核心概念。从周敦颐的文本看，它源于“乾元”及其创造过程，故可以说与“乾元”有内在关系。但它又随“乾道变化，各正性命”而“立”，可见它又存在于具体事物之中，“诚者圣人之本”即是佐证。对于朱子来说，最重要的是，它是“五常之本”，同时又是“赋于人之本”。“在天地言，则天地中有太极；在万物言，则万物中各有太极。”（《朱子语类》卷一）诚即太极，太极即理，理就内在于个体一心，是即性理。

朱子对佛老当然时刻保持警惕。[①]《太极图说》“无极而太极，太

① 《朱子语类》卷九十四：“濂溪言‘主静’，‘静’字只好作‘敬’字看，故又言‘无欲故静’。若以为虚静，则恐入释老去。”

极动而生阳，动极而静，静而生阴，静极复动。一动一静，互为其根”的说法在《通书》也有体现，就是“元、亨，诚之通也；利、贞，诚之复也。”这里的“通”与“复”显然更接近道家、道教的“归根曰静”，而迥异于《易传》那种“终则有始”、生生不息的生命气象。[①]但朱子巧妙地以“动”说“通”，以“静”说“复”，从而将“主静”转换为“主敬”，将道家道教中基于个体与本体（道）的身心修炼，转换成儒家道德的心性工夫法门，与“正心诚意”“致中和”以及“复性”等一气贯通。心性论不只是“未发为性，已发为心”的理论逻辑，也是“心统性情”的实践工夫。这一改造对于朱子思想系统的完整性至关重要。

虽然朱子的“太极一理”并非周子原意，即使温和的张栻也无法赞成，[②]并且，在将“理”这一经验层面的概念拔擢到本体地位时，忽视了“纯粹至善”的“诚”与作为一般德目的仁义礼智信之间存在“位格”上的落差，[③]但他似乎别无选择。要超越韩愈、欧阳修，在心性层面与佛老分庭抗礼，就必须将儒家价值理念既绝对化又内在化。只有这样才能使理论获得深刻的彻底性，给践履者带来深刻的心理体验并获得意义上的满足。如果说生命的目标就是从个体的特殊性出发，通过对最高存在的追求而成为具有普遍意义的自我，那么这一目标显然只能在个体与本体的双向互动中才能实现完成。

至此，“中和新说”已经由文本诠释、心性工夫，初步发展成为了彻上彻下的儒教理论系统。

① 《程氏易传》解元亨利贞也是“元者万物之始，亨者万物之长，利者万物之遂，贞者万物之成。”

② 张栻受五峰“性本论”影响认为“太极即性”，曾对朱子“太极即理”进行批判。参见吴亚楠：《张栻、朱熹对“太极”与“性”关系的不同解读》，《江淮论坛》，2016年第1期。

③ 按《中庸》的说法，“诚者成也”，“诚”是一种生命意志，与《易传》“天地之大德曰生”的传统相承接。兹不赘。

四、道统论：文化权力？政治理想？

朱子以“未发为性，已发为情”解说《中庸》的“致中和”，进而将这一主题下的《中庸》视为“道统”之记录与传承的著作。于是，“中和新说”就与道统的内容——“道心惟微，人心惟危。惟精惟一，允执厥中”的十六字心法——紧密联系在一起。而“未发为性，已发为情”这一“己丑之悟”的获得，在动机、过程和目的上原本就是与朱子排距清算佛老的现实忧患与使命承担联系在一起的。循道统以正心术，正心术以立纪纲，或许可以这样理解它们之间的关系：心性论是道统论的内容和基础，道统论则是心性论之功能目标与意义定位。

“道统”概念在古代文本中大概有四种意义或用法。

首先是儒家文化地位之肯定，标示儒家义理价值在中国历史上、现实中之特殊文化权重和公共影响作用，用于与佛、道教对抗。这种用法从韩愈开始。陈寅恪指出其模仿禅宗以排佛，[①] 但未点出其对二者矛盾冲突之政治意义与后果的揭示。《原道》指出的“夷狄之法”与“圣人之教”对立，道统不保则中国将“胥而为夷”的忧患，实际也正是其对道统问题之意义及重要性的论证。韩愈的道是仁义，指儒家价值观及相关制度，朱子的道是心性论或“十六字心法”，但对儒学作为中华文明之精神价值承担者的肯定和维护则是一致的。

其次是学术宗风之标举，用于儒门内部不同学派区别。文以载道，道以学存。同为儒门，不同的学派对道的理解不尽相同。夫子之后“儒分为八”，应该即是指不同的学术宗旨及对道的不同理解认知。朱子既以“十六字心法”为孔门要义，则对汉代以来的经学无论哪门哪派都不以为意，不以为然。“轲之后失其传，天下骛于俗学”[②]，《北溪字

① 陈寅恪：《论韩愈》，《历史研究》，1954 年第 2 期。

② 高云鹏：《苏轼“道统”论的文化史意义》，《沈阳师范大学学报（哲学社会科学版）》，2009 年第 3 期。

义·严陵讲义·师友渊源》所谓之“俗学”具体所指很可能是蜀学、关学等等。苏轼就曾编排有“孔子－孟子－韩愈－欧阳修”的道统谱系。而“道学”一词开始乃是俗儒浅学杜撰出来“诋讪”伊洛一系学问的贬义词。[①] 四库馆臣论《伊洛渊源录》语，“宋人谈道学宗派自此书始，而宋人分道学门户亦自此书始”，可见一斑。

再次是政治价值之持守，用于与政治治理及其关系描述。《汉书·董仲舒传》载董仲舒书对策有“道之大原出于天，天不变，道亦不变。是以禹继舜，舜继尧，三圣相受而守一道”的说法。这里的道是“王道之三纲”，这可以说是道统的儒家政治哲学内涵。与这种“以道为术”或“以术为道”的思路不一样，明末王船山是在“道统”与“政统”的关系里讨论这层义蕴。《读通鉴论》卷十三认为“道统”和“治统”（船山原文）有区别和张力，却是以“天下以道而治，道以天子而明”为追求。并且，在东晋十六国的历史语境中，有一个北方夷狄作为第三方在场，他要表达的意思是政统、道统均不可为“夷狄、盗贼”所窃取，则显然有政统、道统同属诸夏，理当合作之期待与遗憾。朱子三次上封事，无不以劝谏君主弃佛老而归儒教为主旨。[②]

最后是正统法统之原则，作为治理中国的王权继承或政权更替之正当性、合法性判准。杨维桢《宋金元三史正统辨》提出的“道统者，治统之所在也”，正是道统意义的这一用法。他说，“正统之义，立于圣人之经，以扶万世之纲常。圣人之经，《春秋》是也。《春秋》，万代之史宗也。”他引《春秋》之义“夷狄而进于中国则中国之”而论定元之统当“继宋而不继辽金”，然后得以为正。他指出，尧舜禹汤的道统经孔孟程朱而传之于南（南宋），而“朱子没，其传及于我朝许文正公

① 见“戊申封事”，载《朱熹年谱》，北京：中华书局，1998年，第192页。

② 五四以来，论者切割二者，强调二者紧张，以作为将传统之精华从糟粕中拯救出来的论述策略。愿望也许良好，于历史亦非完全无据，但对于二者真实关系的把握则不能不说是一种简单化误读。

（许衡为忽必烈任命的国子祭酒）……然则道统不在辽、金而在宋，在宋而后及于我朝”。可见，道统的第四种意义，讨论的乃是正朔问题，即不同政权之间谁为正朔、谁为僭伪的正统论问题。其与此前三种意义的关系，应该从第一种，即圣人之教对于中华文明的重要性地位和意义出发寻绎。因为，杨维桢立论的逻辑是，得继道统之传者得政统之正。这包含两个层次的内容：道统与政统是统一的；政统之正统性取决于是否继承道统，即认同、接纳儒家价值及其礼仪制度。①

必须指出，“道统”概念是一个意义丛集，互相之间既有区别又有联系：学术内容是基础，文化地位则意味着对政治、社会的影响作用。

朱子的道统意识或思考、论述可分为《伊洛渊源录》和《中庸序》两个阶段。从他是在“中和新说”成立之后开始对伊洛渊源的梳理，②而“中和新说”又是基于对佛老“穷性命而坏纲纪”的忧虑否定，可知朱子此时的道统观念本质上与韩愈一致，是要维护圣人之教在中国社会中的地位或“文化主导权”。从《宋史》中《道学传》与《儒林传》分立，主要来自《伊洛渊源录》的《道学传》可知，朱子这么做的目的是要将自己所属的“道学”作为儒门正统与其他流派，甚至伊川门下龟山一系等区隔开来。换言之，按照前面所说道统的四种意义或用法，朱子这时的“道统”观观念主要落在第三义项这一维。第一义项虽然也是确定无疑的存在，但却是隐性的或尚未充分展开。

如果《伊洛渊源录》是朱子道统论的初级版，那么《中庸序》里的道统论就是其终极版。

① 余英时把这里的正统性问题转换为道统与政统的关系问题，并主要从二者的对立而非统一关系演绎发挥。他在《朱熹的历史世界：宋代士大夫政治文化的研究》第 17、23 页写道：杨的这一道统观“可以说是理学政治思想史上一个划时代的标志”；朱熹重建道统就在于“极力抬高‘道学’的精神权威，逼使君权就范”。如此误读原文，错置语境，应该是因为其现代性意识和自由主义立场太过强势。

② 束景南认为，对伊洛渊源的梳理，是朱子道统构建之始。《朱子大传》，上海：复旦大学出版社，2016 年，第 264 页。

朱子在浙东“见其士习驰骛于外”，“舍六经论孟而尊史迁，舍穷理尽性而谈世变，舍治心修身而谈事功”[①]，乃以各种形式加以批驳。陈亮则认为，高祖、太宗及皇家太祖“禁暴戢乱，爱人利物”，“无一不念在斯民”[②]。《庄子·天地篇》曰“爱人利物谓之仁”。这在朱子看来就是“推尊汉唐以为与三代不异，贬抑三代以为与汉唐不殊”[③]。陈亮从事功和效果的角度立论，朱子就从道德和动机角度反驳，是即著名的“王霸义利之辨”。这就促使朱子将自己原本只是对治佛老的心性论，新劈一个哲学或历史哲学的论域，将世界的虚与实的问题，[④]拓展至天下治理的公与私的问题。他对二帝三王本质的新阐释路径或结果，就是“人心惟危，道心惟微，惟精惟一，允执厥中”的心法化，以及这“十六字心法”的道统化。

这个过程包含三个步骤：首先，是将《论语·尧曰》中属于天人关系领域，关于权力转移与使用的命题“允执其中”心性化。《论语·尧曰》：“尧曰：‘咨！尔舜！天之历数在尔躬，允执其中。四海困穷，天禄永终。’舜亦以命禹。”“允执其中”在这里是属于“天之历数在尔躬”，而“天之历数在尔躬”的意思是“天命注定权位属于你”，由此而来的“允执其中”，可以有多种解释，从文义来看，可执之中，很可能是类似于“权柄”之类的“实物”。唐兰根据古文中的写法认为其意思是某种“徽帜”。在最近公布的清华简《保训篇》中，“中”就可借可还。这为“实物说”提供了新的支持。[⑤]

然后，是将《尚书·大禹谟》中属于君民关系，关于天下治理之术的“道心惟微，人心惟危，惟精惟一，允执厥中”心性化。按照早期

① 《朱熹年谱》，北京：中华书局，1998 年，第 143 页。

② 《陈亮集》，北京：中华书局，1974 年，第 286 页。

③ 同上书，第 303 页。

④ “戊申封事”：“老子佛屠之说，固有疑于圣贤者矣。然其实不同者，则此以性命为真实，而彼以性命为空虚也。”《朱熹年谱》，北京：中华书局，1998 年，第 191 页。

⑤ 葛志毅：《释中——读清华简〈保训〉》，《邯郸学院学报》，2012 年第 3 期。

儒家“圣人与天地合其德”(《易传》)、“唯天为大，唯尧则之”(《论语·泰伯》)、“尧舜性者也”(《孟子·尽心下》)以及“自诚明谓之性”(《中庸》)的诸说法，圣人应该与“惟危”的“人心”没有关系，[①] 因此“允执厥中”原意应该是指对于民众的治理而为言，即是一种治民之术。并且，《尚书·大禹谟》中的语境跟论语《论语·尧曰》一样，仍是“天之历数在汝躬”。

最后，则是将此“十六字心法”与《中庸》的“中”与“和”勾连起来，完成整个思想系统主题的道统化。他在《书集传》注释“十六字心法”：“心者，人之知觉，主于中而应于外者也。指其发于形气者而言，则谓之人心；指其发于义理者而言，则谓之道心。”在所奏三封事中，第一次的壬午封事就将《大学》的“格物致知”和“正心诚意”分别与“惟精惟一”和“允执厥中”对应。第二次的庚子封事虽无理论色彩，但也是以“正心术”为前提。第三次的戊申封事，朱子在“臣谨按”附加的“小字”，其“正心术”的重点则已转向《中庸》，几可视为来年《中庸序》的底稿。[②]

但所有这一切的基础或出发点，乃是“未发为性，已发为情”的心性论。他在第八封通信中写道：“天理人欲之并行，其或断或续，固宜如此。至若论其本然之妙，则惟有天理而无人欲。是以圣人之教，必欲其尽去人欲而复全天理也……所谓‘人心惟危，道心惟微，惟精惟一，允执厥中’者，尧舜禹相传之密旨也……自孟子既没，而世不复知有此学。一时英雄豪杰之士……一言一行偶合于道者，盖亦有之，而其所以为之田地根本者，则固未免乎利欲之私也……此其所以尧舜

① “壬午封事”中朱子一方面说“尧舜禹皆大圣人也，生而知之，宜无事于学矣。”另一方面又说“虽生而知之，亦资学以成之也”，可谓用心良苦。

② 《朱熹年谱》，第172页。但也有人认为，戊申封事这段文字出自《中庸序》。果如是，则说明《中庸序》曾有时间上早于戊申的初稿。见滕珙《经济文衡》续集卷四，清文渊阁四库全书本。转引自吕欣：《宋孝宗时期朱子三封事发微》，《朱子学刊》第二十六辑。

三代自尧舜三代，汉祖唐宗自汉祖唐宗，终不能合而为一也。”[①]朱子的结论就是，尧舜三代与汉祖唐宗的问题、王霸义利的问题就是公与私的问题、就是人心与道心的问题。

余英时敏锐地注意到了朱子与陈亮的讨论对其道统论思考的影响。[②]但是他断言“《中庸序》的道统论述是此书为底本，已可定谳”[③]，进而从《中庸序》对道统与道学的区分，引申出道与治的分离，并从孔子“继往圣开来学，其功反有贤于尧舜者”一语推导“道尊于势（政统）”的结论，建立起道统与政统二相对立的论域，则显然属于脱离语境和文本以满足其价值期待的过度诠释了。

首先，从《伊洛渊源录》到《中庸序》虽存在变化，但却只是思想内容的丰富和应用领域的拓展，其心性论义理主轴只有深化，从无改变。为回应陈亮所持的三代与汉唐不殊不异论，朱子用“人心”“道心”概念区别二者，并在对这一组概念的使用中，将“人心惟危，道心惟微，惟精惟一，允执厥中”从整体上心性论化，进而将尧、舜、禹间授受的“密旨”“心法”道统化——出发点和归宿，则都是“中和新说”的心性论。[④]“密旨”“心法”是就工夫论而言，“道统”则是就政治权威性、历史主干性而言。

其次，在《中庸序》里，道统与政统的关系是纵向的、奠基的关系，而不是同一层次的平行或对抗的关系。蔡沈《书集传序》概括朱子的《尚书》学宗旨云：“二帝、三王之治本于道，二帝三王之道本于心。得其心，则道与治固可得而言矣。”清楚地说出朱子对二帝、三王

① 《陈亮集》，北京：中华书局，1974 年，第 304—306 页。

② 1188 年的“戊申封事”在一如既往地反对“老、佛之高”以外，又新增了对“管、商之便”的批评。这应该是与陈亮开展“王霸义利之辨”的收获。

③ 余英时：《朱熹的历史世界：宋代士大夫政治文化的研究》，北京：三联书店，2004 年，第 22 页。

④ 早在“壬午封事”中，朱子即已引“人心惟危，道心惟微，惟精惟一，允执厥中”，与“格物致知”一起，作为“帝王之学”推荐给孝宗。

的理解：治以道为基础，道以心为基础。这很能解释他三次上封事都以“正心术”为主题或立论前提，解释他为什么说“吾夫子……其功反有贤于尧舜者”。《中庸序》对此的解释是，夫子之学“继往圣，开来学”，根本推导不出二者分离，“道尊于势”云云。“正心术”或许与“格君心之是非”存在一定意义交集，但区别也是明显的，朱子是把“正心术”的“正心诚意”作为帝王之学提供给孝宗的，用作佛老“虚无寂灭之教”的替代品或解药。由此分离道统与政统，认为道统高于政统，作为士大夫的理论和道德支点，虽然存在发展出这一理路的可能（在今天很有必要），也不难找到历史事例支持，但根本上讲却是将朱子处“帝王之学”的工夫论曲解成了文化精英与政治精英间的权力博弈论，而这并非儒学主流或主体。

最后，即使《中庸序》里的道统论如余氏所说是出于与陈亮通信，当它与《中庸章句》拼接，那也应该具体分析其所带来的意义或结构上的变化——颠覆？深化？颠覆是谁对谁？深化是谁助谁？前面的叙述显示，这显然是一种互相发明的双赢：道统以心性论为中坚内核——在《伊洛渊源录》中，“道统”一词更多还是分别学术宗风的意思，心性论所包含的工夫论、价值观由道统论获得更大的权威、更高的地位。用人心与道心区别二帝、三王与汉祖唐宗，使道学实现了对历史整体的解释；将尧、舜、禹、汤、文、武、周、孔囊括进道统，则使道学所代表的儒学信仰、价值与整个中华文明的内在关联更加完整系统。

可以说，当道统成为《中庸》的主题或关键词，[①] 朱子不仅使其对抗佛老的心性论初衷得到实现，也使其《四书章句集注》超越一般注疏之学，一跃成为唐宋变革之后中国社会、中华文明的主干性文化系

① “道统”一词并非如钱穆所说系朱子首创。参阅朱杰人：《二程与朱子的道统说》，《华东师范大学学报》（哲学社会科学版），2018 年第 2 期。

统或精神结构，甚至传播至海外，形塑了东亚儒教文化圈。[①] 这是一个足以与董仲舒的工作相提并论的儒家思想成就。要知道，宋孝宗的《三教论》已经将修心、养身的文化权力划拨给佛教与道教，治世虽然意味着儒教仍保有更大的文化权重，但相对“独尊儒术”的两汉，儒门早已淡泊，收拾不住！

余论：两个问题

问题主要有二。

第一，佛教心性论的功能在于解构世界的真实性，目的乃是祛除人生的烦恼苦痛，实现解脱。朱子心性论的功能不是这样。虽然成就人格在一定程度上也能满足生命的渴望，但太极或理，与生命的同一关系是知识性的，情感慰藉不足。这与以理代天，以太极代天有关。天的神性，生命性，以及历史文化积淀，在朱子的操作中被切断。[②] 西方传教士批评宋儒以“太极”“心性”为中心的新儒学解构了具有情感和意志属性的天、上帝，已经成为与先秦儒学完全不同的东西，[③] 并不是完全没有道理或根据。

① 刘子健：《中国转向内在——两宋之际的文化转向》，南京：江苏人民出版社，2012 年，第 76 页。

② 牟宗三认为，“朱子的伟大，不在集什么大成。而在于他思想一贯，能独劈一义理的系统。”参见乐爱国：《朱熹：“集大成”还是“别子为宗”——以冯友兰、牟宗三、钱穆的不同表述为中心》，《社会科学家》，2015 年第 12 期。

③ 参见刘耘华：《孙璋〈性理真诠〉对“太极”的诠释》，《盐城师范学院学报（人文社会科学版）》，2007 年第 27 卷第 3 期。朱子思想体系是以心性论为起点和核心建构起来的。其本体论系借助道教炼丹图及原理由心向天逆向生成，而不是以天的绝对性为起点和前提，按照“天命之谓性”的次第，规定性、情及心。所以，从根本上讲，他这不过是对其理解的经验道德的本体化操作，与儒家儒教固有的本体论论述并不匹配。但也正因如此，其整个系统为一人格修养的思想模块，虽不足以支撑整个文明的精神结构，却十分便于个体修炼实践，方便嵌入各种不同社会或文化体系。这也是它为什么能很快被忽必烈接受，很快在日本朝鲜落地生根的原因。

第二，四书属于个体论视角的人格养成方案，五经则是一个天道、地道、人道三才兼备的完整系统。与政治制度共同支撑着中华文明的儒家文化，只能是前者。由于多种原因（佛教问题以个体为对象、二程学问以《大学》为起点、南宋偏安政权格局不大，心态封闭[①]等），朱子只能因病立方，以太极为本体，以心性为中坚，以道统论为旨归，建立起这样一个四书的系统，无法从“为天地立心”的高度统摄“立命”诸问题，甚至也无法与五经体系实现有机地衔接。这造成了两个系统的断裂。太极一理的本体论，与“大德曰生”的《易传》天命信仰是无法兼容的诸神之争。[②]

所以，虽然其个体论的视角，本体论与工夫论贯通的道德修养论与唐宋变革后的小农社会十分契合，在“作成人才，变化风俗”[③]以及江南地区的开发与整合[④]方面贡献良多，从而再次确立了官方主流意识形态的地位，甚至传播到日本、朝鲜等国家地区，形塑出一个儒教文化圈。但是，这并不意味着上述问题就不再存在或可忽略。今天，在中国社会和历史再一次发生重大转变的关口，根据现实情况和要求加以正视、解决上述问题，应该是中华民族伟大复兴的内在要求和我们义不容辞的文化责任。

---

① 刘子健：《中国转向内在——两宋之际的文化转向》，南京：江苏人民出版社，2012年，第31页。

② 兹事体大，容后再述。

③ 《北溪大全》卷二十三。转引自邓庆平《朱子门人与朱子学》，北京：中国社会科学出版社，2017年，第352页。

④ 科大卫：《皇帝和祖宗：华南的国家与宗族》，南京：江苏人民出版社，2010年。

天人之学与心性之学的紧张与分疏

——文明论范式中湖湘学与理学关系之厘定

近四十年的儒学研究，也许可以大致描述为一个由哲学范式经思想史范式向文明论范式转换的过程。哲学范式意味着儒家思想在知识类型上的哲学认定，表现为以西方哲学概念或体系为参照，对儒家思想文本进行解读。思想史范式相对来说更加重视儒家著作文本的内在性，倾向于思想系统的内部描述、建构和阐释。文明论范式（civilizational paradigm）首先在国际政治领域由亨廷顿提出，[①] 但这一范式所包含的问题意识与研究视角却并非完全属于新生事物，传统的经学概念本身即包含这一属性，[②] 而近年经学研究渐成热点则可以视为国内学界对这一范式的呼应和肯定。文明论范式的儒学研究，首先意味着将中国视为一个相对独立的文明体，即不再只是从某种外部所谓的普遍性框架出发对其进行描述，而是尊重且强调作为文明体诸规定性元素的完整性及其对公共领域和个体生命的影响和塑造——这种文明规定性显然指向由儒家经典所阐述和提供的宇宙图景（panorama of cosmos）[③]、存在秩序（order of Being）与人生规划（order of Being）等。其次，由于文明内部不同宗教或思想体系在内容和承诺上存在差别，

---

① 参见夏涛：《“文明范式”论争回顾与思考》，《理论月刊》2007 年第 6 期。

② 《四库总目提要》经部总叙之“经禀圣裁，垂型万世；删定之旨，如日中天”，即谓经具有规范意义并享有中心地位。

③ 《DK 宗教百科全书》“宇宙图景”条谓：“宗教通常有一个创世说，作为这个宗教的宇宙观，来描绘宇宙是如何形成的，宇宙中有什么，以及我们的地球、神居住的地方和人死后灵魂会去往的地方。”菲利普 · 威尔金森、道格拉斯 · 查令：《DK 宗教百科全书》，柴晨清等译，中国大百科全书出版社，2017 年。

在现实影响和作用上存在竞争甚至冲突对抗，因此，不同宗教或思想体系意味着某种文化权力与权重，在现实中则呈现为一种充满张力的结构状态或关系。如本文涉及的道统概念，其所关涉者主要并非传道谱系甚至也非其具体内容，而是社会层面的文化权力、权重、权威诸问题。

当今学界相关研究几乎都是在湖湘学为理学之一支的预设下进行。[①]我们认为，这一前提绝非不言而喻，而是需要进行追问和反思——所谓“新儒学”的理学是什么？与之相对的“旧儒学”又是什么？湖湘学与此二者的关系究竟如何？本文拟在这样的追问、反思中尝试论证：（1）湖湘学属于五经系统的天人之学，是儒学正宗；（2）理学乃朱子创发的心性之学，是对佛老“异端”冲击儒学道统地位的回应；（3）由于这一四书的系统与五经的系统在理论上未能很好衔接，朱子编撰《知言疑义》对湖湘学横加指责。今天有必要在新的文明论范式中还原这一段公案，深化我们对理学、湖湘学以及儒学整体的认识。

一、斯文：文王—孔子—董仲舒

《论衡·超奇》说：“文王之文在孔子，孔子之文在董仲舒。”这里的“文”，就是孔子“文王既殁，文不在兹乎”的“文”，既指礼乐文化、典章制度，也指背后作为其逻辑根据和义理源泉的宇宙图景等。文王是周朝的奠基者，这是他的政治成就。对于儒学和中华文明来说，他的地位和意义主要体现在《周易》的编定上。《史记·周本纪》对文王这一工作的表述是：“其囚羑里，盖益《易》之八卦为六十四

① 参见朱汉民：《湖湘学派史论》，湖南大学出版社，2004年；王立新：《从胡文定到王船山——理学在湖南地区的奠立与展开》，中国社会科学出版社，2014年；陈代湘、方红姣：《湖湘学派的起源与流衍》，中国社会科学出版社，2020年。

卦。”《周礼 · 春官 · 大卜》则谓：“掌三易之法，一曰《连山》，二曰《归藏》，三曰《周易》。其经卦皆八，其别皆六十有四。”王家台出土的《归藏》简亦为六位数字卦，由此可知文王益卦或重卦之说不能成立。崔觐注《序卦》有“此仲尼序文王次卦之意也”语，疏曰：“文王六十四卦，其次相依，各有意义。”[①]这就启示了另一种思路，即次卦之次，是“位次”和“安排位次”的意思。[②]所以，次卦就是文王按照其所理解的内在意蕴和理路，对六十四卦之先后次序加以编订安排。事实正是如此。卦有《连山》《归藏》《周易》，三者的区别只在排列组合形式，即次序上：《连山》以艮卦为首，《归藏》以坤卦为首，《周易》则以乾卦为首。文王如此次卦，究竟是努力尝试沟通“上帝”，[③]还是仅仅希望建立一个符合周人文化观念的易卦系统，这并不重要，重要的是《周易》这个六十四卦的系统，呈现的乃是一个完整的宇宙图景，值得条分缕析。

以乾坤为总统，表示起源。乾坤天地，天地相交为泰，《泰卦 · 彖传》谓“天地交而万物通”。坎离则是天地相交的内容，“天地以离坎交阴阳”，“乾阳交坤为坎，坤阴交乾为离”，[④]寓意阴阳交媾，正如《系辞》所谓“天地絪缊，万物化醇。男女构精，万物化生”。天地相交的外部形式则是春雷，即“帝出乎震”。乾坤之后的第一卦为“屯”，屯字象形兼会意，表示春草破土而出。其卦象为震下坎上，正是“大哉乾元”之“云行雨施”而“万物化生”的最初篇章。这既可说是文王的匠心佳构，又可说是历史经验的自然表达。殷商时期，干支记年已经广泛使用。作为十天干之最后定型的甲乙丙丁午己庚辛壬癸之名，即是植物生命周期节点之表征，“甲乙丙丁……的干名是代表植物发育、

① 李道平：《周易集解纂疏》，潘雨廷点校，中华书局，1994年，第95页。

② 可资参照的是，《周礼 · 春官宗伯 · 大史》谓：“大史祭之日，执书以次位常。”疏曰：“谓执行祭祀之书”，“各居所掌位次”。

③ 《诗经 · 大明》即谓：“维此文王，小心翼翼。昭事上帝，聿怀多福。”

④ 李道平：《周易集解纂疏》，潘雨廷点校，中华书局，1994年，第472—473页。

生长、死灭、萌芽的循环现象”。[①] 更有趣的是乾卦之乾。《说文》谓“乾，上出也，从乙”，而“乙，像春草木冤曲而出”。以坎离二卦为上篇结尾，是对生生理念的强调和证明。

易卦下篇以咸恒为始，以既济未济终结全篇，同样大有深意。咸者，感也，《咸卦 · 彖传》之“天地感而万物化生”与《泰卦 · 彖传》之“天地交而万物通”遥相呼应。干宝语云：“乾坤，有生之本也。咸恒，人道之首也。”结合艮上兑下，少男少女的卦象，咸卦标志着系统画面由自然向社会推进展开。最堪玩味者是易卦系统最后以未济卦收尾终篇。未济之卦坎下离上，结合天地交为泰卦以及天地以坎离交，可知其所寓意乃是天地这一大生命，生生不息，未有尽期。[②]

孔子对于《易》的认识有一个过程：开始时将其视作卜筮而反对拒斥，后来则在卜筮之外发现“古之遗言”，遂被其“德义”深深吸引。帛书易传《要篇》记载了孔子在回应弟子质疑时说的这样一番话：“《易》，我后其祝卜矣，我观其德义耳也……赞而不达于数，则其为之巫；数而不达于德，则其为之史。史巫之筮，向之而未也，好之而非也。后世之士疑丘者，或以《易》乎！吾求其德而已，吾与史巫同途而殊归者也。’”“后其祝卜”即是悬搁一般人理解六十四卦的卜筮视角。孔子由此发现的又是什么呢？从“观其德义”的“其”可知，应该就是指那个由乾坤、坎离、泰否、既济、未济以及屯、咸诸卦组成的宇宙图景，因为从夫子所作之《易传》可知，《彖传》《文言》所论述的“德义”正是以此为基础，将这一自然宗教点化升华为人文宗教。[③] 对此可以申论如下。

首先，对乾坤二卦之关系做出阐释规定，突出天的地位。乾作为

---

① 梁钊韬：《中国古代巫术》，中山大学出版社，1999 年，第 78—82 页。

② 从卦爻辞等完全无法窥知文王序卦之用心与成就，笔者将另文专论，兹不赘。

③ 参见陈明：《从原始宗教到人文宗教——〈易经〉到〈易传〉的转进》，《北京大学学报》（哲学社会科学版）2018 年第 4 期。

卦名显然逻辑在先，但是在《易传》中被逐渐虚化，成为天之属性，“乾，健也”(《说卦》)。同时，天作为乾卦所取诸象之一种，在《易经》中主要是作为自然之天（sky）而存在。到了《易传》，全篇都是以天为中心展开系统论述，如“天造”“天行”“天道”“天命”“天心”“顺天”“应天”等概念，作为关键词分布全篇，Heaven的神圣性、意志性和义理性清晰明确。同样讲“生生”,《易经》只是体现在天地否泰、坎离相交诸卦之位置安排与寓意;《易传·系辞》却以“天地之大德曰生”的命题，将这一“生生”活动和行为视为“天心”之显现，赋于生命的“云行雨施”从此不再只是一种自然行为，也是一种精神活动，并且意味着天与万物之间某种内在关系的生成和维持:“乾道变化，各正性命。保合太和，乃利贞。”(《乾卦·彖传》)如果将《复卦·彖传》的“复，其见天地之心乎”与《老子》第五章的“天地不仁，以万物为刍狗”作一对照，那种不忍不舍的情感性质与联系就更加清楚。《易经》中乾坤的关系即天与地的作用、地位没有明确区分和规定，近于所谓“乾坤并健”，但这种“二元论”对于易卦系统来说是不稳定的。《坤卦·彖传》给出定位:“顺承天”，不仅时间在后，而且功能也是承乾而来，乾“云行雨施”，坤“含弘光大”，即“乾知大始”“坤作成物”。由此可知，乾所象之天包含Heaven与sky双层含义，天不仅可作为sky发挥功能，也可作为Heaven遍显于万事万物。而坤所象之地，则只为与sky相对之earth一物。《文言》说:“坤道其顺乎，承天而时行。”“一本”才有“一体”，即一个本体才能承诺维持世界的统一性，理论的统一性。

其次，是人的嵌入。自然生命形态的宇宙图景里，人的地位隐而不显，因为人只是纯粹的自然存在。《易传》里人以君子、大人的形象出现，并被赋予不同于万物的地位和使命。《文言》谓:“君子以成德为行”,“大人者与天地合其德”。这里的“德”从《庄子·天地篇》“物得以生谓之德”来理解，比宋儒那种基于社会伦理原则的经验性道德意志或行为去理解更贴合原意。所谓“成德”，包含两个方面，一是“正位凝命”（《鼎卦·大象传》）意识到自己“性自命出，命从天降”；其次则是“观乎人文，化成天下”（《贲卦·彖传》），即根据诗书礼乐，教民成性。到汉代，系统化为“天生，地长，人成”(《春秋繁露·天道施》)。

最后，是整个系统的扩充完善。“元亨；利贞”在《易经》中是断占之词，意为“大亨”“贞吉”之类。但《易传》将其切割肢解为“元，亨，利，贞”四字重新解释。《文言》：“元者善之长；亨者嘉之会；利者义之和；贞者事之干。”“元，亨，利，贞”成为生命的发生发展形式：既是植物的生根发芽、开枝散叶、瓜熟蒂落、回归大地，也是其所对应的春、夏、秋、冬，还是人的喜、怒、哀、乐。[①]《文言》说“君子体仁足以长人，嘉会足以合礼，利物足以和义，贞固足以干事”，这既是对外部生命的认知，也是对自我性分的自觉，从而也是对自己生命归宿的彻悟。

整个易卦系统于是呈现出全新的面貌。《序卦》谓：“有天地然后有万物，有万物然后有男女，有男女然后有夫妇，有夫妇然后有父子，有父子然后有君臣，有君臣然后有上下，有上下然后礼义有所措。”宇宙图景对存在秩序的包含，以及由此内化而成的价值规范这三者之逻辑关系，在这里得到清晰呈现。《说卦》的“乾，天也，故称乎父。坤，地也，故称乎母”，更是将宇宙图景定义为一个家的结构——中华文明的精神内核于焉以定。[②]

如果“文王之文在孔子”可以理解为孔子将文王勾勒的自然生命形态的宇宙图景点化升华成为人文生命的宇宙图景，那么“孔子之文在董仲舒”又当作何理解？春秋战国，礼崩乐坏，秦始皇统一全国确

---

① 《春秋繁露·阴阳义》云：“天亦有喜怒之气、哀乐之心，与人相副。春，喜气也，故生；秋，怒气也，故杀；夏，乐气也，故养；冬，哀气也，故藏。……与天同者大治，与天异者大乱。”

② 参见陈明：《乾父坤母：儒教文明的世界图景——基于比较宗教学的考察》，《北京大学学报》（哲学社会科学版）2021 年第 5 期。

立国家的基本疆域范围和制度模式，历史进入新阶段。秦朝“以法为教，以吏为师”，甚至焚书坑儒，最终因治理成本过高，二世而亡。汉承秦制，试图有所作为的汉武帝下诏征求治国方略，董仲舒依据《易传》和《春秋》思想进行论证，首先是以“大一统”化解了郡县制与分封制的制度紧张；其次是以“孔子素王论”将圣王的行政权力让渡给“时王”，将圣人限定在“体天制度”的立法者角色上，从而使得汉武帝接受其建议“罢黜百家，独尊儒术”。于是，文王、孔子之文与政治的连接在被切断若干年后得以重建，成为官方和民间共同的“意识形态”。

以法家中央集权的郡县制和儒家敬天法祖崇圣的信仰价值相结合的“霸王道杂之”，不仅只是政治治理意义上的汉家制度，也是中华文明的基本结构模式。[①]汉代《白虎通》、宋儒《西铭》里的宇宙图式，或偏政治或偏文化，其思想渊源同出于《易传》和《春秋》，实践基础则是炎汉数百年的文治武功。史学大家陈寅恪甚至将三纲六纪视为中华文明的 Eidos。[②]

二、卫道：从韩愈道统到朱熹“十六字心传”

《易传》和《春秋》不仅是孔子晚年的思想重点，经董仲舒落实于汉代后，更在实践中形成所谓名教。虽然魏晋乱世有主张“越名教而任自然”的玄学潮流，但其代表人物嵇康在鲁迅先生看来，其实只是不满司马氏以名教之名“宠树同己，诛夷名族”，内心却是名教的真正信奉者。是的，儒家思想观念一直都是社会主流的价值观，真正的挑

---

① 参见陈明：《帝国的政治哲学：〈春秋繁露〉的思想结构与历史意义》，《政治思想史》，2019 年第 2 期。

② 参见《陈寅恪诗集 · 王观堂先生挽词并序》，三联书店，2015 年。

战来自佛老。唐朝的韩愈是最先感到这一挑战并起而卫道的儒士大夫。于是乎，《原道》应运而生，内容大致如下。

首先，《原道》指出现实中的“道”出了问题，因为佛老的冲击，渐渐淹没不闻。《原道》谓：“老者曰：孔子，吾师之弟子也。佛者曰：孔子，吾师之弟子也。后之人虽欲闻仁义道德之说，其孰从而求之？”因此，需要正本清源。其次，《原道》阐述了儒家之道的产生、内容与意义作用。圣人创立的儒家之道，是一套社会和政治的组织制度价值原则：“古之时，人之害多矣。有圣人者立，然后教之以相生相养之道。为之君，为之师。是故君者，出令者也；臣者，行君之令而致之民者也；民者，出粟米麻丝，作器皿，通货财，以事其上者也。”与之相应的理论则是仁、义、道、德：“其文：《诗》《书》《易》《春秋》；其法：礼、乐、刑、政；其民：士、农、工、贾；其位：君臣、父子、师友、宾主、昆弟、夫妇……。”最后，《原道》指出了危机的本质与应对之方：“其法曰，必弃而君臣，去而父子，禁而相生相养之道，以求其所谓清净寂灭者”，“……然则如之何而可也？曰：不塞不流，不止不行。人其人，火其书，庐其居！”凡此种种，无不体现出政治敏感度和文化责任心，以及对问题本质和后果的判断分析：“清净寂灭之道”与儒家的“相生相养之道”的尖锐对立；“举夷狄之法而加之先王之教之上，几何其不胥而为夷也”的严重后果等，深刻到位，难能可贵。因此，苏轼在潮州韩公庙撰碑文赞其“匹夫而为百世师，一言而为天下法”。

但是，我们也要看到，《原道》的话语体系尚有诸多问题存在，不必为贤者讳。“人其人，火其书，庐其居”的解决方案过于简单粗暴；佛老为何具有如此冲击力的原因并没给出分析。至于“尧以是传之舜，舜以是传之禹，禹以是传之汤，汤以是传之文、武、周公，文、武、周公传之孔子，孔子传之孟轲，轲之死，不得其传焉”的道统描述，所传之“是”究竟何所指，没有说明，以孟子之后“不得其传”解释现实的困境也缺乏说服力。尤其重要的是，从学术史的角度说，“其文《诗》《书》《易》《春秋》；其法礼、乐、刑、政”，也就是《易传》和《春秋》这些孔子晚年思考，并不是经子思传孟子，而是经子夏传董仲舒，[①]并因董仲舒的努力才有五经博士制度，才有“其文”“其法”的付诸实施，才有六纪三纲。整个《原道》的结构，不出《春秋繁露·为人者天》“天生之，地载之，圣人教之”的逻辑，而“相生相养之道”则显然奠基于“天地之大德曰生”。

朱子学大家钱穆说：“治宋学当何自始？曰必始于唐，而以昌黎韩氏为之率。韩氏论学虽疏，然其排释老而返之儒，昌言师道，确立道统，则皆宋儒之所滥觞也。”[②]是的，朱熹正是韩愈排佛老，卫道统之事业的直接继承者，[③]其所成就的理学则可以视为韩愈《原道》一文的升级版，继承了其问题论域，回答了所留下的问题，在新的理论基础上提出了新的解决方案。如果朱子一生也可以用文本比喻，那么可以如此确定其章节：“留心于禅”；问学延平；弃佛归儒；“中和旧说”走出道南；“中和新说”反击湖湘；“太极图解说”建立理本论；“《大学》《中庸》章注”杜撰道统；《周易本义》解构《易传》天论，等等。观念转变为“弃佛归儒”，学术突破是“中和新说”，而思想高光则是“太极一理”。[④]

朱子自己也曾出入佛老，在回归儒门以圣贤事业为人生目标后，认为佛老危害“不在洪水、夷狄、猛兽之下”（《答石子重之五》）。同时，对师门道南学派的工夫论也很是不满。所谓工夫，是指实现成圣

① 韩愈以孟代董，极具误导性，如程颐撰《明道先生墓表》、朱子《中庸章句序》以及《宋史·道学传》，都沿用这一说法。王阳明的《别湛甘泉序》则称“颜子没而圣学亡”，从心学出发以孔颜代孔孟。

② 钱穆：《中国近三百年学术史》（上），商务印书馆，1997年，第2页。

③ 朱子曾对《新唐书·韩愈传》与《昌黎先生集传》等进行校注，晚年更撰《韩文考异》，如此关心绝非偶然。

④ 较详论述参见陈明：《朱子思想转折的内容、意义与问题——文化政治视角的考察》，《北京大学学报》（哲学社会科学版），2019年第6期。

成贤之人生目标的路径、方法及相关论述。道南学派“体验未发”的工夫论特点是：“危坐终日，以验夫喜怒哀乐未发之前气象为如何，而求所谓‘中’者，盖久之而知天下之大本。”[①] 这其实是以“心之动静”即心之活动与沉寂的不同状态来解释《中庸》文本中的“已发”“未发”，实质是把“心”本身当成了“本体”，近乎佛门“心生万法”的翻版，与圣贤事业无法勾连。这加深了朱子的困惑，也强化了其理论创新的冲动，同时也规定了其思考的焦点范围。

1164 年与张栻的舟中之会，成为朱子重启思想征程的契机。朱子与张栻交流获知胡宏“未发只可言性，已发乃可言心”，从而在丙戌年（1166）形成“已发者人心，而未发者皆其性也”的所谓“中和旧说”。这里的关键处就在“性”之概念的引入，从而帮助朱子走出了道南工夫论以心观心的封闭循环。

出土文献郭店简的“性自命出，命自天降”强调性根源于天，这其实是《易传》和《中庸》的基本主张。但朱子觉悟后念兹在兹的是反对佛老：先是编《困学恐闻》反思自我，然后撰《杂学辨》批文化名人，即使上书皇帝，也是把《大学》当作“帝王之学”，希望其“格物致知，意诚心正以应天下之务”，提醒不要沉溺于佛老。问题决定视域。既然关心的是儒家理念如何在人格和事务层面的落实，这也就决定了朱子的思虑重心必然落在“性—情”之维，而不可能沿着“心—性”内容由性上溯于天去做形上学追问。果然，在岳麓书院与张栻会讲之后，朱子意识到了自己与湖湘学人在问题意识、理论基础与实践诉求上的差异。重读程颐著作，朱子断然否定了借道胡宏而成的“中和旧说”，回向形而下的经验领域，形成“未发为性，已发为情”而心为之主的所谓“中和新说”。

朱子与湖湘学的冲突暂且按下不表。新的理论生长点确立后，朱

① 《延平行状》，载王懋竑：《朱子年谱》，北京：中华书局，1998 年，第 9 页。

子迅即将心性论向上拓展，建构为其提供本体支撑的理气论。不到一年的时间内就完成这一工作，很大程度上是因为这次仍然是有所依凭，那就借道周敦颐的《太极图说》。

朱子对周敦颐最大的改动有两点，第一点是将“自无极而为太极”改为“无极而太极”[①]。一般认为这一改动意味着将宇宙生成论转换成本体论。[②]但是，“太极动而生阳。动极而静，静而生阴”，表明修改后也并没脱离生成论。况且生成论、本体论这些现代西方哲学概念不可能成为朱子的思想目标，虽然这有助理解朱子对周敦颐改造的内容与程度。从朱子的理论需求看，将无极这个先在于太极的概念（实体、状态）收纳于太极范畴内，主要目的是将其解构消除，从而确立太极的绝对本体地位——事实也的确如此。

第二点严格讲不是修改而是阐释，那就是把太极说成理：“总天地万物之理，便是太极”，“太极者，理之极至者也”（《朱子语类·周子之书》卷九十四）。确立太极的绝对地位，则是要解构天的绝对地位，进而确立理的绝对地位。如是，则可确保理在实践中的落实施行：“宇宙之间，一理而已。天得之而为天，地得之而为地。凡生于天地之间者，又各得之以为性。其张之为三纲，其纪之为五常，盖此理之流行，无所适而不在。”（《朱子文集》卷七）

五经系统的本体论是以天为中心的神圣话语，从“天生万物”“元亨利贞”到“各正性命”。对于朱子以个体为出发点的心性论来说，不仅无法给予支持，并且还是其必须应对处理的难题挑战。如前所述，“天生、地养、人成”是一种生命论述，超越于道德之上，虽可为伦理奠基，本身却非伦理。而周敦颐源于道教的《太极图说》以太极为中心建构的宇宙论，不仅直接将天悬搁，并且还引入了以物质性的阴阳

① 《周敦颐集》，中华书局，1990年，第3页。

② 苗圃：《朱熹对周敦颐〈太极图说〉版本与内容的修订考察》，《朱子学刊》，2017年第1辑。

五行为基础的天人合一关系，如“乾男坤女，以气化者言也。万物化生，以形化者言也”[①]，十分便于点石成金。

“石”与“金”的差别是从朱子视角而言。首先，无极概念理论上来自《老子》的“天下万物生于有，有生于无”。这种“虚无寂灭”之说，无法与作为绝对价值的理相衔接。其次，虽然《太极图说》以太极代天，但周敦颐本身并无意否定《易传》的天道论述。《通书·诚上第一》就说“大哉易也，性命之源乎”，然后以“元亨利贞”说诚的天道运行，与朱子“诚，只是实”完全不同。从版本的角度说，《太极图说》最初乃是附在《通书》末尾的，而《通书》思想主要基于《易传》。朱子校订《通书》时，乾坤大挪移，将《太极图说》转而置于《通书》之首，所成之所谓建安本，即以《太极通书》为名流通。这对《易传》的替代遮蔽，在动机和效果上自是不言而喻。

如果说理学是以理为本的心性之学，那么可以从这里看到，它是朱子在周敦颐《太极图说》以太极代天的基础上，将太极说成理而实现的。评价这一工作有两个视角，一是学术史的考察能否成立？二是实践上的效果是否成功？首先，《易传》中太极概念仅一见，并且是在《系辞》中作为对揲筮之法的诠释而引入，用于描述“天地氤氲”这一生化过程中的某一节点阶段。其次，太极、太一、太乙意义重叠，本指北极星，与《易传》分属不同的传统，有强烈的“系统属性”。[②]郭店楚简文献《太一生水》有对这一系统之宇宙图景的描绘，与《易传》“天地以坎离交”的人格化之生养万物完全不同。既然相对于文王、孔子、董仲舒之文来说它是一种异质性存在，那么，从儒家立场出发，

① 周子论说之“太极图”渊源于道教，清毛奇龄有精详考证。《周易》中天地以坎离交而生万物，儒教重其生生之德，因而只是从大人君子的行为层面说天地合德。道家炼丹，将坎离落实为铅汞之物，对应于男女精血，因而本体与肉身一脉相连。

② 郭店楚简《太一生水》载：“太一生水，水反辅太一，是以成天。天反辅太一，是以成地。天地相辅也，是以成神明；神明复相辅也，是以成阴阳；阴阳复相辅也，是以成四时……”

对它的使用演绎自然应该严格限定在不动摇损害《易传》体系的范围之内，但朱子似乎无此意识。如果说《太极图说解》在理学是其本体论建构的完成，那么从儒学的角度则可说是对《易传》天道论解构的开始。

至于实践效果如何，从《知言疑义》中朱子与湖湘学派的对垒中，我们可以窥知一二。

三、传道与卫道：湖湘学与理学的内部紧张

传道、行道、卫道是儒士大夫的职责。宋初三先生孙复、石介和胡瑗传道治学均以《易传》和《春秋》为主体。《宋元学案 · 泰山学案》谓："尽孔子之心者《大易》，尽孔子之用者《春秋》。是二大经，圣人之极笔也，治世之大法也。"也许因为宋代"与士大夫共治天下"，儒学的政治理念得到相当程度的实施，以致产生出王安石那种为变法而生的新经学。变法失败，"得君行道"的风头受挫，而应对佛老异端的卫道之儒学成为新的时代课题。理学的合理性与必然性在此。那么，它跟传统一脉关系又如何呢？

《知言疑义》是朱子主持编撰的对湖湘学派奠基之作胡宏《知言》的批判。既然能给《知言》罗织八宗罪，显然是把自己的理学体系视为标准参照。不妨就以朱子中和新说的"未发为性，已发为情"而"心统性情"这一理论架构列表，对照描述二者异同，再从所谓本体论、工夫论以及社会—政治理论诸视角展开比较分析。[①]

① 表格文献中，朱子的出自《朱子语类 · 性理二》卷四，胡宏的出自《胡宏集》"知言"及"知言疑义"。

表 1：朱子与胡宏的性、心、情理论对照表

	朱　子	胡　宏
典籍	四书，尤其是《学》《庸》（二书章句为朱子思想核心	《易传》和《春秋》（知《易》知《春秋》，然后知经纶之业）
性	性是理之总名；太极一理；性是心之理	天命为性；性无善恶；性立天下之有
心	统（心统性情。统，管摄之意）；包（“心包得已动未动”，指性与情）；心者主乎性而行乎情；心是做工夫处	知、察、识（知天地；欲识心之性情，察诸乾坤行而已矣；必先识仁之体）；宰（宰万物）；成（心以成性）
情	情是心之用；恻隐、羞恶、辞逊、是非，情也；情有善恶，性则全善	

从表 1 可以看出，朱子的性、心、情是一种三角架构：

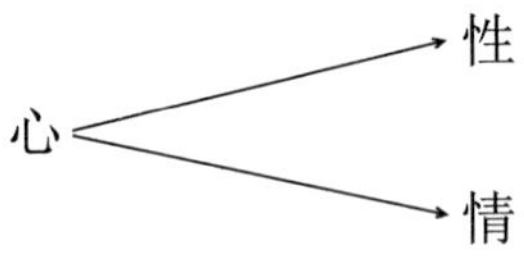

胡宏的性、心、情则是的纵轴结构：

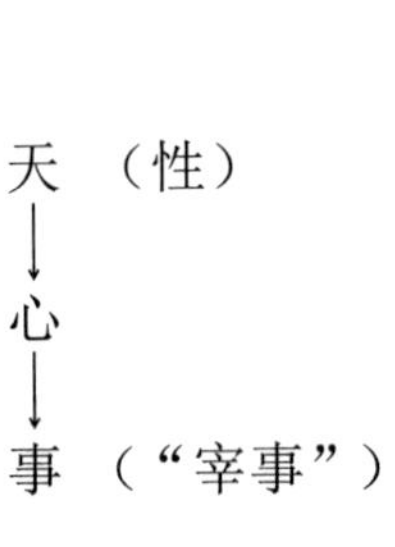

如果说朱子言理不言天，胡宏则是言“有”（事）不言情。朱子思想特点是强调心—情关系；胡宏思想结构特点则可说是一心开二门：“知天地，宰万物，以成性者也”。这种差异从学术史的角度说是承接了不同的传统，五峰大致可说是传承文王、孔子、董仲舒、宋初三先生一系；朱子则是在孔子、孟子、韩愈、周敦颐、程颐的基础上因应时代，自铸伟词。这很大程度可以解释为什么朱子对湖湘学派的批评会集中在“性无善恶”“察识为先”（二者可以同视为本体论问题）和“欠缺本领一段工夫”这两点上。“察识”在胡宏文本中有两个义项：一个是“知天地”“识仁之体”，其内容是“察诸乾坤行”“乾者天之性情也”；另一个则是“察识端倪”，端倪指“良心之苗裔”，“一有见焉，操而存之，存而养之，养而充之，以至于大，大而不已，与天地同矣”。这一层意义，是宋儒讨论主题，在胡宏思想体系中不仅比重微小，而且与整个体系关系游离，以致吕祖谦也提醒“二者不可偏废”，朱子更是认为应该由此逆觉体证“因苗裔而识根本”。但必须指出，朱子的根本是孟子语境里的“四端”，胡宏所追求的乃是“天行健”的生生不息。因此，朱子在《知言疑义》中说“‘欲为仁，必先识仁之体’，此语大可疑……于其本源全体未尝有一日涵养之功，便欲扩而充之，与天同大，愚窃恐无是理也”。朱子还以张栻为例，批评湘中学人“不历阶级而得之，多失之太高”[①]。他显然是将自己理本论基础上的心性论当作了标准答案，按照这一本体论所属的先涵养后察识的工夫论强人就己，对湖湘学以天为“创生者”因而逻辑在前、位格在上的绝对存在这一《易传》传统没有理解和尊重。[②]

朱子的第二大批评，是指责湖湘学“欠缺本领一段工夫”。如表1所示，“情”的栏目里胡宏名下是一片空白，言性不言情，为什么？朱子曾抱怨（胡宏）“只将心对性说，一个情字都无下落”（《朱子语类》卷五）。貌似有理，其实不然。因为胡宏思想是天人之学的生命论，与

① 王懋竑：《朱子年谱》，北京：中华书局，1998年，第36页。

② 牟宗三的三系说判胡宏为“正宗”，朱子为“歧出”也是以此为依据，但仅仅在在宋明儒学范围内，又只是使用“纵贯”与“横摄”这种形式性概念，根本不足以揭示问题的思想内涵与差别本质。

朱子理本论的心性之学存在系统差异。在这里，性不是情的对待物，与其相对的是“事物”：“形而上者谓之性，形而下者谓之物”。“性为待成”，意思是“性”是一种生命的可能性，跟种子一样必须生根开花结果。“天地之心，生生不穷者也，必有春秋冬夏之节，风雨霜露之变，然后生物之功遂”，(《知言 · 修身》) 讲的就是《易传 · 文言》所谓“元者善之长，亨者嘉之会，利者义之和，贞者事之干”，就是《中庸》所谓成己成物，参赞化育。正是以此为基础，胡宏讲“性立天下之有”——尧、舜、禹、汤、文王、仲尼心尽性成，“故能立天下之本”[①]。“知《易》知《春秋》，然后知经纶之业”，“推天道以明人事”的《春秋公羊学》传统确凿无疑。

相对而言善恶只是一个次生的外部问题：“圣人发而中节，而众人不中节也。中节者为是，不中节者为非……世儒乃以善恶言性，邈乎辽哉！”因为生命本身是超善恶的。“天理人欲同体而异用，同行而异情。”(《知言疑义》) 如果不是时间在前，几乎可看成是对朱子理学的针对性批判，难怪朱子要将其从《知言》文本中删除。

此外，在心的问题上，朱子和胡宏都重视心的功能，但差异也很大。朱子“心统性情”之“统”偏于“管摄”，偏于意志性。朱子的心还有“包”即包含的意思，性作为“人之所受”内在于心。在胡宏处，心的“识仁体”之认知功能其实并不是一般的理性认知，而是类似于《易传 · 大象传》“天行健，君子以自强不息”那种关系中既理性又神秘的想象与建构，并且具有特定的道德内涵，即预设了天与人的内在联系和道德属性。《大学》的格物，某种意义上可以说既是对这一天人关系预设及认知形式的继承，又是对它的理论概括和总结。“察诸乾坤行”虽然用的是“察”，意思完全相同。“宰万物”即人奉天以理物，就是将“形上之性”转换成为“形下之物”，就是将各种逻辑的应然变为现

① 由此也可看出所谓“性本论”完全不成立。无论就其本质言，还是就其显现于人言，它都只是天的属性或某种存在方式。

实的实然，就是“心以成性”。这是一个实践过程，也是生生不息的生命存在本身。

为什么会有此差异？从历史的背景说，他需要解决韩愈提出但并没有回答的道统究竟为何的问题，他认为心病还需心药治，佛老的“证悟”需要一种“心法”应对。[①]从个人经验说，朱子致思的起点是寻找一种不同于道南学派工夫论的成圣成贤之路，而所谓工夫论的文本依据乃是《中庸》的“喜怒哀乐之未发谓之中，发而皆中节谓之和”。喜怒哀乐很容易被理解为情（情绪），而“发”与“未发”则意味着心的在场。胡宏指出“未发为性”，朱子恍然大悟，但五峰的性是“天命为性”，而天的本质是“生生不息”，所以，朱子必须将其重新定义，改为“性即心之理”。

胡宏虽然“幼事杨时、侯仲良，而卒传其父之学”[②]，其父之学就是《春秋》。他的“上光尧皇帝书”与朱子上孝宗皇帝书一样长篇大论，但朱子是希望皇帝格物致知正心诚意，胡宏则是“陈王道之本，明仁政之方”，一内圣一外王，旨趣完全不同。《知言》之外，胡宏主要著作《皇王大纪》的序言几乎就是《易传》翻版。[③]在这样的脉络里，喜怒哀乐跟春夏秋冬、元亨利贞一样，是生命存在的呈现形态。成圣成贤就是“成己成物”，就是“成性”，就是将生命内在的创造性、可能性表达实现出来，“立天下之有”。与此相比，那种情绪或情感性的喜怒哀乐表现是否符合道德标准的文本理解，即使不是错误，也属于无关紧要。

寻找什么就会得到什么，朱子和胡宏问题意识、学术背景、思想起点都不一样，他们都找到了自己所寻找的东西。那么，应该如何看待二者区别呢？胡宏《易传》为体，《春秋》为用，是孔子、董仲舒直到

---

① “韩公只于治国平天下处用功，而未尝就其身心上讲究持守耳。”《朱文公文集》卷45“答廖子晦书”，文渊阁四库全书本。

② 《胡宏集》，北京：中华书局，1987年，第356页。

③ 《胡宏集》，北京：中华书局，1987年，第163页。

宋初三先生的历史主脉，但王道的命运注定是永远的乌托之邦，虽定义着文明，却很难改变现实政治。倒是朱子卫道的“文化战争”具有时代紧迫性，虽然孝宗皇帝亲撰《三教论》从政策上终结了“韩愈问题”，但理学的道德心性论失之东隅收之桑榆，成为儒家思想中个体性的修身方案。这是为什么“伪学”又能反转为“显学”“官学”的原因。

朱子意志坚定，一面孜孜不倦的从事《大学》《中庸》二书之章注，一面对所有与自己体系不兼容著述加以解构批评。《知言疑义》只是牛刀小试，随后的刀锋指向了五经系统整体。“朱子的《周易本义》说《易》为卜筮之书；他的《诗集传》全用后代文学眼光来解说《诗经》；他对《尚书》，早已疑及今古文之不同，亦认为《尚书》为一部古史；对于孔子《春秋》也只认为是一部通史……从此以后，四子书占据上风，五经退居下风，儒学重新从经学中脱出。”[①]钱氏语带赞美肯定，似乎没有意识到四书与五经之间的思想断裂对于儒家对于中国文明来说意味着什么——直到最后才似乎有所醒悟。[②]诚然，朱子注意到了“韩公只于治国平天下处用功，而未尝就其身心上讲究持守耳”，因此建构儒门心性论，将政治批判转换为文化替代，这毫无疑问是一种进步。但是，我们看到的最终结果却是如此吊诡，四书系统成而五经系统废！如《周易本义》以伏羲否定文王、孔子，几近犁庭扫穴，挥刀自宫，似乎全然忘记了自己所要捍卫的道统究竟是什么？作为中华文明支撑的孔子之文究竟是什么？难道他真的相信会是出自伪《古文尚书》“人心惟危，道心惟微，惟精惟一，允执厥中”用于个体行为约束时那所谓十六字心传么？

从文明论范式出发，我们则要反思近代以来以理学为儒学展开的中

---

① 钱穆：《中国学术思想史论丛》，东大图书公司，1978 年，第 161—162 页。

② 钱穆先生在最后口述“中国传统文化对未来人类可有的贡献”中说，自己“最近彻悟”到“天人合一这一观念，实是中国传统文化思想最后的归宿处”，“是中国文化对人类最大的贡献”。参见钱穆：《“天人合一”观——中国文化对人类的伟大贡献》，《月读》2015 年第 8 期。在我看来，这或可视为老先生对四书系统的“脱出”，对五经系统的回归。

西比较与传统论证是不是遮蔽了什么？它也许适合强化“西方文化重物质，东方文化重精神”的简单分类与肤浅乐观，但一个关于个体心性修养的工夫论体系能够支撑一个文明并为其承诺未来、贡献世界么？

不同文明意味着不同的宇宙图景，意味着不同的存在秩序和人生规划。“圣人以天下为一家，以中国为一人”（《礼记·礼运》）就与“乾父坤母”（《易传·说卦》）存在逻辑关联，“成己成物，参赞化育”的人生模式（《礼记·中庸》）同样由此前提引申而出。如果说在政治竞争上儒家的对手主要是法家，那么，在文化竞争上的对手则主要是道家和释家。[①] 政治领域的儒法之争在汉武帝与董仲舒的合作中以“霸王道杂之”获得了制度性解决，文化领域的儒与佛老之争也由宋孝宗的《三教论》里以“以儒治世，以佛修心，以道养身”的功能划分做出安排设想——“治世”显然意味着更大的文化权重，意味着文化结构中的主导地位。但是，仍然有必要指出，“明于礼义而陋于知人心”的儒学倘若不能提供自己的“养身”“修心”方案，随着佛、老信众的增加，其“治世”的理论根基与社会地位与影响很可能会被动摇瓦解，而由其所规定表征的文明属性甚至文明体本身，也将随之改变面目全非。这就是韩愈所谓道统问题的由来与本质所在。成功或失败，朱子完成了一种尝试，构成了一段漫长的历史，甚至远播海外，“塑造了整个东亚的思想和价值观”[②]。但今天，在文化自信、文明自觉以及民族复兴成为时代主旋律的时候，有必要在文明论范式里重新评估这一切。如果说理学对湖湘学之化约表明儒家学人对四书与五经两种儒学基本论述之理论边界的无视，对由此造成的儒家思想体系之支离破碎乃至混乱无序的无感，那么，这种状态确实不能再继续下去了。由湖湘学与理学的关系透视理学与儒学的关系，思考儒学与文明的关系，在这一前提下重思儒教个体论述的可能与必要，正是本文的用心所在。

---

① 今天则还需要面对基督教等各种“文明冲突”的压力。

② 刘子健：《中国转向内在》，南京：江苏人民出版社，2017年版第76页。

超越牟宗三，回到康有为：在新的历史哲学中理解儒学的发展

——对话李明辉、陈昭瑛等港台新儒家

谢谢主持人！但最要谢谢的则是陈昭瑛教授！

为什么呢？因为两岸儒学对话是由李明辉的一个非常情绪化的言论引起来的——他说“大陆新儒学”是蒋庆和陈明一小撮人炒作起来的。当时我觉得几乎不值一驳，因为十年前方克立就在说这事了，我根本就不在意。二十年前办《原道》，出来后有人说我暴得大名，我都听不懂。说实话，我从来没有想过要炒作过自己，如果陷入什么话题，像“施琅大将军”“丧家狗”或者“曲阜教堂事件”，都属于一不小心。但这也确实说明文化，说明儒家符号在今天的社会生活中具有了相当的敏感性，也就是说获得了丰富的内容。十年后，即 2015 年，李明辉旧事重提，来自儒家阵营内部，却仍然是否定，我觉得很有些意思，但仍然没有打算做什么反应。只是看到干春松写文章才在微群里稍稍交流了一下。北京大学哲学系搞了一个会，李明辉、郑宗义也去了。我去看朋友，吃饭时听说在说我，我想肯定不是批，批的话应该会叫我到场，但我只是笑笑。我有足够自信，这些人不过是在抱团取暖而已——自己不在“大陆新儒家”范畴之内，那就找一些同样有失落感的人，再叫上李明辉、郑宗义刷刷存在感咯。记得我在微群里贴的是一句唐诗，“两岸猿声啼不住，轻舟已过万重山”。这是真实的心情写照。如果说方克立说儒学中心已经转移到大陆，从政治上加以否定，让我感觉到的是一种悲壮和神圣——我当时有被算命先生唤醒的迷途英雄的感觉，想对方先生说一声谢谢，那么这次，李明辉说我们

一小撮自我炒作，然后还有一批大陆学友欢呼相应，让我感觉到的则是一种可怜与蔑视——心胸狭窄就不说了，见识真的是连方先生都远远不如！时代精神改变了方向，你们却以为是炒作。所以，当赵荣华建议搞一个专题会讲时，我说那就敞开谈一谈吧。虽然我有自己的设想，但议题设置、邀请函写作我都没费心思，都是把李明辉的发炮当作由头。我转给昭瑛，她说，她“不克参加！”我问为什么？原来她胸怀宽广，志存高远，不赞成这样一个“港台新儒学”和“大陆新儒学”的对撞，境界太低了。在她的点化下，才放眼百年儒家的前赴后继，接力般代代承接，苦心孤诣，以近代救亡应对国家国族建构，追求和消化现代性为轴线，重新修改，直至她认可。

也是受她影响，我这里要改一下发言的题目，原来是《超越牟宗三，回到康有为：大陆新儒学发展略说》，现在要修改为《超越牟宗三，回到康有为：在新的历史哲学中理解儒学的发展》。我觉得很重要，因为原来只是就事论事，面对港台新儒学陈述大陆新儒学的发展，好像是与港台新儒学打擂台，现在将它改为《在新的历史哲学中理解儒学的发展》，就是在一个新的历史哲学的架构里，讨论近代以来的儒学演变。这样，对话的对象就有了转换，转换成为了左派的革命叙事与右派的启蒙规划，至于心性儒学与政治儒学或者哲学与宗教之争，就成了第二层次意义上的问题——当然，它们之间也有某种勾连。革命叙事和启蒙规划这左右两家都是五四孕育出来的，方法论上都是西方中心论的普遍主义。相对于近代救亡的主题，都是一种歧出，一种异化，本来作为救亡方案手段的思想话语异化为目的，还振振有词地说什么“救亡压倒启蒙”，言下之意，今天最重要的事情就是回到启蒙；还有所谓“解放全人类，最后解放自己”的荒唐逻辑。在这样的历史哲学里，儒家显然是找不到自己的存在感或存在合法性，也没有什么地位的。

救亡的真正目标是实现国家建构和国族建构。左派的革命叙事是以阶级作为实现这一目标的出发点；右派的启蒙规划是以个人作为实现这一目标的出发点；儒家是以民族作为实现这一目标的出发点。现在可以看得很清楚，阶级和个人虽然具有某种历史和理念的地位和意义，但相对于这个目标，它们本身却包含有解构甚至吞噬这一目标的可能与危险。而当局目前重提“中华民族的伟大复兴”这一近代口号，并向儒家挥舞橄榄枝，这表明历史在向自己的常态回归。儒家该做什么？如何做？仁者见仁，智者见智。我认为需要思考一种新的历史哲学，在新的历史图景里讨论儒学的政治文化地位和意义，讨论其与左、中、右的结构关系。而所谓的“大陆新儒学”和“港台新儒学”的异同，显然应该是从属于这一关系格局的，并且，只有在这一更具基础性的关系格局得到确立、确认之后，后一个问题的解决才是可能的，才是有意义的。

我这里就先讲一讲我所谓的新的历史哲学。

“没有问题，便没有历史。”这是年鉴学派史学家费弗尔的观点。对将 1840 年以来的不到二百年的时间切割成近代、现代和当代三截，我一直是不以为然的。几大革命、几大运动虽然推动主体有所不同，但其主题或诉求却基本保持着一贯性，那就是救亡。救亡就是保国、保种、保教，而保国、保种、保教的正面表述就是国家建构与国族建构，就是中华民族的伟大复兴。我最初就是在对当局的“中国梦”所包含的“中华民族的伟大复兴”进行理论追究时，想到新的历史哲学的，它指向的是对那种五阶段论的历史哲学的替代。以救亡为主题，以国家国族建构为救亡主题的正面表达形式，我觉得可以很好地统摄晚清的自强运动、辛亥革命、五四运动和新民主主义，习近平重提“中华民族的伟大复兴”则是对 1949 年以后到十年“文革”的拨乱反正。

对于旧的历史哲学，五四是一个重要节点，右派认为是启蒙运动，左派认为是工人阶级形成自觉的起点。但是，这两年大陆到五四的时候，官方媒体基本处于一种失语状态。因为去年习近平到北大，在五四的时候，牵手的是汤一介教授，汤一介当时主要的身份是《儒藏》

的主编，事实上这也是习到北大的主要或直接的动因，而以北大为策源地的五四本来却是一个新文化运动，以“打到孔家店”为口号口。这种吊诡的后面是一种转折，只是文宣系统没有跟上节奏，不知所措。五四是左派和右派共同的思想图腾。右派做出反应的是高全喜，我的老同学，他要维持五四的启蒙叙事，策略是将启蒙话语多元化，认为五四的启蒙也是多元的，在《新青年》的法国式启蒙之外还有“学衡派”的苏格兰式启蒙，不那么激烈，不那么反传统。“学衡派”是不是可以划归启蒙苏格兰姑且不论，但我觉得那种以西律中的思维方式本身就是需要反思的。为什么要“在中国发现历史”？因为近代以来中国被视为一个被动的存在，只有在西方的刺激下才会做出反应——几个亿的人口，几千年的文明，这可能吗？美国汉学家都看到了，我们为什么不能挺立自己的主体意识，从自己的文化和感受出发去描述历史，想象未来呢？

谢大宁在这里——为什么我坚持一定要邀请他到场？因为他在台湾岛内一直参与社会活动，我知道黄俊杰老师，还有昭瑛、李明辉、林月惠都为反对文化“台独”，反对“去中国化”做过很多的贡献，但大宁涉入最深，付出最多，而台湾问题就是近代史的产物，我觉得甚至都可以这样说，台湾问题不解决，近代史就不能说终结。而从国家建构和国族建构的目标来说，台湾之外，还有香港，还有新疆、西藏都是问题重重，时刻提醒我们，中国还走在帝国之现代转型的坎坷征程上。正是对这一严酷事实的清醒意识，使我的儒学研究有着不同于五四那一代人的思考背景，“即用见体”“公民宗教”等概念都是如此。当然，对革命叙事和启蒙规划及其背后的历史哲学的质疑，也是在对“能不能帮助我们解决、应对国家建构和国族建构”这样一个问题进行追问后才开始的。

明确了这个问题，所谓新的历史哲学也就轮廓初具了。如果说它的语境是后五四的，所要对冲的革命叙事与启蒙规划——现在看来，个性解放和阶级解放这两种历史叙事以及由此派生出来的政治、文化目标在今天已经是没有太多说服力了。那么，以国家国族建构为主题的历史哲学对儒家来说又意味着什么呢？在我看来，意味着对康有为的再发现。在一次会议上，我说“回到康有为”，意思就是指要抛弃阶级建国和个人建国的左派右派方案，首先明确对所建之国的历史起点及其连续性体的认与坚持，而不是从某种意识形态体系的魅惑中以虚幻的美丽新世界作为主导。换言之，即是在晚清变局中，在确保疆域不分裂、族群不瓦解的前提下去进行中国现代国家形态的寻找和再造；对外有效应对列强的挑战，对内有效回应国民的正当需求。政治认同和文化认同意味着正义而有效的制度，统一而和谐的文化。这是康有为的追求，也是我们今天仍未解决的问题。我想，应该正是在这样一种对康有为问题、康有为思路的理解的基础上，干春松、唐文明、曾亦以及陈壁生和我才臭味相投，成为“康党”。有人曾对我的“康党”身份表示质疑。我一方面很惭愧，康的东西读得很少，被唐文明无情抢白，但另一方面很骄傲，我不是通过阅读而是通过思考与康有为相遇，用干春松调侃的话说，是闭门造车，出门合辙。这说明什么？说明缘分到了。十年前，方克立说“大陆新儒家”还只是泛泛而言，十年后情况大变。但我要说，只有在康党或新康有为主义者聚集成型，“大陆新儒家”才获得了诸多的学派特征——蒋庆也有相关论述，他用的是“成熟”这个词。讲这些东西，是对我们致思背景的一个交代，对我们问题意识的一次澄清。如果国家国族建构问题可以成立，可以统摄形成近代以来的历史论述，我希望能够通过沟通增强共识，相向而行。

因为由此观照“超越牟宗三，回到康有为”，对于以为生民立命、开万世太平自相期许的儒学来说，就成为一种逻辑的必然。牟宗三和康有为的关系，以及我们之间的关系，存在差异是不言而喻的，并且必须讲清楚。首先，要明确，这种差异不是反对、替代和否定的问题。

无论康有为还是牟宗三、徐复观，他们都是儒者，都是从儒者情怀、理念出发工作。只是语境不同，问题意识不同，所使用的思考范式不同，但他们都参与着薪火相传的接力赛，代表着特定阶段的最高水准。其次，我们需要从此时此刻所面对的问题出发，在工作方式、话语形态上做出选择和调整，以更好地解决问题。必须指出，牟先生所处的是后五四时代，当时的时代氛围确立的是中西文化问题，儒家文化在知识上和价值上受到双重的质疑和否定，所以，他们的工作一方面是建构其现代的知识系统，一方面是力证其与民主科学不相矛盾，可以曲径通幽。而这一切乃是由西方中心的单线进化论错误思维导致的虚假论题。虽然它的成果自有思想史和学术史上的价值，但相对于国家国族建构的主题，相对于今天对中西关系及其文化问题的理解，那样一种思考和工作方式已经暴露出很多的弊端和局限，譬如对哲学的偏执，对宗教的误解，对认同的忽视——那时根本就没有意识到这样的问题，而对于国族建构来说，这是至关重要的。国家建构，民主是重要的，同样重要的还有自由、正义、法制，而这一切的前提和目标则是繁荣和富强。

很不幸，近代中国军事和政治上的危机在一些精英分子自命深刻的理论中被转换成为文化危机，潜台词则是儒家、孔子要为落后挨打承担责任，而西方文化则是明天的替代选择。今天，思考的背景、面对的问题都已经发生了深刻变化。对五四进行彻底清理就需要解构当时形成的种种神话，就需要有新的历史哲学。而依据这种新的历史哲学对前辈学者的哲学化话语形式之选择的局限性进行修正，对他们的工作范围和主题做一些调整和扩展，不仅不是离经叛道、数典忘祖，反而是与时偕行、接着讲的更上层楼。面对新文化运动把中西政治、经济和军事的对抗转换成文化差别和紧张，进而把文化的自我否定当作最后的觉悟，当作救亡最后的妙药灵丹，儒门先贤是不赞成的。但受时代限制，他们仍然把科学和民主作为最高价值坐标，而以被告之身为自己进行无罪辩护，不得不通过把自己的文化心性化——所谓道德形上学——以保留一块合法的存在地盘，不得不杜撰诸如“坎陷”这样的概念来化解自己所坚持的道统与所认同的民主、科学之间的紧张。这不是他们的错，而是他们的功绩。但我也不能不指出，这种功绩与其说叫人感到骄傲，不如说叫人感到悲壮、悲凉，因为它属于一个扭曲的时代，就像是不得不被拉入烂泥堆里进行的一场角斗，胜无可喜，败更窝囊，即使叫作近代中华民族屈辱和苦难的思想投影也无不可。所以，今天，“回到康有为”问题，实际具有拨乱反正、回到近代史主题并从正面加以表达的意义。

把牟宗三作为港台新儒学或现代新儒学的符号——这实际对其他几位先贤如徐复观、张君劢、唐君毅等是有点不公平的，但没办法，他的学生多，影响力也比较大，所以这里就拿他说事。他主要的工作基本就是在刚才讲的五四那种扭曲的文化心态和思维方式里完成的，与一种扭曲的心态和思维相对抗斗争，多少会留下一些内伤。在中西文化对峙的论域中，他为儒家文化的价值辩护，对儒家文化的知识形态进行整理，而使用的参照系统则是他要对抗或对儒家文化造成压迫的西方或西方文化。例如，他所使用的学术范式，或者说用来表述儒家文本的话语形式是哲学。用哲学范式去对儒家文本进行解读格义，从哲学的角度讲就暗含了两个预设：第一是哲学的普遍性预设；第二是儒家文本的哲学属性预设。我认为，不论从知识学上还是价值论或者效用性上讲，这两种预设都大有反思的必要。哲学是一个跟希腊文化联系在一起的专有名词，并不跟数学一样是个有共同对象、方法的学科。并且，在其自身的演变中，在所谓“语言学转向”之后，今天居于主导地位分析哲学以对前提的反思为特征，后哲学文蔚为景观，与古希腊哲学、近代哲学迥异其趣。以西方哲学为蓝本来自我观照，最终会看到什么呢？冯友兰用“新实在论”诠释理学或道学，而新实在论本身在西方不过昙花一现，这能很好地彰显理学或道学的知识形态与文化意义吗？

刚才提到的道德形上学，前提是西方物质、中国道德的东西比较思维，西方就物质？中国就道德？这样本质化，人怎么活？道德必然要形上学化？作为最高存在的天以生生为德，这种德，这种善并不是经验世界的伦理道德之善，而是对生命的肯定，是神圣的爱与创造。这也是中国人最真实深刻的生命体验。用哲学话语表述它，其出发点是好的，但从宗教角度把它作为人的信仰、信念是不是更好，更符合实际，也更有利于建构起它与生活、生命内在而有机的关系？

为什么会把宗教排除掉呢？因为在五四时期的知识话语里边，孔德有一个知识学的理论，人类的文化首先是宗教的阶段，然后是哲学的阶段，然后是科学的阶段。这在现在看起来是很荒谬的一个东西，但在当时是不容置疑的，是被普遍接受的。以此为参照，儒家思想文本与科学比对不上，与宗教又不愿意——宗教在当时的思维里认知低下，道德落后。所以像蔡元培这样从德国回来的哲学博士也提出要以美育代宗教。美育是什么东西？美育怎么可能代替宗教？真是浅薄而狂妄。这完全是一个巨大的错位，但是这就是一个可悲的现实。牟先生，还有徐复观先生，基本都是这样。紫禁城就是按照《礼记》“左宗右社”的规制建的，左边是太庙，右边是社稷，都是宗教建筑，反映了儒教在政治生活和社会生活中的地位——也就是国家建构和国族建构中的地位和意义。这是一个很好的理论切入点。但在哲学思维的框架里，太庙被牟宗三抽象为时间性观念意识，社稷被抽象为空间性观念意识。这也许很哲学，但天地君亲师信仰的丰富历史内容和重要的现实启发因此而被严重遮蔽窒息。对照康有为的孔教论，得失高下，一望而知。

前面讲到，牟宗三的问题意识是五四给定的，他别无选择，那就是在中西文化的对峙中，为儒家思想的价值正当性做辩护，为它的知识系统性做建构，把这个当作自己的使命，自己的工作。与此相应，为完成这个工作所使用、遵循的学术范式就是哲学——这也是时代给定的，没能超越。这在某种意义上也就决定了他对于儒家思想图景的构思，决定了他对儒家经典谱系的编排。李泽厚说港台新儒学是现代宋明理学，大致不错。牟先生确实是在一个宋明理学的或者说四书学的框架里面展开工作，因为那个东西本身就是一个有效应传统，四书的影响在清代，在民国本就是活生生的东西。但是放大了看，四书相对于五经，不仅存在巨大差别，也可以说完全不在一个层次上。打个比方，当人们把四书作为儒家整体图景时，实际上相当于把一个四合院的东厢房或西厢房当作了四合院本身！真正的正殿是《尚书》《易传》《春秋》这样一些东西，天、政治等等都是在正殿里面才找得到的。以理配天，所谓天理实际是以理代天，“未有天地万物之先，毕竟是先有是理”，将经验生活中的道德伦理抬高到本体的层次，在将道德绝对化的同时，原本作为最高存在的绝对之天却被解构放逐了！这种先天缺陷不能不影响到牟先生的工作，限制其思想空间。朱熹的四书学是在宋代的特殊环境里面产生的，有功圣门，嘉惠后学，有益世道人心，都没问题。但我们同时也必须看到，四书与五经不是一回事，宋代的问题跟近代的问题也不是一回事。按照朱子对于四书功能的理解和定位,《论语》定规模,《孟子》观发越、《大学》明次第、《中庸》尽精微，这显然只是一个人格养成方案。而儒家最高的自我期许却是要“为天地立心，为生民立命，为往圣继绝学，为万世开太平”的。能够与此匹配的，显然不可能是四书，而只能是五经。梁漱溟说自己比朱子更懂孔子，我看并不是什么意气之词。因此，儒学何为？如何去为？理论上讲就有一个如何理解、确立经典谱系格局的问题。我的意思就是，接着讲，以四书学为致思框架的宋明理学并不是一个合适的连接点。大陆新儒学对经学的重视，应该从这样的高度和深度去理解。这些，后面会有曾亦、壁生他们讲，我这里就点到为止。

牟先生已经很了不起了。譬如他的“三系说”，判朱子为别子为宗，推五峰为正宗嫡传，非常有洞见，意义非常大！但是，哲学的思考范式和理学的基本预设使他在讲三系的时候，顶多只是讲到朱子的理“只存有不活动”，肯定五峰的“则天而行”，却终于没有继续追问：所谓“即存有即活动”的东西是什么？活动的究竟义又是什么？他也重视“维天之命，于穆不已”，但终于没有把这个“命”作动词解为生生不息的生命，解为爱与创造的主体。它其实就是《易传》中和孔子笔下的人格性的、意志性的、主宰性的天。这个不能怪他，因为他当时面对西方文化的压力，要对自己的文化做一个知识学的建构，做一个价值的辩护。但我们必须清楚，一个文化真正的价值，真正的合法性的证明，真正知识结构最终的完成，价值最终的稳立，只能来自它对吾土吾民的生活和生命的坚定承诺和有效承担，具体来说就是对真实问题之解决的有效贡献。

开始就说了，我们实际还是生活在近代史的感受里。或者干脆不叫近代，就叫现代，从鸦片战争开始就是现代，不用原来的近代、现代、当代的概念，而是由整个帝国瓦解以后到现在，当时产生的国家国族建构的问题贯穿始终，没有解决。很多国外学者就把晚清民初叫作现代早期，当然，他们是从经济全球化和参与扩大化来理解、定义现代，与我们这个生存论的内在视角不是一回事。如果这点可以成立，那么今天“儒家何为”的问题就清晰了。儒家何为？刚刚大宁也提到这个问题，牟先生他们确实多多少少和这个问题有关系，徐先生也一样，讲民主的东西。但是民主在整个政治学的架构里面，它是一种制度安排的形式，而首先是主权，包括疆域，这些问题才是基础性的。你在没有国家的情况下讲人权，讲公民权利的制度安排，那是很荒唐的事情，就像建大楼不讨论第一层的时候去讨论第二层。当然，民主、自由、法制以及人民主权，等等，也是国家国族建构的题中应有之义。刚才明辉讲到《威斯特伐利亚条约》以后的疆域什么的都是西方的概念，或者是民族主义的东西。我觉得这是一种国际政治的认知，是我们的处境，别无选择。我们不能因为过去是王朝国家、天下国家，是荒服制度、王者无外什么的，就拒绝边界概念，不讲边界。坚持历史继承的疆域版图，不能说就是民族主义，因为这样的民族主义并非沙文主义，没有什么不好。现代新儒家的“新外王”讲对民主、科学的接纳，我并不像蒋庆那样简单否定，只是不认为需要自我坎陷以求得逻辑上的贯通，不认为它们具有作为主义的绝对价值。儒学、儒家从来就不是科学的对立面，民主也并非现代政治价值的全部。主权是国家建构、国族建构的基础或前提，然后才是制度设计，以正义和效率为首要考量。这里涉及的问题很多，剑涛是专家。但无论怎样说，民主作为一种跟政治参与相关的制度或价值，在这里应该只能说是第二级甚至第三级的问题，排在自由、正义之后。而它们的主体，则是中华民族。

所以，从这些意义上来说，以唐、牟、徐为代表的现代新儒家，他们的人格和成绩虽然堪称里程碑，但在今天，在新的问题浮出水面，可以看得很清楚的时候，儒学确实需要尝试开辟新的进路，探索新的可能。明辉说我们炒作，从办《原道》到现在都二十多年了，年纪也五十好几了，犯得着嘛！至于大陆学界一些小鼻子小眼的，我根本就懒得理睬。还是那句诗：“两岸猿声啼不住，轻舟已过万重山。”他们愿意关着门叽叽歪歪，那就让他们自己在悬崖上待着叫唤去吧。

最后，再就康有为问题说几句。康有为的儒学所要解决、应对的就是前面讲的国家国族建构的问题——准确地讲，是这个问题的初级版。他倡导成立“保国会”就是有感于“国地日割，国权日削，国民日困，思维持振救之，故开斯会以冀保全”。作为协会宗旨的“保国，保种，保教”，保国是讲主权；保种说明是以民族为单位；保教则既包含国民教化之义，也包括文明图景、存在秩序之义。世界性的殖民主义运动是以国家为单位进行博弈竞争的。保国所以保种，有竞争力的国家必须要有一个正义高效的制度，在获得政治认同的基础上经由文化的认同形成国族，这样的思想可以说在这里初步萌芽。今天讲中华民族的伟大复兴，复兴和救亡实际上是一个问题的两个方面，或者说复兴是国家国族建构的高级版。确立这个目标的优先性，就要对左右意识形态中的“阶级”和“个人”这两个概念的基础性地位加以约束或扬弃。儒家思想体系里没有与“阶级”和“个人”相对应的概念。民胞物与，家国天下一脉贯通，是一个生命共同体。可以说面对这样的历史课题，儒家至少在宗教、政治哲学的层面有足够宽阔的空间和丰富的资源提供支持。在这种内部性的基础上，西方是我们的背景和参照，我们是在从事自己的工作中与他们互动，或对话交流，或竞争博弈。理论的不说，每个人都在做。我觉得大宁的工作比较有说服力。他反“台独”，这是一个国家建构、国家主权维护的工作，同样他也主张宪政，支持民主，也坚持人权的价值。反对“去中国化”，这就有国族建构的意涵。这是儒家的精神，也是儒家的传统。康有为之外，董仲舒也是很典型的例子。他的《天人三策》以及随后建立的博士制度等，实际就是周公制礼作乐以后，儒家提出的国家国族建构方案。参照秦始皇和李斯实施的方案，我们可以知道它应该是比较成功的，像对皇权的约束，对社会组织和价值的尊重，对国民共识的塑造，等等。在这一过程中，儒家思想显然是作为一种宗教而不是一种哲学发挥作用。法国汉学家葛兰言就把当时的儒教叫作国民宗教，他显然是看到了儒教对于国民共识的塑造作用及其普遍性。贝拉认为，满人入关后，国家治理上的高明之处就是继续承认儒教的公民宗教地位，发挥其功能，从而很好地稳定了社会秩序。与现代新儒家不同，“大陆新儒家”主要从宗教的角度理解、思考儒家传统，与其说是因为认同康有为思路，不如说是认同康有为对国家国族建构问题的把握。而所谓“回到康有为”，也同样可以作如是观。周公，孔子，董仲舒，康有为，我觉得存在一个儒教的发生、发展和应用落实的传统。这也是我目前正在做的工作。由此从逻辑上再往下推，从经典谱系的编排来说，至少在我这里，《易传》就居于核心的地位，跟蒋庆、曾亦他们特别注重公羊学也不太一样，当然跟四书学就更不一样了。

最后小结一下。

康有为问题和牟宗三问题分别是国家国族建构和儒家价值系统辩护、知识系统建构问题。它们之间的差异是时代处境的差异造成的。互相之间不是反对关系，而是各有意义和价值。康有为处在时代的转折点上，所以把握到的问题是近代以来最重要的问题，即古老帝国如何实现现代转型，建立制度，获得认同，有效面对内外挑战，并且当时存在某种成功的可能；牟宗三处在后五四时代，传统文化在面对西方文化时，在知识和价值上似乎都面临合法性丧失的危机，时代需要或他能够做的就是出来为之辩护陈词。一个在波峰，一个在波谷，但都做出了伟大的努力，有功于圣门，有功于中华民族！只是因为随着社会经济的发展，五四时期那种思想扭曲和心理焦虑有所缓解，今天我们可以相对平心静气地看待我们的文化，带着这样的文化去解决尚未完成的国家国族建构的问题；同时因为牟宗三先生的著作在大陆学术界影响广泛，大陆儒学觉得有必要发出“超越牟宗三，回到康有为”呼吁。去年在西樵山召开的“康有为与制度化儒学”学术会议上，我的发言就直接以“回到康有为”为题：“回到康有为是回到康有为问题，即国家建构和国族建构；回到康有为是回到康有为思路，其特征是中庸之道，理性务实；回到康有为是为了超越康有为（以公民宗教论替代国教论）……”[①]

显然，这并不是主观性的对立二人，更没有任何的无礼和不敬，因为我们正是在对牟先生、徐先生他们的阅读中学会了从正面走进传统，从他们的精神人格中形成了自己的文化自觉和担当。记得在台北的一间啤酒屋，林月惠曾跟我说，牟先生晚年将儒学重振的希望寄望

---

① 《开放时代》，2014 年第 5 期。从这里也可以清楚地看出，那些认为“回到康有为”就是要否定“革命”的判断，不仅认知还滞留在李泽厚《告别革命》关于改良与革命的辩论里，更是对康有为思想和大陆新儒学旨趣的双重误读。李泽厚将康有为系属于自由主义者更只是一种主观想象，就像他把谭嗣同说成全盘西化论者一样。

于大陆，我当时就提出到牟先生坟上去看看，心香一瓣，三致其祷！希望明辉兄等知道，我们真正要对话的，或者说要辩论的，或者进行话语权和影响力争夺的，实际上是左派和右派那样的西化派。这也是牟先生、徐先生所念兹在兹的。现在，挑头反对我们的却是牟门子弟，实在是叫人意外而遗憾！右派反对我们无所谓，本来不被他反对就不是儒家；左派也一样的——你如果都不跟它们区分，证明你就没有提出什么。只有当你发现问题，在问题的解决上有自己的思路，然后才谈得上不同的价值立场，然后才谈得上思想交锋。

主持人，没时间了吧？谢谢！

当代与现代：大陆新儒学与港台新儒学的一种区分

"中国现代新儒学运动……以2004年7月贵阳阳明精舍儒学会讲为标志，它已进入了以蒋庆、康晓光、盛洪、陈明等人为代表的大陆新生代新儒家唱主角的阶段。……大陆新儒学虽然是一新生事物，目前还缺乏成熟的表现和厚重的学术成果，但它已是一不容忽视的客观存在。……要开始重视对大陆新生代新儒家所倡导的大陆新儒学的研究"①。方克立教授在表达大陆新儒学业已产生的观察判断并呼吁学界予以重视研究的这段文字里，"大陆"概念显然与"港台"遥遥相对，而将"大陆新儒学"视为"现代新儒学运动"之"阶段"，则又表现出一种将"现代"绵延至当下，将"当代"作为"现代"定位处理的思维方式。

这是需要讨论的。

首先需要澄清的是，所谓"港台新儒学"，指称的其实既不是关于港台问题的儒学，也不是由港台儒家提出或论述的儒学。这一方便的口语式称呼被固定为书面表达，只是因为牟宗三、徐复观、唐君毅、张君劢、钱穆等学人当时居住在港台地区，他们的著作是由港台地区出版机构出版，在图书馆的港台书籍阅览室与我们相遇。表达其问题意识和思想宗旨，标志这一群体共识形成的《为中国文化敬告世界人士宣言》，所申述的乃是他们"对中国学术研究及中国文化与世界文化

① 方克立：《关于当前大陆新儒学问题的三封信》，（2005.9.20），［2020.03.07］，https://www.rujiazg.com/article/535。

前途之共同认识”。[①]以“中国文化”为关键词，表明其“为往圣继绝学”的情怀担当与自我期许；而以“世界人士”为言说对象，则表明他们的这一忧虑和关切乃是源自作为传统文化托命人在西方文化压力下的悲苦感受，即中国文化不被世界人士所理解尊重，以及中国文化不适应也不适合于现代生活的诸种社会认知。

这是一种五四或后五四的心理状态、思维方式和思想情境。没有问题就没有历史。以鸦片战争为起始的中国近代史以救亡为目标。洋务运动以引入坚船利炮等技术为手段，戊戌变法以引入工商、政治诸制度法规为手段，但进入民国后，时局仍然不见根本性好转。于是，《新青年》主编陈独秀撰文，把“伦理的觉悟”当作“吾人最后之觉悟”。[②]“始于言技，继之以言政，益之以言教”的变夷之议进入其三部曲的最高潮。[③]

变夷原本是要“师夷长技以制夷”，因此，变技、变政、变教都不过是在富国强兵、救亡图存这一目标下对不同手段的使用尝试。但如果说变技的洋务运动、变政的戊戌变法基本都在“中体西用”的宗旨下维持着以“保国、保种、保教”为“救亡”目标的意义内涵，那么，到变教的五四新文化运动，以“伦理的觉悟”为“最后之觉悟”的结论则已使问题在不知不觉中发生了某种堪称根本性的改变。陈独秀的文章认为，“欧洲输入之文化，与吾华固有之文化其根本性质极端相反……人类进化，恒有轨辙可寻，根本解决问题，不得不待吾人最后之觉悟。”[④]在这里，作为殖民地的中国与殖民者列强之间以军事经济为

---

① 唐君毅、牟宗三、徐复观、张君劢：《为中国文化敬告世界人士宣言》，（1958.1.1），[2020.03.21]，http：//www.doc88.com/p-313748145559.html。

② 陈独秀：《独秀文存·论文》（上），北京：首都经济贸易大学出版社，2018年，第29—32页。

③ 陈明：《反思一个观念》，（2010.03.21），[2020.03.21]，https：//www.rujiazg.com/article/878。

④ 陈独秀：《吾人最后之觉悟》，《新青年》一卷六号，1916年2月15日。

内容的生存竞争，被转换成了文化的先进与落后之间的矛盾，而运动的目标也不再是保国、保种、保教，而是指向传统批判，“全盘西化”成为最响亮的口号。换言之，在洋务运动、戊戌变法中作为救国手段、工具的外来文化因子，在这里已然摇身一变成为了目的，而在先进的西方文化与落后的传统文化的冲突中，我们首先要做的是打倒孔家店，拥抱德先生、赛先生。虽然逻辑看似成立，动机更是无可挑剔，但这里对鸦片战争以来落后挨打的文化归因，对孔夫子与德先生、赛先生不可并立的预设，对于新文化救国效能的想象，其实根本经不起推敲——至于教与国、教与种之间深刻的内在关系，则完全不在其致思考虑的范围之内了。

但当时主流的社会认知和社会心理就是如此。更重要的是，这一切还被这一时期传入中国的两种思潮加以强化，它们从世界史、历史哲学甚至意识形态的角度将五四新文化运动赋予了中国之“现代”起点的地位和意义。这两种思潮，一个是以“阶级”为主词的革命叙事，一个是以“个体”为主词的启蒙叙事。它们对五四运动的理论建构，最早是由陈伯达等共产党人在1936年开始的。《关于新启蒙运动的建议》《论新启蒙运动》等文章率先将“启蒙”概念与五四运动勾连在一起，认为“反封建”的五四属于资产阶级领导的旧民主主义运动范畴，是为旧启蒙；无产阶级领导的以大众化为目标的文化运动则是新启蒙。毛泽东在纪念五四运动二十周年时宣布“五四运动表现中国反帝反封建的资产阶级民主革命已经发展到了一个新阶段”，到后来，这种说法被嵌入由鸦片战争、辛亥革命等构成的中国革命史，救亡被转写成革命，标志着五四的革命叙事基本完成。

启蒙运动是17、18世纪发生在欧洲的奠定现代性基础的思想文化运动。如果说毛泽东“新民主主义起点说”的五四革命叙事是立足于对新启蒙这一提法之“新”的挖掘，昭示着历史唯物论之阶级论的引入和运用，那么，反映自由主义价值取向的五四之启蒙叙事，则集中在新启蒙提法之“启蒙”二字上施展想象，聚焦于其对自由、民主等所谓普世价值的追求。二者虽然在政治上呈现出矛盾紧张，但深层的思维方式和理论预设却颇多交集叠合：1. 都是把一个“欧洲事件”普遍化而套用于五四这一中国近代反帝、反殖和反传统的救亡运动，进行解释赋值；2. 都属于西方中心的单线进化论，即将欧洲的历史发展形态预设为人类社会发展的普遍规律；3. 两种宏大叙事都极富意识形态色彩，是一个包含价值观、方法论以及发展动力和目标的完整思想系统，具有重新建构历史的雄心与魔力。

这就是牟宗三等一代新儒家别无选择的时代处境。作为儒家文化的信仰者、守护者和传承者，面对既具有现代正当性又具有救亡功能性但同时又被预设为儒家对立面的西方文化，他们只能在矛盾对峙、复杂纠结的思维和心态中辛苦劳作，能做的也只能是按照现代知识形态对传统思想文本进行整理重建，参照现代（西方）价值原则对儒家价值系统加以阐释疏通。港台新儒家中最富原创性和最具影响力的牟宗三，其主要的著作《现象与物自身》[①]《心体与性体》[②]《历史哲学》[③]等即是如此，或者引入康德哲学框架建构儒家的道德形上学，或者根据哲学逻辑对儒家学统进行判教分疏，或者“本中国内圣之学解决外王问题”，以所谓“良知坎陷说”来实现儒家伦理与西方民主科学的衔接贯通。徐复观先生的著作《两汉思想史》[④]也可作如是观。

毫无疑问，一种文化的价值首先或只能是经由对该文化认同、使用者所需要之功能意义的有效承担而获得验证、确立，而不可能是经由其与另一文化价值的关系疏解得到说明，因为这不仅背离了文化的实践性品质，也意味着将对方当成了标准答案或终极模板。现代新儒

① 牟宗三：《现象与物自身》，长春：吉林出版集团有限责任公司，2010 年。
② 牟宗三：《心体与性体》，上海：上海古籍出版社，1999 年。
③ 牟宗三：《历史哲学》，桂林：广西师范大学出版社，2007 年。
④ 徐复观：《两汉思想史》，上海：华东师范大学出版社，2001 年。

家选择这样一种工作路径或方式之不得已的苦衷在于，工业革命给西方带来了政治、经济和军事上的巨大优势，乘势而起的全球殖民运动几乎所向披靡，而其军事经济的侵略、掠夺与思想技术的扩散、传播互相交织，也的确使得这种冲突具有某种文化之类型、高低（先进与落后、普遍与地方）之争的色彩或意义。如果说“整个现代社会科学都是对欧洲工业革命以来之社会发展的解释”这一论述太过夸张，那么说构成当代世界思想主干的启蒙叙事、革命叙事都是在这一进程中产生并获得其知识和价值上的正当性，应该并非言过其实。

毋庸讳言，我们正是根据这一点，在西方文化冲击下对儒家思想价值的正当性进行论证、按照西方的学术范式或学科体系对儒家的思想文本进行知识建构，将“港台新儒家”叫作“现代新儒家”。同时，也正是根据这一点，我们将“大陆新儒家”与“港台新儒家”清晰区隔开来——从蒋庆、康晓光、陈明到后来被称为“新康有为主义”的大陆新儒家群体，均是从儒家文化与中国社会、政治的内在联系出发，聚焦于鸦片战争以来从救亡到复兴的国家国族建构等问题。

蒋庆关心的是“中国性”（chineseness）的丧失与重建问题。[①]在他看来，中国性是一种由儒学定义的文化性。其本质，在人性上表现为道德即仁、义、礼、智，在政治上是“王道”；它们来自圣贤的教诲和启示；这种教诲和启示则来自天或天理。这是他对儒学的绝对性和有效性坚信不疑的原因所在。这种文化先于、高于而且独立于人之生活的形上学思维进路（apperoacho）决定了他不可能从历史发展和社会变迁的角度理解儒学或儒教，[②]也决定了他不仅不可能将西方文化学术作

---

① 蒋庆认为“中国大陆已经全盘西化”“民族生命无处安立”“民族精神彻底丧失”。（蒋庆：《中国大陆复兴儒学的现实意义及其面临的问题》，台北：《鹅湖》月刊，1989 年，第 170、171 期。）后来出版的《政治儒学》进一步断定：“当今中国面临着两大问题：一是中国人个体生命之无归依；二是处在礼法制度之真空状态。”（蒋庆：《政治儒学》，北京：三联书店，2003 年，第 4 页。）

② 在蒋庆这里，儒学指儒教的教义系统，儒教则指成为主导意识形态之后的儒家思想。

为标准答案，甚至也不可能从社会变迁和需求变化的角度看待自由、民主、理性化等现代价值，而必然从儒家思想作为宗教对于中国之为中国的文明规定性去分辨、厘清中西之间的差异性、冲突性，并从其对人类社会未来命运的不同影响出发，反观西方文化和现代性等问题。①

虽然一样主张儒教国教说，蒋庆的思想气质为信仰主义者，康晓光则表现为经验主义者。它不是在理论上批判西方或现代性，而是从中国现实的发展出发否定西方经验的有效性。他说“西方经验不能支配中国未来，中国的未来不会简单重演他人以往的经验”。作为民族主义者，“民族复兴”既是他坚持这一理论的目的，也是他接受或拒斥其他理论学说的根据。他思路清晰：为了稳定，应该拒斥自由民主主义；为了长期稳定，应该选择“仁政”；为了实现仁政，应该儒化中国；儒化中国的途径和标志则是“儒教国教化”②。

与近代以来从哲学、宗教或道德诸进路解读儒学的各家不同，陈明是从人类学意义上的文化这个视角展开自己的儒学论述。他思考的中心问题是：“面对当代生活中的文化认同、政治重建和身心安顿等问题，儒学提出怎样的方案才能有效？”如果说蒋庆是在近代或后“文革”语境中思考儒学如何重归文化核心地位的问题，康晓光是在后冷战时代“文明的冲突”语境里思考如何发挥儒家文化的软力量作用，重建儒教中国的问题，那么陈明主要思考的则是儒家文化如何在变化了的历史条件下重建儒教作为中华民族主干性文化符号系统的有效性问题。他所谓变化了的历史条件，既指西方冲击下不复汉唐之盛的近代救亡语境，也指改革开放后国力增强、中华民族复兴成为社会共识和执政目标的21世纪。他思考的中心问题是：“面对当代生活中的文化认同、政治重建和身心安顿等问题，儒学提出怎样的方案才能有效？”

① 蒋庆、盛洪：《以善致善》，上海：三联书店，2004年，第35页。

② 康晓光：《中国特殊论》，《仁政：中国政治发展的第三条道路》，新加坡：八方文化创作室，2005年。

相对于蒋庆、康晓光的“儒教国教化”主张，笔者认为，无论从知识描述、意义定位还是实践操作考虑，公民宗教（civil religion）都是一个更加合适的框架。[①] 从董仲舒提出、汉武帝采纳的“罢黜百家，独尊儒术”之政策建议，到南宋孝宗皇帝在《三教论》明确的“以儒治世，以佛治心，以道治身”之儒释道三教功能定位——“治世”的儒教显然意味着在公共领域中具有更大的文化权重，为以“公民宗教”概念描述儒教的历史地位，设想其重回当代公共领域的合适方式和途径提供了历史和功能的依据。秦人、楚人、齐人、晋人凝聚成为汉族，与汉代的文治武功联系在一起；满人入关，天地君亲师的儒教形态在雍正时期正式成型，这说明儒教治世的地位和功能不可替代。这应该也就是韩愈将尧、舜、禹、汤、文、武、周、孔之道视为中华道统、亨廷顿将中国称为“儒教文明”的本质和原因所在。相对于自由主义者无视国家社会之文化规定性（其实是对认同等身份政治诸问题存在理论盲区）而欲以宪法认同代替文化认同的偏颇，[②] 以及儒学原教旨主义者那种将国家文化化的儒教国教化，甚至政教合一的主张之偏激，这种儒教之“公民宗教论”对于呈现为多元一体之结构的共和国来说，应该说是一种既重视国家宪法又重视文化认同意识、既维持历史连续性又兼顾现实可操作性的中庸之道。

干春松在《保教立国：康有为的现代方略》[③] 中认为康有为所谓的“孔教国教论”其实是一种公民宗教论。有论者把干春松、唐文明和

① 陈明：《儒教与公民社会》，北京：东方出版社，2013 年，第 29 页。

② 唐文明：《“回到康有为”与大陆台湾新儒家之争》，《中华读书报》，2015 年 5 月 20 日，第 15 版。唐文明对康有为孔教论意义的肯定，或可移用于对五四以来自由主义者们这一缺失的批评：“康有为思想的深邃性，恰恰表现在他充分意识到了，仅仅靠现代性的“政治权利原理卢梭语不足以真正建立一个现代国家，必须援引古典时代的制度资源作为“政治准则方面的考量并通过可允许的形式转化找到恰当的落实方式。”

③ 干春松：《保教立国：康有为的现代方略》，北京：三联书店，2015 年，第 13 页。

曾亦这批后期的大陆新儒家叫作“新康有为主义”者，[1]并据此将其划为与蒋庆、陈明、康晓光相区隔的大陆新儒学第二代，认为二者之间“思想姿态和政治关切迥然有别”。这完全不符合事实。唐文明指出，“在‘回到康有为’的思想路径被明确提出之前，以蒋庆、陈明、康晓光等人为代表的大陆儒家服膺者早已在问题意识上与康有为颇为接近了”。[2]在2014年于西樵山召开的“康有为与制度化儒学”的学术会议上，陈明的发言即直接以《回到康有为》为题，并简要论述了这一命题的内涵：“回到康有为是回到康有为问题，即国家建构和国族建构；回到康有为是回到康有为思路，其特征是中庸之道，理性务实；回到康有为是为了超越康有为（以公民宗教论替代国教论）……”[3]

以国家国族建构为近代儒学的思想主题，其实就是以国家国族建构为近代中国社会和历史的主题。以之替代“民主”“科学”这一由五四新文化运动设立的主题，或者革命话语里的“阶级解放”、启蒙话语里的“个性自由”，并不是要否认这一切的价值意义，而是要将其重新镶嵌在“救亡”的话语系统里——它们原本就是作为救亡的方案、手段和工具被提出来的。五四原本就是继洋务运动、戊戌变法而起的一次救亡运动，前期的新文化运动如此，后期的五四游行更是如此。民主和科学固然是现代价值，但它们不能也不应该与意识形态捆绑，阶级解放、个性自由固然是一种价值诉求，但它们作为服务于我们功能性目标的手段而被引进、接受，自然也应根据我们的目标需要进行使用、安排。就德赛二先生言，科学从来就不是儒学的对立面，而民

---

① 张旭：《大陆新儒家与新康有为主义的兴起》，《文化纵横》，2017年6月，第98—107页。

② 唐文明：《“回到康有为”与大陆台湾新儒家之争》，《中华读书报》，2015年5月20日，第15版。

③ 参见《开放时代》2014年第5期。从这里也可以清楚地看出，那些认为“回到康有为”就是要否定“革命”的判断，不仅认知还滞留在李泽厚《告别革命》关于改良与革命的辩论里，更是对康有为思想和大陆新儒学旨趣的双重误读。李泽厚将康有为系属于自由主义者只是一种主观投射，就像他把谭嗣同说成全盘西化论者一样。

主作为一种政治价值也并不具有最基础的地位。[①]人们组成政治共同体，首先需要获得的是安全与秩序。保国、保种、保教的救亡目标不仅具有自然正义性，即使套用启蒙话语也可以说是对国家主权、民族尊严的维护，对自由价值的追求。如果价值理性的正当无可置疑，那么接下来就是技术理性的安排了。农耕社会的自然经济方式在战争应对上存在先天缺陷，从孙中山到毛泽东都意识到这种“一盘散沙”动员困难、组织效率低下，所以想方设法加以解决克服。这应该就是国民党和共产党都对列宁主义抱有兴趣，选择以党救国、以党建国、以党治国的理论制度之原因所在。[②]葛兰西将政党视为“包含着追求普遍与总体的集体意志的胚芽”之“现代君主”。[③]这或许可以为我们打开理解党国现象的新的思维向度，在文明论而不是现代性或国际共运的视域里去重新思考儒学与国家、政党的关系。[④]

回到康有为除了与五四形成的革命叙事与启蒙叙事形成对话关系，与产生于现代性话语语境里的港台新儒学自然难免存在某种紧张。在两岸儒学会讲中，我曾从历史哲学角度有所阐述。[⑤]唐文明从思想史角度的表述更为深刻清晰：“从中国思想界的整体变化来说，康有为再次成为一个热点，意味着必须能够突破新文化运动以来所形成的思想前提与理论格局……如果说大陆新一代的儒家服膺者与民国时期以及后

① 有论者将“统一性”视为人类政治的“第一价值”。范勇鹏：《中国政治学知识体系的核心概念——统一性》，载《复旦政治学评论》第22辑，上海：复旦大学出版社，2020年，第67—86页。在西方政治哲学体系里，“自由”也排序在前，而“自由”首先出现，则是与“民族独立”联系在一起。

② 陈明：《保国、保种与保教：近代文化问题与当代思想分野》，《学海》，2008年第5期。

③ （意）安东尼奥·葛兰西（Antonio Gramsci）著，曹雷雨等译：《狱中札记》，北京：中国社会科学出版社，2000年，第94页。

④ 亨廷顿：《文明的冲突与世界秩序的重建》，《一个多文明的世界》，北京：新华出版社，2010年，第3—51页。

⑤ 陈明：《超越牟宗三，回到康有为：在新的历史哲学中理解儒学的发展》，《天府新论》，2016年第2期，第16—26页。

来出走港台的前辈们在思想倾向上呈现出较大差异的话，那么，一个最重要的因素是从‘文革’结束到现在，经过30多年的探索，西方现代性的神话已经破灭。无疑这是中国思想界30多年来的最大理论成果。大陆新一代的儒家服膺者在这样的基础上展开自己的思考和探索，自然不会将自己的思想局限在西方现代性的理论框架内，在理解中国现代思想史时自然也不会将自己的思想局限在新文化运动以来所形成的理论格局内。”[①]港台儒学与大陆儒学的根本区分就在对待现代性的立场态度上，一肯定接受，一质疑超越。

回到康有为，解构五四这个现代性叙事的阿基米德点，其实就是要重返近代救亡语境，重建救亡主题，重新确立中华民族作为叙事者的主体地位。中共中央总书记习近平在十九大报告中说“实现中华民族伟大复兴是近代以来中华民族最伟大的梦想”，结合此前中共十六大对《党章》的修改中关于中国共产党为“中华民族先锋队”的定位，或许可以认为，一种以中华民族为主词，以“中国梦”为内容，以民族复兴为目标的新型意识形态话语正在形成之中。实际上，从洋务运动到五四运动的救亡活动中，中华民族一直就是以利益和命运的共同体出场，并在前赴后继中日渐凝聚成为一个有机整体。戊戌变法中的帝党后党之争，甚至国共之争，也只是变法或革命的行政实施由谁主导即所谓“操之在我”的问题，而辛亥革命则是在满清政府无力救亡的情形下以民族革命为号召发生的政权更迭。革命叙事中的“阶级”，启蒙叙事中的“个体”，首先都是作为中华民族的一份子出现：黄埔军校校歌唱的是“以血洒花，以校作家，卧薪尝胆，努力建设中华”；抗日军政大学校歌唱的是“黄河之滨，集合着一群中华民族优秀的子孙”；还有我们的《国歌》，也是“中华民族到了最危险的时候……”；而“保国、保种、保教”的保国会宗旨，则是康有为于1898年亲手拟定。

① 唐文明：《“回到康有为”与大陆台湾新儒家之争》，《中华读书报》，2015年5月20日，第15版。

是的，大陆新儒家所理解和认知的当代，并不与教科书规定的特定时间范围（1949—现在）重合，也不将其视为对所谓现代的接续（自由主义者如是坚持，如李泽厚撰《启蒙与救亡的双重变奏》，意在重启被救亡压倒的启蒙[①]），而是指向由救亡和复兴所贯穿和表征的中华民族从1840年开始、至今仍在继续的既艰苦卓绝又灿烂辉煌的壮丽事业。救亡与复兴作为代入感强烈的处境描述和愿望表达，其现实内容用“国家国族建构”（state-building and nation-building）的概念加以表达或许更准确、规范。因为救亡须以国家为依托，而复兴则必然意味着国族之成就，“六合同风，九州共贯”的繁荣与大一统不仅是复兴的主要内容，也是其最高标志。需要补充的是，对于多民族的共和国来说，这绝不可能是一个自在或自觉之生长的结果（如民族学家所想象者），而必然表现为一个由政治和文化协力推进的政治认同、文化认同之塑造建构的曲折过程。

“人类的历史是文明的历史”[②]。而历史总是与特定人群的活动联系在一起，有着相通人性的不同群体在不同环境下发展出各具性格而又可以互相沟通的生活样态，以此描述、理解其内部制度、价值就是文明论思想范式。卡尔·雅斯贝斯（Karl Jaspers，1883—1969）、汤因比（Arnold Joseph Toynbee，1889—1975）都曾用文明体系来描述人类社会及其相互关系，表现出对西方中心论的超越。亨廷顿认为“在所有界定文明的客观因素中，最重要的通常是宗教”[③]，同时他将中国称为“儒教文明”。这有助于我们重新思考儒学或儒教与中国社会。这显然是一种认识上的极大的深化。当然，这也是一种历史事实。陈寅恪在差不多一百年前就曾指出“吾中国文化之定义具于《白虎通》之三纲六纪”。正是董仲舒以“大一统”解决了三代分封制与秦汉郡县制的制

① 李泽厚：《中国现代思想史论》，北京：东方出版社，1987年，第1—39页。
② 亨廷顿：《文明的冲突与世界秩序的重建》，北京：新华出版社，2010年，第19页。
③ 亨廷顿：《文明的冲突与世界秩序的重建》，北京：新华出版社，2010年，第21页。

度断裂，重新实现了儒家与现实政治的连接，中华文明“霸王道杂之”的结构于焉以定。[①] 康有为推崇董氏春秋学，因为他要完成的是董仲舒一样的事业，变法以应对时势的变化，守道以维持文明的传承。

新的思想视野表现在新的问题意识，新的问题意识要求新的学术范式，新的学术范式则必然导致对传统经典的重新解读。这也许可以回答为什么要提“超越牟宗三，回到康有为”的问题。很清楚，大陆新儒学真正的对话对象其实并非牟宗三，而是提倡启蒙叙事的右派和坚持革命叙事的左派，就像朱子理学真正的对话对象不是韩愈、欧阳修，而是佛教与道教。与牟先生的差异首先应该视为儒门内部在不同处境下应对不同思想文化问题而形成的学术论述。如前所述，牟先生他们主要的工作是与西方文化对话，以西方现代价值原则为参照论证儒家传统的价值正当性。而文明论视域里的国家国族建构是一个完全不同的问题。

宋明理学既是牟先生体会到的直接的传统，又是其理论工作的重点。朱子建构《中庸》《大学》《论语》和《孟子》的四书的理论系统是为了维护“中国”这个文明体的内在结构。《中庸章句集注》《大学章句集注》的序言均明确表明自己是辟异端、护道统。他认为佛老的“夷狄之教”冲击了儒门“圣人之法”，就“兵来将挡，水来土掩”，也在心性论上针锋相对做文章。很不幸，在五四时期西方文化论争中，理学这一个体人格修养方面的特征和成就被强化，批判者据以说明中国文化“吃人”，歌颂者据以说明中国文化“重精神”（相对于西方的“重物质”而各有胜场）。牟宗三的儒学研究基本也是以四书的系统为中心。他虽然对朱子评价不高，但只是认为其本体论有问题，批评那个理“只存有不活动”，但囿于哲学思考范式，牟宗三并有没意识到“即

① 在《帝国的政治哲学——〈春秋繁露〉的思想结构与历史意义》，（《政治思想史》2019 年第 2 期）和《中华文明结构：霸王道杂之》（《中国政治学》2020 年第 2 期）两篇文章中，笔者对此有所探讨。

存有即活动”的天只能是生生不息的神圣之天，而不可能是哲学本体或概念。此外，他虽然强调“天-人”的纵贯系统为儒门正宗，以朱子四书系统为“歧出”，但其汇通中西的工作仍是以“内圣外王”为思想平台而展开——这种个体论视角的心性论就是典型的宋明理学式的。①

对于国家国族建构这样的宏大叙事来说，这样的理解和视角是无力提供论述满族政治奠基和认同塑造的。所谓的天理，乃是将社会的经验伦理提升之本体层面，将其作为天命之性内置于人心。这虽可以强化其德性发育、行为修养，但对于心灵的慰藉、生命的完成作用甚微。有志于成圣成贤的王阳明按照朱子即物穷理的工夫门径“格竹子”，结果几天之后一头栽倒，干脆转向内心，另立良知学。而这种道德修身学在日本和朝鲜半岛能够落地生根，则从反面证明了它的这种“无根性”，可以方便地嵌入当地文化系统而不会导致诸神之争的紧张。

所以，作为当代儒学的大陆新儒家们普遍倾向于从宗教的角度理解儒学。从蒋庆、康晓光、再到唐文明、干春松、曾亦等都是。宗教不只是知识，更是意义。知识意味着可证伪，意义却必须是终极性的绝对，并成为信仰，进而向社会其他方面落实。这种确定性是个人、社会和国家所需要的，因为人类以此为起点走出自然状态，以此为目标走向自我完成；因为纯粹的自然世界在时间上无始无终，在空间上无边无际，人类只能借助信仰确立一个支点，凿破混沌，挺立乾坤。

国家国族建构的问题应对，需要回归康有为、董仲舒对孔子和儒学的理解，这就意味着超越四书，回归五经。五经之中，《春秋公羊传》是唯一能够将董仲舒、康有为与大陆新儒家的蒋庆、曾亦勾连起来的

① 康有为批评宋儒向壁虚造，“仅知存诚明善之一旨，割弃孔子大统之地，僻陋偏安于一隅”，就是指其只知身心安顿之一偏，而不知国家政治制度参与与社会整合、认同维持才是儒学的主要关注所在。晚年更严厉批评“今天下所言孔子之学者，皆非孔子之学，实朱子之学而已。朱子知四书而不知五经……徒称号偏安之朱子学，则孔子之教恐亡也。”吴天任：《康有为先生年谱》1，广州：广东人民出版社，2018年，第750—751页。

一部书。这当然是因为它具有《易传》的天道与《春秋》的人事相结合的特点，并且有《天人三策》说动汉武帝，一举确立起“霸王道杂之”的中华文明结构这一辉煌事功为之作见证。不过，如果从“文王之文在孔子，孔子之文在仲舒”[①]（《论衡·超奇》）从这个比经学更高的角度看，它对《易传》天道方面内容之意义的阐释还存在严重不足，而在《春秋》微言大义以及宗法、家法、文字训诂等方面则显得耗费过多。体天制度，顺时立教，贞下起元，数以义起，不能不先立乎其大者也。

“大陆新儒学是一新生事物，目前还缺乏成熟的表现和厚重的学术成果。”在十几年前，这是事实。今天有所改变，但似乎仍然难孚众望。原因多多，一言难尽。

那就花开花落看来年吧。

① （东汉）王充著，陈蒲清点校：《论衡》，长沙：岳麓书社，1991 年，第 213 页。

启蒙的意义与局限

——思想史视域里的李泽厚

一、从80年代说起

80年代多重要，李泽厚就多重要。

中国社会在“文革”极左的封闭停滞之后，于20世纪80年代重启前行。邓小平的“社会主义初级阶段”论将不切实际的乌托邦目标悬搁，执政党的工作重心转向经济发展，西方思想也就随着科学技术一起进来。李泽厚敏锐，率先喊出“要康德，不要黑格尔”。康德、黑格尔是具有象征意义的符号。黑格尔的体系以绝对理念为中心，将历史视为绝对精神的呈现过程，是即精神现象学。这一所谓客观唯心主义的体系，更像是一种理性神学。康德则持人类中心立场，因为理性有限，物自体不可知，人于是成为立法者，成为世界建构的起点和目标。康德哲学作为法国启蒙运动的回声，正好跟中国80年代的社会需要相符合。黑格尔正是看到康德的抽象个体无法描述更无法解释人类文明，才批判康德，建构起一个以绝对精神为中心的庞大体系。另一方面，对于中国来说，康德对黑格尔那样一个有着严重历史决定论色彩的目的论体系，同样也有批判或解构的作用。因此，李泽厚在“要康德，不要黑格尔”的选择下建立的人类学历史本体论，对于后“文革”时代的中国自然有着很大的吸引力、很大的意义。

李泽厚去世后，很多人写文章，或抒情怀旧，或借机吐槽，但真正有分量分的几乎没有。李泽厚首先是一个思想史上的人物，其次才是谁谁谁的老师、朋友，所以，最好的怀念应该是把他的离开视为一个思想史事件。这需要从思想史、从他与时代的关系去讨论他的思想。我在 1984 年与他通信，1994 年见面成为忘年交，他去世前一个月还在微信上互动，各种细节历历在目。2016 年，在纪念庞朴的座谈发言中，我说庞已经是儒家，李泽厚他们都还是五四下的蛋。庞很早就有对五四的反思，在我的博士论文评阅书中说我的论文标志着五四以来那种反传统写作的终结。崔健有首歌叫“红旗下的蛋”，我借用这个意象指称那些思维方式、精神价值打着五四烙印的诸多人物。1994 年《原道》创刊时，我撰《中体西用：启蒙和救亡之外——中国文化在近代的展现》给刊物定调，李泽厚就很不以为然。当这话传到波斋，他脱口而出“我要是五四下的蛋，他陈明就是张之洞放的屁！”

近代、五四和 80 年代这些时间节点在不同的话语里被编织成不同版本的宏大叙事，李泽厚自然是其中最为重要的一家之言。

二、“启蒙与救亡的双重变奏”

20世纪80年代，湖南教育出版社推出了一个叫《新启蒙》的刊物，李泽厚《启蒙与救亡的双重变奏》就发表在上面，完美诠释了刊物名称：五四是一个启蒙运动，后来被救亡压倒，今天需要重新启动，将未完成的启蒙进行到底。但是，“新启蒙”三字并不新，它早在 20 世纪 30 年代就在延安出现，陈伯达、艾思奇等认为五四的启蒙是资产阶级倡导的，因而是旧的，需要被无产阶级领导的新启蒙替代。《新启蒙》的“新”是继续、承接前者的意思，而“新启蒙”的“新”则是超越、覆盖前者的意思。这既是五四启蒙说的发生学起点，也是近代历史叙事被改变的起点。

“启蒙”的本义是点灯照亮，由黑暗变为光明，enlighten，启蒙运动则是 Enlightenment。康德说启蒙就是使用理性，走出不成熟状态。

启蒙运动则不仅是思想性的，也是政治性的，主要是基于个人权利的反封建专制，崇尚理性作用，强调民主制度等内容。据此或许可以讨论：五四是不是这样的启蒙？是不是这样的启蒙运动？

五四明显分为两个阶段，以《新青年》杂志为中心的新文化运动和和为反对巴黎和会的“二十一条”而起的街头抗议运动。后者很明显是一个反帝的爱国运动，前面的新文化运动讲白话文，反传统，逻辑是鲁迅所谓“要我们保存国粹，先得国粹能够保存我们”，言下之意“打倒孔家店”乃是因为它不能“保存我们”。“保存我们”就是救亡，只是相对于康有为“保国会”章程里的“保国、保种、保教”，孔教被新文化即德先生、赛先生替代。从这里看，五四跟启蒙运动多少存在某种交集。但需指出的是，当时还有“科学救国”“民主救国”跟“教育救国”“实业救国”甚至“宗教救国”诸口号，这意味着科学、民主乃是作为救亡的方案、手段被提出或引进的。这意味着救亡与启蒙并不是同一层面的并列概念，而是存在目的和手段的关系区分。因此，“救亡压倒启蒙”的命题从历史的角度说并不成立。目的和手段的结构关系决定了启蒙服务于救亡，真正的谬误只可能会是启蒙吞噬救亡，而不可能是什么救亡压倒启蒙。新文化运动中的两个刊物，《新青年》是“新”，《新潮》也是“新”，前一个是相对传统之旧而言，后一个则是指旧传统的复兴，因为《新潮》的英文就是 Renaissance。新的青年还是中国人，新的潮流更是传统的复活，目的都是振兴中华，而“振兴中华”最初就是当年孙中山成立的兴中会之“章程”的宗旨。

李泽厚的“救亡压倒启蒙”说将两个概念并列，意味着启蒙从手段到目的的改变，意味着对五四呼唤民主、科学之救亡语境的抽离。陈伯达他们的新启蒙说包含启蒙、资产阶级与无产阶级（旧和新）两组概念，一个属于以“个体”为主词的资产阶级思想论述，一个属于以“阶级”为主词的无产阶级思想论述。“新启蒙”意在强调“新”，即无产阶级这一个欧洲非主流话语的意义，李泽厚等接过话头，则是为了强调“启蒙”这一欧洲主流话语的意义。抛开二者政治上的对立，陈、李的共同之处都是试图借助西方的“普世话语”来解释中国近代历史事件，将中国社会的发展引入了西方中心的单线进化论所规划的历史轨道。这不仅意味着历史哲学上的变化，也意味着政治哲学上的变化，这使得中国文明作为一个独立个体的内在性和整体性不仅得不到尊重，反而被视为非典型个案加以规训改造。

五四的启蒙符号化就是一个例证。无论前期的新文化运动，还是后期的街头运动，都是一种民族自救和奋起抗争的活动形式，跟洋务运动、戊戌变法、辛亥革命一样，主题都是救亡，主词都是中华民族。我曾在《反思一个观念》的文章中批判那种用变技、变制、变教的递进来整合这一进程的理论（殷海光等）。因为按照那种逻辑，不变制、不变教就无法救亡图存，但事实上我们从救亡到复兴主要靠的是工业化和制造业，靠的是大一统的制度结构及其组织能力，在此基础上传统文化也越来越成为文化信心的支撑和文化认同的依据。在革命叙事里，主词是“阶级”；在启蒙叙事里，主词是“个体”。它们对中华民族的替换或改变是根本性的，因为不仅改变了近代史的性质，将其从振兴中华的救亡图存改变成了追求阶级解放与追求个性解放，而且转换了这一历史过程和事件中的中西关系性质——殖民与反殖民、侵略与反侵略关系中政治、军事对手的基本关系，被科学技术上的学习者或模仿对象的关系替代……

五四启蒙说提出后，将其发扬光大的乃是自由主义者。在各种证据表明《新青年》和《新潮》很难支持这一说法的时候，高全喜还找到了《学衡》杂志，认为它“昌明国粹，融化新知”的宗旨与苏格兰的启蒙精神或气质一致。用学衡派来挽救五四的启蒙地位，意味着以《学衡》为新文化运动的旗帜标杆，而它原本是与《新青年》，与鲁迅、胡适、陈独秀分庭抗礼的对台戏。主编吴宓认同的是曾国藩、张之洞“中学为体，西学为用”的儒家主张，许多孔教会的人都被他拉进去充实阵营。启蒙说的维护抢救如此艰难，说明它原本就是一种理论虚构，是一种意识形态幻觉，说明西方中心的单线进化论思维方式随着时间的推移日显荒谬。

当然，两种叙事的产生、传播和被广泛接受，说明它们自有其历史与现实的根据与意义，说明历史的复杂，社会的多元，不同的叙事多元共存将是常态——必须承认个体价值的凸显和政党组织的确立已经成为中国社会的内在构成和支撑。但作为理论话语，它们之间前提和目标上的紧张也是毋庸讳言的，思想界有必要对相互间的关系进行梳理，对阶级解放的革命话语、个性解放的启蒙话语、救亡图存的复兴话语三者的理论关系、实践次第，尤其是现实中如何定位结构，进而形成良好思想生态加以讨论。“救亡压倒启蒙”暗含的结论是启蒙乃历史的应然或目标，现在需要补课；“无产阶级只有解放全人类，才能最后解放自己”的口号则暗示着另一种答案。尤其需要注意的是，中共十六大在修订《党章》时，已经把“中华民族先锋队”写进党章，预示着调整的方向。

今天也有人呼吁“通三统”。从儒者角度说，首先需要做的或许是以儒学精神建构以“中华民族”为主词的复兴叙事，为左邻右舍及各种思潮的积极互动提供一个基础平台，因为今天的各种发展都可以视为中华民族历史生命的新形态。80 年代诚然重要，但它终将只是作为精彩一章镶嵌在五千年的历史册页之中。

三、关于“西体中用”

“西体中用”来自“中体西用”。张之洞在《劝学篇》里提出“旧学为体，新学为用”“中学为内学，西学为外学，中学治身心，西学应世事”。体和用这一对概念，有实体与功能、主与辅、本体与现象多种不同含义，这里主要是主与辅的意思。从消极的角度说，它是对顽固派对立西学与中学的回应；从积极的角度说，则是对本土文化观念与外来思想观念做出的结构定位。如果启蒙与救亡的双重变奏暗含的启蒙话语可以表述为个体叙事，陈伯达新启蒙中的革命话语可以表述为阶级叙事，那么基于近代救亡语境和主题的中体西用论或许可以叫作民族叙事。

再在中体西用的论域里，代入“启蒙与救亡的双重变奏”对启蒙为人类社会发展必经阶段的预设，李泽厚“西体中用”说的意思就十分显豁了。体与用的三层意思，实体与功能、主与辅、本体与现象，他选取的是实体与功能，substance 和 function 义项；所谓西方的实体就是科学、技术、制度、文化。西方的这些东西被中国人拿来用，就叫“西体中用”——这是他“西体中用”的另一种说法，非正式却更能体现其思路。

有段时间，他总是要我向他投降，根据就是“中体西用”来自张之洞，而张的《劝学篇》里有《教忠篇》，讲国家如何爱民，人民为何应该爱国。中国政治思想没有国家社会二分的预设，《孝经》说“孝始于事亲，中于事君，终于立身”，而对于“天地国亲师”，李自己也不反对，因此我不接招。就“西体中用”而言，他的实体 - 功能选项偏离了体用概念的传统哲学属性，反而是“西方的东西中国人拿来用”的说法存在进一步诠释空间。“用”是使用或采用的意思，这就预设或承认了中国人作为使用、采用西方之体（科技制度文化等）的主体地位，而这个主体之所以如此，是因为这个“体”对自己具有有用性，这种有用性的判定依据则是中国人的价值目标与功能需要。于是，他的“西体中用”就可以转换为以中国人的意志为体，西方的科技制度文化为我所用了。“这就是即用见体，回到了张之洞”，我说。

他反对我的说法。因为他还有这样的理论阐释：“‘学’（学问、知识、文化、意识形态）不能够作为‘体’；‘体’应该指‘社会存在的本体’，即人民大众的衣食住行、日常生活。”“在这个最根本的方面——发展现代大工业生产方面，现代化也就是西化。我提出的‘西体’就是这个意思。”“如果承认根本的‘体’是社会存在、生产方式、现实生活，如果承认现代大工业和科技也是现代社会存在的‘本体’和实质”；那么，生长在这个‘体’上的自我意识或‘本体意识’（或‘心理本体’）的理论形态，即产生、维系、推动这个‘体’的存在的‘学’，它就应该为‘主’，为‘本’，为‘体’。这当然是近代的‘西学’，而非传统的‘中学’。所以，在这个意义上，又仍然可说是‘西学为体，中学为用’。”

将现代化等同于大工业生产，等同于西化，早期现代化理论和经典马克思主义对他的的影响十分清晰，无法争论。但不能不指出，这完全消解了“中体西用”命题所对应的历史语境，也无法解释冷战结束后的身份政治以及并非虚构的文明冲突、大国博弈等严峻问题。

他的“中学为用”是指在私人领域发挥辅助性作用，因为它不适应现代化的普遍主义的西学之体——“启蒙要落实在制度上，才算完成”。那么，被边缘化的中学究竟栖身何处？作为文化心理结构积淀在心里，像儒家的东西就是作为私人道德存留在私人领域。我一直追问他愿不愿意说自己是儒家？他一直回避。在今年夏天的一次电话中，他突然说了一句自己是儒家，但当我追问这是什么意思的时候，他又反悔了。《人类学历史本体论》出来后，他的学生写了个书评，我问感觉如何？他说不怎么样。我说是不是因为把你放到了历史唯物主义谱系而你心里是希望接到传统、接到儒家？他笑而不答。

可以肯定，他的心里是装着中国的山川大地、平民百姓的伦常日用的，所以才把穿衣吃饭看得很重要，高度评价改革开放，甚至对秦始皇也多有肯定。只是他的思维被深度启蒙，即使在他的私人领域，儒家文化因子也踪迹难觅。中体西用、西体中用作为不同的两种现代化理论，今天或许已经见出分晓，但作为一种中西文化关系的安排原则落实于个体之身，其间的得失长短以及可信可爱的理智情感之纠结，是国人近代普遍的难解心结。他的纠结或许也是来自这里。

四、关于巫史传统

2004年《原道》创刊纪念时我访谈李泽厚。他问“你这十年原出个什么道来没有？”我觉得这话像调侃，就反问那你这么多年又原出个什么道来了没有？他说有啊！是什么？答曰“巫史之道”。

余英时讲古代中国思想起源的《论天人之际》完全不提李著，当时有点不可解，现在看很正常。余是援引帕森斯哲学突破的概念讲理性化、伦理化，目标是把中国文化纳入世界体系；李则是讲历史发展的连续性，在中西文化比较的视域里要给出中国文化的知识描述。虽都讲思想起源，余以伦理化讲突破，朝向现代的普世价值；李以巫史讲根源，要以中国的becoming与希腊的being相区别，强调中西之异。这种追求对于被各种宏大叙事遮蔽的中国历史和文化来说，有着打开一扇窗户、发现本地风景的特殊意义。

1999年他说自己以前曾用实用理性、乐感文化、情感本体、儒道互补、一个世界描述中国文化，“今天则拟用‘巫史传统’一词统摄之，因为以上概念其根源在此”。巫史传统可以统摄实用理性、乐感文化、儒道互补等一干概念，可见他是以此定义中国文化的整体特征。具体什么意思？他说：“原始巫君所拥有的与神明交通的内在神秘力量的德，变而成为要求后世天子所具有的内在道德品质操守。”“周公制礼作乐完成了外在巫术礼仪理性化的过程；孔子释礼归仁，完成了巫术情感理性化的最终过程。巫术礼仪内外两方面的理性化，使中国没出现西方的科学与宗教。”其实，在《〈论语〉今读》里，他就曾写道：“远古巫史文化使中国……伦常、政治均笼罩和渗透在神圣的宗教情感之下。由畏（殷）而敬（周）而爱（孔子），这种培育着理性化的情感成为儒学的主要特征。”

就像从文化心理结构讲孔子的意义一样，这种儒学解读更接近儒学在历史和现实中的真实作用和地位，使我们意识到儒学不只是所谓的哲学或概念知识，而是我们生活和生命的文化经验。但是，在中西比较视域中，将它作为中国文化的本质整体去与西方对照，就显得不太妥当了。为什么？首先，它们只是儒学的一个方面，是儒学系统的某种社会、历史的呈现，在它的背后有一个更为基础的系统。要对中国文化进行描述，并与他者进行比较，仅仅在这一层面浮光掠影是根本不够的。既然巫史传统使中国伦常政治笼罩和渗透在宗教情感之下，那么，难道不应该去讨论这个宗教到底是什么？其次，把它当作区别于西方文化的特征去进行比较，也大可推敲，因为所谓特征本就是比较的结果，而真正的比较应该是系统性的，即基于儒学的整体把握，在最高范畴的统摄下，也就是从儒教的世界图景、存在秩序以及发生背景等进入。此外，比较得以成立的前提是双方具有可比性，如筷子和叉子，都是一种用餐工具，虽然二者存在种种不同，但基于人都需要饮食这一基础，就是说差异后面的某种人性需求乃是相同的。如此，比较才不是执着于分别心，以差异为本质，而是根据心同理同的人性理解进入历史理解自我与他人，思考文明形态的多元性与开放性。

李泽厚的情本体以“畏”“敬”“爱”为轴线展开。殷商时期的“畏”指饕餮纹的狞厉之美所体现出来的恐惧心理，与超验的神秘力量对应；敬，体现在周公的敬德保民原则里，因为小邦周代大国殷意味着“皇天无亲，惟德是依”；爱，来自孔子的“仁者爱人”，而仁是“天心”。总而言之，三者都有一个超验存在的前提。但李对这个前提不加深究，仅仅是从经验个体轻描淡写，并据以建构人类学历史本体论，自然不会去在个体之外承认、追问、预设情感的绝对主体和最终根源即天了。事实却是，《易传》本于元亨利贞之四德，讲“与天地合德”，讲“君子体仁足以长人，嘉会足以合礼，利物足以和义，贞固足以干事”。天地之大德曰生，这个德不是伦理或道德之德，而是作为生物之心的仁。比照基督教的神圣之爱（Agape），道家的“天地不仁以万物为刍狗”，对此可以获得更深层次的理解。

再看李的对比结论：西方由巫脱魅而走向科学与宗教；中国则由巫史而直接过渡到礼（人文）、仁（人性）的理性化塑造。把西方文化说成希腊的理性精神与希伯来的宗教情感的二元结构，应该是十分晚近的事，而巫史传统讲的是起源问题、早期论域。即使忽略时间维度，希腊的罗各斯精神作为米索斯的对立面出现代表着理性，某种程度可以说是一种科学的精神（虽然被培根的《新工具》替代），但这很难说就是一个脱魅的问题——“脱魅”这个词作为理性化的内涵，述指的是现代性本质或者起点。源于近东的基督教产生在罗马帝国——因为氏族社会城邦化，希腊的原始宗教如祖先崇拜等被替代，而帝国需要统一的精神图腾，万神殿难担此任；城邦与帝国是西方文化演进的现实背景。比较的系统性，还包括对思想与这些历史环境互动关系的考量。从这一视角看，周公所制定的礼乐，不只是人文（humanity）意义上的人或文，更是一种礼乐形式的政治制度。

李坦承自己论述很粗疏。其实，对于一个具有宏大叙事规划的原创性思想家来说，粗疏不仅不应苛求，还可视为原创性的标志。只是在我看来，这里指出的问题并非粗疏之失，而属于方法论内伤，是启蒙叙事、西体中用之现代性视角和立场的先天缺陷。因为它预设了西方的普遍性，选取的是一种现代性的个体论视角，有意无意之间遮蔽、抹杀了中华文明的整体独立性。与钱穆、徐梵澄等人晚年感叹中国文化的奥义与妙处在“天人合一”不同，李泽厚一再引用格尔兹的话——“成为人就是成为个体”。这一点加上五四时期中国无宗教论以及宗教落后论的影响，也就导致了第二点，即对天的漠视。法国社会学家孔德在五四时影响很大，他认为人类文明的第一个阶段是宗教，第二个阶段是哲学，第三个阶段是科学，换言之，宗教在道德和知识上双重落后。这或许就是美育代宗教、道德代宗教、科学代宗教种种聒噪的认知原因。李对儒教是一有机会就嘲笑，还有“儒教报废”的打油诗。其实讲不讲儒教或用不用“宗教”这个名词并不重要，关键是“天”这个终极概念无法回避。将它报废解构，儒学就只能是一地的人类学碎片，乾父坤母的世界图景也就随之土崩瓦解。他讲，礼着重伦理内涵。但在《礼记》中，礼乃是“本于太一”的“天地之序”。夫子自道与巫史同途而殊归，追求的是天之德义。一个人思想的性质和价值应该是由其起点还是由其所追求的目标、归宿决定？答案当然只能是后者。为什么在捕捉到诸多现象后，需要更上层楼打开向上一机之时，李泽厚却要背道而驰，退回巫史，错过峰巅之上的无限风光？因为他对人的理解是个体性、肉身性的。他说不再搞美学是因为生物科学不够发达，人类学历史本体论（他理解的儒学第四期发展）最终归于“情欲论”的情本体，都是这样一种还原论思维——用荀子的话说就是“蔽于人而不知天”。

此外，还可能因为他对儒学的理解主要是基于四书的系统，而对经学却因拒斥而陌生——这也是五四的后遗症，更远则可以追溯到朱子的“以理代天”。李泽厚曾嘲笑牟宗三注释康德而不愿用心于儒门经典，因为他自己撰有《〈论语〉今读》。其实，《论语》只是孔门子弟对孔子言论的回忆记录，孔子自己的著述是《易传》和《春秋》，《易》为群经之首，而《春秋》则孔子说“知我罪我，其惟《春秋》”。一个佐证是，他虽然重视汉代，但却以汉学为荀学。汉代儒学显然是经学，荀子思想如果有所体现，那也是作为经学元素进入发用。作为汉儒之宗的董仲舒，其《春秋繁露》推天道以阐人事的天人之学才是孔门之正。

对一位思想巨匠的纪念文字不仅理性平视，甚至近乎酷评批判。为什么？首先，因为我一直就是以这种直率的方式与他交往。事死如事生，我相信老人家的在天之灵仍然希望看到我的快人快语，只是我再也听不到他的反驳了——以前每次争论的最后一句话都得是由他说，当时很是不忿，如今思之不禁泫然泪目！第二，我自认儒者，他虽然与儒家儒学有很多交集，但思想学术上主要还是个自由主义者、马克思主义者。井水不犯河水，干卿底事？我在与他聊起身前身后名时，他曾说自己可以排在康有为之后，后来甚至要直接上承朱子。既然如此，那就不得不春秋责备贤者，尽一个儒者提问的本分。最后也最有意义的一点是，讲中国文化，他勾勒了一个轮廓，开了个头，但准确度如何？深度怎样？这既关乎社会科学知识，也关乎文化自信、文明自觉。

就此展开对话，深化论题，应该才是致敬作为思想家的老先生他的最好方式。

序杨莉《民国时期天津文庙研究》

美国政治学家亨廷顿在其《文明的冲突和世界秩序的重建》一书中提出了著名的“文明冲突论”；稍后，他又在《我们是谁？》中强调了美国的基督教文化认同。这些著作的独特视角被“9·11”事件放大，基督教文明与伊斯兰教文明的冲突预言不幸而言中，而其关于中国为“儒教文明”的判断定性也在大洋此岸引起震动和思考。今天，在“中华民族伟大复兴”和“文化自信”的口号渐渐成为主流意识形态的时候，从文化和文明的角度对儒教与中国社会、历史乃至政治的关系进行梳理和研究就变得特别重要了。

如果说秦始皇与法家李斯携手确立了中国历史的政治结构，那么汉武帝则与儒生董仲舒携手确立了其文化结构。从“罢黜百家，独尊儒术”方略下的一系列制度安排，到“东汉功臣多近儒”，再到昔日的秦人、周人和楚人被统一称呼为“汉人”的时候，儒教文明应该说就初步成型了。后来虽有佛教、道教对儒教形成冲击，但宋孝宗“以佛修心，以道养身，以儒治世”的《三教论》，基本框定了各教在中国社会中的功能和地位，“治世”的儒教文化权重显然远非“养身”的道教与“修心”的佛教可堪比拟。宗祠、书院和孔庙正是儒教与社会互动，实现或承担其功能的平台或组织系统。

关于孔庙的研究已有很多的积累，但以文献学、历史学为主，甚至建筑学等方面的成果也超过宗教学。十年前从台湾黄进兴教授处获赠《优入圣域》及《圣贤与圣徒》。因为二书暗含儒家思想乃宗教之系统的预设，当时聊的时间虽短，却十分投机愉快，有他乡遇故知的感觉。黄教授从国家宗教（state religion）和公共宗教（public religion）角度，谈论了儒教的一些特质，将孔庙研究推进到宗教学的论域或层次。我自从提出“儒教之公民宗教说”后，一直希望能带学生做些个案研究，将这一直觉判断加以验证、深化或证伪。杨莉曾说她想做孔庙的“神圣空间”（sacred space）问题，后来却由于各种因缘际会走到了宗教社会学的进路。毕业多年之后，她把这样一部书稿发给我，要我写序，应该也算是一种补偿吧？

我匆匆浏览一过，对关于民初天津文庙三次修缮的章节印象深刻，不妨就此发些议论。这是她的观察和分析：天津文庙在民国早期大修背后的意义实际上是士绅阶层借助文庙这一文化象征，在其逐渐丧失文化权威的社会中重新构筑一个文化空间，并依此获得新的文化权利。然而，这种情况到民国后期在政府主导修缮时发生了变化。在政府将文庙的象征意义纳入自身的意识形态体系之中后，逐渐消解了其原本道统的象征意义。因此，即便士绅再参与到文庙的修缮过程中，也难以达到民国初期时的效果。所以，民国时期天津文庙的修缮不仅是士绅文化权利的体现，同时还可以看出在文庙修缮过程中社会和政府在承续传统文化符号过程中的博弈。

十分有趣！

我们知道，全国两千两余座孔庙，除开曲阜、衢州一北一南两座家庙之外，主要都是庙学合一的“学庙”或“庙学””。学庙或庙学就是以办学为宗旨，学习儒家经典的学校与祭祀孔子的庙宇结合在一起的特殊官方机构。从圣贤崇拜的角度看，“庙”无疑意味着宗教；但从“大成”“至圣”“文宣王”的封号颁自朝廷而言，“庙”同时又意味着国家权力的出场，意味着国对教的掌控。公元前 195 年，汉高祖亲临曲阜孔庙祭孔后，这一家庙就此开始过渡成为国庙。而“学”，就其以儒家经典为内容来说，其实就是作为“布衣”的孔子及其思想，但又因其设于“庙堂”而有着官学的地位或身份。

民间性质的书院，也是祠学合一。“学”几乎一样；“祠”与“庙”的区别在于，祠作为一种祭祀方式，“品物少，多文辞”，其祭祀对象一般为儒门圣人或地方乡贤。简单说，二者结构上高度重合，只是规模层次存在官方、民间之区别，民间的“祠”不能跟官方“凡神不为庙”“室有东西厢曰庙”的“庙”相提并论。

这种民间书院在宋尤其明时期高度发展，代表着社会组织的活力与活跃。到明张居正严禁私学，再到清雍正十一年下旨各州府官办书院，书院又开始在政府的组织序列里重新生长，庙学合一也渐渐成为书院的标准配置。这是成功还是失败？是喜是悲？至少长沙的岳麓书院就是在这样的背景下发展起来，为近代中国培养出曾国藩、左宗棠、魏源以及蔡锷等这样一批创造历史的文臣、武将、士大夫。

我认为，孔庙和书院的庙学合一仿佛一个隐喻，象征着国家和社会的结合、政统与道统的联系。所以，虽然从具体的过程看，政与教、庙与学存在摩擦，政府官员与地方士绅“尔爱其羊，我爱其礼”，围绕文化象征或文化权力的博弈争夺无有尽时，令人生厌，但各种怨憎的后面，最终仍是斗争后的妥协，矛盾中的平衡。而庙学合一的维持，与“霸王道杂之”的“汉家制度”遥遥相契。儒教文明云乎者，其此之谓也欤？

指出这一点，首先是希望提醒读者从这样一个大的背景和关系结构中去理解作者向我们揭示的那段历史事实。其次，则是希望给作者鼓鼓劲。杨莉观察深刻，但调子有点偏暗。文化权力争夺或博弈是事实的一个方面，但并非全部。即使均衡点有所偏移，也应历史地去看，其意义价值仍然值得肯定。论者注意到，天津卫学建立之前，民间“少淳朴，官不读书，皆武流”。但到明正统年间，已是“循循雅饬，进止有序”了。这种教化之功微小，却不可小觑，积石成山，积水成渊，迟早会有兴风雨而生蛟龙的一天。民国时期政府疲弱，社会急剧动荡，且存续时间有限，各种转型未能完成。那些官员，那些士绅，却是那么地投入、认真，在某种程度上都可说是叫人尊敬的文化情怀党！

身为儒生，虽然我个人发心在私人书院建设，但却也不得不承认，儒学真正的复兴，首先还是要寄望于孔庙的激活，寄望于庙学合一的制度及其所隐喻的道统与政统的良性结合，国家与社会的积极互动。目前孔庙文物化、博物馆化的主要原因在于民间士绅这一源头活水没有被引入，之所以没有被引入的原因则在于国家和社会间的互动不够良好。在这种情况下，有心人士不妨学学书中严修及其崇化学会的“新庙学”经验，以“与祭洒扫社”这样的义工组织身份低调进入，或许可以就此拉开互信的帷幕。精诚所至，金石为开，何况有关方面早有优秀传统文化传承平台建设的指示精神打开了相关政策空间。

《阙里志》有云：“孔子之教，非帝王之政不能及远；帝王之政，非孔子之教不能善俗。”政以施化，教以善俗，政教相维，天下以治，文明以兴。儒、释、道的整合已成过往，基督教、伊斯兰教的对话正在路上，中华民族的伟大复兴需要文化的支撑，文化的支撑需要孔庙的激活——有志者，事竟成。

是为序。

序袁灿兴《中国乡贤》

乡贤之祀始于汉末是有原因的。

三代分封，政教合一，国家（state）被包裹在社会（society）里；秦立郡县，以法为教以吏为师，社会成为国家整治的对象。汉武帝与董仲舒携手，确立起霸王道杂之的制度框架和思想格局，于是国家与社会实现了各有分际的良性互动，表现为立五经博士、察举选官以及标榜以孝治天下，等等。于是，就有了庄园经济的繁荣，有了为人仰望的世家大族，有了“孔融为北海相，以甄士然祀与社”，成为“祭祀乡贤之始”。

从开始时将地方乡贤“命配县社”到隋唐“营立祠宇”，再到宋元明清整合于文庙，“诏天下学校各建先贤祠，左祀贤牧守令，右祀乡贤”，看得出有关方面对乡贤的理解重视有一个从地方民间到社稷国家的整体文化 - 政治战略之构思，以及对其功能意义之认同接纳或利用的过程。某种程度讲，这的确可以说是一个双赢的局面。按照儒家的理论，“天下之本在国，国之本在家”；“为政不难，不得罪于巨室”。这里的“家”与“巨室”，基本可以作为社会的代表来理解，象征着哈耶克所谓的自发秩序。西班牙思想家奥尔特加在《大众的反叛》中的相关论述或许可以佐证儒家这种对社会之重视和强调的合理性：“社会是自发形成的，而国家不是——它事实上只是一个关于公共秩序及其管理的技术问题”，“从长远来看，维持、滋养并推动着人类命运的正是这种自发性”。乡贤的后面都有儒家的理念，但完全可以说，乡贤本身乃是传统社会内在的有机性、生命力或者说自发性的一种表现。从我们的历史看，光武中兴、同治中兴可以如是观，国民党、共产党又何尝不是在国已不国的危机中应运而生挺身承担起天下的兴亡的社会自发力量？！

体会这一点，不仅需要深刻的理性思维，也需要对历史的敬畏感。或许可以说，对社会的态度是衡量我们政治智慧、理性能力和情怀高下的标尺。在这样的基础上理解乡贤，那些兴学、修路、赈灾等当时只道是寻常的公益行为就有了本体性的意义，而“式存飨祀”“以时致祭”的神圣性也就获得了足够充分的理性支持和说明。

是的，现代性的特征之一就是城市化。由市场和政府主导的各种基本建设和社会工程在带来经济巨大发展物质巨大丰富的同时，也带来了家园的丧失、精神的枯槁。面对患病的社会，思想界“师异道，人异论，百家殊方”，莫衷一是。我想，乡贤二字应该是一个难得的可以获得各方共识的交集点：右派可以看到尊重社会的价值取向；左派可以找到社会治理的有效工具；保守派则可以想象回归传统的文化认同。乡贤前辈泉下有知，一定会含笑回眸欣慰莫名吧。

曾写出《乡土中国》的社会学家费孝通感叹：“忽略技术的结果似乎没有忽略社会结构的弊病为大！”感慨之余，费老提出了“文化自觉”的问题，认为中国和世界今天需要的是一个“新孔子”。十年之后，在执政党将自身定位为中华民族先锋队，在“中国梦”成为新一届领导人执政目标的时候，在历史上影响深远的“乡贤文化”又浮出水面，“新乡贤”成为基层干部的努力方向。果如是，则孔庙的激活、道德讲堂的充实将获得极大的资源和动力。贞下起元，斯文复振，其天意也欤!

“道之统在圣，而其寄在贤。”寄者托也、寓也、传也。儒家之道需要通过一代又一代仁人志士的实践在现实中落实呈现代代传承，“在朝美政，在乡美俗”。《中国乡贤》这里写的正是这样一些“在乡美俗”的旧人物、老故事，卑之无甚高论，但正是在这些好人好事的点滴累积中吾土吾民人文化成岁月静好。“崇德、报功、尚贤，古圣王所不敢忽也”。近年有句话在网络和媒体十分流行，说城镇建设的境界就是要“看得见山，望得见水，留得住乡愁”——如果还能“想得起乡贤”，岂不更好?

谨以此为序。

序赵峰《四书释讲》

思想者意味着有自己的问题意识、思维方式和观点立场，并因此而与众不同。赵峰就是如此，这部书稿即是证明。

他对冯友兰、熊十力、牟宗三以及陈来等诸学界大佬对朱子理学的诠释一概不满。但与梁漱溟对熊氏本体建构一言以蔽之为“知识的把戏”不同，他并不一般性反对这种努力，而只是不满于“本体论构建越来越精巧，然将其用在解读经典时，却总不免有隔靴搔痒之感。原典中逼人的力道，在貌似巧妙的逻辑思辨中消失了”。这里的“力道”应该是思想与天地、与社会、与心灵的契合互动，以及由此激发出的“立心、立命、开太平”之追求与承担。我当然同意这才是儒家经典作为文化与吾土吾民在历史上的真实关系与意义所在，认为知识的梳理表述应对以此为灵魂也以此为基础和标准，而不是相反。

显然，力道的期待或寻找，需要建立一种关于宋明理学不同的描述和阐释。当今宋明理学的图景主要是由冯友兰等勾画的。这位毕业于哥伦比亚大学的海归博士主要是借鉴或者移用西方哲学概念和方法对中国古代思想文本进行解读。他不仅以当时美国流行的新实在论为模板理解朱子，将其定性为理性主义者，还更上层楼就此建立起自己所谓的“新理学”：“在新理学的形上学系统中，有四个主要的观念，就是理、气、道体及大全。这四个观念都是我们所谓形式的观念，即没有实际内容的，是四个空的观念。”虽然冯氏声明自己是“接着讲”而非“照着讲”，“空”之所指在冯氏处与在释氏处也有着根本的不同，但如此这般将朱子据以对治佛老之“空”进而“贯本末而立大中”的

“天理”定义为形式性的“空的观念”，仍难免釜底抽薪甚至欺师灭祖的嫌疑与后果，因为那客观上构成对其思想体系从理论到实践的双重解构。价值内涵被抽空，与人的关系变得抽象飘忽，应该就是让赵峰觉得力道消失的原因吧。

陈来教授以“理性主义”对“直觉主义”的超越定位朱子由“中和旧说”向“中和新说”的转变，并将其作为朱子思想成熟的标志，显然与冯先生处于同一言说语境，属于同一思维范式，即试图给出一个基于西方哲学史的知识描述。牟宗三的“三系说”虽是内部视角，但判教的性质决定了他在指出朱子理学之本体“存有而不活动”的问题后，仅仅以“歧出”之“别子”予以定位，另立五峰、蕺山为正宗后即开始批评批判，而不可能由同情的理解出发再去做什么建设性疏解和发明。

与这种抽离语境将文本作为概念的积木按照西方哲学学科范式重组、赋值不同，赵峰是从文本与当时社会生活及其问题的相关性出发进行意义解读。侯外庐的《中国思想通史》也十分注重观念与社会的互动，但其过于强烈的意识形态色彩不仅将这一关系简单化抽象化，基于阶级论的否定定性也使得文化的超越性及其与生活的精神连接被遮蔽忽视从而堕入真正的虚无主义。

作者则是把唐以来的道德堕落、皇权腐败作为问题的起点。他认为，三纲不正有一个理论原因，那就是三纲的“外在规范意味比较浓，还不能算是完全意义上的绝对伦理……宋代将六纪概括为五常伦并进一步内化为五常德时，三纲的绝对要求也同时内在化了，三纲五常才真正成为了绝对伦理”。同时，他也意识到，对问题的解决来说仅仅承认三纲为绝对伦理并不足够，还必须将其落实于人。“价值的绝对高度为天道，其无限深度在心性。理学家的贡献在于，从理论和实践上穷尽儒家核心价值的高度和深度，打造出天理与良心合一的绝对本体，从而使三纲五常的绝对伦理立于形而上之地，最终将整个中华文明推向完全成熟的阶段。”也就是说，“绝对伦理”的建构（三纲的绝对化）与落实（内化为政治精英和文化精英的人格结构）是宋儒工作的起点和目标；朱子的理学则标志着这一工作大功告成。

这是一个社会 - 历史问题的学术理解和表达——具体展开就是本书的主要内容，而作为这一问题之解决方案的理学体系也就此呈现出深刻的思想史和文明史意义。必须承认，作者提出了一个极富特色与洞见的理学描述，体大思精丰富多彩。阅读的过程有如思想的探险，在对习惯观念的挑战和超越中新的风景和境界次第展现引人入胜——读者朋友有福了。

作为最早的读者，我在领略到这一切的同时也有许多的问题想提出与作者商榷。

最重要的就是问题意识。以三纲为内容的道德重建似乎是作者的问题理解，但从朱子《大学章句》和《中庸章句》两部最重要著作的序言看，关键词应该是道统。它的渊源也在唐，是韩愈《原道》所揭橥的“夷狄之法”与“圣人之教”这一文化政治或文明冲突。余英时等从现代价值观念出发强调道统与政统的分离对峙，凸显文化对权力的独立性与制约作用，而实际上韩愈的“圣人之教”本就是中华文明治理体系内在的有机构成，《春秋》大义经过董仲舒的努力后，已经整合形成了可以叫作霸王道杂之的儒教文明结构。朱子三次上封事均是建言皇帝格物致知，以儒门帝王之学应对天下之务。目标是政治，着力在心性，对手为佛老，内涵十分清楚无可易移。

陈寅恪说中华文化至宋而“造极”，三纲六纪有类似柏拉图“理念”的地位，本书似乎接受了这些前提而予以展开落实。在我看来，陈氏之说存在内在矛盾。“造极”成不成立另说，其需要一个奠基作为过程前提则毋庸置疑。《白虎通》里三纲六纪的确立是汉武帝接受董仲舒的春秋公羊学付诸实施而产生的结果，它的理论基础正是“道之大原出于天”的天。朱子将经验性的伦理（三纲五常）提升到“天理”

的地位，内置于心性，一方面固然是伦理的绝对化，对个体人格道德责任的强化，但“以理代天”却又何尝不是对《春秋繁露》和《易传》之天的放逐、对其创生、主宰之神性的遮蔽、对其绝对性基础性本体地位的瓦解？朱子《周易本义》将“周易”定义为卜筮之书，乃是对孔子天道之领悟的否定，而这种否定乃是其“以理代天”的逻辑必然。作者以“天之去神秘化”对朱子这一工作加以肯定，而今天来看，即使抛开学术史——孔子与周易的关系及其意义已为朱子所未曾见过的郭店竹简所证明揭示，仅仅从思想史文明史角度看其所得所失亦可谓殊难言之。在我看来，这一切，似乎只有从唐以来“夷狄之法”与“圣人之教”对立这一文化问题的政治化，并且“儒门淡泊收拾不住”的文明危机之拯救才可以获得理解——南宋作为偏安朝廷却要攀上中华文明峰巅，需要做出的努力需要疏解的难题会不会太多太多？

这实际是当今学界相沿成习的陈说了。作者较乾嘉诸老更上一层，做出了新的理论展开，也穷尽了这一主流话语可能的理论空间，从而促使我们去寻找新的方向。作者将“绝对伦理”的证成视为文明成熟的标志，可能的原因或疏失之一就是忽略了文明的政治维度。三代“治出于一”的礼乐制度是文化性的更是政治性的。三代以下“治出于二”，表现为“霸王道杂之”的二元结构，即法家设计的中央集权的郡县制与儒家论述的伦理道德有机整合。《白虎通》之三纲六纪则意味着这种结构关系的成熟定型。韩愈到朱熹所念兹在兹的“道统”问题，本质上即是儒家文化在这一文明结构中之文化权重或文化地位在遭遇挑战后的应对与维持的问题。

不管读者朋友在这些问题上认同谁，引入这种意识，书中的雄辩滔滔或饾饤考证相信都将会带来许多不同的观感体验——这也正是赵峰和我所共同期待的。

是为序。

序邹晓东《意志与真知——学庸之异》

不知从什么时候开始，“四书”成了“儒学”的代名词。

朱子在《语类》中给出的“四书”阅读建议是：先《大学》定规模，次《论语》立根本，次《孟子》观发越，最后《中庸》尽精微。显然，这是一个基于个体人格养成的学习方案。由于影响广泛深远——其成败得失及其所以然之故姑置不论，《大学》和《中庸》的理解定位也被这样一个方案系统定位桎梏，从义蕴到结构都被遮蔽扭曲。所以，看到晓东的文章和书稿多少带有某种批判超越的意识或追求，发表、写序都一口应承。走出“四书学”的经典诠释和儒学理解在今天十分必要。宋代儒学在公共领域地位稳固，其主要工作在应对佛教冲击和进行社会教化，所以比较注重向内用力，成为所谓心性之学。近代以来的中国深受西方冲击，东西方文化比较又在自我特征的确认和辩护中强化了这一伦理特征，在所谓“旧内圣开出新外王”的努力和纠结中失却了“为天地立心，为生民立命”的气魄和格局。

晓东不满《大学》《中庸》的“道统论解释学”（以及训诂学的“片断论”）：不满其《大学》诠释把“明德”讲成“天命之性”，把关注焦点从“教—学”转移至“格物致知”；不满其《中庸》诠释将《中庸》原有的“性—道—教”结构扭曲为“教—道—性”，使“性”被“教”遮蔽，故而推崇乃师谢文郁的“本性之善”。区分本性之善与经验中的行为之善确实大有必要，但需要强调的是，这种本性之善乃是对生命本身的肯定，所谓“生，好物也”。朱子思想最大的问题就是以“理”代“天”，将伦理学中的道德原则提升到本体论层面，建立起自己的

“天理”论述，所谓“太极一理”“未有天地万物之前毕竟先有是理”，等等，好处是现实的道德被极大强化，恶果则是鸠占鹊巢，以生生为德、以生物为仁的“天”从此被彻底放逐！我想，晓东写作的信心和冲动，应该都是基于对这样一种理论形态及其后果的感觉与诊断吧？

我用“感觉”一词，是因为在阅读书稿的过程中我认为，晓东发现了问题，但解决得并不是很叫人满意。这其中的原因，一是可能过于偏向义理，而对经典文本本身的研究措意不够，显得飘忽；二是在对《大学》《中庸》进行研读的时候，仍然是依据朱熹的那个框架，《大学》在前，《中庸》在后，有点进退失据。后者才是最关键的，他甚至试图寻找“从《大学》到《中庸》的历史逻辑”，提出了所谓的“从意志软弱到真知问题”的思想史叙事。但是，作为儒家整个思想系统拱心石似的经典，被削足适履地强塞进一个发展心理学的教程中，不对系统本身加以突破，又怎么能够将其思想逻辑和文化能量很好地理顺并释放出来？

“天命之谓性”，《中庸》以“天”开头，“性—道—教”的结构堂堂正正，严整工稳；《大学》的“大学之道，在明明德”则是以作为受教者的诸生为视角，设立三纲领、八条目。可是，没有“维天之命，于穆不已”，何来“天命之性”？没有“天命之性”，又何来“明德”以明之？“君子务本，本立而道生”。儒学由天而人的逻辑关系与理论次第一目了然，晓东明足以察秋毫之末而舆薪不见，是当初读“四书”时形成的第一印象太过深刻，还是后来读《周易》时对《易传》的“大哉乾元，万物资始”缺乏体会？抑或是最终跟着朱子的《周易本义》“殊途同归”？

朱子自以为高明所补缀的那段传文，“所谓致知在格物者，言欲致吾之知，在即物而穷其理也。盖人心之灵莫不有知，而天下之物莫不有理。惟于理有未穷，故其知有不尽也……”其对两个动词的理解都存在错误：“格”被解为“至”，“致”被解为“推极”。于是，“格物”

被解为“即物”，靠近事（物被解为事）；“致知”被解为“推及吾之知识，欲其所知无不尽”，翻成大白话就是，“扩充自己的知识面或认知能力，使其无限大”——你感觉怎么样？我真是不知所云！

儒家经典的正确顺序应是讲天道的《易传》在前，然后是讲天人之际的《中庸》，然后是讲生命之现实展开的《大学》。这不仅使“性—道—教”框架获得“天”的奠基，“格物致知”也有了源头活水：物乃天地所生，而霜雪雨露无非教。“格”是感通；“致”是获致。“格物”就是于自然万物体会上天生生之德，感悟物我一体之仁；“致知”则是将这种体认内化于心，成为人格的信念和行动的目标，这就是“正心诚意”，就是“修身”，就是“齐家治国平天下”的根据和动力。《罗马书》说：“神性是明明可知的，虽是眼不能见，但藉着所造之物就可以晓得。”“格物”之“格”实际上颇接近ASV（美国标准版）译本中的perceive，孔子说“天何言哉，四时行焉，百物生焉”，“天”和“物”的关系都可以对上，“格”应该也庶几吧。基督教，晓东比我熟得多，打住。

康有为是主张儒教说的。他也很重视《中庸》，但十分遗憾，他仅是仅把它作为“心法”加以定位，因为其学“根柢于宋明”，尽管后来“以为此等著述无益，悉焚其稿”，但“天”的重建工作一直付诸阙如。在这一点上，倒是章太炎似乎比他更加有得于心，说“《中庸》者，天学也”，原因很可能就在于他对宋明理学有反思。今天，这一问题不仅依然存在，而且可以说已经成为理论上的当务之急。由于走不出宋学框架，牟宗三先生把《中庸》《大学》分别划入所谓纵贯的系统和横摄的系统，虽然有在朱子、五峰之间加以抑扬褒贬之意，但客观效果却是儒家思想整体性的碎片化，得失之间，殊难言之。“吾侪所学关天意”，新的世纪，再也不能这样小打小闹下去了！

书稿《后记》载有晓东初到北京时我跟他说的一段话：原以为天塌下来会有高个子顶着，社科院、北大的博士、教授就是高个子，但到了这里才发现，自己才是高个子——谁愿意去顶，谁就是高个子。梁启超给康有为作传说，“凡先时人物所最不可缺之德性有三端：一曰理想，二曰热诚，三曰胆气。三者为本，其余则皆枝叶焉耳。”现在正是这样的过渡时期，我把它抄在这里，再次与晓东及学界年轻朋友共勉！

是为序。

序张晚林《儒教的宗教动力学研究——先秦儒学的内涵与脉络》

我曾问任继愈先生一生中最重要的学术贡献是什么？得到的回答是提出“儒教说”。在对十年“文革”进行反思的20世纪70年代末，任先生认为对毛泽东的那种个人崇拜是一种封建迷信复辟，这种封建迷信具体说就是儒教。其实儒教说古已有之，宋孝宗就曾撰《三教论》曰“以儒治世，以道治身，以佛治心”。世纪初的康有为及其弟子们还发起孔教（儒教）国教化的运动。但重提并不减损其贡献，一个如此重要的文化 - 文明现象当然不可能是由谁提出才得以成立。这一历史事实由不被承认、正视到被各界关注，成为学术热点，进而成为文化自信、文明自觉的起始点，其意义无论如何评估也不为过。

这一流转过程有点曲折，甚至有几分理性狡计的味道。最开始的争论在“儒教说”与“非儒教说”之间展开。反对者有人说是哲学，有人说是伦理，还有人说是教化，但双方的预设则是共同的，就是有意无意地把宗教理解成为了一个知识落后、道德低下的社会文化现象。扭转这一认识的是任先生的学生辈何光沪。我办《原道》向他约稿，他写了一篇《中国文化的根与花》，文章中的“宗教”被扭转成为正面概念，但在把儒教说成中华文明之根的时候，又隐约有一种将中国文献中的上帝基督教化的倾向。

由此开始的第二阶段讨论就转向了儒教究竟是怎样一种宗教的问题。蒋庆、康晓光认为是国教，但前者是用来区隔中西文明，用以拒斥、否定西方影响（如各种现代性），后者则是基于亨廷顿的“文明冲突论”，希望以借激活“儒教文化圈”，回应基督教文明的挑战。我在

2005年首届儒教学术研讨会上提出的“儒教之公民宗教说”，借用卢梭和贝拉的概念对儒教的历史作用和社会功能给出描述，强调它对国家国族建构的意义，如为政治制度、权力运作提供伦理标准，以敬天、法祖、崇圣凝聚社会，塑造认同等。后来的一批中生代学者如干春松、唐文明、曾亦等经由康有为的研究纷纷涉足儒教领域，从帝国转型、政教关系以及未来想象诸角度各有创发，以致有评论家不禁发出“新康有为主义”的惊呼。

不过，尽管这些研究都带有同情的理解，学科方法十分丰富，公民宗教、基督教甚至伊斯兰教作为参考范式均被引进，但从纯粹宗教学角度对作为一般性宗教的儒教之内部分析和阐释的成果尚未得见，至于在此基础上，对作为特殊形态宗教的儒教之理论结构、运作方式和比较特点的研究更是付之阙如。如果有儒教研究的第三阶段，这一切应该成为主要内容吧？张晚林教授《儒教的宗教动力学研究——先秦儒学的内涵与脉络》就是一种尝试，一种探索。

如果说宗教是对“你们是谁？从哪里来？到哪里去？”的系列论述，那么，神就是这一问题的答案。祂不仅是起点与归宿，而且也是推动信众从起点走向归宿的保障即动力。儒教的最高存在就是天，“天生万物”“与天地合德”“止于至善”都是以天为起点和归宿。“大哉乾元，万物资始”，这是说“维天之命，于穆不已”；“元，亨，利，贞”里作为“元者善之长”的“元”，则是在人的“天命之性”。虽然二者存在位格的不同，但它们都具有牟宗三所谓“即存有即活动”的属性。为什么“天行健，君子以自强不息”？就是因为人禀赋于天，因而必然“致中于和”“成己成物”。

天工人其代之。圣者通也，孔子之圣就在通天，就在“看”到天这一精神性存在而“体天制度”，因而可以说是儒教的创建者——用作者的话来说就是“造道者”。孔门后学经子思而孟子，开发人的德行大能，完成儒教的“宗教动力学”，成为“弘教者”；再到荀子隆礼重法因应战国的礼崩乐坏，是为“整治者”。《儒教的宗教动力学研究——先秦儒学的内涵与脉络》全书即以六大脉络条陈此三方面的儒教内容，煌煌数十万言，不仅论证了天之作为儒教动力的奥秘，也揭示了儒教对于中华文化、中华文明之动力的意义、作用。

展读书稿，在为儒教研究有了推进而欣喜的同时，又时时感觉有些不过瘾而叹之良久。最主要的一点就是在对儒教的理解、定位上，作者似乎还很有些暧昧：一方面在“绪论”部分明确“儒学一定是一种宗教”，另一方面又在书写过程中反复申述“儒学既是道德形上学，又是宗教动力学”“具有学术与宗教之二重性”。我觉得这种自相矛盾完全没有必要，完全可以在宗教的定位上予以解决。所谓宗教，在某种意义上可说是一种基于神与信仰而组织、建构起来的关系，有机地潜藏、渗透或呈现在社会生活及其过程之中，可以从各个角度和进路进行描述评价，如伦理学、哲学，等等。但既然是儒教的研究，就应该以宗教为范式，以这个基础统摄其他，这是逻辑的应然。作者的暧昧影响了思路的清晰，使得面对问题和材料时常常是予以哲学化处理，造成儒教焦点的模糊游移。书名为《儒教的宗教动力学研究——先秦儒学的内涵与脉络》，讨论却主要聚焦于人，从内心潜能的开发以成贤成圣与天合一，但对这种动力根源何处却未做交代。试问，如果不是“性自命出，命从天降”，这种动力的方向又如何能够保障个体最终得以“对越上帝”？

其实，作者已经指出“造道者”孔子与天的内在关系，那为什么不将此作为逻辑前提贯彻于整个论述呢？我想很可能是因为作者哲学的专业背景，并且深受牟宗三先生影响。牟先生虽然批评朱子的理“只存有不活动”，但实际仍可进一步追问：即存有即活动难道就是对儒教之天的准确体认与把握？恐怕未必。像他对左宗右社，就不是从祖先崇拜和社稷祭祀的神圣空间出发对歌哭于斯的宗教活动和行为做出意义阐释，而是将其抽象化为某种时空上的连续性和广延性，可谓差之毫厘，失之千里。以哲学话语谈论儒教时的这种隔靴抓痒、擦肩而过，很大程度上可说渊源于此。

好在转变已经开始。对儒学的理解是对传统理解的一部分，对传统的理解又与我们对时代、对世界的理解密切相关。后冷战时代，亨廷顿预言的文明冲突虽然密云未雨，但“文明”的概念却日益普及和深化。表征之一就是基于欧洲民族国家经验的现代性话语迷思被解构，美国将维持其帝国形态，中国也将再现其五千年文明的辉光。而这显然需要我们重新思考文明与宗教的关系——文明之所以以“宗教”命名，是因为作为文明基础的宇宙图景与存在秩序以及人生规划，主要是由宗教提供的。亨廷顿用“儒教文明”指称我们，主流话语也提倡“文化自信”，将文化视为理论、制度和道路的基础，儒者“为天地立心”的自我期许因此又成为一种责无旁贷的历史使命。书中这一自觉强烈，使我们有信心期待作者在第三阶段的儒教研究中更上层楼，做出更多更大的贡献。

是为序。

序王文锋《从万国公报到牛津共识——基督教与近代以来的中国社会思潮》

基督教入华是中国社会和文化中的一件大事。它既是中西关系和中国现代化进程的有机组成部分，也是透视这一关系进程的有效视角，因为它清晰而又集中地反映了这一关系进程的脉络和复杂性。

文锋的雄心是写一部完整的中国基督教思想史，虽然论文题目为"从《万国公报》到《牛津共识》"，但这二者在书中似乎只是时间节点，真正的内容要丰富许多。洋务运动、戊戌维新、辛亥革命，自由主义、社会主义、保守主义，近代以来所有重要的事件，重要的思潮，作者都从其与基督教（传教士以及神学理念）的双向关系做出了具体梳理。科学技术、社会科学和意识形态对我们的影响是众所周知的，相对来说基督教却被严重低估。即使我自己也是在读了文锋的论文之后才倒吸一口凉气，真相居然如此！说鼎足而三会有许多人反对，其实这并不重要，重要的是就长远说这一力量的进入，其影响与效果方方面面，如果不加以重视，最终将会有何种呈现？个人颇不乐观，各种冲突、伤害几乎难以避免。

近代来华的西方传教士存在两条路线，即戴德生的"直接传教路线"与李提摩太的"文化传教路线"。前者强调对个体"灵魂的拯救"，直接面向平民传福音；后者面向政治和文化精英，引导其"利用蕴含在自然中的上帝的力量去为他们的同胞谋福利"，即通过影响上层人士来提升中国社会的文明程度，以此达到"福音更新中国"的目的——"帮助中国不断地文明、强大、现代，以此来荣耀神的全能慈爱"（李提摩太语）。对于这样的善意，作为中国人，我们实在找不出拒绝的理由。正是有此交集，关心“基督教到底能给一个国家带来什么好处”的曾国藩及张之洞等洋务派对传教士带来的“技术”“器物”敞怀接纳，“尔爱其礼，我爱其羊”或可从反面诠释洋务派“中体西用”论的要义所在。

对中国社会有益，这应该也是基督教在中国生根或中国基督教发展的前提和基础。文锋在“前言”的注释里指出了中国本土基督教群体社会福音派和基要福音派与戴德生模式和李提摩太模式之间的关联。以赵紫宸、吴雷川、谢扶雅、诚静怡等人为代表的社会福音派提倡基督教与本土文化相融结合，以王明道、倪柝声、宋尚节等人为代表的基要福音派则强调基督教只能关注灵魂拯救和教会发展。与戴德生和李提摩太井水不犯河水不同，倪柝声、王明道等对社会福音派的攻击，既是理论上的，也是实践上的。而双方的命运也判然有别：一方成为“三自爱国运动”的开拓者、领导者，一方成为“三自爱国运动”的批判者，并因此作为反革命集团而被整肃。虽然他们的行为跟后来被删除的所谓反革命罪之间并无多少真凭实据支持（封建迷信会道门或宣传煽动两条？），其对社会福音派的现代性、自由派批评也确实存在一个西方思想和神学的脉络背景，但从政府的角度看，其决策也不能说完全没有理性的考量或根据。

首先，中共建政之初，必然“稳定压倒一切”。其次，从近代史主线看，救亡这个反抗列强的斗争是以国家间对抗竞争的形式展开的，清王朝无能，中华民族的仁人志士以党的形式进行组织，国共相争尘埃落定之后，中共开始主导国家建构，自然谋求社会和文化上的整合。普芬道夫和卢梭都有关于宗教统一对于国家稳定之重要性的论述和谋划，这说明该问题并不只是与特定意识形态有关，而是具有一般性的政治学意义。倪柝声、王明道作为基督徒也许是属灵的，但其肉身行走大地，教会作为组织更是社会性存在无法超然。他们反对圣俗二元论，将灵与肉、人与神、教会与社会之间的区别夸大，甚至绝对化。

从福音基要派看，可以说是一种理想主义；但从执政党或主权者角度看，也可以说是一种幼稚或狂妄。因此，在特定时代、特定思维中被解读为搞独立王国的“反革命”，也不能说完全没有逻辑依据。这显然是一个悲剧。

今天的社会福音派在路径上也有左、中、右三种价值取向。当其以各种不同价值诉求参与到社会和思想进程之中，宗教就不再是主角，因而不再仅仅只是一种宗教现象，因而也不能仅仅从宗教的角度观察评估。按照赵紫宸的社会福音派策略，即先是基督教做出本色化努力，入乎中国文化和社会之内，然后使命担当，力争中国的基督教化。照说如此远虑深谋者才是基督教与中国政治、社会及文化发生大爆炸之源，为什么却又一直相安无事，堂而皇之地蔚为理论主流呢？可能的原因就是，它认为“中国的基督教化与基督教的中国化，是一个运动的两方面”，而以中国社会之宏大，制度之强悍，文化之深远，在相当长的时段内，我们看得到的只能是“基督教的中国化”。

当然，“中国的基督教化”也可谓成果颇丰，信教人口数量的爆炸式增长就是明证。什么是中国的基督教化？我不是很清楚。什么是基督教的中国化？我理解至少应该包括认同国家、融入社会、尊重传统这三点吧。然后则是在这一前提下，圣俗二分，基督徒对上帝的信仰真正变成“个人的事情”。这是现代性原则，现代国家原则，应该也是社会福音派与基要福音派的分际所在吧？

现代中国是在清王朝政治遗产的基础上建立起来的，殖民主义的冲击，广土众民的帝国结构使得国家建构的过程特别艰难，目标也相对独特——诸多古老帝国在这一过程中都走向土崩瓦解，成为所谓“民族国家”，但我们却维持着固有的疆域和族群结构。在我看来，思考应对宗教和文化的问题，不能脱离这样一种历史处境。如果这意味着一种文明的延续，那么也必然意味着儒教在这一系统内的地位确立与被尊重。如果说佛教、道教已经在历史上与之磨合成型，那么基督教也迟早需要面对、解决这一问题，虽然对儒教来说多少显得有点自以为是。

文锋组织的“牛津共识”活动，就有推动不同宗教互动交流，以对话求共识的考量。我也确实是带着这样的意愿和意识参与其中。讨论时，我曾说面对中国和世界的大变局，任何一家一派的思想都是有局限的，都需要意识到自己的边界，尊重他者的贡献。现在，文锋要我写序，我也还是这样一种思维，只是问题意识更靠近国内，靠近近代史，也更靠近儒家本位的立场——谁要他说就是要让我作为儒家出场呢!

是为序。

回望与前瞻

——答延世大学赵京兰教授问

一、关于《原道》

赵京兰：您在“大陆新儒家”这一群体中起着重要作用，甚至在中国被称为“南蒋北陈”。这让人联想起20世纪20年代社会主义传入中国的初期，反映陈独秀和李大钊的活动动向的称呼“南陈北李”。那我们先从1994年开始出版的《原道》辑刊谈起吧。中国知识界对《原道》的反应如何呢?

陈明：还是比较认同吧。首先，在儒家内部，认同儒学、认同传统的这些知识分子对《原道》比较关注、支持。即使不持儒家立场、不属于儒家思想谱系的学者，也基本承认它的地位和价值。有一个叫范亚峰的学者曾经说，20世纪90年代给学界留下了两个思想符号，一个是刘军宁主编的《公共论丛》，一个是《原道》。一个是自由派思想的东西，一个是儒家的东西。

赵京兰：《公共论丛》主要是什么?

陈明：它是一个持自由主义立场，发表和介绍一些自由主义的思想学术作品的同人刊物。我参加过他们关于社群主义的座谈，还有“积极自由”“消极自由”以及“共和主义”什么的，也是从那里读到的。《原道》则是以儒家思想为宗旨，同时强调现实关注，就是主张经世致用，这是我自己定的。

20世纪90年代初期，知识界兴起了一种办同人刊物的风气，比如北大哲学系陈少峰、王博，历史系的丁一川、罗新，还有中文系的钱志熙，他们办了一个刊物叫《原学》。在这之前，则是汪晖、陈平原等办的《学人》。《学人》可能是日本人提供的资助，《原学》好像是美国一个叫唐基金的提供支持，《公共论丛》是刘军宁找的钱吧……只有我们这个《原道》是没有支持，上无政府单位挂靠，下无企业或机构支持。

左派或者右派都有国际背景，我们是“土八路”。创办时联系过陈立夫的孔孟学会，但那时他们已经不行了。但也正因为没钱，主要就是我一个人在做这个事情，一个和尚挑水喝——“三个和尚”的故事知道吧？一个和尚挑水喝、两个和尚抬水喝、三个和尚没水喝。责任和荣誉都是我一个人，反而专注，反而体会到了意义，我觉得这是《原道》能坚持下来的技术原因、心理原因。当然，最主要的原因，还是儒家文化具有内在生命力，这些年来中国社会发展越来越正常，中华民族的文化意识越来越成熟。

赵京兰：您用“三个和尚”的故事比喻自己的活动，很有意思。我有时也读《原道》，那么《原道》刊载的都是哪些方面的文章？

陈明：主要都是对儒家思想的研究探讨吧。跟别的刊物不同的地方就是，它对儒学的价值、宗旨要求有一定程度的认同——自己的传统，没有认同是很难体会其意义、很难发掘其意蕴的，这是第一。第二，一般刊物文、史、哲都有，我们则专注儒家，并且侧重经世致用的实践性，如政治、文化等方面的研究。而像宋明儒学不管是理学还是心学，基本都不发，因为我觉得“四书学”；意义有限，研究的人也太多，严重内卷。

赵京兰：目前的销量怎么样？

陈明：销量一直不怎样。不过现在是网络时代，主要是通过知网进行传播、提供检索。

赵京兰：网站会员有多少呢？

陈明：这个数据要问知网 CNKI（Chinese National Knowledge Infrastructure）。它们给过我数据，好像是光盘订户，好像挺高大上，像哈佛、耶鲁什么的都在里面。有次有个密西根大学的教授，介绍我时，特意强调是《原道》的创刊主编。他说在国外这是很重要的。你说的会员是指什么意思？读者群还是作者群？

赵京兰：是指注册会员，在韩国可以看吗？

陈明：可以看，知网是清华大学发起，向国内外提供知识服务的一个平台。至于会员人数，我不知道。我们以前做原道论坛 www.yuandao.com，当时还是比较有声势的，社交媒体起来后就衰落了。另外有意思的就是，像这样一个由私人办起来的刊物，在我们这边几乎是没有先例的，基本上是不被允许的。但跌跌撞撞十几年后，居然在2012 年被南京大学 CSSCI 中国社会科学评价中心接受，成为核心期刊。这种承认是学术上的，意味着在这里发表的文章，博士、博士后、青年老师可以算工作量，可以拿去评职称等。这也意味着某种程度的官方承认。

也就是从这时候开始，我联系湖南大学岳麓书院的朱汉民院长，希望把刊物交给他们来办。因为我是湖南人，岳麓书院是儒家道场，是经世致用的湖湘学的象征。另外，这样的平台由一个人做发挥不了多大作用，况且一滴水只有放进大海才能永远不干。朱院长就签协议，刊物属于岳麓书院，具体工作还是我来做。得到支持后，以前一年才出一本，现在是一年出两本。内容也大大扩充，在坚持儒家宗旨的前提下，大幅度向社会科学方向拓展，特别鼓励不同学科的人参与对儒家的研究，像法学、政治学、民族学、文化学，等等，因为儒学本来就关注这些问题，为天地立心、为生民立命嘛。

赵京兰：经过您多年的努力，《原道》终于成了官方公认的定期刊物，值得庆祝。不过，这个刊物，普通大学生是否感兴趣呢？

陈明：普通大学生应该不怎么感兴趣，因为在互联网时代，大学生专业之外的关注比较娱乐化。比较感兴趣的应该是相关专业的博士研究生，出于功利或思想的原因。中国的制度规定博士生要发表文章才有答辩的资格，我知道这种需要，给他们留出很多版面，因为年轻人代表学术的未来。他们要发文章，就要考虑刊物的宗旨，在对儒家的认同上，在问题意识关注上，都要与我这个编辑的口味接近才行。我认为《原道》在这方面还是有品位、有前瞻性的。

我在“企鹅”上建了一个《原道》博士、博士后讨论群，进行组稿和编辑方面的交流，效果不错。2014 年的时候有 108 个成员，现在已经快 200 个了。我很喜欢这种趋势。我喜欢跟年轻人交流，他们是《原道》的希望。当然，我们也会向一些资深学者约稿。我们的刊物每辑都会做一个专题，七八篇文章围绕一个专题讨论，说深说透，已经做过的就有“国家国族建构”等，很多策划构思就是在那个网上平台完成的。

二、没有“大陆新儒学”，就不存在所谓“大陆新儒家”

赵京兰：哪年出现了“大陆新儒家”这一名称？谁首先提出的呢？

陈明：2005 年，方克立，你认识的北大干春松教授的老师。

赵京兰：方克立老师提出这个名字的？

陈明：2005 年在武汉大学有一个中国哲学史的年会，方克立当时是中国哲学史学会的会长，因为有事儿没去开会，他就写了一封信，大概是说，“在经过这么多年的发展以后，儒学的重心已经从香港和台湾移到了中国大陆，在中国大陆已经形成了一个可以叫作‘大陆新儒学’的群体，他的代表人物是蒋庆、陈明、康晓光和盛洪。他们有自己的理念、有自己的平台”等等。平台，就是讲的《原道》这个刊物以及网站。他还呼吁要注意对他们进行研究。方克立有很强的政治敏感、学术敏感和思想敏感，虽然他本身对大陆新儒学是持一种否定的、批判的态度和立场，但他有一点说得对，那就是我们这些人在对儒家的理解上，在问题意识上表现出了与所谓“港台新儒家”不同的特征、趣向。但也要谢谢他，他这话一出来，我们才意识到一种可以叫“大陆新儒学”的东西，有必要认真去做了。

另一种反应却是我们没有想到的，有些人有一定的学术地位，对儒学也有很认同，但却没有被列入大陆新儒家，很有些失落。开始是对这个名称嗤之以鼻，不以为然，后来则是自己拉一个“新儒家”的名单，把一大群人都拉进去。再然后就是各种旗号的儒学纷纷出场。今年，就是2017《文史哲》杂志评选的学术界十大热点好像还有这个话题，就是“大陆新儒学”解释权的争夺。

赵京兰：已经形成了争论？

陈明：这也许可以叫作意外之喜吧。我觉得有必要在这里提个醒，“大陆新儒家”这个概念的成立，以“大陆新儒学”的成立为前提，没有“大陆新儒学”，就不存在所谓“大陆新儒家”。“港台新儒学”，前面讲了，应该是现代新儒学，而“大陆新儒学”实际应该叫当代儒学。这里最重要的是要从传统儒学生命的展开、发展去研究、创造儒家思想的新形态，这就需要找到当代社会的文化问题，从儒家价值担当和思想逻辑出发去应对解决，在这样的努力过程中形成儒家理论的时代论述。而不是人在大陆研究儒学，自以为认同儒家思想价值就可以自称为“大陆新儒家”了。

“港台新儒学”之所以应该叫现代新儒学，是因为它不仅在时间上属于现代区段，所处理的问题主要是五四时期形成的儒学与民主和科学的关系问题，也因为他们思考处理的并不是什么港台问题，而是整个中国的问题。这个问题本是在一个五四或后五四的思想氛围里形成的，五四时期的主流学者，左派以苏联模式为基础建立了一套革命叙事，认为那是理解中国、发展中国的最佳方案；右派以欧美模式为基础发展出了一套启蒙叙事，认为那是理解中国、发展中国的最佳方案。牟宗三、徐复观他们不满意这两种方案中对于传统文化的否定性评价，而是充分肯定其内在价值，认为这一传统无论在知识上还是价值上都是可以也能够与现代社会贯通衔接的。从儒家内部说就是内圣之学如何接榫以民主和科学所代表的“新外王”的问题。这点，在他们与 1958 年联署的《为中国文化敬告世界人士宣言》《敬人士宣言》里表现得很清楚。

但是，“大陆新儒学”考虑的主要已经不再是儒家思想与西方文化的某个价值、某个概念比如说民主、科学的关系问题了。它不再把西方当作自己思考和建设的模板，因为今天的中国已经得到了长足的发展，西方建构的西方文化神话，西方中心的单线进化论、历史终结论等已经不再有说服力，还有后冷战时代的文明冲突，等等，都已经完全不同于五四以来的世界图景。中国模式不只是一种政治意义的新可能，更是一种文化和文明意义上的新可能。

即使讨论西方比较多的蒋庆，他也主要是批判，他认为中国已经被西化得太厉害了，民主和科学对中国来说是一种异质性的东西、不好的东西。整体上蒋庆认为西方文化就是错的，物质主义、霸道逻辑等等，他是反西方、反现代性。这些我不赞成，但也认为蒋庆确实提出了一个现实问题。如果说蒋庆是从价值理性上这样判断，康晓光则是从事实、效果上从工具理性角度这样判断。他认为民主对中国来说是没有用的东西，甚至可能说是有害的东西，民主化会造成中国的动荡。他关心的是亨廷顿提出的“文明的冲突”的问题，相信儒家文化是帮中国在这样的冲突中与西方对抗的唯一凭借。

而我自己，认为中国的问题，从近代以来就是一个国家国族建构的问题，就是在世界范围内西方殖民运动冲击下，我们这个东方帝国或文明如何生存下来，通过调整应对西方冲击，实现自己的生存发展的问题。救亡是国家国族建构的初级表述，国家国族建构则是救亡在政治、文化方面的高级内容。民主和科学，应该在这个问题的解决框架里定位，因而是工具性的。科学是为了更好地提升竞争力，民主则是为了更好地去组织和生活。从这里可以清楚地看出，我们对于现实问题的理解与牟宗三、徐复观他们那一代人是不太一样的。这与其说是我们跟他们的不同，不如说是当代中国与现代中国在处境和问题意识上的不同。

我认为，他们要是生活在我们的环境里，也会用新的思考代替以前的思考。当然，我们也有共同点，那就是认同孔子，相信儒学的生命力，都强调自己是传统的一部分。当然，对孔子的理解又是不一样的。

三、国家国族建构是近代史真正的主题

赵京兰：大陆新儒学形成之前，台湾新儒家和大陆儒学者不交流吗？

陈明：互动应该说还不错吧。我们以前都是读牟宗三、徐复观的书，接受他们的观点方法，在台北和北京都一起吃饭喝酒。

赵京兰：李明辉批评得很厉害吧？

陈明：我认为这属于个别现象，跟心态和理解有关。我跟他是二十年的朋友了，比较了解。

赵京兰：他对蒋庆批评得很厉害吧？

陈明：是。他对我的批判也很厉害。他主要是反对儒教论，认为我们想做教主。再就是，现代性如民主、自由之类的价值是他的思想参照，我们却不当作绝对标准。

赵京兰：20 世纪末，余英时支持儒学，但最近中国政府支持儒学之后，他的态度完全改变了。

陈明：你是说余英时的“死亡之吻”吗？这个批评并不只是指向“大陆新儒家”，他主要是从政府政策行为角度来说的。意思大概是，政府推动儒学、肯定儒学，对于儒学来说是个“死亡之吻”，需要警惕。他这人意识形态偏执太厉害，虽号称历史学家，但实际缺乏历史感。

李明辉批评的是我们这些“大陆新儒家”对他们的老师牟宗三以及他们的思想不够尊重。余英时对儒家是有认同的。但是他意识形态的立场太强，不能从中国近代的处境及其应对来看待和理解中共这一现象，也不能客观看待和理解 21 世纪中国大陆在思想文化上的调整转变。从哲学的话语形式道到现代的观念意识，李明辉是牟宗三学术最完整的接收者。

牟宗三是在后五四的语境里面进行写作的。这意味着中西之间复杂纠结的关系：政治军事上是对手，文化学术上是师徒——西方的民主、科学甚至各种学术都具有真理和标准的意义。牟宗三的政治立场和文化情感都是中国的，认为救中国就要学西方。一般来说这是成立的。但是，西方是个集合概念，需要具体分析，尤其是应该清楚，学什么都是为了发展自身，如果是葵花宝典，则是不能学的。

五四把民主和科学绝对化，视为否定儒学的根据。牟宗三等就试图化解二者之间的紧张关系，因为他既信仰儒学，也相信民主与科学的有效性，相信通过建立儒学跟民主和科学的内在关系，就能够实现儒学的现代化，进而实现中国社会的发展。蒋庆否定现代性，康晓光否定民主对中国社会发展的实践价值，所以李明辉反对。至于我，我认为，今天中国政治的发展，主要并不是一个民主不民主的问题。民主作为一种权力产生和运作机制，在政治哲学中本身的地位就是有限的，比如说自由、宪政等，我认为都应该排序在前。而对于人类生活来说，秩序、效率也更具有基础性。

我认为，从历史宏观地看，五四并不具有什么特别的意义，它只是近代救亡活动的一个环节而已，只是在这个过程中催生的左右两种意识形态里，就是革命叙事和启蒙叙事里，由于种种原因被神化了。它的后果之一就是，国族建构这一近代以来的真正主题在五四形成的启蒙话语和革命话语里都被遮蔽、覆盖了，结果就是政治上的目标错误和思想文化上的方向错误，根本上讲就是主体的沉沦。现在讲文化自信，从这里去理解可以获得深刻、深厚的理解。

几年前我讲的“超越牟宗三，回到康有为”，不只是从儒学内部的发展讲要扬弃哲学范式，开启宗教视角，也包括回到近代这个世界史、中国史的真正节点，从文明的演进、民族生命的挑战和重振这一角度重新审视和把握当下的意思。在这样的理解里，牟宗三仍然有他的位置和意义，但毫无疑问，主题还是康有为的。

赵京兰：余英时以及台湾儒学他们讨论的时代和现在大陆儒学讨论的时代不一样吧？

陈明：应该说是余英时、李明辉他们与我们所处的情境完全不一样。他们主要是在一种现代性语境里工作，那是一种普遍主义的预设。相对来说，牟宗三和徐复观则比他们多一种大陆意识、历史意识，中国情怀或情结更深重浓烈一些。

赵京兰：那时候中国被西方侵略，现在不再是那样的时代，所以条件完全改变了吧？

陈明：那是一个救亡语境，现在是复兴的语境。救亡语境里边有两个心理特点，一个是紧张；另外一个就是慌乱、急功近利，就是病急乱投医。当时人们认为西方富强是因为科学和民主的文化，所以就急着如何把它拿来，根据它重估一切价值。但是，现在，百年以后，经过几十年改革开放，我们不仅基本解决了救亡的问题，还将其提升到复兴的新阶段。这时候就有必要对当时的思想主张和思维方式进行反思清理了。

我曾经肯定过汪晖说的“复数现代性”的问题。中国这样一个古老的文明，这么大的人口规模，它的现代性、现代化是不是有一种新的可能？这种新的可能是不是可以上升到不同文明形态的世界史高度？我觉得有必要朝这一方向思考。中国这么大规模的人口，这么大规模的疆域，这么悠久的历史，这么优秀的文明，在今天应该思考这样一个新的可能。对此，儒家当然义不容辞！

四、“内圣外王”的说法 根本不能够代表儒家的政治哲学

赵京兰：“大陆新儒家”注重“外王”的原因在于条件的变化，特别是经济方面吧？

陈明：是啊。如果吃也吃不饱，能不能活下去还不知道，那你肯定是没有自信心的。现在经济发展比较好，社会也慢慢走上正轨，那么文化自信也自然慢慢恢复。

赵京兰：话说回来，儒家的核心是修己治人吧？

陈明：修齐治平，修己以安百姓。

赵京兰：对“内圣外王”怎么看？

陈明：“内圣外王”这个词，最初并不是儒家讲的，是庄子讲的，来源于道家。道家的内圣是讲修炼的。圣和王，首先都是跟天联系在一起的，《周易》、董仲舒讲得很清楚。从政治哲学讲，荀子说的是圣者尽伦、王者尽制。圣者尽伦就是依据伦理的秩序来进行治理，这叫圣，按现在政治学的概念，它是一个社会政治。王者尽制是制定规则，根据一种理性原则进行治理，这叫作王，是一种政治的政治，地域性的或城邦性的政治。

所以，在儒家这里，圣和王表示的是不同的政治治理方式。因为讲伦理原则需要你要做好榜样，德行要好，所谓“政者正也”，加上古代社会家庭、家族是社会的细胞，把家庭治理好，社会也就差不多治理好了。再到后来，宋明理学对《大学》等做了心性论的解释，“内圣外王”就几乎成了儒家德治政治的标准模式。蒋庆就批评过这点。现在大陆新儒家都强调经学为本。

现在进入真正的政治领域，就可以看到国家的政治问题有许多超出社会范围的内容，像安全问题，多元社会的认同问题，等等。秦汉

以后，已经形成了一个帝国结构和制度。它不是从家庭或社会直接演化生长出来的家国同构的原生性邦国，其权力组织是商鞅、李斯这种法家人物设计的。分封制转换成郡县制，把这种新的国家形式扩展到六国旧境，权力的中心则锚定中央政府而不是地方家族或社会这一边。正是存在这样的变化，李斯和秦始皇实施了“焚书坑儒”的政策，通过削弱儒家文化的影响，以法为教，以吏为师，来实现“行同伦”的文化同质性、社会同质性建构。

换言之，秦汉以后，外王实际属于法家的领域。从儒家的角度来说，从社会整合的角度来说，从政治治理成本降低的角度来说，都有一个儒家思想如何跟帝国的法家制度结合、平衡的问题。董仲舒反复说“改制”，就包含对这种变迁的承认和调整，成就了一种叫作“霸王道杂之”的政治结构结、文明结构，具体细节这里姑且按下不表。即使“罢黜百家，独尊儒术”，这里实现的实际是整个政治文化意义上的儒法整合，外儒内法，而不是什么“内圣外王”——“内圣外王”是从君主或圣贤个体角度提出的政治人格或治理模式。这样一种个体论视角，针对的是君主德行问题，是在宋明理学的心性论里才建立起来的。

当然，从个人或治理者的角度来说，不论制度如何，他具有美好的德行总是要加分的，譬如太傅制度，就是从德行角度对领导人从小进行培养。所以，讲“内圣外王”依然有它的道理，有它的依据。需要指出的只是，这一说法远不足以代表儒家的政治哲学，更不足以反映中国历史政治的实际。“五四”时期，在东西方文化紧张对峙的时候，从宋明理学出发，把“内圣外王”作为中国政治的优秀传统或特殊性的东西来讲，它是被大大强化了，以至于中国政治现代化转型的问题被描述为传统“内圣”如何开创或汇通民主科学的“新外王”的问题。这样一种误读也许有它的历史原因，但是在今天看来，它造成的遮蔽也是十分严重，需要调整纠正的。

真正的问题不是中西两种政治文化概念或逻辑之间的关系，而是中国这个古老帝国在面对各种内外矛盾冲击时如何维持、如何转型的问题。这首先是一个实践的问题，而不是理论的问题。儒家的政治价值、智慧以及理论形态需要在对这些问题的应对处理中寻找自己的表达形式和逻辑论证。

五、公民宗教是指在公共领域里具有主导地位和作用的神圣性话语

赵京兰：提倡公民宗教的主要目的是什么?

陈明：从公民宗教来讨论儒教，是从 2005 年开始的。

当时我还在中国社会科学院世界宗教研究所，作为第一届全国儒教学术会议的组织者，我开始并没准备发言。但是康晓光临时缺席，儒家方面需要有人替补，就匆匆忙忙拟了个提纲抛了出来，这就是后来的《儒教之公民宗教说》。“公民宗教”的“公民”，不是现代意义上的“公民”（citizen）——这个概念着重个体性，从法律角度讲国民生活的权利。“公民宗教”的“公民”是政治共同体意义上的概念，希腊城邦的身份叫公民，polis——当然，由 polis 到 citizen 到 civil 有一条线索，但它们的侧重点还是有不同的。

对“公民宗教”概念比较看重的普芬道夫、卢梭等都是从国家的角度展开论述的。他们基本的前提都是认为任何一个政治共同体要成为一个稳定结构的话，除了要有共同的利益、共同的法律规则外，还应该有共同的宗教信仰。这跟秦朝讲“书同文，车同轨，行同伦”是一样的判断。雅典娜信仰这样的城邦宗教可以说是最早的公民宗教。

我觉得，简单说儒家文化是一种宗教会遇到比较多的麻烦，但从

公民宗教的角度去讲儒家思想文化在中国历史上的政治地位和社会作用，似乎比较容易形成共识。在一开始，我提儒教的“公民宗教”说，主要是为了论证儒家思想从宗教角度可以比从哲学角度更好地描述它的文化意义和知识属性，更好地建立起它与生活生命的内在关系。如果可以论证中国的公民宗教功能主要是由儒家承担的话，那么，儒家文化作为 a religion 的定位也就相对简单了。

这个论域打开后，儒家的政治哲学空间也就随之打开，加上后冷战时代文化的公共性得到充分展现，国家建构、国族建构主题日益凸显，这一观点也就得到许多人的重视。确实，对于中国这样一个广土众民的国家来说，它的凝聚在经济、军事、政治力量的作用之外，文化的作用也不容忽视，不容低估。过去如此，今天仍然如此。这样，那种在中西文化比较论域里得出的儒家文化之道德性本质和特征的观点，显然就太过狭隘肤浅了，几乎没有什么解释力和说服力。

与那种个体性、人格性视角不同的是，大陆新儒学特别注重儒家文化之公共性的开显。而这又不同于左派和右派的文化领导权或意识形态的视角，或许可以说这是一种文明论视角。唐朝的时候，儒、释、道三教合一的文化结构已经成形了。南宋孝宗皇帝亲自撰写了《三教论》，提出以儒治世，用儒家的思想治理社会上的各种公共事务；以佛治心、以道治身：以佛家的东西来修心，以道家的东西来养身。这就很好地说明了儒教在历史上的主要功能是在公共领域。如果引入“权力”或“权重”概念，就可以知道，儒教的权重是最大的，治世当然比治身、治心权力更大是吧？从三代到董仲舒再到唐朝以后，它已经形成了这样一个社会上的、功能上的定位。以前研究儒学，只是研究它的形而上学、伦理性概念，而没有看到社会整合、国家建构和文明建构这样的问题，在我看来几乎不可理喻。

赵京兰：一提起公民儒学，就会想起公民宗教，接着又会想起罗伯特·贝拉。您主张公民儒教的时候，有没有参考罗伯特·贝拉呢？

陈明：曾经有人问过我这个问题，“陈明，你提公民宗教是参考了罗伯特·贝拉，还是参考了卢梭，或者别的谁呢？”干春松替我回答说，“他肯定谁都没参考，因为他谁都不知道。”干春松的这种调侃，实际上就是事实。因为我总是闭门造车——但也常常出门合辙。我提出什么观念从来都不是通过阅读某本书形成的。我觉得自己的思考或写作与卢梭、贝拉，还有普芬道夫、亚里士多德、柏拉图等人的关系，几乎都不是一种模仿参考，而是一种相遇。因为跟梁漱溟一样，我不是一个学问中人，而是一个问题中人。非要说的话，很久以前，我曾在“世纪中国网”上读到过一篇贝拉谈清代政治治理的文章，他讲到了清朝统治者自己信的是萨满教，但却是以儒教为公民宗教来治理中原。这也可说是一种影响吧。

赵京兰：还不是很明白您所说的公民儒教，说公民儒教的时候，您说的是注重政治共同体、价值方面，那我们可以把儒教作为宗教吗？关于这个问题，有没有一致的看法？

陈明：没有共识，各种观点都有。儒教在知识类型上到底属于哲学、史学还是宗教？每个人看法是不一样的，这个方面我做过很多澄清，也写过文章。首先，“宗教”这个词本身就是个归纳概念，不是演绎概念。按伊利亚德的观点说，“宗教”只是一个家族相似性概念，在十来个要素中有七八个以上符合就可以叫宗教了。按照一神教的规定，亚伯拉罕系统之外的其他都不是宗教；要说人格神的话，那佛教也不是宗教了。至于巴哈伊和摩门教什么的，更不是了。

宗教主要讲人与绝对者的连接和贯通，儒教讲“天人合一”正是这样。现在世界上基督教的文化权力是最大的，所以亚伯拉罕系统的一神教被认为是最高的宗教，但实际上在今天看来未必就成立。再比如说西方人认为东方人没有宗教虔诚，他们不理解为什么可以相信不同的神，实际上我们觉得是很好理解的。既然万物有灵，那么多神就自然而然。多神变一神，一种说法是王权获得了垄断权力。这有点道理。

但事实上，最早的一神教是犹太人建立的，而他们当时正被掳到巴比伦当囚徒，只有唯一而绝对的神才有可能带他们重回锡安山，重建大卫的国——完全是特定处境激发出来的创造。所以，不能按照西方的标准去简单定义，至少在这个问题上面我觉得是不能简单去看的。

赵京兰：据我所知，中国人没有来世观念……

陈明：佛教人口那么多，怎么能这样说？至于灵魂观念，本土也是有的——我们就不去讨论这么具体的问题了吧。

张：有献祖祭祀吧？

陈明：肯定有，祭神祭天什么都有，无论是祭祀的形式、祭祀的角色、巫师肯定都有。

六、儒学的最高概念是“天”

赵京兰：对中国人来说，最重要的文化基础就是儒教吧？

陈明：我个人是这么认为，当然很多人不会这么认为，比如说现在有些人把儒学当成哲学，就会考虑本体论问题，像陈来写了一个《仁学本体论》。书我没读，但我觉得讲伦理和讲本体应该是不一样的，儒学不能理解为仁学，因为仁是从属于天的，天才是儒学的本体。孔子讲“仁者人也”，但认为“唯天为大”。董仲舒讲“仁，天心。”宋儒讲“仁者天地生物之心”。都是这样。那种认为对仁还是礼才是儒学中心的观点是五四时期形成的，近似瞎子看匾——就是对天毫无感觉。

赵京兰：最近，公民儒教的发展怎么样呢？

陈明：我有一个文章《儒教的二元论述》（Confucianism as a Religion and as the Civil Religion），作为一个宗教的儒教与作为公民宗教的儒教，二者具有不同的内涵与意义。作为宗教的儒教，像佛教、基督教一样，需要讨论它的信仰是什么？它的神是什么？制度是什么？它的永恒观念是什么？这是作为一个宗教的儒教需要回答的问题。

“公民宗教”并不是一个宗教，“公民宗教”实际上是一个宗教社会学的概念，或者说是一个政治学的概念，它是指神圣性话语在公共领域里面的作用，一种权重和功能，如价值奠基、认同塑造、社会凝聚，等等。虽然对于政治来说，公民宗教有它的必要性，但并不是每个国家都有一个公民宗教的问题。像有国教的国家比如北欧，基督新教在那里本身就发挥着公民宗教的作用。还有日本的神道教，其制造出来本就是为了论证皇室的神圣性，主要功能就是在价值奠基、认同维持、社会凝聚等方面。

但是对美国来说，它是一个多元种族、多元文化的国家，所以它不能简单说基督教就是美国的公民宗教——虽然在亨廷顿那里，就有这个意思。所谓文化熔炉，必须有一个指标数据，这个数据就是基督教提供的，是熔炉所要生成的东西。当年贝拉为适应“民权法案”后美国社会的变迁泛泛讲美国的公民宗教都挨批，现在亨廷顿从 WASP（美国白人新教徒）的角度重提公民宗教大讲美国性也没事，可见保守主义已成趋势。

赵京兰：您的证据是来源于日常生活吧？

陈明：我的证据很多，不只是日常生活。《礼记》讲将营宫室，宗庙为先。其格局是左宗右社，左边是宗庙，祭祀血缘祖先；右边是社稷，祭祀地域性的神祇。天安门的建设就是以此为据：中间是皇帝办公的地方太和殿，左边是祖庙；右边是社稷坛。还有，古代皇帝的圣旨以“奉天承运”开头，跟凭着我主耶稣的名、凭着我主安拉的名没什么两样。这就说明儒教的这套信仰、政治理论在现实中确确实实是有落实的。所以说，如果中国存在一个叫作“公民宗教”的东西的话，那么它的主要内容无疑来自儒教。

赵京兰：为了实现公民宗教的价值，日常生活中我们应该如何行动？

陈明：首先要把次序讲清楚，儒教成为公民宗教，实际上是从董仲舒和汉武帝开始的。相对此前的版本，这个削薄了许多。

夏商周三代的礼乐制度实际是政教合一。汉承秦制，但适度采纳儒学，形成所谓“霸王道杂之”的治理格局。这时儒教发挥的功能，政治价值奠基、社会认同维持、共同价值规范，等等，正是经典作家们讲的公民宗教的职能。很多人从意识形态角度理解它，其实是不对的。

意识形态一般来说是一种制造出来的权力合法化理论，儒教显然不符合这两点。它是一种社会的文化传统，因为其与社会存在内在关联，具有相当大的能量。这样一种社会资本、文化能量在被得到认知后，汉武帝与之合作，动员和运用这一力量为帝国的良性运转服务。

赵京兰：那制度方面呢？跟书院……

陈明：儒学首先要在社会中发挥作用，然后才会有政治家意识到这一点，例如认同、共同善这些东西，迟早要面对的。你刚才说的书院、祠堂、孔庙这些本身是社会性的组织，是儒学在历史上的存在形式。现在，书院建设、孔庙激活、祠堂恢复已经渐渐成为趋势，儒学的社会功能的呈现应该可以乐观地期待。“水之积也不厚，则其负大舟也无力”，量上去了，成为汪洋大海的话，就可以“直挂云帆济沧海”了。

七、康有为对中国近代真正的主题有深刻把握

赵京兰：2015 年我写了一本书叫《20 世纪中国的知识》，内容是 12 位中国知识分子的思想和问题意识，从康有为到邓小平。您主张的重点和康有为之间有什么关系？

陈明：我觉得我跟康有为的很多想法是相似相通的，就像刚才说的贝拉、卢梭，是一种相遇的关系，不是一种参考的关系。我认为康

有为之所以成为康有为，不是作为一个经学家或者理学家，不是因为他写的书，而是因为他做的事儿。我认为他一辈子主要做的是两件事，一个是“保皇”，一个是立教。

“保皇”包含了两点：第一，他理解的中国是以整个的中国为中国。当时最重要的力量是革命党孙中山、章太炎，他们主张“反清复明”，认为“满蒙非中国”，东北、蒙古（那时候没有内蒙、外蒙之分）、新疆、西藏都不叫中国，他们以明朝的中国当作未来中国的模板或想象，所以要“驱除鞑虏，恢复中华”。而康有为保皇党的思维里，中国是整个清王朝之下的族群和疆域，换言之是把清王朝置于中国法统之内的。第二点就是，在保国、保种、保教的时候，依托现有政治组织和力量来解决、应对当时所面对的政治挑战，而不是推倒重来。这两点我认为都是很重要的。第二件事就是关于立孔教，孔教运动与孔教国教化的设想，我认为他是看到了要维持这样一个帝国结构的中国之稳定，要实现它的现代转型，在文化价值上需要有一个中心主体来确保其同质性，作为文化认同的支撑。

根据这两点，我判断康有为对中国近代真正的主题——国家国族建构——有深刻的把握，并且有自己的考虑。我认为“康有为”这个符号的内涵和价值就在这里。这是使他可以与董仲舒、朱熹并列的地方，就是在历史进入新时期后去重建儒学与社会生活的连接。

由于种种机缘，他一开始就把握住了问题的关键。理论的成熟倒谈不上。所以，在我看来，最重要的是他的行为，他的演讲、书信和奏折，他构思的“中华民国宪法”，都应该从行为、活动的角度去理解。而他早年写的那些学术著作，也需要从他后来的事业目标的角度去评估其价值。梁启超说康曾想把自己早年的著作都烧掉，可见一斑。

赵京兰：孔教是臣民思维而不是公民思维吧？

陈明：这不是一个好的提问视角，这就像问基督教是专制政治还是民主政治一样。我认为即使包含着对人民的臣民化的理解，在那个阶段也是没什么好指责的，因为当时社会经济各方面还没有什么发展，个体性并没得到充分发育。就像那个时候妇女的地位还是很低，这也没什么奇怪。

他讲“孔教”，最重要的并不在于要确立各种等级关系，他更关注的是整个社会，尤其是在不同文化背景的族群之间建立一个共享的价值。

八、儒家文化对中华民族整合成型意义重大

赵京兰：汉族和少数民族没有差别的意思吧？

陈明：不是，是在不同族群之间建立一些共享的文化价值，成为现代政治学意义上的共同善。把孔教立为国教，他就有这样的意图。因为一个国家在文化上有统一性的话，对国家的稳定有积极意义。日本明治维新见效快，韩国经济发展好，与国家内部同质性比较高，社会治理成本比较低有关。像我们中国，地区差别很大，还有民族分离主义的挑战，这都会提升治理成本。

例如戊戌变法的失败，就与太平天国战争导致的权力重心下移以及满汉官员之间信任缺乏有关——帝党后党的成型也多少与此有关。中国这么大的规模，现在转型真是要辛苦一些，包括中央集权的制度在一定方面也是可以理解的，因为不中央集权的话，它肯定就散了分了。

赵京兰：孔教有着很复杂的因素，不能只用单纯的保守与进步的标尺来评价，至少包含着保种还是保教的时代命题。对康有为来说，孔教是塑造民众文化观念和情感的基础性资源。可是很多人误解的一点是：提到儒教的时候，大家都认为只是汉族的文化，可历史上儒学本身属于国家，而不只是属于汉族。

陈明：你说得很对，本身就是这样。我经常会讲：孔子是山东人，但儒学不只属于山东，它具有跨族群性或者说普世性，属于整个中国，也属于韩国，属于世界。比如周文王是羌人，孔子是殷商贵族后裔，汉族这么庞大的人口，仅仅依靠父母生育是很难发展成今天的规模的，

必然有许多的其他族群成建制地融入进来，像鲜卑族已经被融合了。所以，仅仅从血缘的角度是理解不了汉族的。秦朝陈胜吴广起义的时候，齐人、楚人都是反对秦人的，两汉之后，战国七雄就都消失了，有了中央集权的政府，有了五经博士和众多循吏的教化，就形成了一个新的政治共同体——汉族我认为兼有 ethnic 与 nation 双重属性。

但是，在今天，中华民族共同体塑造还不能说已经大功告成，各种“藏独”“疆独”势力还多少存在。政治、经济之外，文化也是很重要的方面，还需要付出巨大的努力才能有所推进。前面讲的“奉天承运”之类的儒教作为公民宗教使用，“天地君亲师”信仰推广，说明历史上就是如此。今天如何继承发展是一大课题。

至于说儒教作为公民宗教，把汉族的传统放在公民宗教的地位上，对其他民族的文化是不是形成一种压力？有必要指出，儒学不只属于汉族，在一定程度上它属于整个文明、整个政治的共同体。现在有一个很麻烦的问题，比如伊斯兰教是政教合一的宗教，虽然我们叫它宗教，但实际上它首先是政治性的。我经常说，伊斯兰教首先不是宗教，而是政治，是用宗教论述的政治。最早的宗教都是这样，后来慢慢地分离，把凯撒的东西和上帝的东西区隔，基督教完成了这个变化，而伊斯兰教没有完成这个变化，所以它与现实产生了很大的紧张，需要它内部的有识之士进行改革，凯末尔就是这样的先驱。

九、“不左不右不皇汉”

赵京兰：我以前采访过汪晖，对中国的认同在一定程度上不是以汉族为中心，而是为了解、决多民族的问题而产生的。

陈明：由于“国家”的概念或形态有个演变过程，国家被包裹在文明的外衣下。以前的“中国”主要是个文化概念，这是因为政治的边界与文化的边界比较吻合，过去的文化政治的属性也比较强烈。但现代的“国家”主要是个政治和法律的概念，或者说首先应该从政治和法律的角度理解定义，所以汉族不等于中国，儒家文化也要从某种普遍性视角来加以叙述。国家认同与文化认同的关系在中国这样一个帝国政治遗产基础上演变而来的共和国特别复杂。

吐蕃、回纥、蒙古等都有自己政治和文化的传统，现在被整合在共和国框架之内，同质性建构十分重要，也十分艰难。儒家思想在这个国家国族建构中要发挥作用，就需要很多的调整。康有为并没有像董仲舒一样完成这一工作，这是因为近代历史比秦汉时期要更加复杂。

这种复杂性是民族构成相对单纯的国家无法比拟甚至无法理解的，如韩国、日本之类。美国、法国是共和国，可以参照，但中国的情形更特殊复杂。法语很早就被定为唯一官方语言；美国则把印第安人几乎杀得差不多了。而中国，继承的是清朝建立起来的国家版图，它采取的是“分而治之”的治理方式，一直没有有效地实现政治和文化上的整合。在西方殖民主义进攻下，中央权力严重不足。万幸的是，在西方内部发生的两次世界大战中，我们神奇地都站在了战胜国一边，这个政治遗产从而得以基本保全。

因此，今天的国家国族建构不仅史上最难，而且世上最难。只适合城邦国家，只适合帝国瓦解后的所谓民族国家及其制度模式，对我们来说不能照搬。例如一个代表整体利益的政治组织和行政权力对于具有帝国规模和结构的我们来说具有必要性和正当性。要做到这一点，中央集权的制度组织形式就成为必然选择。历史如此，现实更是如此。

对于那种自下而上的权力发生论、运作论，我不否认它的意义价值，但是，至少目前来说，它对于我讲的国家国族建构，很可能是低效的，甚至是有害的。例如，选举议员肯定要对这个地方选民负责，不同地区利益不同，如上海、湖南、北京、新疆、西藏的议员到了国会，肯定会吵得不可开交。这个时候，就需要一个能够从整体上把握国家和民族利益的政治力量，既要强调民主、自下而上，把下面的诉求真实充分地表达上来，也要通过高层来进行决策、折中、调和，做一个整体的安排。我想协商式民主应该就是这样的吧。当然，如果不承认国家国族建构这个总目标的正当性和必要性，那就是另外一回事了。

自由派现在为什么越来越边缘化？因为他们从来不考虑这些问题，他们是政治制度决定论者，是现代性的偏执者，相信宪政民主的制度可以解决一切问题。实际上那种西方经验在我们这里不可能照方抓药，欧洲自己现在就陷入了文化上的麻烦，保守主义的回潮就是一种证明。反过来中共十九大讲文化自信，将道路自信、制度自信和理论自信统一在文化自信的基础上，我理解就暗含着从中国历史的内在脉络里来理解自己的执政经验和逻辑的新思维。这不仅是对过去的总结，更是对未来方向的贞定。我认为，对历史感的强调，对国家主题的重视，是儒家当代论述对于左右两家的独特性和优长所在。它可以也有必要成为当代思想鼎立的三足之一，使我们的文化生态更加健全健康。我们谈公民宗教也是基于这样的出发点。

“不左不右不皇汉”，是我对学生的要求，也是我对自己儒学探索的要求。“不左”指不能是左派，“不右”指不能是右派，“不皇汉”是说不能像章太炎、刘师培他们那样把中国等同于汉族。我想这应该也是康有为的观点。康有为既不是左派，也不是右派，虽然他有《大同书》，但他不是左派；虽然他强调要开议会，但他不是右派；虽然他讲孔教为国教，但他不是皇汉。

“不左不右不皇汉”这种态度后面，应该是有一套论述支撑的，我一直思考的也就是这个东西。

鸣 谢

首先要感谢湘潭大学碧泉书院，它为论文集出版提供了资助。

来书院是因为陈代湘教授的邀请，四年前一次学术会议餐叙时他说湘大重建碧泉书院，会没开完就带我去看，然后我就从北京回来了——谢谢老院长！

然后是秦千里，老朋友很久以前就说要帮我出散文随笔。童子雕虫不足道，另有龙的想象如何？他说没问题！

最应该感谢的是余敦康和李泽厚两位老师，虽然他们已经驾鹤西去成为夜空中的星星。

李先生作为当代儒学甚至总个思想界范式的象征意味着某种权力，像要我的中体西用快快向他的西体中用投降之类，就促使我去深沟固垒并努力寻找他的理论罅隙进行反击。余先生作为业师对我一直寄以厚望，但一度却失望难掩，到后来又一句看似没有来由的“你是对的”使我热泪盈眶。他是不赞成儒教说的，而我却是以此为起点开始儒教文明的思考。回想当年种种于推杯换盏间的唇枪舌剑，正所谓“知不可乎骤得，托遗响于悲风”。

还有一些朋友，以各种形式帮助我这个特立独行人或彷徨梦游者把自己的浑沦思考变成文字变成文章变成这本书，冥冥中仿佛天意——感谢老天！

2022 初冬于长沙寓所